Morpheus

Transformation der Erde

Interkosmische Einflüße auf das Bewußtsein

Argo

Morpheus

Transformation der Erde

Interkosmische Einflüße auf das Bewußtsein

Argo

Argo-Verlag
Ingrid Schlotterbeck
Sternstraße 3, D-87616 Marktoberdorf
Telefon: 0 83 49/92 04 40
Fax: 0 83 49/92 04 449
email: mail@magazin2000plus.de
Internet: www.magazin2000plus.de

1. Auflage 2006
Satz, Layout, grafische Gestaltung: Argo-Verlag
Umschlaggestaltung: Argo-Verlag
ISBN 10: 3-937987-24-X
ISBN 13: 978-3-937987-24-8

gedruckt in Deutschland auf chlor- und säurefreiem Papier

Inhalt

Vorwort

Am 20. Juni 2006 war Morpheus zusammen mit einer Freundin und seinem Hund auf dem Weg in den wohlverdienten Urlaub. Auf einem Campingplatz in Italien wurde in der Nacht ein Gas in das Wohnmobil geleitet und betäubte die Insassen. Am nächsten Morgen waren alle Unterlagen, sowie der Laptop von Morpheus gestohlen. Andere Wertgegenstände blieben unangetastet. Auf dem Laptop befanden sich unter anderem die Dokumente zu dem Buch, das Sie gerade in Händen halten.
Einen Monat zuvor wurden in Morpheus Privathaus sämtliche Festplatten durch starke elektromagnetische Impulse (EMP) restlos gelöscht. Zum Glück existierten Backups sämtlicher Dateien an verschiedenen sicheren Orten, sonst könnten Sie dieses Buch jetzt nicht in Händen halten.
Was ist so gefährlich an den Informationen, daß zwei Anschläge auf den Autor verübt wurden ? Und wer hat daran Interesse, Ihnen, liebe Leser, diese Informationen vorzuenthalten?
Vielleicht können Sie jetzt nachvollziehen, warum Morpheus unter Pseudonym schreibt. Morpheus ist ein international renommierter Naturwissenschaftler, der so ganz anders ist als die üblichen Vertreter seiner Zunft. Er scheut sich nicht heiße Eisen anzupacken. Und er will sich seinen Lesern mitteilen, will verstanden werden. Er ist Erfinder und Inhaber von über 100 internationalen Patenten. Sein Fachgebiet ist das menschliche Bewußtsein.
Wer seine Bücher „Matrix Code“ und „Die Realitiätenmacher“ kennt, weiß, daß es Entdeckungsreisen sind in die unbekannten Länder unseres Geistes. Sie sind zugleich beredte Zeugnisse eines großen Humanisten in der Tradition eines Teilhard de Chardin. Zu seinen geistigen Vätern gehören der Mathematiker Burkhard Heim genauso wie Ilya Prigogine.

Mit „Die Transformation der Erde“ legt Morpheus nun das Buch vor, das alle bisher von ihm geschriebenen Bücher noch einmal topt. Hier betritt er Neuland, gefährliches sogar, wie die vorgenannten Anschläge auf ihn zeigen. Er nimmt den/die Leser/in mit auf eine Reise, die im wahrsten Sinne des Wortes kosmisch ist.
Wenn Sie sich offenen Geistes auf das Buch einlassen, wenn Sie sich öffnen für das Neue, Ungeheuerliche, werden Sie als ein anderer Mensch auf der letzten Seite angelangen. Und sie werden verstehen, warum die „Verhinderer“ ihn stoppen wollen, Ihnen sein Wissen mitzuteilen.

Ich denke, daß die Zeit der Lügen zu Ende gehen wird. Ich hoffe darauf, daß die alten Systeme sich selbst ad absurdum führen werden. Und ich glaube fest, daß Menschen wie Morpheus, ein Wissender im besten Wortsinn, zu jenen gehören, die ein neues Denken, ein neues Sein vorbereiten helfen.

Morpheus ist ein Spinner, denn er spinnt ein neues Netz sinnhafter Welterklärung.
Morpheus ist ein Verrückter, denn er verrückt die angestaubten wissenschaftlichen Paradigmen und schafft so Raum für eine Seinsdefinition, die den Menschen in seine Würde zurückversetzt.
Morpheus ist ein Besessener, besessen von der Liebe zur Wahrheit.
Morpheus ist ein Offenbarer, indem er Sie teilhaben läßt an seinem Wissen.
Morpheus ist ein Stachel im Fleisch der nimmersatten Parasiten der wohlgenährten Wissenschaftsgemeinde, denn er schreibt offen, ehrlich, verständlich. Denn er will verstanden werden.
Und: Morpheus ist mein Freund, dem ich alles Gute wünsche für sein Buch. Auf daß das Licht der Wahrheit siegen möge.

Roland Reber, München, August 2006

Dank

Dank sagen darf ich meiner Verlegerin Ingrid Schlotterbeck. Ihr Interesse und tiefes Verständnis für die Thematik, ihre konstruktive Mitarbeit haben mit zur Realisierung dieses Buches beigetragen.
Dank gilt auch meinen Freunden Mira, Peter und Roland für ihre engagierte Hilfe und Arbeit.

Morpheus

Seit 10 Jahren sendet der NASA-Satellit SOHO ununterbrochen Messdaten von der Sonne zur Erde. Bereitwillig stellt der Eigentümer dieses Satelliten ein Teil dieser Daten in Form von Fotos über die Sonne ins Internet. Jeder der diese Aufnahmen betrachten möchte, kann sich auf der Homepage der NASA einloggen und sich „vor Ort“ aus einem umfangreichen Archiv die entsprechenden Bilder auswählen. Die Wahl kann dann zwischen unterschiedlich gefilterten Aufnahmen vorgenommen werden. Von großer Bedeutung sind bei den Beobachtungen der Sonne die Sonnenflecken. Von diesen Sonnenflecken ist bekannt, daß sie den Zustand von sehr intensiven Magnetfeldern darstellen. Diese Felder, das wissen die Astrophysiker, lassen Rückschlüsse auf die, den Sonnenflekken folgenden Explosionen erkennen. Diese Explosionen stellen sich optisch in fackelähnlicher Form dar und werden Sunflares genannt.

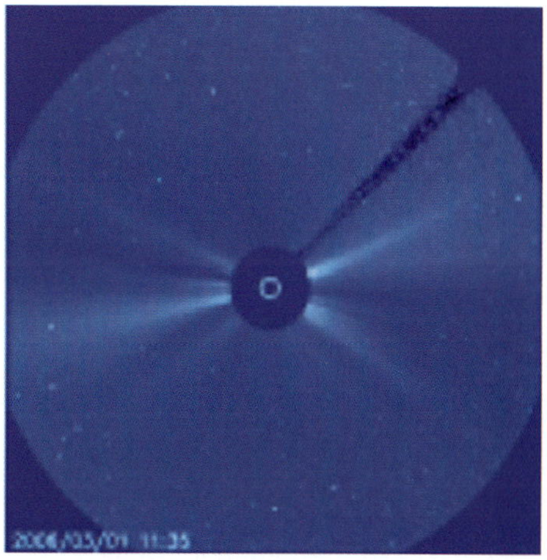

Sonne aus unterschiedlicher Entfernung die in der Mitte durch eine Scheibe abgedeckt ist. Die seitlich austretenden Leuchterscheinungen stellen „Sunflares“ dar und sind Folgeerscheinungen von Explosionen.

Tatsächlich bestehen diese Sunflares aus hoch energetischen Ladungsträgern, den Elektronen und Protonen. Diese Elementarteilchen der Materie sind mit Reisegeschwindigkeiten von bis zu mehreren Millionen Kilometer in der Stunde unterwegs. Bei einem solch phantastischen Szenario kann man sich leicht vorstellen, daß, sollten diese „Partikel“ auf die Erde treffen, sie einen **nicht unbedeutenden Einfluß auf das Erdmagnetfeld** haben. Genau dieses ist der Hauptgrund für den Milliarden Dollar Aufwand der NASA der jährlich für dieses Projekt fällig ist. Diese „Sonnenwinde“ (dürften doch eher Stürme sein), beeinflußen das Erdgeschehen in einer solch komplexen Weise, das die tatsächlichen Hintergründe nur sehr wenigen Eingeweihten zugänglich gemacht werden. Was die US-amerikanischen Wissenschaftler unter „Astrogenetic“ oder „Chronobiology in Space“, verpacken, nennen die russischen Forscher „Heliobiologie“. Beiden Gruppen von Wissensverwaltern ist eines gemeinsam, sie forschen geheim. Es ist durchaus vorstellbar, daß diese Geheimniskrämerei einem edlen Ziel entspringt, sollte hier vielleicht eine Beunruhigung oder gar Panik vermieden werden? Wie auch immer die wahren Hintergründe hierfür aussehen mögen, wir versuchen uns ein

Sonne ohne Scheibe. Diese Aufnahmen dienen zur Beobachtung der Sonnenflecken.

Ausfall der (freiwilligen?) Datenübertragung

eigenes Bild zu machen. Bedienen wir uns zunächst der uns frei zur Verfügung gestellten Daten.
Betrachten wir die Sonnenaufnahmen der NASA (http://sohowww.nascom.nasa.gov).
Um möglichst viel von den Sonnenexplosionen erkennen zu können, wird der hellste Teil der Sonne durch eine Scheibe bedeckt, sodaß lediglich die „Flares" zu erkennen sind (siehe Bilder).
Merkwürdigerweise tritt zunehmend häufiger die Situation ein, daß die NASA uns ihre Sonnenbilder verwehrt. Zwar soll dem laihenhaften Beobachter glaubhaft gemacht werden, daß es sich um eine momentane Störung handelte, jedoch dürfte es sich hierbei um eine plumpe Ausrede handeln. So wie es aussieht ist es einigen Wissenschaftlern gelungen, das Sendesignal des SOHO-Satelliten direkt anzuzapfen. So stellte beispielsweise die Arbeitsgruppe aus Portugal unter dem Pseudonym „MK-ULTRA" die „unzensierten Daten" vom NASA-Satelliten ins Netz. Die Bilder die hier zu sehen waren, hinterließen bei den meisten Betrachtern den Eindruck, daß es sich bei diesen Aufnahmen um einen (makaberen) Scherz handeln würde. Ich muß offen gestehen, daß ich zu dieser Gruppe von Ungläubigen zählte. Seitdem die NASA ihre SOHO-Bilder 1995 ins Netz stellte werte ich sie für meine geophysikalischen Studienzwecke aus. Als Naturwissenschaftler bin ich darin geschult, eine Bewertung nach besonderen (kritischen) Kriterien vorzunehmen. Mir ist klar, daß ein subjektiver Eindruck jeden Beobachtungsgegenstand in ein entsprechendes Licht stellt und damit die Objektivität einbüßt. So befand ich, daß diese portugiesischen Sonnenbilder in überhaupt keine Kategorie einer naturwissenschaftlichen Zuordnung paßten, und somit nur gefälscht sein konnten.
Durch einen „Zufall" wurde ich jedoch eines besseren belehrt. Durch mein speziell geschriebenes Speicherprogramm war ich in der Lage, sämtliche Daten, die von der NASA ins Netz gestellt wurden, automatisch abzuspeichern. So konnte ich im Nachhinein sämtliche Bilder in aller Ruhe genauer

ansehen. Dabei fiel mir im November 1997 eine besonders merkwürdige Bildfolge auf. Diese Bilder erinnerten mich sofort an die zuvor verbannten portugiesischen Aufnahmen. Noch erstaunlicher war hierbei für mich, daß es sich hierbei um Bilder handelte, welche die NASA wenige Minuten später aus ihrem Netz entfernte und sie offenbar mit älteren austauschte! Heute bin ich mir sicher, daß es genau dieses Ereignis war, welches mich auf die Spur nach diesem unglaublichen Phänomen brachte. Als ich zunächst erneut versuchte, mir die portugiesischen Daten zu beschaffen (ich hatte alle gelöscht) mußte ich feststellen, daß die gesuchte Seite nicht mehr existierte. Selbst über die Cach-Ebenen der Meta-Suchmaschienen war es mir nicht möglich die alten Daten wieder aufzurufen.

Ausschnitt eines veröffentlichten NASA-Fotos der Sonne. Der obere Ausschnitt zeigt zwei Lichtanomalien, die später öfters auftauchten. Der Bewegungsablauf dieser „Lichterscheinungen" verläuft atypisch gegenüber (beispielsweise) Planeten, Kometen usw.

Zwischenzeitlich konnte ich zu der portugiesischen Arbeitsgruppe Kontakt aufnehmen. Freundlicherweise sendete mir die Gruppe die herausragenden Sonnenaufnahmen der letzten Jahre und hielt mich des weiteren auf dem neusten Stand. Seitdem vergleiche ich die Aufnahmen der NASA mit denen der Arbeitsgruppe aus Portugal. Hätte es sich bei diesen merkwürdigen Sonnenaufnahmen um einen Einzelfall gehandelt, hätte ich diese sicherlich für Artefakte (Kunstprodukt: Künstlich entstandene Veränderung) gehalten und

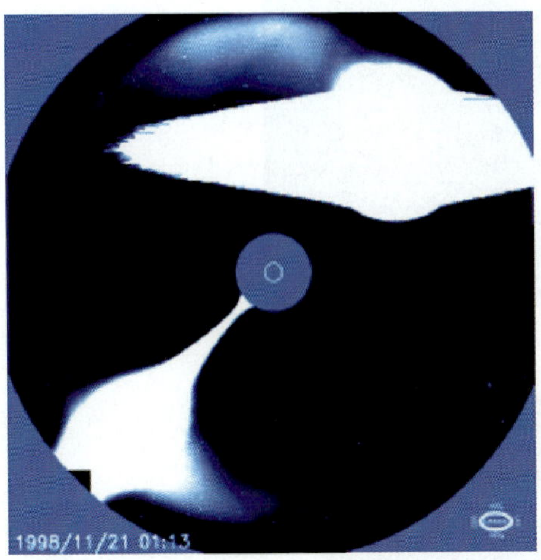

Ohne Kommentar

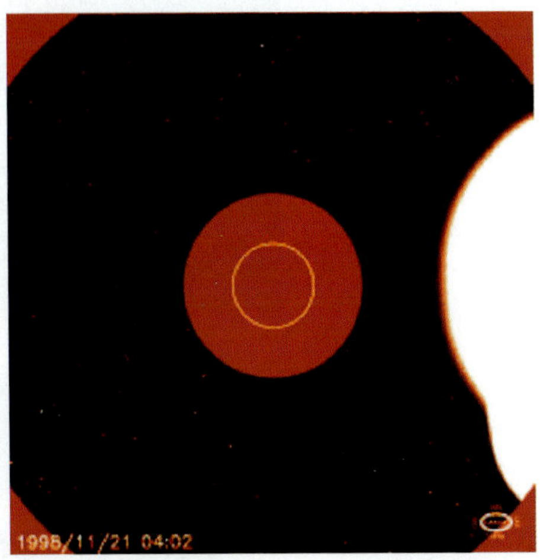

Etwa 3 Stunden später

das ganze Thema vergessen. Fast genau ein Jahr später jedoch sichtete ich eine weitere Serie von außergewöhnlichen Sonnenanomalien. Diese zu deuten schien mir jedoch unmöglich. Zum Zeitpunkt dieses Ereignisses meldete die NASA den Ausfall des Satellitenempfangs und konnte demzufolge auch keine Bilder ins Netz stellen.

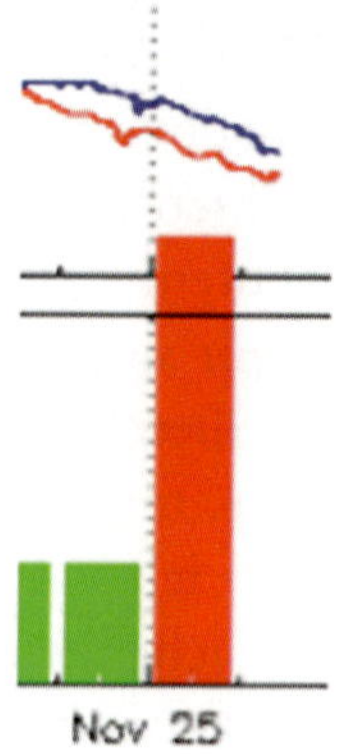

Eine der extremen Reaktionen auf der Erde, Erdmagnetfeldanomalie von bisher nie registrierter Intensität.

Wenige Stunden später tauchte dieses Objekt auf

Die portugiesischen Wissenschaftler berechneten aus dem gesamten Datenmaterial dieses Ereignisses, daß es sich bei diesem Objekt um ein „Raumgefährt“ handeln könnte, welches möglicherweise aus einer anderen Raumzeit (Paralleluniversum?) stammt. Indirekt sollen extreme gravitative Anomalien aufgetreten sein, die in einem direkten Zusammenhang mit diesem Objekt standen. Spezielle Auswertungen dieser Aufnahme ergaben, zunächst nur optisch dargestellt, folgende Bilder:

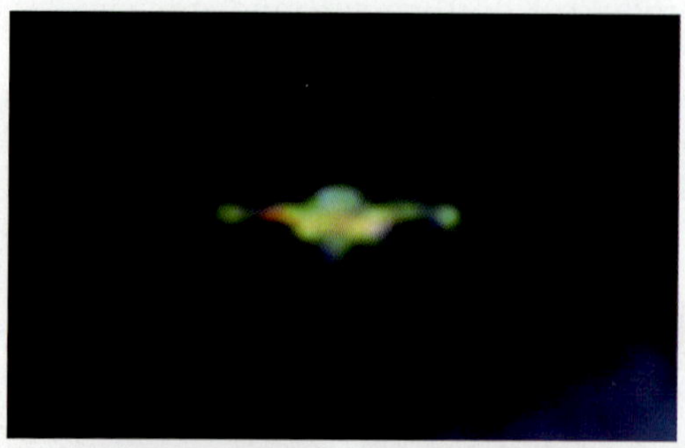

Vergrößerung

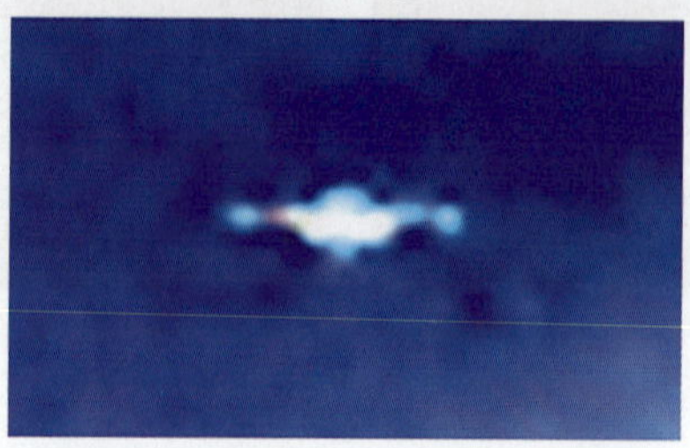

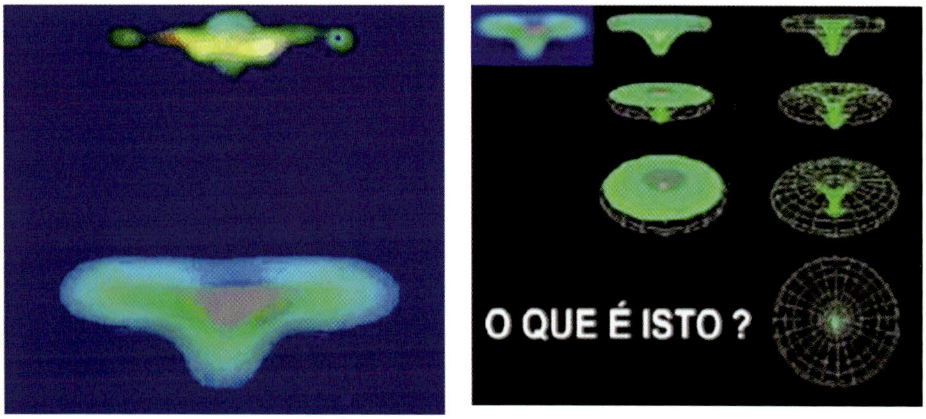

Berechnungen über mögliche Zeitsprünge des Objektes (Zeitreisen?)

Der portugiesische TV-Sender „CNL" berichtete ausführlich über dieses Ereignis.
Der Projektleiter Jose Garrido und einer seiner Kollegen berichten über ihre Auswertungen.

Ereignis, möglicherweise in Folge der vorausgegangenen Anomalien

Im befreundeten Kollegenkreis diskutierte ich über die möglichen Hintergründe dieser Merkwürdigkeiten. Ich muß gestehen, daß ein naturwissenschaftlich geschulter Verstand mit diesem Thema an seine Grenzen stößt. Aus einer Art Hilflosigkeit arrangierten wir uns, indem wir beschlossen „möglichst wertfrei die ganze Sache weiterhin zu beobachten". Was uns an wissenschaftlichem Erbe blieb, setzten wir ein, indem wir die Zeitpunkte an denen die Anomalien auftraten, mit geophysikalischen Parametern verglichen. Tatsächlich konnten wir Korrelationen zu unterschiedlichen Ereignissen herstellen.

Zwischenzeitlich traf ich mich mit meinem Freund Ananda, der sich, wie er mir berichtete ebenfalls mit diesem Thema auseinandersetzte. Anandas Wissen basiert auf einer spirituellen Grundlage. Ähnlich wie Drunvalo verbindet Ananda Verstand und Intuition indem er sich der Sprache der Quantenphysik bedient. Aus älteren Diskussionen konnte ich mich von beiden überzeugen, daß sie über ganz herausragende „seherische Fähigkeiten" verfügen. Ich persönlich bewerte einen Kommentar von diesen beiden ebenso, wie den eines Nobelpreisträgers wie beispielsweise I.Progogine (dissipative Strukturen). So schrieb Ananda hierzu:

„But in January 1998 the expected debris being pushed into the solar system was witnessed by the NASA SOHO probe (Solar Heliocentric Observatory). For sun spot activation, is partially fed by this material as it starts to be pushed into the solar system. Since 1947 the sun has began to become unusually active, and now is more active than at any previous maximum, since the present Solar Cycle 23, is a male sun spot cycle, like the one that brought about so many weather anomalies in 1978, 1979 and 1980."

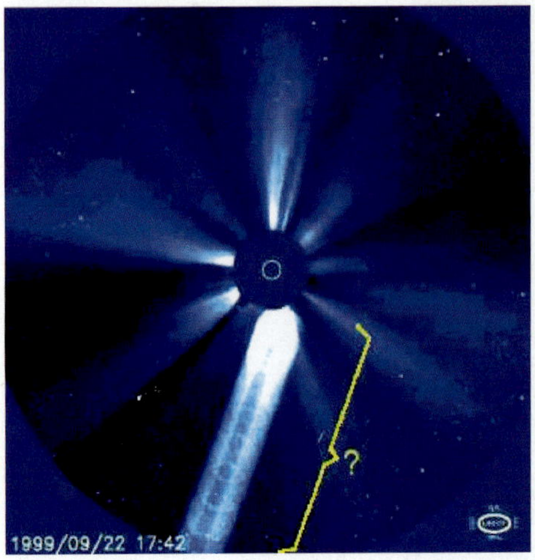

Besonderes Artefakt vom 22.Sept. 1999

Die Quelle aus der Ananda seine Aufnahmen erhielt, war offenbar eine andere, als die mir bekannten. So standen mir nun drei Anbieter zur Verfügung. Die nachfolgenden Bilder beschreiben ein (zumindest für mich) völlig neues Szenario. Erst drei Jahre später erreichten mich die (offenbar) Originalaufnahmen, die von einer ehemaligen Mitarbeiterin des SETI Projektes stammten (ihr Name ist dem Verlag bekannt). Diese Aufnahmen zählen für mich und die meisten meiner Kollegen zu den phantastischsten. Was hier zu sehen ist sprengt jeden Rahmen unserer Vorstellungskraft. Einigkeit bestand bei dem Versuch einer Interpretation dieser Abbildung darin, daß es sich bei der erkennbaren Lichtsäule um einen Sekundäreffekt eines Ereignisses handelt, das einer Hyperraumtechnologie entsprungen sein mußte.

Besonderes Artefakt vom 22. September 1999

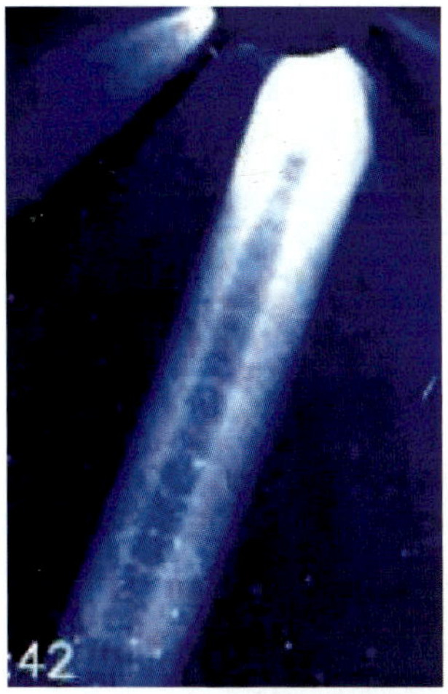

Raumzeittunnel?

Japanische Wissenschaftler diskutieren im TV über die naheliegende Möglichkeit, daß es sich bei diesem Phänomen um eine Hyperraumtechnik handeln könnte.

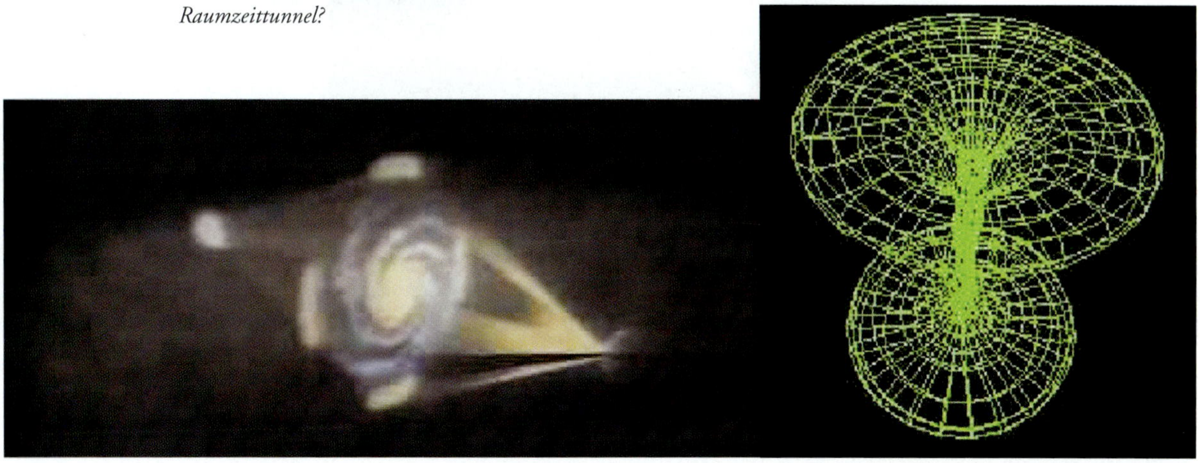

Raumzeitwirbel (Wurmloch) als Transfertunnel zum anderen Universum?

Etwa zwei Monate später ereigneten sich (scheinbar?) im Sichtbereich der Sonne Dinge, die den Eindruck eines „Krieg der Welten Szenarios“ erweckten. Wie will man diese Ereignisse sonst interpretieren? Ganz offenbar sendet ein Objekt einen (Laser-?) Strahl aus, der ein anderes Objekt zu treffen scheint.

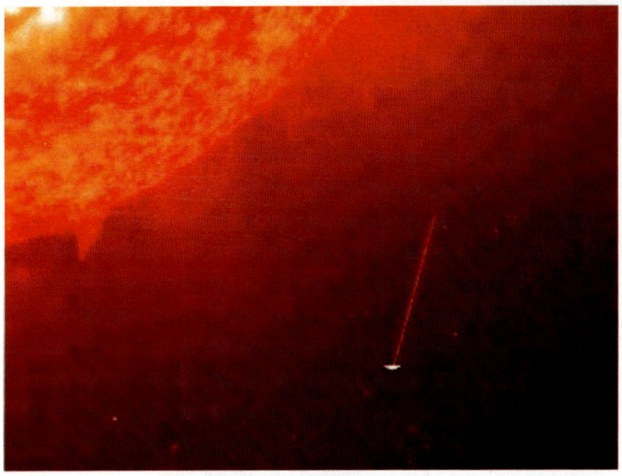
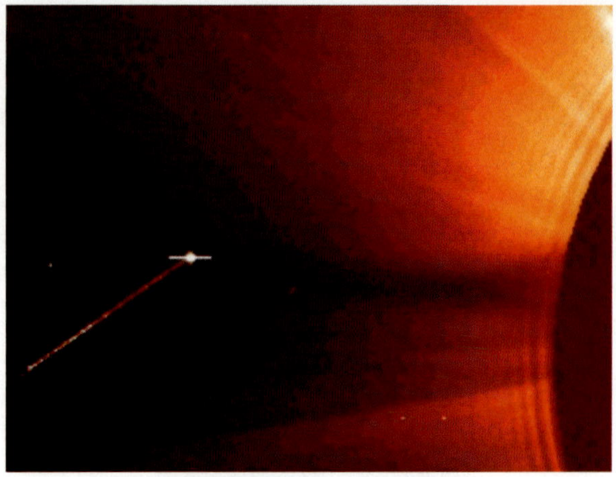
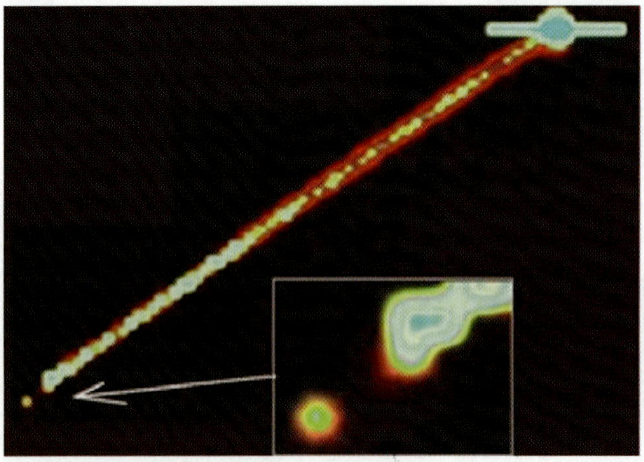

Vergrößerungen und über Frequenzfilter analysierte Bilder (oben und unten)

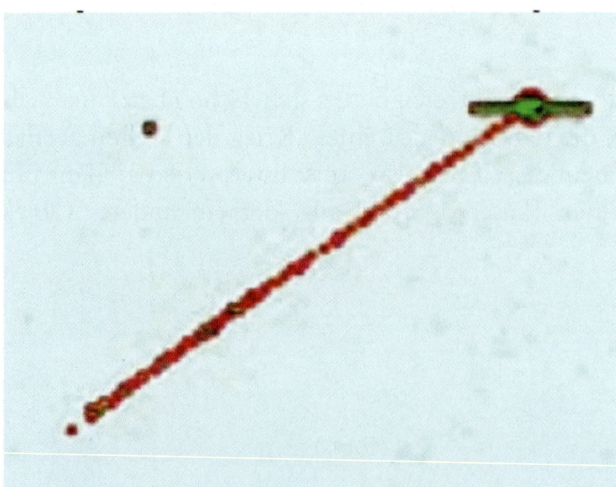

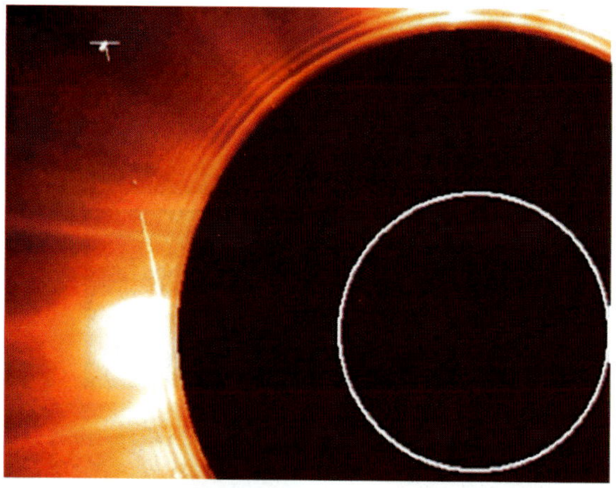

Objekt „schießt“ auf Sonne

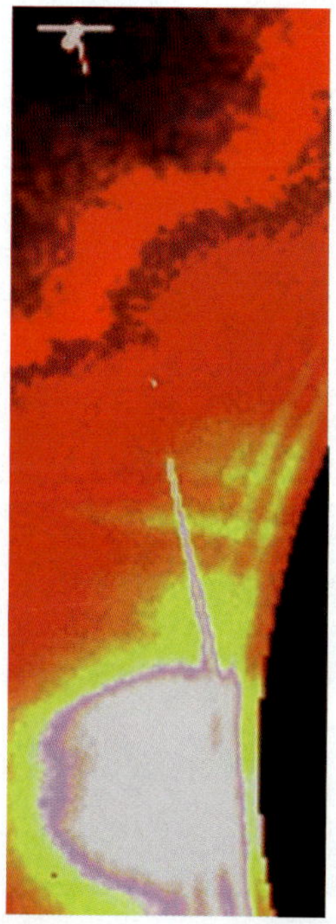

Explosion in Folge des Beschußes?

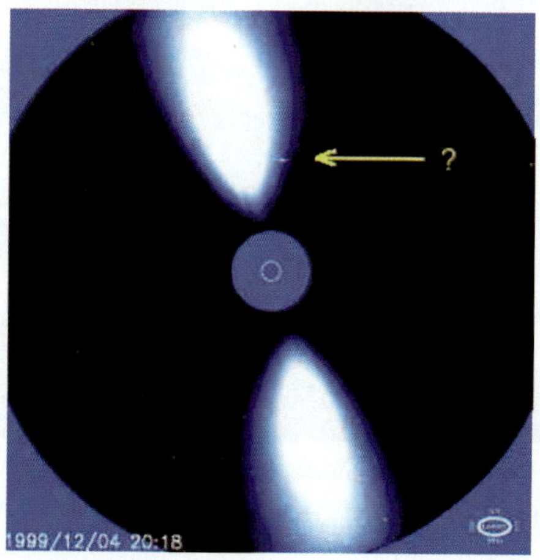

Objekt und Anomalie
vor der Sonne

Ausschnitt

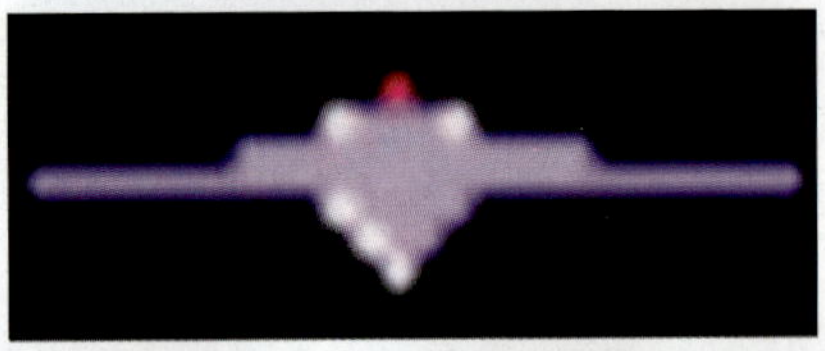

gefilterte Aufnahme

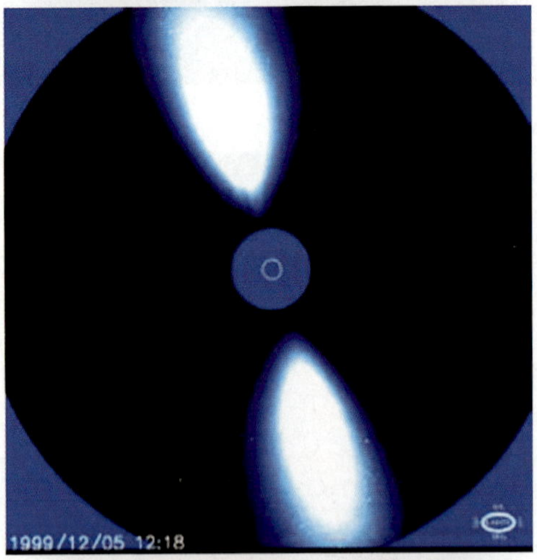

Wiederholung am 5.12.1999

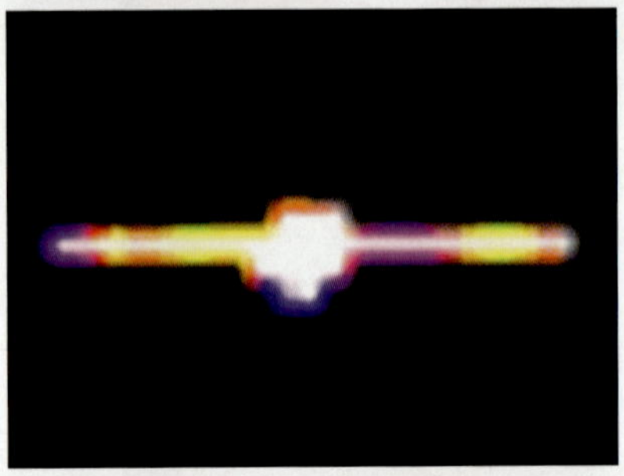

Gefilterte Vergrößerung

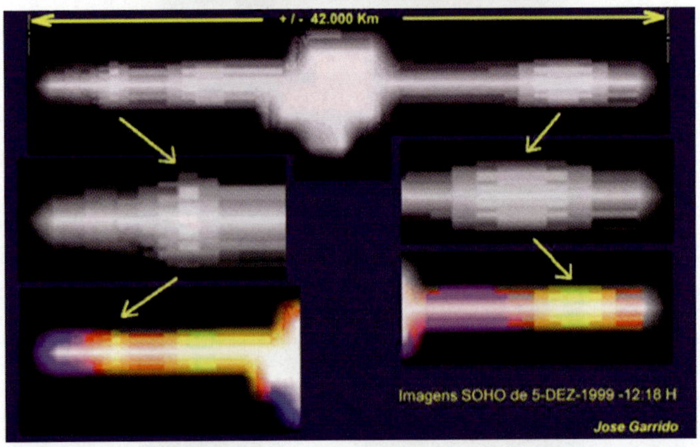

Berechnungen ergaben eine Größe des Objektes von ca. 42.000 Km (!). Die farblichen Darstellungen sind den energetischen Zuständen örtlich zugeordnet.

Nach drei Monaten schien sich dieses Szenario fortzusetzen …, bzw. hielt unverändert an, wenn wir davon ausgehen, daß in der Zeit zwischen diesen Bildfolgen keinerlei (unzensierte) Aufnahmen zur Verfügung standen. Bedauerlicherweise wurde die portugiesische Arbeitsgruppe an ihren Tätigkeiten gehindert. Auch meine alternative Quelle schien zu dieser Zeit „nicht aktiv" gewesen zu sein. Alle diese Aufnahmen liegen mir in einer hochwertigen Qualität vor, sodaß sich bei der Analyse der Bilder ein großer Nutzen ergibt. Leider ist der Betrachter dieser Bilder nicht in der Lage die volle Qualität der Originale zu nutzen.

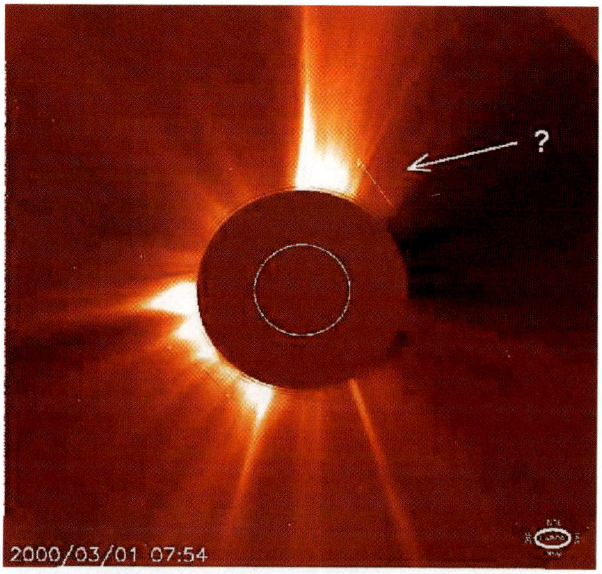

Ein Objekt „berührt" durch einen laserähnlichen Strahl ein anderes Objekt

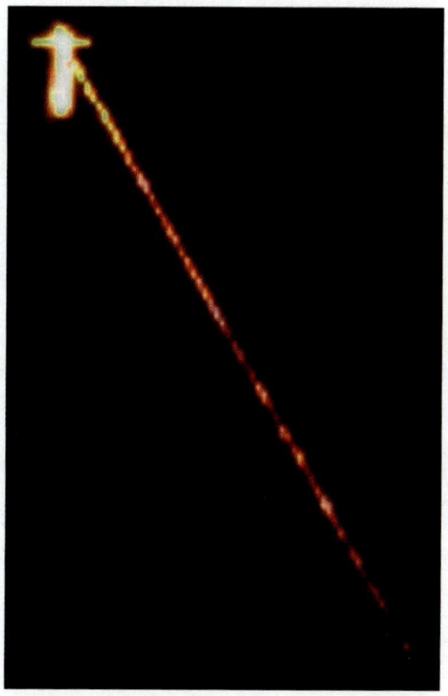

Nach weiteren sechs Monaten der „kriegerischen Austragungen“ (?) konnte eine neue Qualität des kosmischen Szenarios beobachtet werden. Die Sonne zeigte Explosionen von unbekannter Intensität (siehe auch Magazin 2000plus, Nr. 192, Seite 6, „Sonneneruption bricht alle Rekorde“). Sie schien quasi in toto (im Ganzen) zu explodieren! Die oberflächlichsten Auswirkungen hiervon sind uns durch die „Black-outs“ (Stromausfälle) bekannt (worüber die Medien nur in sehr eingeschränkter Weise berichteten). Was jedoch von dramatischer Konsequenz dieser Sonnenexplosionen für uns sein sollte, wird im Hauptteil dieses Buches dargestellt. Bei diesem Ereignis ist eine weitere Besonderheit zu erkennen. Im unteren linken Bereich der Sonne ist ein rundes Objekt zu erkennen, welches sich quasi aus der Sonne heraus ins Äußere zu entfernen scheint. Tatsächlich existiert über dieses Ereignis eine fortlaufende Bildsequenz (liegt dem Verlag vor), sodaß hierdurch ein bedeutend umfangreicheres Gesamtbild entsteht. Begnügen wir uns also vorerst mit diesen Bildern (es ist geplant, für die Sichtung der Originalaufnahmen eine Homepage ins Netz zu stellen, alternativ eine CD anbieten). Diesem bedeutsamen Ereignis ging genau 20 Tage zuvor eine „Laseraktion“ eines Objektes voraus. Was dieses Bild so besonders macht, ist eine physikalische Finesse, die am Rande der Sonne zu erkennen ist. Diese Wellen könnten Sekundäreffekte einer gravitativen Erscheinung sein, und damit durchaus in einer Korrelation zu einem Raumzeittransport stehen. Das wäre durchaus ein weiterer Indikator für die Vorstellung, daß „etwas“ aus einer anderen Raumzeit, einem gar anderen Universum, oder nur aus weit entfernten Räumen des Weltalls „zu uns“ reist.

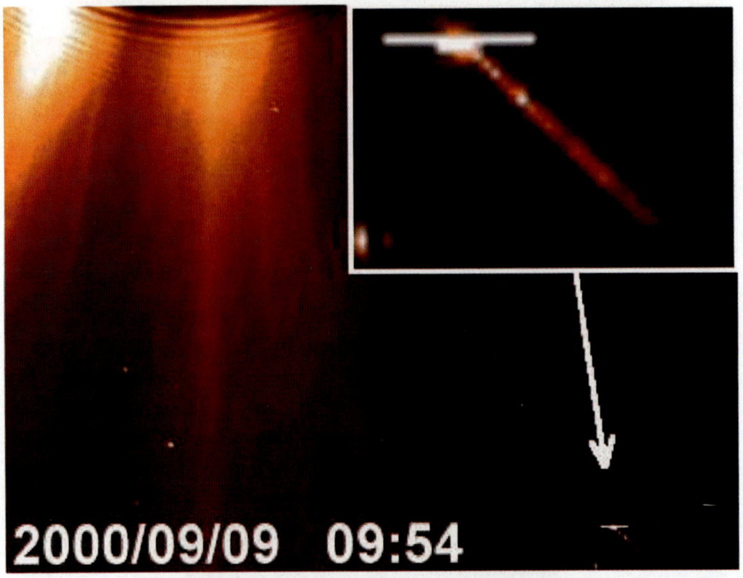

Physikalisch von besonderem Interesse sind die wellenähnlichen Ringe um den Sonnenrand.

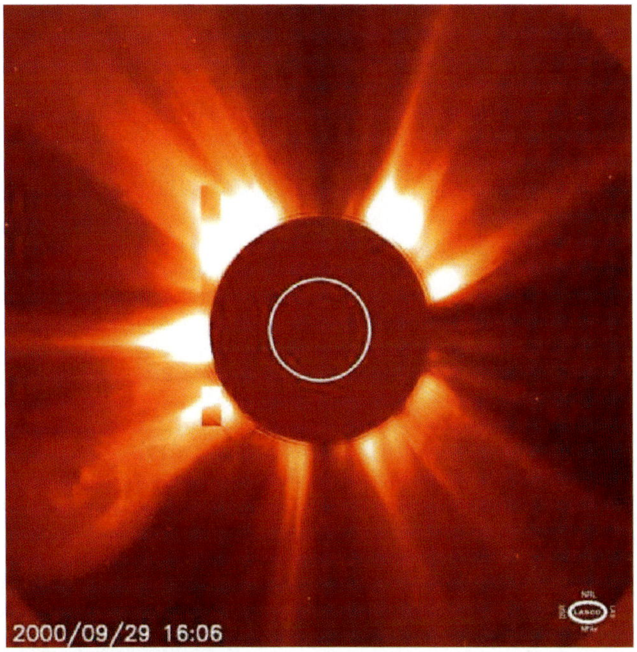

Gigantische Sonnenexplosion im Zusammenhang mit einem Objekt, das aus dem Inneren der Sonne zu kommen scheint.

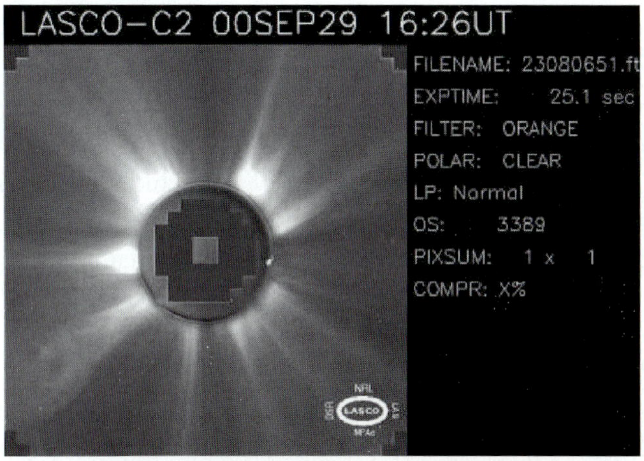

Andere Aufnahme durch LASCO, 20 Minuten später

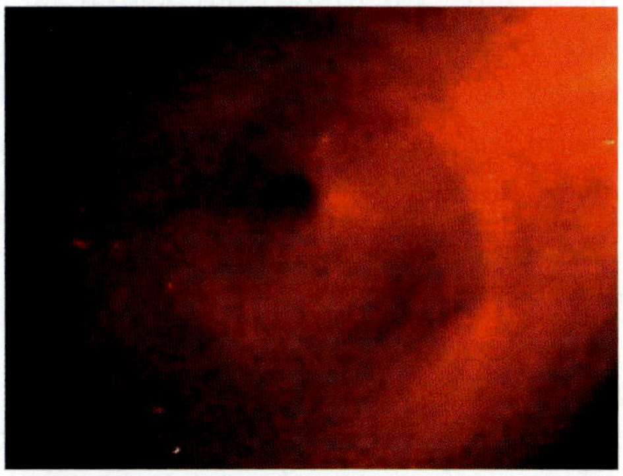

Ausschnitt vom reisenden Objekt

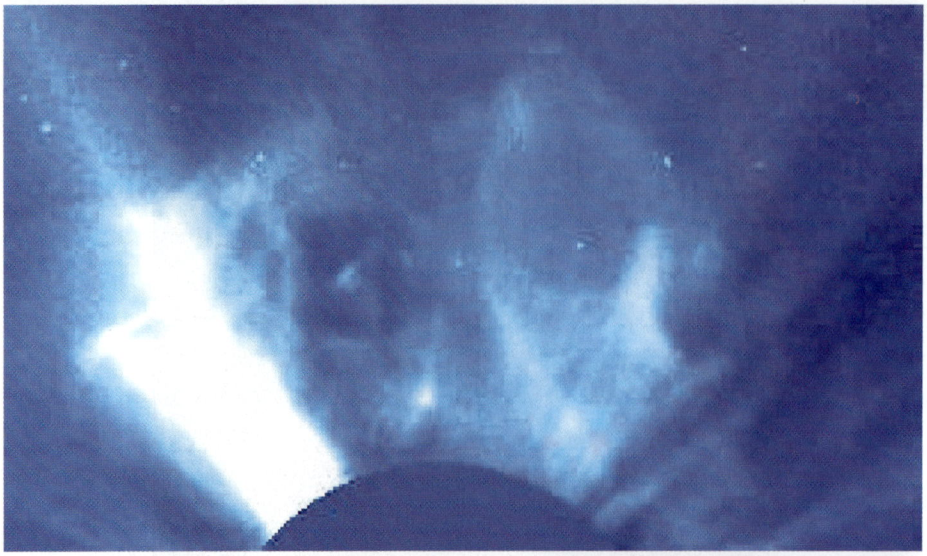

Unmittelbare Folgeerscheinung. Zu beachten sind die Kuben (Würfel) oberhalb der Sonne. Aus einer Videosequenz sind klarere Details deutlich erkennbar! Auch hier scheint „etwas", in diesem Fall die Kuben, aus dem Inneren der Sonne zu kommen.

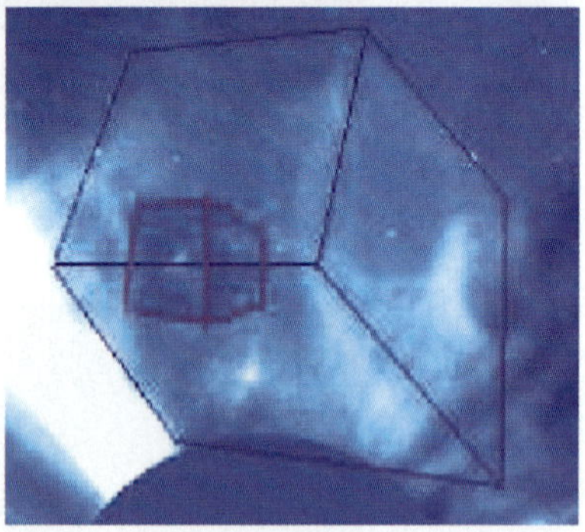

Ich möchte noch einmal darauf hinweisen, daß ein Großteil der Qualität und der Aussagekraft durch diese „statischen" Bilder gegenüber den mir vorliegenden Bildsequenzen, eingebüßt wird. Allein die Deutlichkeit des entstehenden „Kubus" und seine Bewegungsabläufe sind fast nur in der kurzen Videoaufzeichnung zu erkennen. Auch bei meiner genaueren, und sehr häufig wiederholten Betrachtung konnte ich mir keinen tatsächlichen Reim auf die möglichen Hintergründe dieser Ereignisse machen. Möglicherweise gilt hierbei das Phänomen, daß ein Mensch nur etwas erkennen kann, was in sein Prägemuster paßt. Wer den Film „Bleep" gesehen hat, wird erkennen was ich meine. Der Psychologie ist ein solches Phänomen bekannt. Beispiel:
Columbus Schiffe konnten von den Einheimischen nicht erkannt werden – obwohl sie nur wenige Meter vor ihnen waren, weil sie keine Erfahrung in ihrem Gehirn (bzw. das entsprechende Wissen) hierfür hatten. Erst nachdem sie sich langsam an diese merkwürdigen, fremden Gebilde gewöhnt hatten, konnten sie die Schiffe erkennen. Mein Instinkt vermittelt mir bei der Betrachtung den Eindruck, daß es sich hierbei um etwas so phantastisches handelt, daß meine Ratio es nur verweigert, es nicht zulassen möchte…, aus Angst, den „Boden der (pseudo-) Sicherheit" verlieren zu können.

Von nun an konnte ich nahezu jede Woche ein weiteres Sensationsbild „herunterladen". Eines schien für mich nun festzustehen, diese außergewöhnlichen Objekte waren keine technischen Artefakte. Da die Satelliten leider nur einen sehr engen Bereich um die Sonne aufnahmen, bleibt die Frage offen, ob sich ähnliche Ereignisse auch in anderen Orten abspielten. Die terristischen Teleskope, die für annähernd ähnliche Aufnahmen in Frage kämen, richten ihre Fernrohre entweder nicht auf die Sonne, und/oder die Betreiber wurden angehalten, hierüber Verschwiegenheit zu bewahren. Hierzu ereignete sich ein bemerkenswerter Zufall, der sich vor vier Jahren ereignete. Auf einem Dorffest (ich möchte den Ort bewußt nicht nennen) kündete eine private Arbeitsgruppe für Astronomie (e.V) die kurz bevorstehende Eröffnung ihrer Sternwarte an. Diese Hobbyastronomen hatten über viele Jahre entsprechende Gelder hierfür gesammelt. Als ich den Präsidenten dieser Vereinigung auf seine geplanten Beobachtungsobjekte ansprach, erwähnte er bei seiner Antwort die Sonne nicht. Ich faßte vorsichtig nach, ohne jedoch auch nur den Hauch meiner Beobachtungsobjekte zu erwähnen. Als nun die Sonne von mir ins Gespräch gebracht wurde, fiel ihm eine Merkwürdigkeit hierzu ein. Etwa ein viertel Jahr vor der Fertigstellung der Sternwarte wurden bei ihm zwei Militärpersonen in ziviler Kleidung vorstellig. Sie interessierten sich für die Leistungsstärke des Teleskops und besonders, für die Beobachtungsziele. Die Sonne käme wohl (wegen der nicht vorhandenen Filter) als eines von vielen Beobachtungszielen nicht in Frage, womit sich die Kontrolleure zufrieden gaben. Ob, und inwieweit diese Geschichte tatsächlich etwas mit unseren Sonnenanomalien zu tun hatte, werde ich sicherlich nicht herausbekommen.

Einen Monat später lagen mir diese Bilder vor.

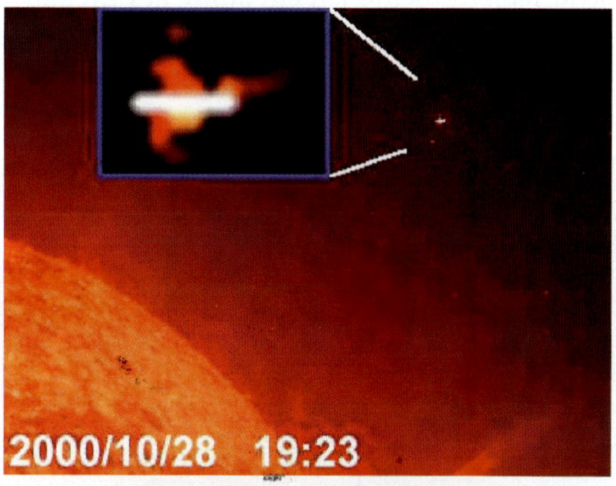

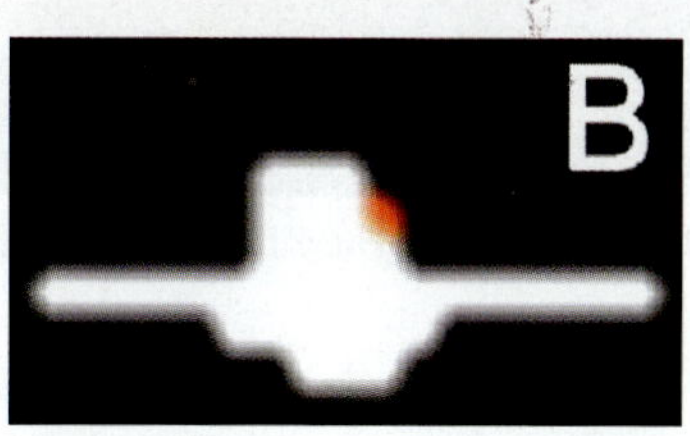

Ausgewertete Vergrößerung

Am 20.11.2000 ereignete sich etwas, was ich zuvor nicht beobachten konnte. Die Sonne wurde von zwei torpedoähnlichen Geschossen getroffen, was zu einer ungeheuerlichen Explosion führte. Tatsächlich wurde ein solches Szenario bereits im Juni 1998 registriert. Auch damals waren es zwei „Geschosse“ welche die Sonne besonders stark zum Explodieren brachten. (Unglücklicherweise liegt mir zu dem Beschuss vom 20.11.2000 nur die Videosequenz vor, sodaß ich lediglich dieses harmlos erscheinende Bild in den Text einarbeiten konnte.) Augenblicklich nach dem Einschlag, verwandelt sich das Sonnenbild in ein apokalyptisches Feuerwerk. Auch diese Sequenz wird, wie geplant, demnächst in eine, eigens hierfür bereitgestellte Internetpage gestellt.

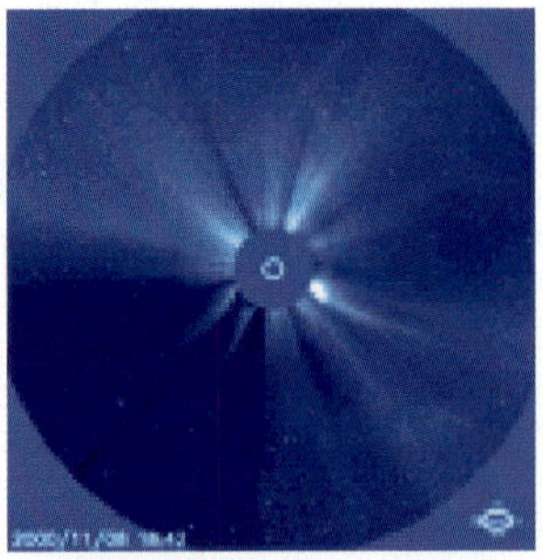

Kurz vor Beginn des Sonnenbeschusses

Der Vollständigkeit halber möchte ich ein ähnliches Ereignis vom Juni 1998 nachreichen. Fast deckungsgleich ist hier der Verlauf des Beschusses vom 20. November 2000. Insofern sind diese Aufnahmen als Ersatzbilder durchaus akzeptabel:

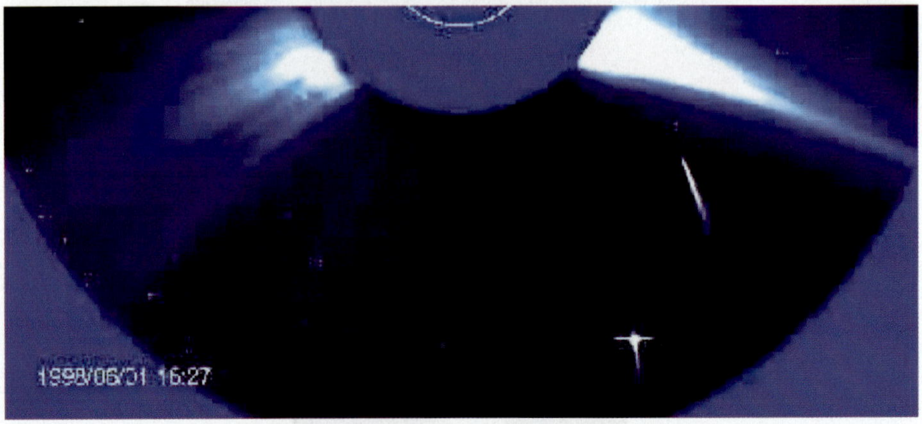

Zwei Geschosse werden Bereiche der Sonne zur extremen Explosion bringen

Gefilterte Vergrößerung des Geschosses

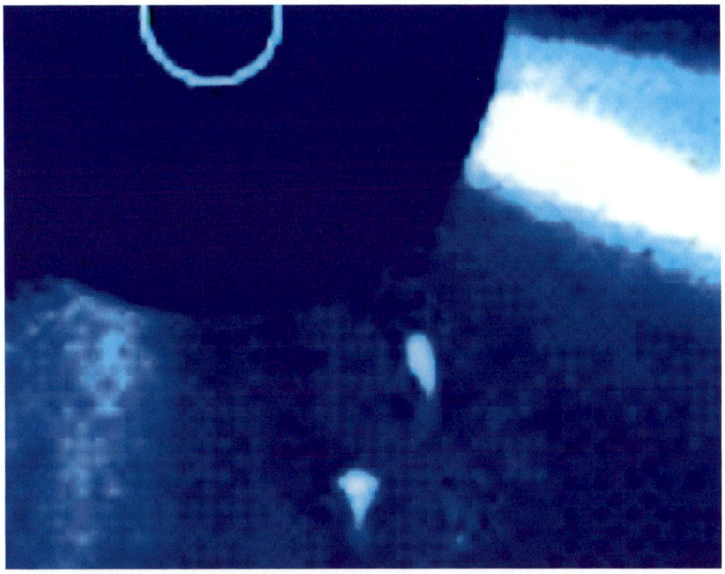

Andere Aufnahme von dem Ereignis Juni 1998
Unmittelbar vor dem Einschlag

Bei genauerer Betrachtung dieser Aufnahme ist im unteren Bild auf der linken Seite (über der Datumsanzeige) etwas zu erkennen, was wir bereits am 29.9.1999 entdecken konnten (Objekt, das aus der Sonne zu kommen schien). Sollte zwischen diesen Ereignissen ein direkter Zusammenhang bestehen? Benötigt dieses „Reiseobjekt" möglicherweise die extreme Energie, die bei einer solchen Explosion freigesetzt wird? Die „Gravitationsphysik" könnte Raumzeitverzerrungen aus höchstenergetischen Ereignissen ableiten...(Zeitreisende?). Zusätzlich ist hierbei noch eine Besonderheit zu beobachten. Die Bewegungsrichtung des Objektes verläuft in unterschiedlichen Richtungen. Von, oder aus der Sonne weg, oder umgekehrt. Von, oder aus der Sonne ist in dem Moment zu erkennen, **wenn die Sonne explodiert**, zur Sonne hin (wie das obere Bild es zeigt) kurz **vor der Explosion**. Handelt es sich hierbei möglicherweise um eine Hin- und Rückreise eines Objektes, das hierfür jedes Mal diese phantastische Energiefreisetzung benötigt?

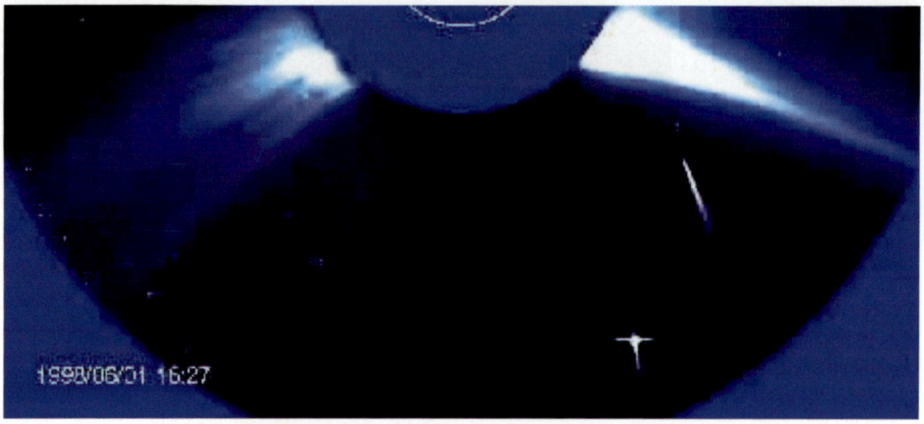

Kurz vor dem Einschlag der Geschosse. Die hier nur leicht erkennbaren Verzerrungen sind auf der Videosequenz erheblich deutlicher zu erkennen

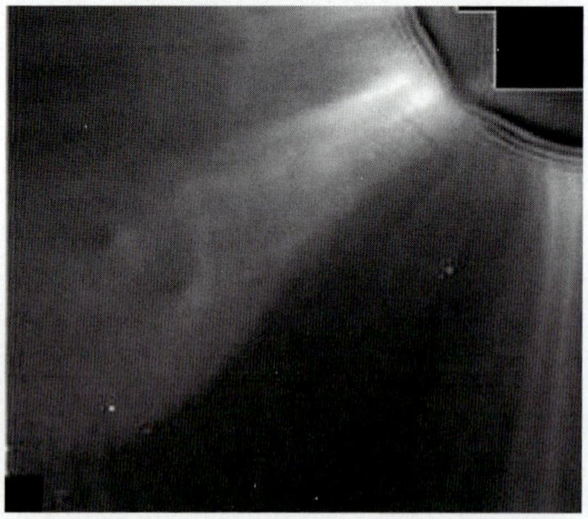

Ausschnitt des „Reiseobjektes" vom 29.9.1999

Etwa drei Monate später waren zwei unterschiedliche Objekte zu erkennen, die sich gegenseitig, oder etwas anderes, unter Beschuß zu nehmen schienen.

Objekt sendet Laser (oder ähnliches) Signal (Schuß?)

Flugobjekt sendet (schießt) Objekt- zwei „Strahlen" gleichzeitig

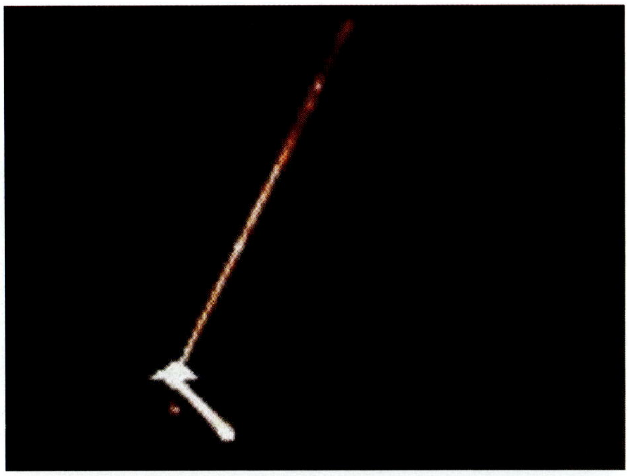

Offenbar ist auch die längliche Flugobjektform in der Lage, ähnliche Strahlen auszusenden

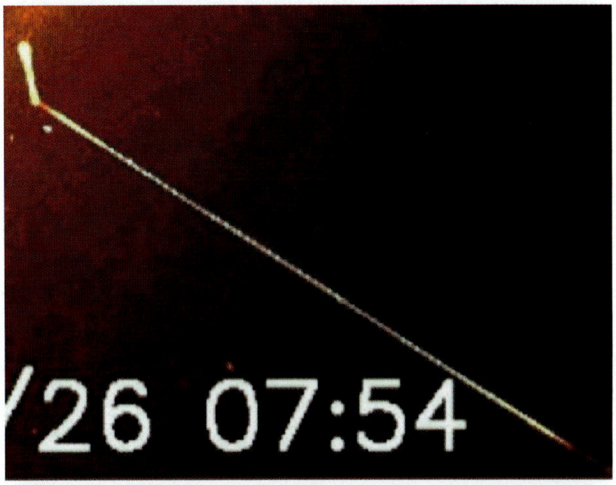

Es kann offensichtlich ebenfalls zwei Strahlen gleichzeitig absetzen

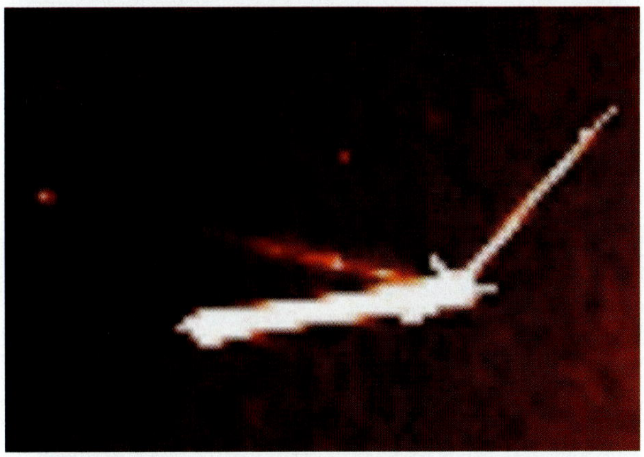

Am 13.Januar 2002 konnte ich erstmals diese halbkreisförmige Formation von Objekten vor der Sonne beobachten. Über sie liegen mir keine weiteren Informationen vor.

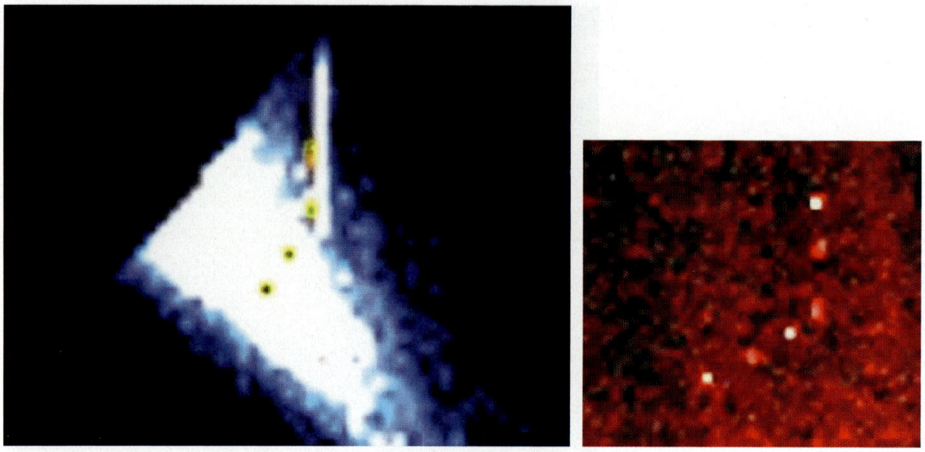

Zwei unterschiedliche Ereignisse, die zeitlich einige Tage auseinander lagen

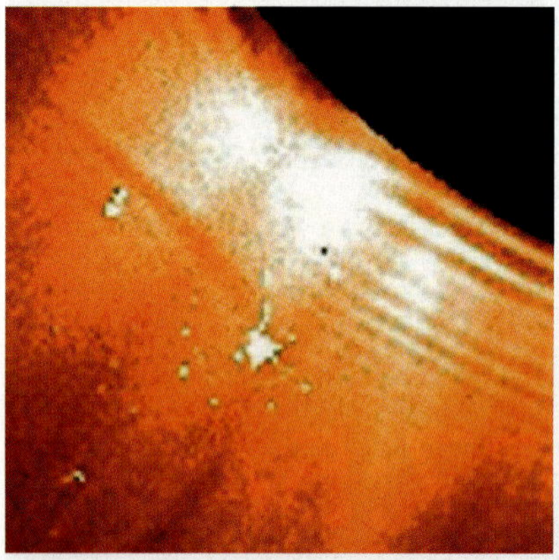

Hier scheint die halbkreisförmige Formation von Flugobjekten ein größeres Objekt zu umgeben

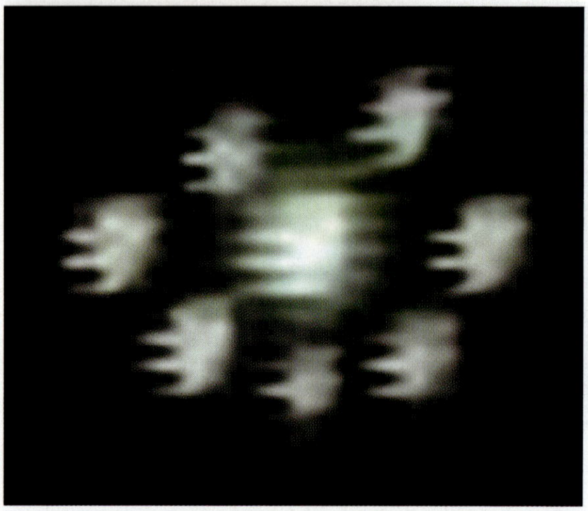

Handelt es sich um die gleichen Objekte, die später von terrestischen Teleskopen aufgenommen wurden?

Im April 2002 tauchen sogar drei Flugobjekte vor der Sonne auf. Bildausschnitt 2 und 3 scheinen die gleiche Spezies darzustellen. Im Bildausschnitt 2 scheint es zu einer näheren Begegnung zwischen zwei unterschiedlichen Flugobjekten zu kommen. Im dritten Bildausschnitt sendet (schießt) das Objekt einen Strahl auf etwas.

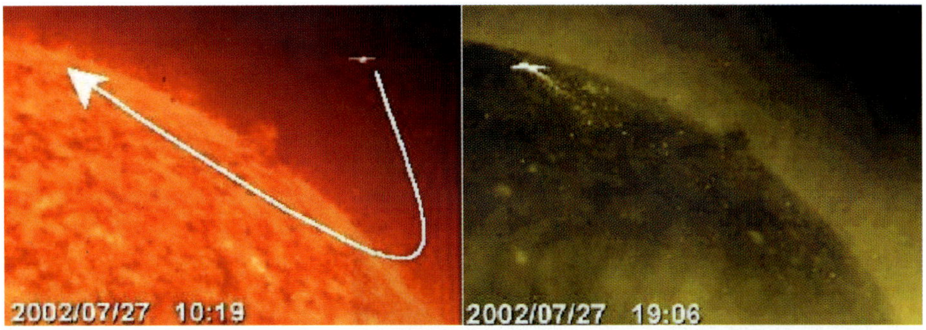

Am 27.Juli 2002 tauchte dieses Objekt vor der Sonne auf. Auf dem rechten Bild, etwa neun Stunden nach der Flugnavigation, ist zu erkennen, wie das Flugobjekt „etwas" auf die Sonne abwirft...

Lichtanomalien vor der Sonne.

Am 29 Juli 2002, also zwei Tage später, schien die Sonne in unvorstellbarer Weise zu explodieren. Nicht nur die Intensität der Explosionen – es scheint sich um mehrere gleichzeitig zu handeln- zeigt eine Besonderheit, sondern auch die Formation und das Erscheinungsbild des Lichtes. Handelt es sich hierbei um Skalareffekte? (Wäre ein Indiz für eine Hyperraumtechnologie).

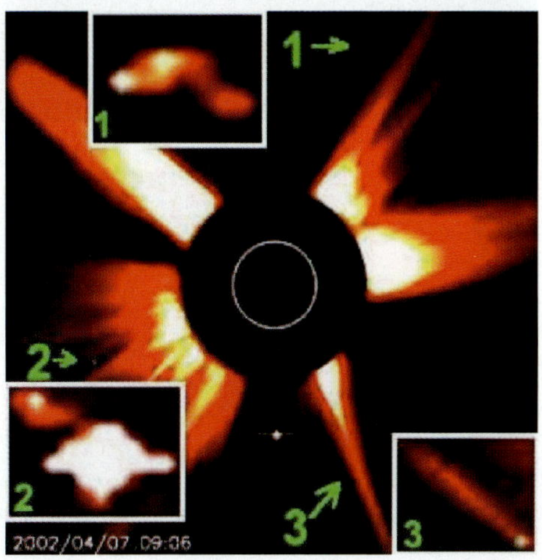

Große Aktivitäten vor, oder um die Sonne.

Die Experten standen vor einem Rätsel. Niemals zuvor wurden solche dramatische Veränderungen beobachtet.

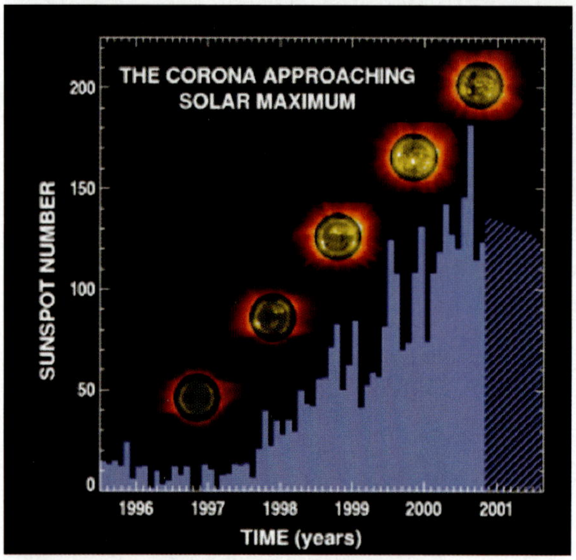

Deutliche Zunahme der Sonnenaktivität zwischen 1996 und 2001 (die selbst 2006 immer noch ansteigend ist).

Aufnahmen vom 9. Mai 2002 zeigen wieder ein Flugobjekt, welches an das vom 29.9.2000 erinnert (das, was aus der Sonne zu kommen schien).

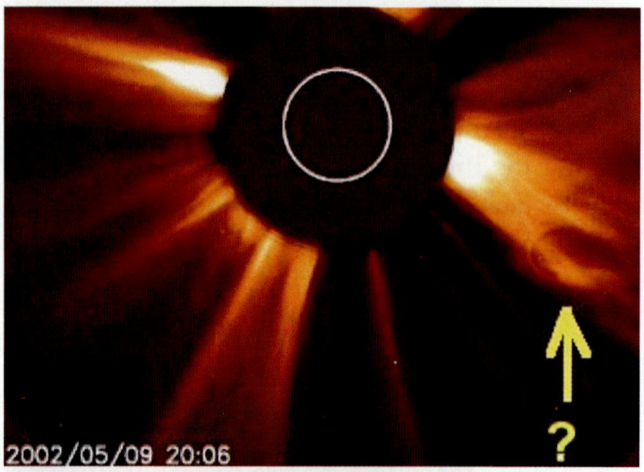

Sich bewegendes Objekt hat Ähnlichkeit mit dem „Hyperraumreiseobjekt“.

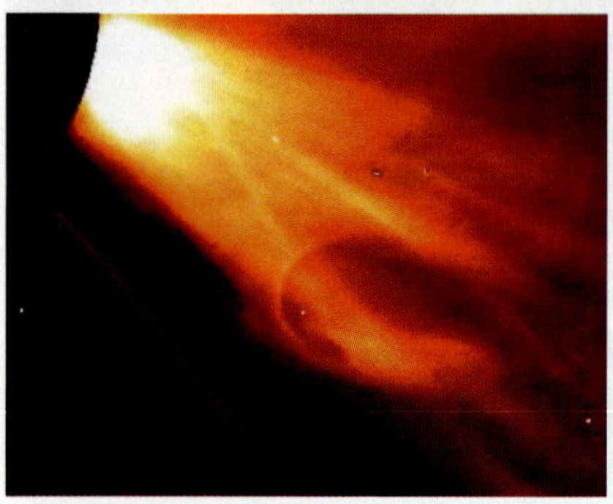

Detailvergrößerung

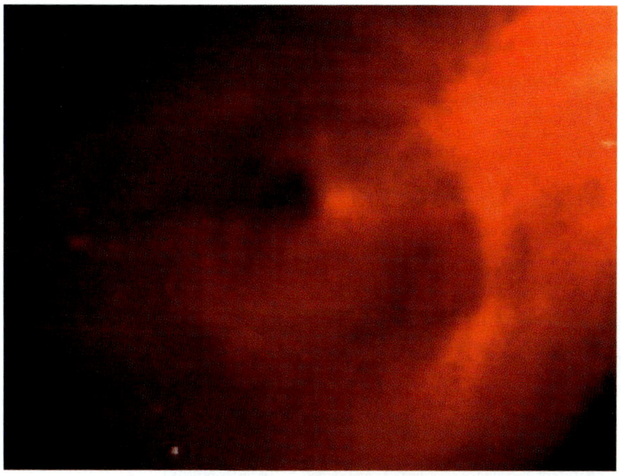

Zum Vergleich unser scheinbar „aus der Sonne kommendes Objekt" vom 29.9.2000

Am 11. September 2002 erreichten mich diese Fotos. Auf ihnen ist deutlich zu erkennen, wie ein Flugobjekt – der uns nun schon vertrauten Bauart- mit seinen Laserstrahlen zwei kleinere Flugobjekte trifft.

Größeres Flugobjekt „schießt" auf mehrere kleinere Objekte.

Einen Tag darauf:

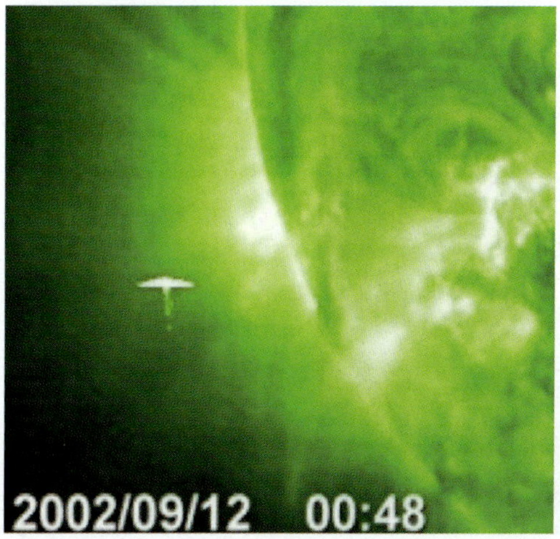

Größeres Flugobjekt vor der Sonne

Wiederum einen Tag später:

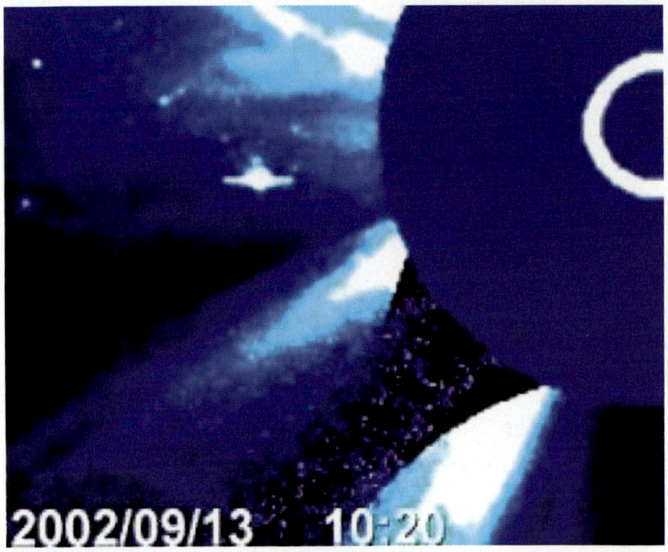

Größeres Flugobjekt vor der Sonne

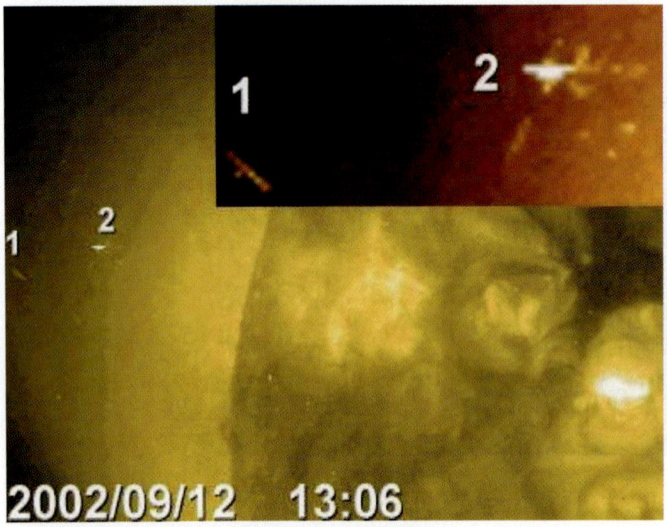

Was findet hier statt?

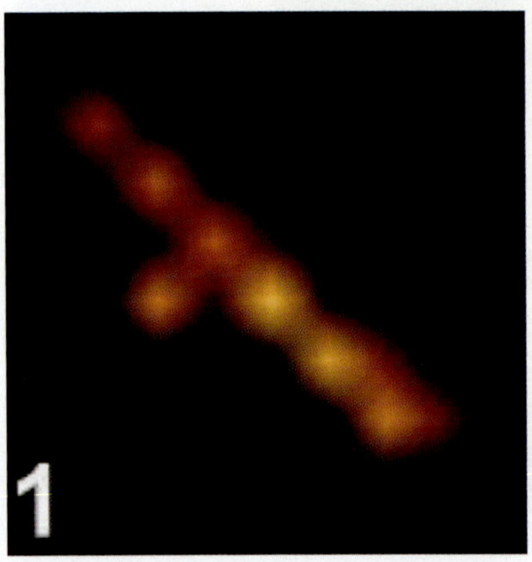

Detail 1

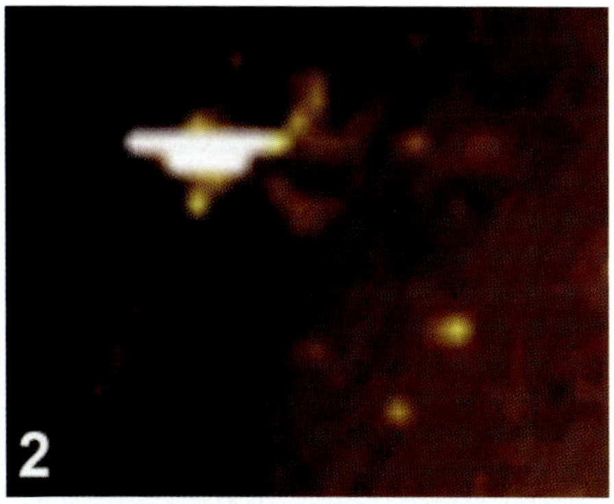

Detail

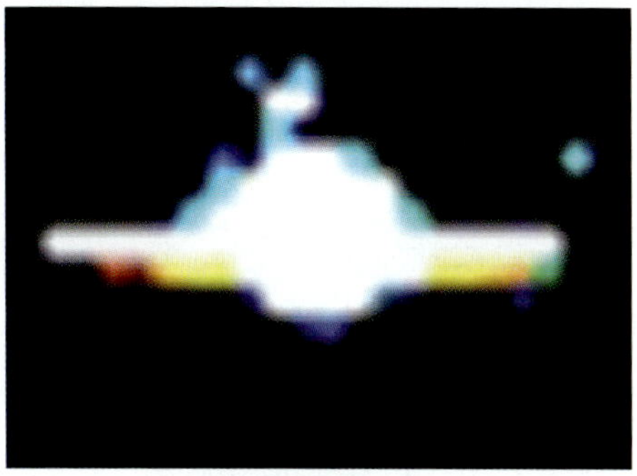

Spektralanalyse des Objektes

Sechs Tage nach diesem Ereignis wurde ein neuartiges Flugobjekt beobachtet. Auffällig gegenüber den bisher beobachteten Flugobjekten ist die klare Symmetrie des Gefährts.

Aufnahme vom 18.September 2002

Detailvergrößerung

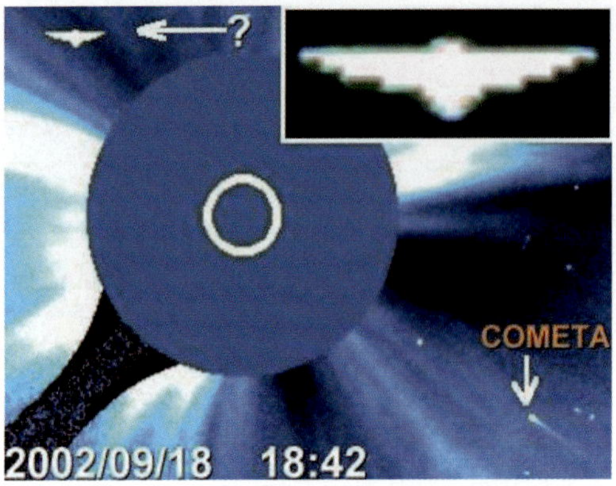

Erweiterte Perspektive läßt zusätzlich einen Kometen erkennen, der Richtung Sonne fliegt

Sumerisches Bild zeigt Nibiru

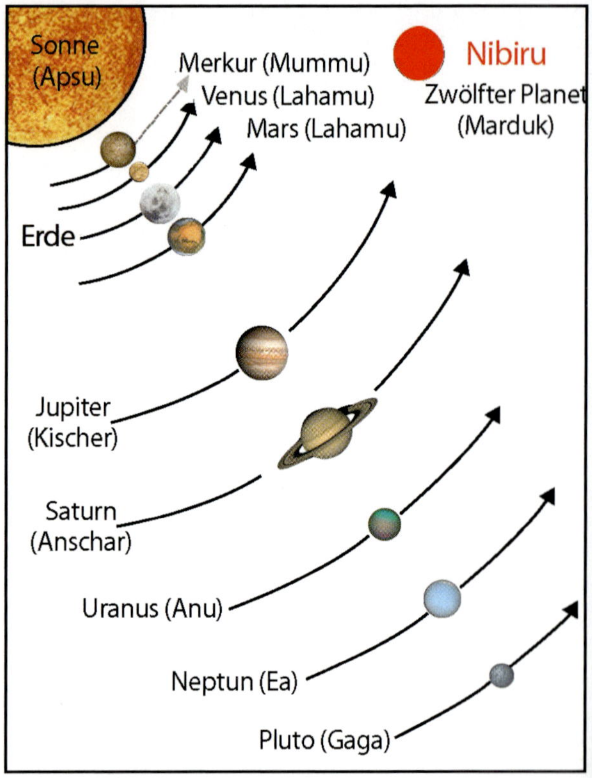

Alte Sternenkarte, Sonnensystem

Eine sehr alte „Sternkarte VA/ 243" zeigt neben den uns bekannten Planeten noch einen unbekannten Planeten zwischen Jupiter und Mars. Heute ist zwischen Mars und Jupiter eine auffallend große Lücke, in der sich ein Asteroidengürtel befindet.

Zecharia Sitchin übersetzte aus den sumerischen Texten sehr wertvolle Informationen. Zunächst wird über das Ur-Sonnensystem berichtet, bestehend aus drei Planeten (Sonne, Merkur und Tiamat). Nachdem weitere Planeten entstanden sind, bestand das Sonnensystem aus der Sonne und neun Planeten. Dann drang ein weiterer Planet (Nibiru oder Marduk, wie er bei den Babyloniern genannt wurde) vom Außenraum in unser Sonnensystem ein. Er zog vorbei an Neptun, Uranus und Saturn. Durch sein Eindringen und die sich dadurch verändernden Gravitationskräfte aller Planeten, kam es zu großen Explosionen und Katastrophen, durch die neue Satelliten entstanden. Dann kam es zum Zusammenstoß zwischen Tiamat und einem der Satelliten Nibirus. Nachdem der Eindringling (Nibiru) einen weiteren Umlauf um die Sonne absolviert hatte, kam es zur zweiten und letzten Kollision.

Einer der Satelliten Nibirus sprengte den oberen Teil Tiamats ab. Dieser Teil wurde in eine neue Umlaufbahn geschleudert und riß dabei einen Satelliten (Kingu) mit. Sie blieben ein Paar und wurden Erde und Mond. Doch so richtig abenteuerlich wird es im „Atrahasis-Epos", das bis heute in einem gut

erhaltenen Zustand ist. Sitchin hat dieses ebenfalls ausgewertet und folgendermaßen interpretiert:
Das Epos berichtet über die Anunnaki („Jene, die vom Himmel auf die Erde kamen“), die vor zirka 450.000 Jahren von diesem Planeten Nibiru, der unsere Sonne alle 3.600 Jahre einmal umkreist, zur Erde kamen, um Gold abzubauen. Für die Kolonisation der ersten Anunnaki eigneten sich die großen Flußebenen, wie zum Beispiel die Ebenen von Nil oder Euphrat und Tigris. Die erste Gruppe der Anunnaki bestand aus fünfzig Personen. Sie landeten im Arabischen Meer und machten sich auf in Richtung Mesopotamien, wo am Rande der Sümpfe die erste Siedlung der Erde (Eridu – in der Ferne erbautes Haus) errichtet wurde. Die Texte benennen Enki (**Herr des Bodens/Erde**) als den ersten großen Anführer. Er war Weiser und Kulturbringer, ein ausgezeichneter Naturwissenschaftler, Lehrer und Ingenieur. Enki war der Sohn von Anu (An), dem Herrscher des Nibiru und der Göttin Nummu.
(Mehr dazu siehe Buch: Die Himmlischen und Ihre Kinder)

Sumerisches Rollsiegel beschreibt den „Rat der Götter“. Beachtenswert sind die oberen Abbildungen des Bildes, die den Herkunftsplaneten der „Götter“ (Anunaki) beschreiben. Neben dem „Siebengestirn“ – den Plejaden – ist die Sonne Nibiru (Heimatplanet) und weitere Planeten unseres Sonnensystems. Mit dieser Beschreibung soll die „Herkunft der Götter“ beschrieben werden.

Andere Darstellung zum Thema „Herkunft der Götter“. Bemerkenswert ist die Darstellungsform ihres Heimatplaneten, der mit Flügel versehen ist.

Sehr oft wurde das Symbol des Heimatplaneten Nibiru mit ihrem Gott „Anu“ dargestellt.

Am 20. Februar 2002 tauchte eine wurmlochähnliche Erscheinung auf.

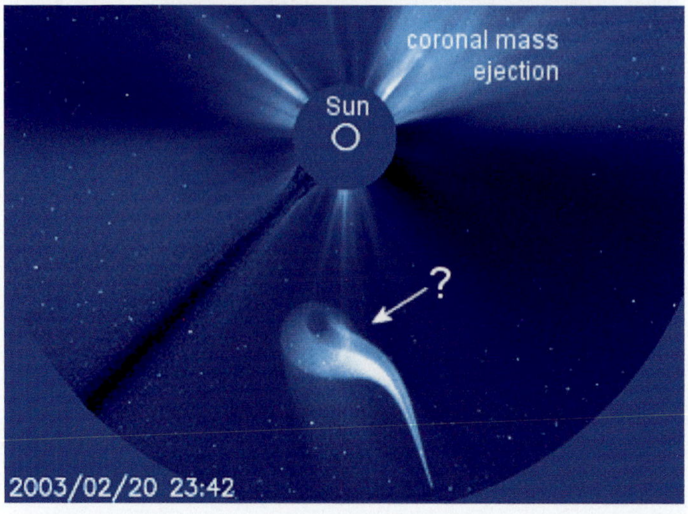

Wieder im Zusammenhang mit einer außergewöhnlich starken Sonnenexplosion tauchte erneut unser bekanntes „Hyperraumreiseobjekt“ auf. Umso bemerkenswerter ist der Fakt, als auch dieses Ereignis sich an der gleichen Stelle der Sonne (etwa auf „7 Uhr“) ereignete. Mit diesem wurmlochähnlichen Lichtobjekt als Ergänzungserscheinung (Nebeneffekt?) könnte das konstruierte „Hyperraumreisemodel“ durchaus in den Bereich des Realen gerückt werden.

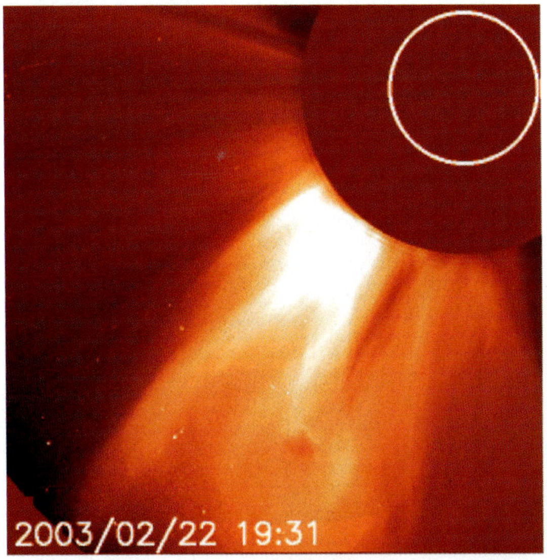

Zwei Tage später tauchte wieder das „Hyperraumreiseobjekt“ auf

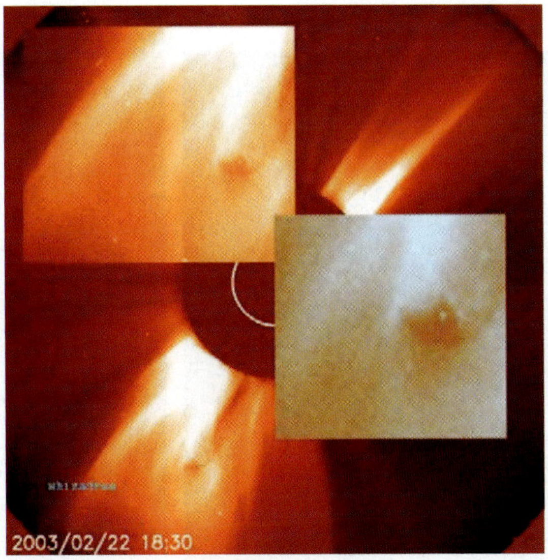

Detailausschnitt: „Hyperraumreiseobjekt“?

Äußerst bemerkenswert hierbei ist, daß dieses „wurmlochähnliche“ Objekt mit seiner Öffnung genau zu der Stelle weist, an der zwei Tage zuvor das „Hyperraumreiseobjekt“ auftauchte. Findet hier möglicherweise eine Art Umwandlungsprozeß, eine Transformation zwischen virtuellem und realem Objekt statt?

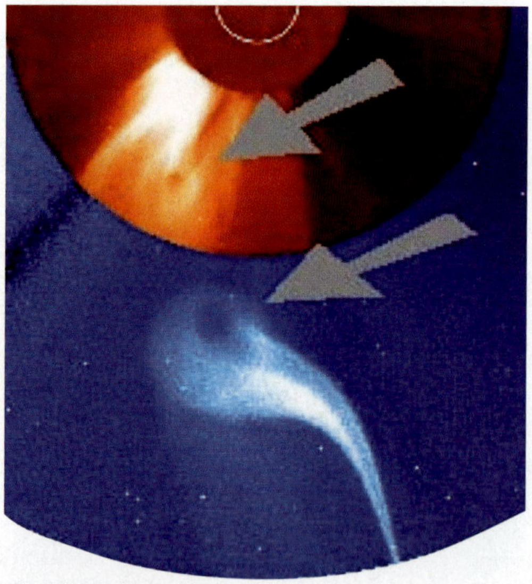

Überlagerung der beiden Ereignisse, die zwei Tage auseinander liegen.

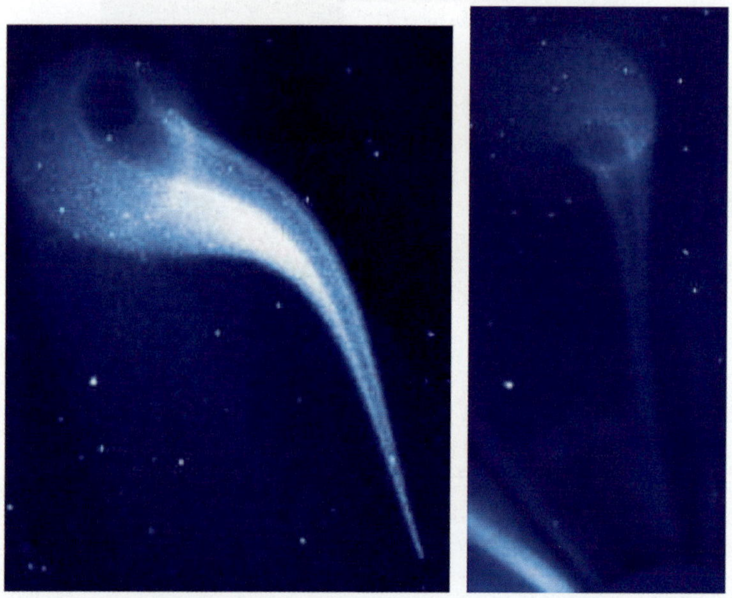

Detailausschnitte der wurmlochähnlichen Erscheinungen

Wurmlöcher sind theoretische Lösungen (Kruskal-Lösungen) von Gleichungen der allgemeinen Relativitätstheorie, die nach Albert Einstein Raum und Zeit beschreibt. Sie wurden erstmals 1935 von Albert Einstein und Nathan Rosen beschrieben und deshalb ursprünglich Einstein-Rosen-Brücken genannt. Der Name Wurmloch stammt von der Analogie mit einem Wurm, der durch den Apfel, anstatt entlang der Oberfläche wandert. Er nimmt also eine Abkürzung durch das Wurmloch. Analog erweitert die allgemeine Relativitätstheorie den anschaulichen euklidischen Raum der menschlichen Erfahrung zu einem „allgemeineren“ Raum mit einer Krümmung. Wurmlöcher sind derartige topologische Konstrukte, die weit voneinander entfernt liegende Bereiche des Universums durch eine „Abkürzung“ verbinden. Ein Ende eines Wurmlochs erscheint dem Beobachter als Kugel, die ihm die Umgebung des anderen Endes zeigt. Obwohl ein durch ein Wurmloch Reisender nie die Lichtgeschwindigkeit überschreiten würde, hätte in Bezug auf die betreffenden Start- und Zielbereiche eine Reise mit Überlichtgeschwindigkeit stattgefunden. Wurmlöcher können durch Schwarze Löcher entstehen.

Einstein-Rosen-Brücke
In den dreißiger Jahren wurden spezifische Lösungen der Einstein'schen Feldgleichungen entdeckt, die eine Art von Durchtunnelung der Raum-Zeit beschreiben. Diese Tunnel wurden zuerst von Albert Einstein und seinem Mitarbeiter Nathan Rosen bei der so genannten Schwarzschildlösung der Gleichungen der Allgemeinen Relativitätstheorie gefunden. Die Schwarzschildlösung beschreibt die Verhältnisse in der Umgebung eines Schwarzen Lochs und zeigt, daß im Inneren des Schwarzen Lochs eine Verbindung zu einem anderen Raum-Zeit-Gebiet existiert. Man bezeichnet solch eine Verbindung als Wurmloch oder auch als Einstein-Rosen-Brücke. Die Schwarzschildlösung zeigt jedoch, daß eine Kommunikation über eine solche Brücke nicht möglich ist, da das Wurmloch nicht lange genug geöffnet ist, um mit weniger als Lichtgeschwindigkeit durchquert zu werden. Wenn ein Schwarzes Loch jedoch Ladung besitzt oder rotiert, sind die Verhältnisse komplizierter. Es lassen sich relativistische Modelle aufstellen, die Transport von Masse und Information über eine Einstein-Rosen-Brücke im Prinzip zulassen. In diesem Zusammenhang gibt es aktuelle Überlegungen der Physiker, ob Wurmlöcher Zeitreisen ermöglichen.

Im Grunde genommen sind also die Bedingungen ein solches Wurmloch zu erschaffen, nur eine Frage der Technik und der Energie. Tatsächlich sind Wurmlöcher im Mikrokosmos bekannt, und im Makrokosmos im inneren der so genannten „schwarzen Löcher“ nachgewiesen (im Zentrum unserer Galaxis befindet sich beispielsweise ein gigantisches „schwarzes Loch“).

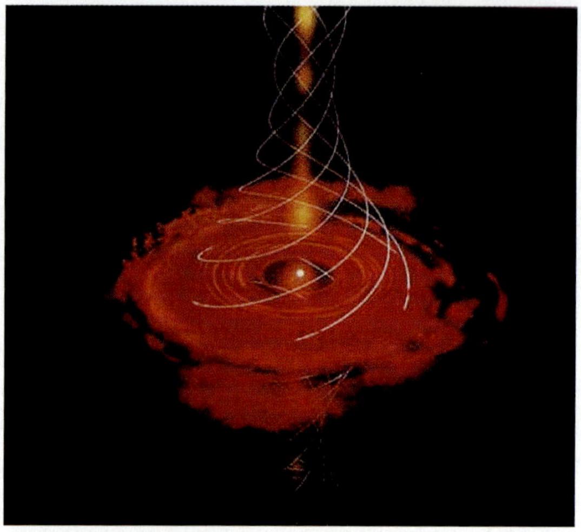

Aktuelle Vorstellung einer makroskopischen Wurmlocherscheinung

Auf der Suche nach der erforderlichen Energie könnte uns die Sonne, als größter Energielieferant in unserem Sonnensystem, durchaus einiges an Potential hierfür bieten. Die uns geläufige Materie weist durchweg positive Energie auf und verursacht deshalb eine positive Krümmung der Raumzeit. Auch Antimaterie weist positive Energie auf. **Für ein Wurmloch braucht man aber eine Region mit negativer Krümmung, also Materie mit negativer Energie, denn diese entspricht einer abstoßenden Gravitation.** Was aber ist nun diese negative Energie, und wie kann man sie gewinnen? Hier kommt uns die Unschärferelation der Quantenmechanik zu Hilfe: Im subatomaren Bereich brodelt es heftig! Es entstehen ständig so genannte **virtuelle, entgegengesetzt geladene Teilchenpaare,** die sich alsbald gegenseitig wieder vernichten, und das selbst im absoluten Vakuum! Die Energie zu ihrer Bildung leihen sie sich einfach aus dem Vakuum und geben sie bei ihrer Vernichtung wieder zurück. Die Energiedichte eines jeden Feldes, egal, ob elektrisch, magnetisch oder gravitativ, ist nach der Heisenberg'schen Unschärferelation selbst Schwankungen unterworfen. Zu einem bestimmten Zeitpunkt kann sie in den negativen Bereich gelangen. Sie wird aber durch erhöhte Werte der positiven Dichte ausgeglichen. Und zwar wird der negative Puls überkompensiert, und das umso mehr, je größer die Zeitintervalle zwischen den Pulsen sind. Diesen Effekt nennt man Quantenzins — die negative Energie ist quasi ein Darlehen, das mit Zinsen zurückgezahlt werden muß. Je länger die Darlehensdauer (größere Zeitintervalle) und je größer die Darlehensmenge (die negative Energie), umso höher ist der Zins (der positive Puls). Zudem ist bei ansteigenden Darlehensbeträgen die Laufzeit immer kürzer. **Ist es nicht vorstellbar, daß eine Intelligenz, die sich hinter diesen besonderen Flugobjekten zu verbergen scheint, in der Lage ist, sich dieser Technologie zu bedienen?**

Die Sternwarte „Mauna Loa Solar Observatory" (MLSO) aus Boulder, Colorado erfaßte mehrere Aufnahmen, die uns einige neue Informationen bieten. Was hier quasi „an der Sonne" zu erkennen ist, dürfte von höchster Bedeutung für eine Aufklärung bei unserer Spurensuche sein.

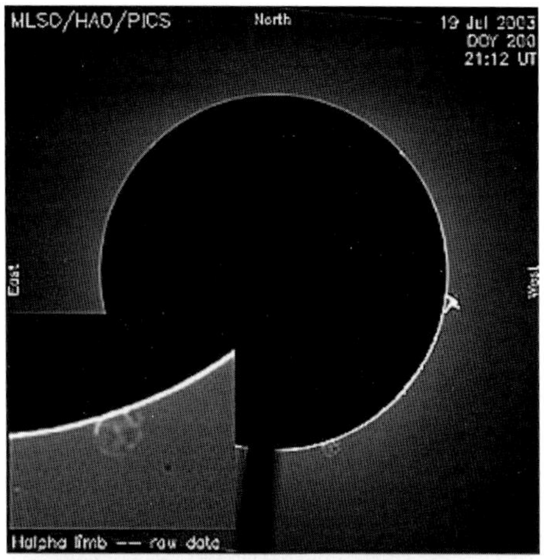

Objekt an der Sonne am 19.Juli 2003

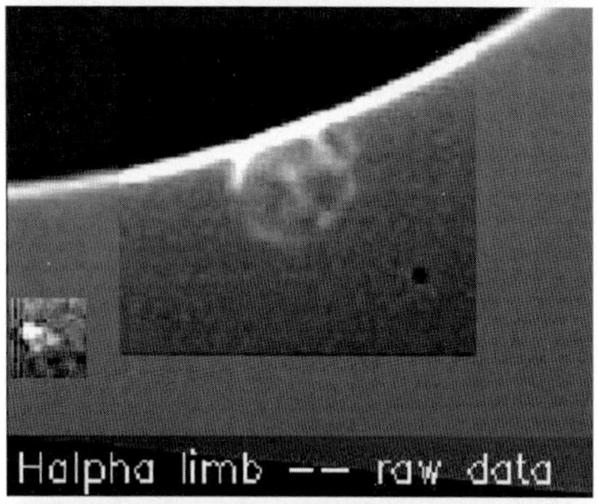

Detailvergrößerung des Objektes

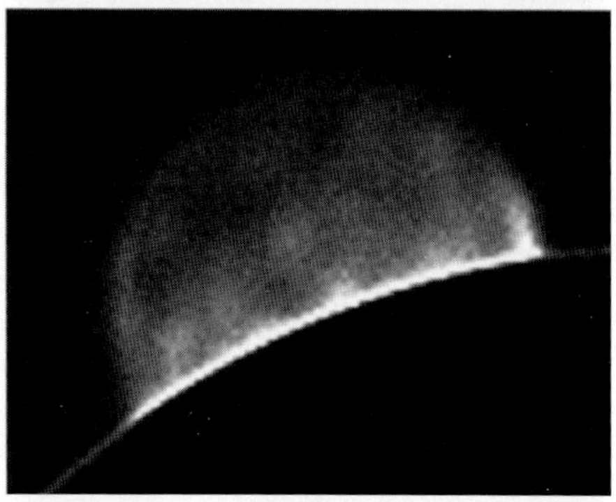

Etwas spätere Aufnahme

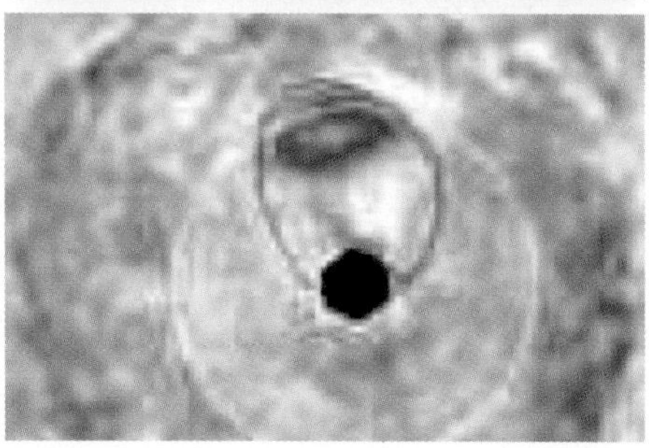

Merkwürdige Gebilde auf dem Objekt

Objekt vor der Sonne, aufgenommen von der Sternwarte „Mauna Loa Solar Observatory" (MLSO) aus Boulder Colorado.

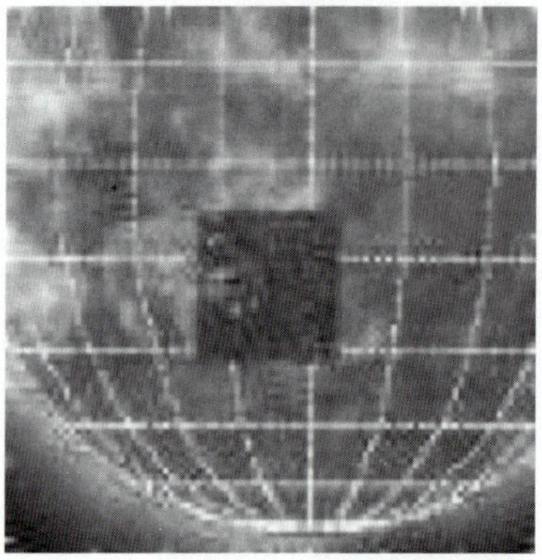

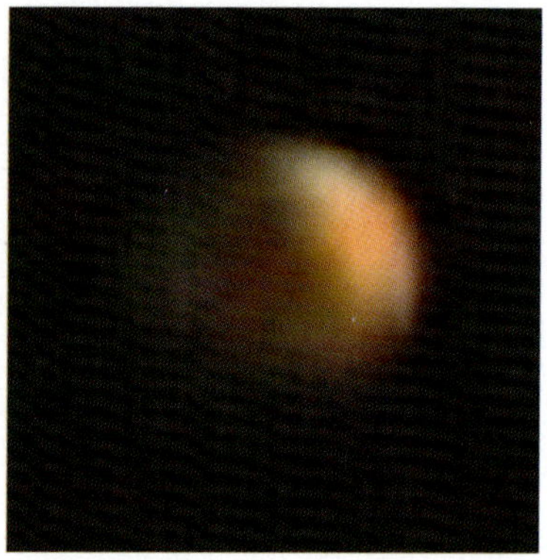

Objekt mit anderem Teleskop (Nibiru?)

Auf einer Bildfolgesequenz ist die Reise des Objektes „vor" der Sonne zu erkennen. Diese Aufnahme stammt vom SOHO Satelliten der NASA.

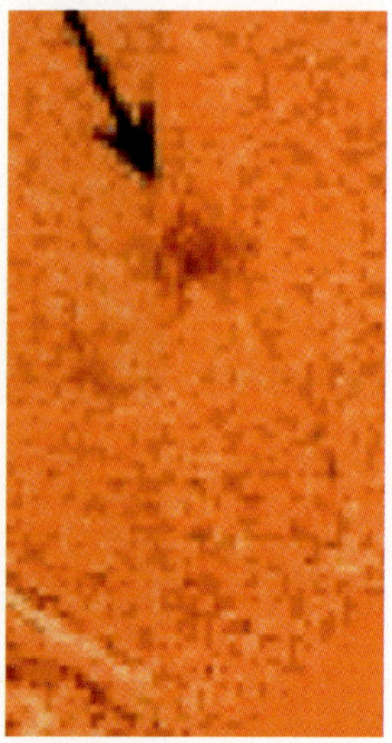

Was auch immer mag dieses „Feuerwerk“ am 12. September 2003 ausgelöst haben, was mag „es“ überhaupt darstellen? Links neben der Sonne (Position etwa „9 Uhr 30“) ist ein rundes Objekt zu erkennen. Hat dieses Objekt etwas mit diesem Ereignis zu tun?

Anomalie vom 12.9.2003

Am 20. Februar 2004 entstand diese Aufnahme der Sonne. Sie schien ihre Position innerhalb kurzer Zeit zu verändern. Natürlich könnte es der Satellit gewesen sein, der für diese Positionsänderungen verantwortlich ist. Dagegen würde jedoch sprechen, daß sich etwas sehr Ähnliches nur zwei Monate später ereignete. Hier war bei der Betrachtung der mir vorliegenden Bildfolgesequenz (etwa 3 Sekunden) deutlich zu erkennen, daß es sich bei der Positionsveränderung nicht um einen Fehler des Satelliten handelte.

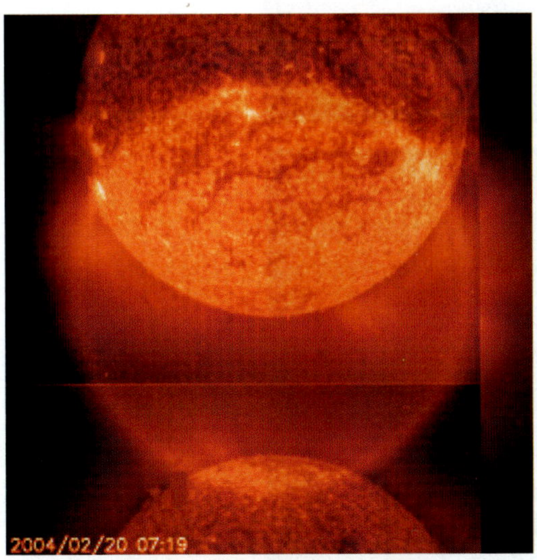

Anomalie am 20. Februar 2004

Ähnliches Geschehen etwa zwei Monate später

Extreme Sonnenexplosion am 11. September 2004. Ob es sich bei diesem Ereignis um eine naturgemäße oder eine, durch eines der Objekte hervorgerufene Explosion handelt, bleibt hier offen.

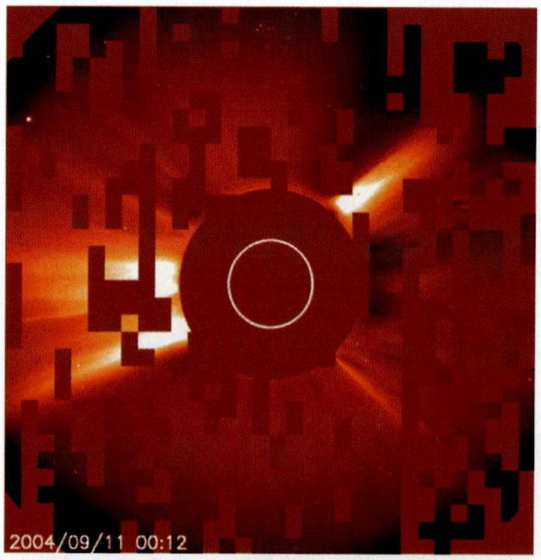

Extreme Sonnenexplosion am 11.Sept. 2004

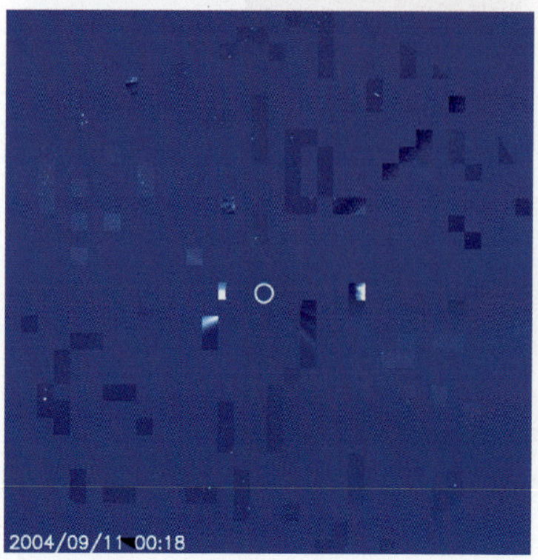

Sechs Minuten später...

Am 18. Februar 2005 verursachte das Flugobjekt (Nibiru?) eine phantastische Sonnenanomalie.

Flugobjekt umgibt im unteren Bereich eine größere Anzahl von Lichtkörpern.

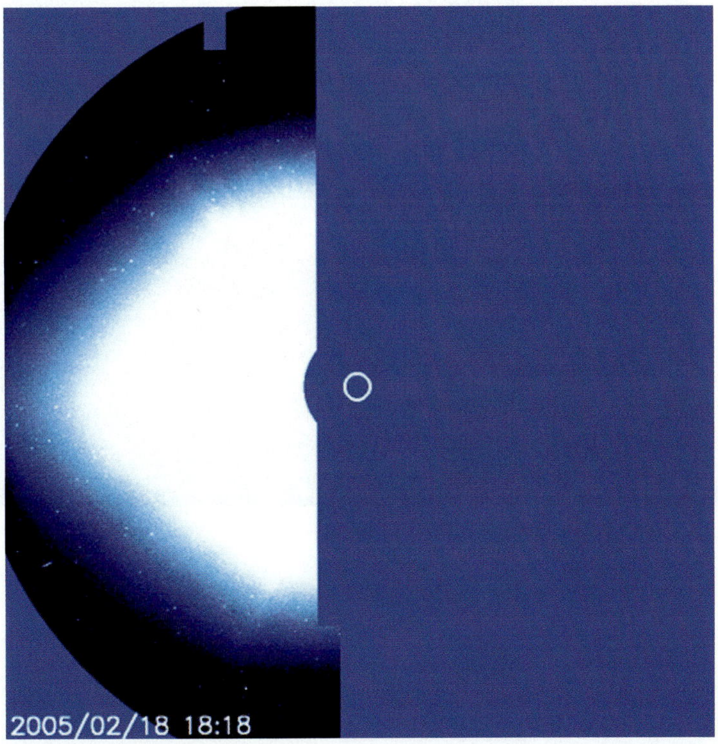

Besondere Anomalie der Sonne.

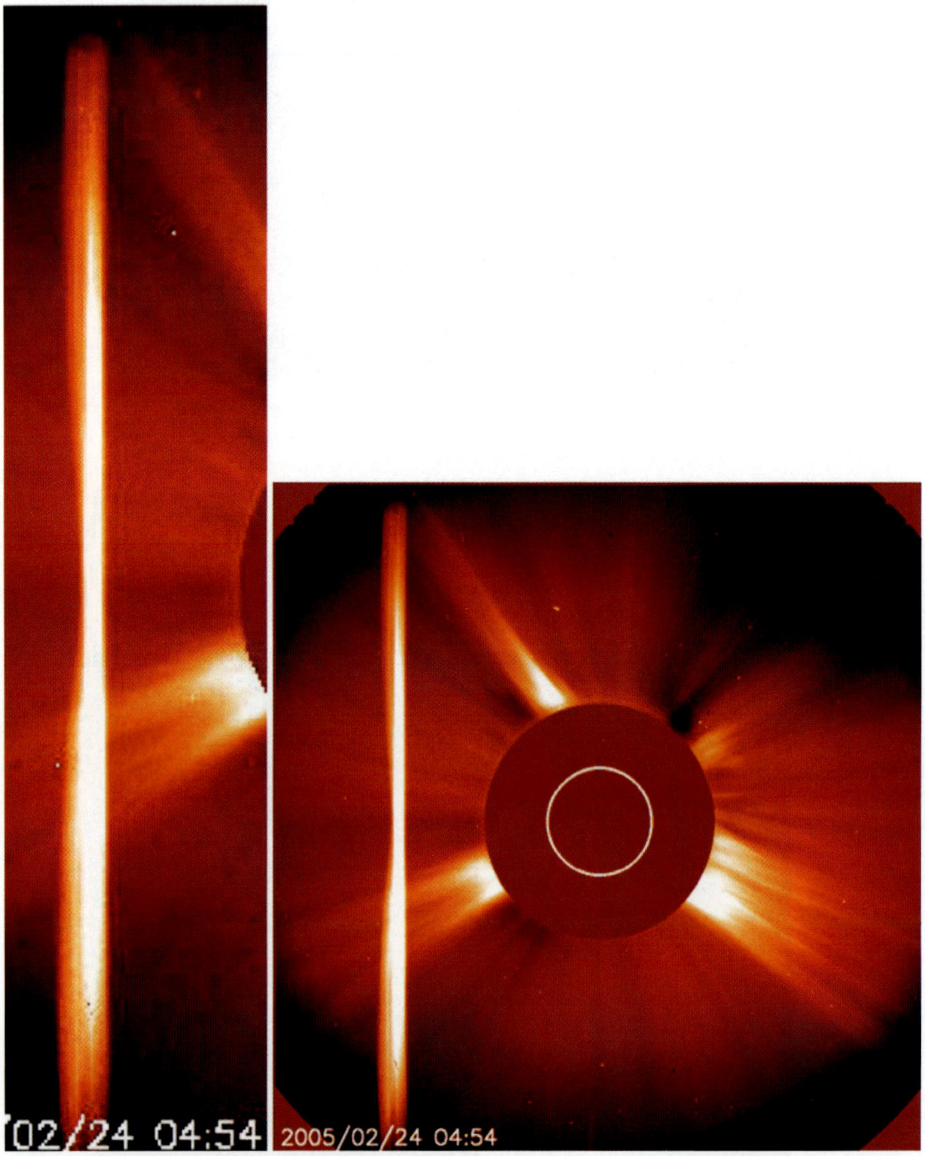

Zwei Tage darauf war diese Lichtsäule zu beobachten

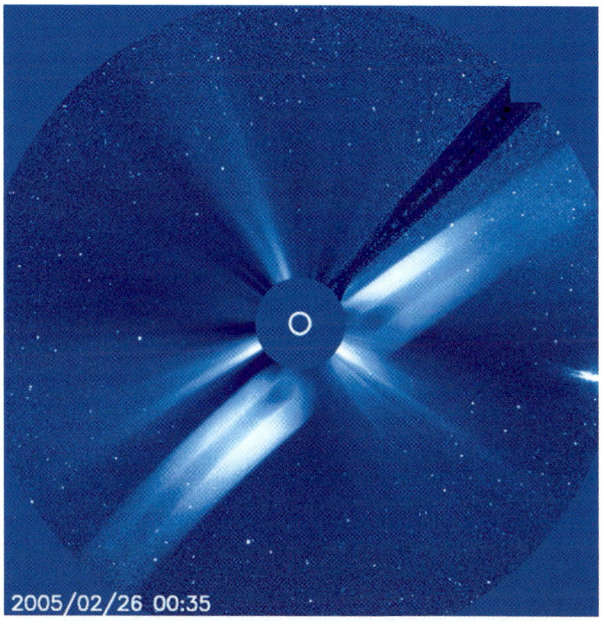

Wiederum zwei Tage später erschien diese Lichtsäulenformation. Im rechten Randbereich scheint sich ein Objekt zu nähern.

10 Monate darauf erschien wiederum eine ähnliche Lichtsäule. Leider liegen für die Zeiträume dazwischen keine Aufnahmen vor, sodaß die Ursachenforschung für diese Anomalie zunächst nicht möglich erscheint.

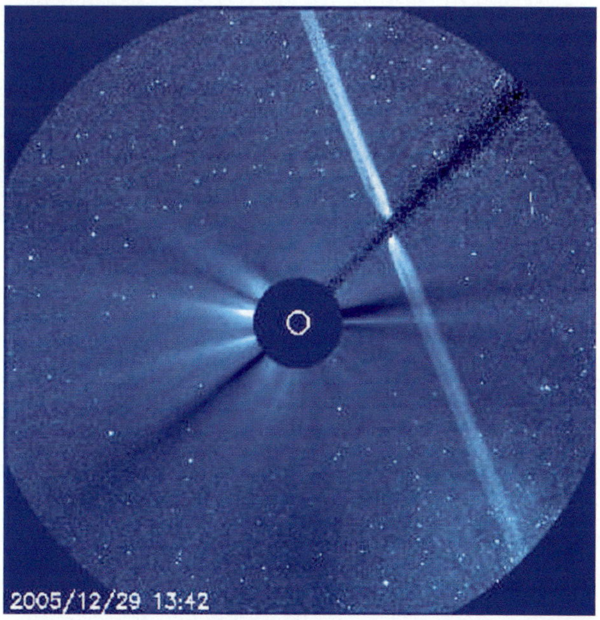

Lichtsäule vom 29.Dezember 2005

Die aktuellste Aufnahme liegt vom 23. Februar 2006 vor. Dieses Ereignis, welches ebenfalls als Bildfolgesequenz vorliegt, zeigt hinter der Sonne ein Objekt von bisher nicht beobachteter Größe. Es bleibt nun also abzuwarten welche Folgeerscheinungen hierdurch auf der Erde in Erscheinung treten werden.

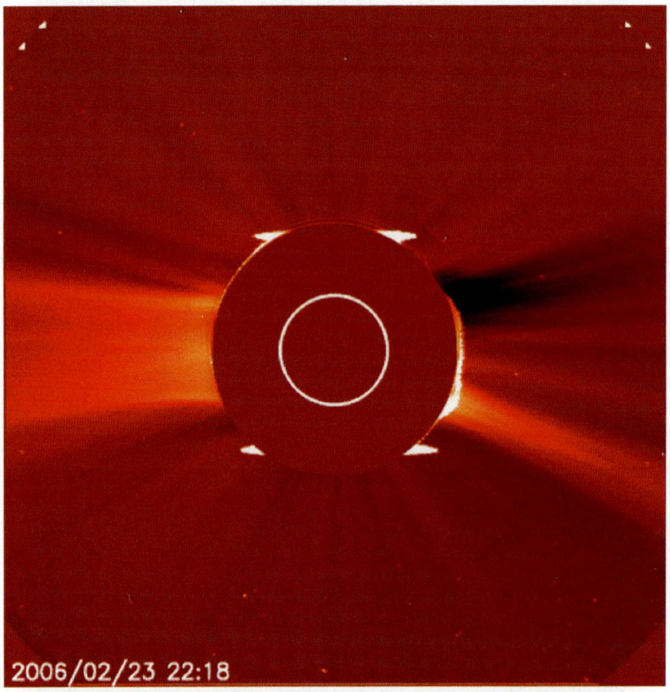

Aktuelles Ereignis vom 23. Februar 2006
„Etwas" scheint sich hinter der Sonne zu befinden – mit welchen Konsequenzen?

Im Jahre 2001 wurde vereinzelt der Versuch unternommen, die Öffentlichkeit zu informieren.
TV-Sender, Radio und Presse berichteten vereinzelt über einige Details des außergewöhnlichen Geschehens, welches sich am Himmel abspielte. Hierbei hoben sich die Form und die Qualität der Berichterstattungen deutlich von den bekannten und anrüchigen „Ufo-Berichten" ab. Es war spürbar, hier geschah etwas ganz besonderes!

'UFO' on NASA camera

By TIM UPTON

WASHINGTON: The object is certainly unidentified and appears to be flying.

Whether this enlarged image really shows a UFO piloted by aliens remains to be seen. But according to the people who released it this photo and hundreds like it are the best evidence yet of the existence of spacecraft from other worlds.

UFO investigators say the image was captured by the Solar and Heliospheric Observatory (SOHO), a NASA satellite that was launched in 1996 to observe the sun. Since then, it is said, SOHO has captured hundreds of images of UFOs moving along a kind of alien superhighway.

SOHO is more than 1.5 million kilometres from Earth, with its camera trained towards the sun. Experts say the photographed objects are likely to be only hundreds of kilometres from its lenses.

Graham Birdsall, editor of *UFO* magazine, said: "The images are irrefutable in that they are from official satellites owned by NASA. They resemble the kind of spacecraft we used to see in sci-fi films like *Star Trek*."

2001/01/18 16:24

UTTERLY ALIEN: The image investigators say shows a UFO.

Eine der zahlreichen US-Amerikanischen Zeitungsberichte

In Rußland, speziell in Moskau, gingen die Regierungsvertreter sehr offen mit den außergewöhnlichen Ereignissen um. Sehr sachlich wurde die Bevölkerung auf ein Ereignis vorbereitet, welches die Ankunft des „Nibiru" betrifft. In aller Öffentlichkeit wurde über mögliche Auswirkungen und Konsequenzen dieses großen Ereignisses berichtet. Unter anderem wurden Werbeflächen genutzt, um die Bevölkerung auf das Ereignis vorzubereiten.

Die Ankunft von „Nibiru" wurde in Moskau beworben

TV-Sendungen wie diese wurden sehr wissenschaftlich geführt

Im Jahre 2001 brachte die Notenbank von Australien diese Silbermünze auf den Markt. Bemerkenswert sind die für Australien außergewöhnlichen Motive.

Australische Münze

Bild Seite 43:
Seit Januar 2005 ereigneten sich einige bemerkenswerte Dinge an der Sonne, und die Auswirkungen beschäftigen noch immer die wissenschaftliche Gemeinschaft. Zwischen dem 15. und 19. Januar kam es aus dem "Sonnenfleck 720" zu vier mächtigen Sonneneruptionen.
Am 20. Januar kam es zu einer fünften Eruption mit einem koronalen Masseausstoß [CME], der Geschwindigkeiten erreichte, die unvergleichlich höher waren als alles, was Astronomen zuvor gemessen hatten.

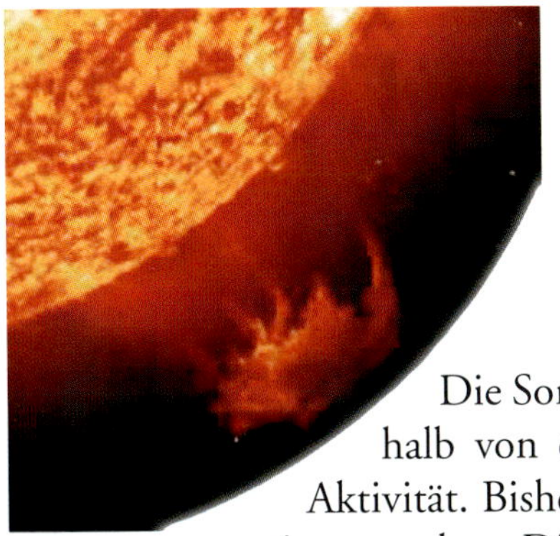

Der 23. Sonnenfleckenrhythmus fällt aus dem naturgemäßen Bereich

Die Sonne durchläuft in einem gleich bleibenden Rhythmus innerhalb von elf Jahren einen Zyklus von minimaler bis zu maximaler Aktivität. Bisher sind 23 dieser 11 Jahres-Rhythmen registriert und analysiert worden. Die Zusammenhänge zwischen den Sonnenaktivitäten und unterschiedlichen Auswirkungen auf der Erde sind weitestgehend bekannt. Der 23. Rhythmus jedoch verläuft absolut atypisch. Zu dem Zeitpunkt, wo sich die Maximalaktivität zu einer Minimalen verändern sollte, steigert sich die Aktivität in nie zuvor registrierter Weise. (siehe auch Artikel im Magazin 2000plus Nr. 145, „Der lange Atem der Sonne", Seite 22, „Sonnenwinde und das Jahr 2000", Seite 34, und Nr. 216, „Die Sonneneruption, mit der eine Theorie starb – und die ungewöhnlichen Vorgänge gehen weiter", Seite 44).

Naturgemäß hätte das Minimum bereits 2006 erreicht sein sollen (Bild nächste Seite). Tatsächlich ist jedoch das Gegenteil hiervon eingetreten. Die Sonnenaktivität hat ihre Steigerungsperiode aus dem Jahr 2000 nicht verlassen, sie erhöht sich immer noch! Leider sind seither keine aktuellen Grafiken wie diese (unteres Bild) mehr erstellt worden (um Unruhe zu vermeiden?).

Trauen wir den merkwürdigen Aufnahmen um die Sonne, so könnte zwischen dem Auftauchen und den Aktivitäten der Objekte und den Sonnenaktivitäten eine Korrelation hergestellt werden. Immerhin können wir deutlich erkennen, daß die Sonne von torpedoähnlichen Geschossen mehrfach getroffen wurde, was wiederum zu extremen Explosionen auf der Sonne führte. Ob nun diese „Geschosse" natürlichen oder künstlichen Ursprungs sind, der Einfluß hiervon läßt die Sonne nicht „zur Ruhe" kommen. Wenn ich meiner Phantasie nun einmal freien Lauf lasse, so könnte ich aus der Sichtung des gesamten Bildmaterials ableiten, daß es sich bei diesem Szenario um eine Art „kosmischen Disput" handeln könnte (etwas in mir wehrt sich, das als Krieg zu bezeichnen). Ich wage mich an folgende Darstellung:

Die Natur, in ihrer ursprünglichsten Art, gründet sich in perfekt aufeinander

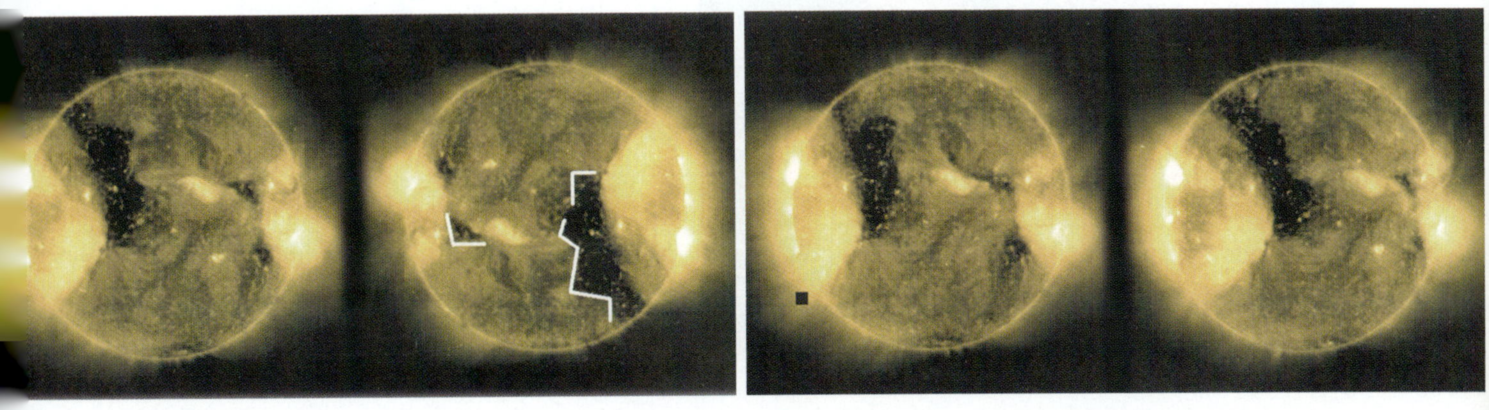

abgestimmte Weise ein auf das Zusammenspiel all seiner Bestandteile. Evolution gilt als der elementarste Aspekt des kosmischen Seins. Rhythmus, Harmonie und Ordnung stellen die Grundeigenschaften dar (gr. Kosmos=Ordnung). Der Ordnungssog der Natur hält das Spiel der Materie auf Kurs. In dem Moment, wo sich der bewußte Geist der Materie bedient – hierzu zähle ich nicht nur die Körperlichkeit eines Lebewesens, wird eine „unscharfe“ Einflußgröße in diese Naturprinzipien eingebracht. Aus Handlungen, welche diesen Naturgesetzen nicht entsprechen, entsteht eine Disharmonie des kosmischen Seins. Die Natur ist nun bestrebt die entsprechende Unausgeglichenheit nachzuregeln. Hierzu bedient sie sich ihrer eigenen Mittel.

Sie ist selbst in der Lage, sich ihrer Gesetze und ihrer Materie (Energie = Materie) zu bedienen. Offenbar ist nun in unserer Galaxis einiges soweit aus dem Ruder gelaufen, daß ein gewisser Schwellenwert erreicht wurde, sodaß die Natur ihr göttliches Potential auf den Plan ruft. Die gleichen Wirk- und Erschaffungskräfte, die das gesamte Universum am laufen halten, treten gegenwärtig in Erscheinung. So soll beispielsweise gegenwärtig unser Sonnensystem neu kalibriert (abgestimmt) werden. Diese Kalibrierung erfolgt zwischen sämtlichen Galaxien und entspricht etwa dem Reset eines Computers (die Karten werden neu gemischt). Wir Menschen erkennen die „aus dem Ruder gelaufene“ Situation, in der wir uns auf der Erde zu befinden scheinen. Ein Höchstmaß an Widernatürlichkeit scheint erreicht. Die erweiterte Perspektive hierzu skizziert folgendes Bild:

Da der Auf- und Untergang sämtlicher Hochkulturen immer unter dem Einfluß von Sonnenaktivitäten stand, scheint hier eine Verbindung mit der Ur-Quelle zu bestehen. Die hierzu gewonnenen Daten weisen eine auffällig deutliche Korrelation der letzten 5500 Jahre auf.

Gegenwärtig steht, so sind diese Daten zu interpretieren, ein neuer Machtwechsel an. Bei genauerer Betrachtung sowie der Einbeziehung der Hinterlassenschaften einiger älterer Hochkulturen, vor allem die der Maya, ist zu erkennen, daß es sich diesmal jedoch um ein nie da gewesenes, unvorstellbar großes Ereignis handelt. Was auch immer geschehen mag, es wird unsere Vorstellungskraft sprengen. Fakt scheint zu sein, daß über die Sonne der größte Einfluß auf die Erde und auf das menschliche Bewußtsein ausgeübt wird.

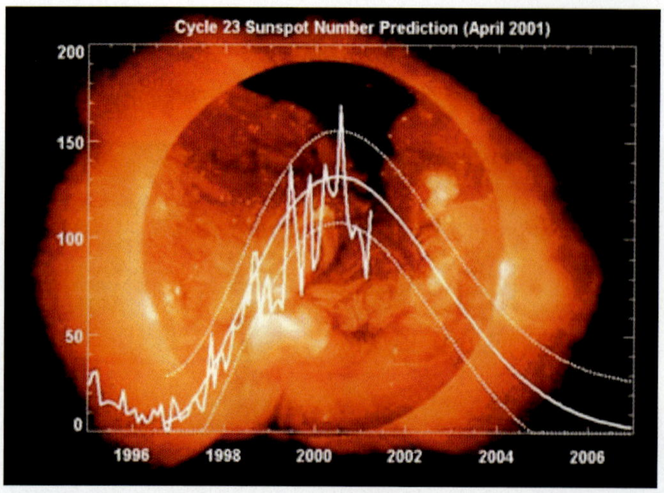

Relativ normal verlaufender Sonnenfleckenrhythmus

Das naturgemäße „Eingreifen von höchster Stelle“ (All-Schöpfer?) scheint offenbar einigen Wesenheiten nicht in ihr Konzept zu passen. Mit

ihren Mitteln versuchen sie die Sonne dahingehend zu beeinflußen, daß sie ihre „göttliche Mission" (Reset) nicht ausführen kann.
Damit sollte verhindert werden, daß uns die entsprechenden Wirkgrößen (Magnetfelder, Gravitonen usw.) nicht erreichen. Wiederum andere Wesenheiten versuchen nun, quasi „vor Ort" die „Verhinderer" an ihrer Aktion zu hindern damit der natürliche Prozeß fortgesetzt werden kann. Ziel dieser naturgewollten Mission von der „Quelle" scheint es unter anderem zu sein, uns Menschen aus dem „kollektiven Schlaf", dem Zustand der Unbewußtheit zu erwecken.

Daß wir dem Trugschluß erlegen sind, zu glauben, wir sein „Herr unserer Gedanken" und damit unseres Willen, ist ein gesicherter Fakt, der von Hirnforschern auf der ganzen Erde bestätigt wird. Hieran sollte sich etwas ändern…, sonst laufen wir Gefahr, aus unserem kollektiven Traum, der von anderen gelenkt wird, nicht mehr zu erwachen! Eine festgefahrene Situation, aus der wir ohne Hilfe von „ganz Oben" nicht mehr entkommen könnten.

Das Gehirn und unsere Erde können als Umsetzer von gravitations- in elektromagnetische Wellen interpretiert werden (Quantenfeldtheorie). Die **Erde, der Mond und unsere Sonne wiederum bilden zusammen ein Gravitations- und gleichermaßen ein multidimensionales Antennensystem.** Auch unsere beiden Gehirnhälften fungieren als Antennen (Interferometer) und sind somit Sender und Empfänger von Gravitations-Feldern. Die im EEG gemessenen Signale sind lediglich die sichtbaren, messbaren Sekundäreffekte dieser Gravitations-Felder. Somit ist das menschliche Gehirn zum einen ein Empfänger von Informationen aus verschiedenen Dimensions-Ebenen des Hyperraums und zum anderen selbst ein Sender von Informationen.

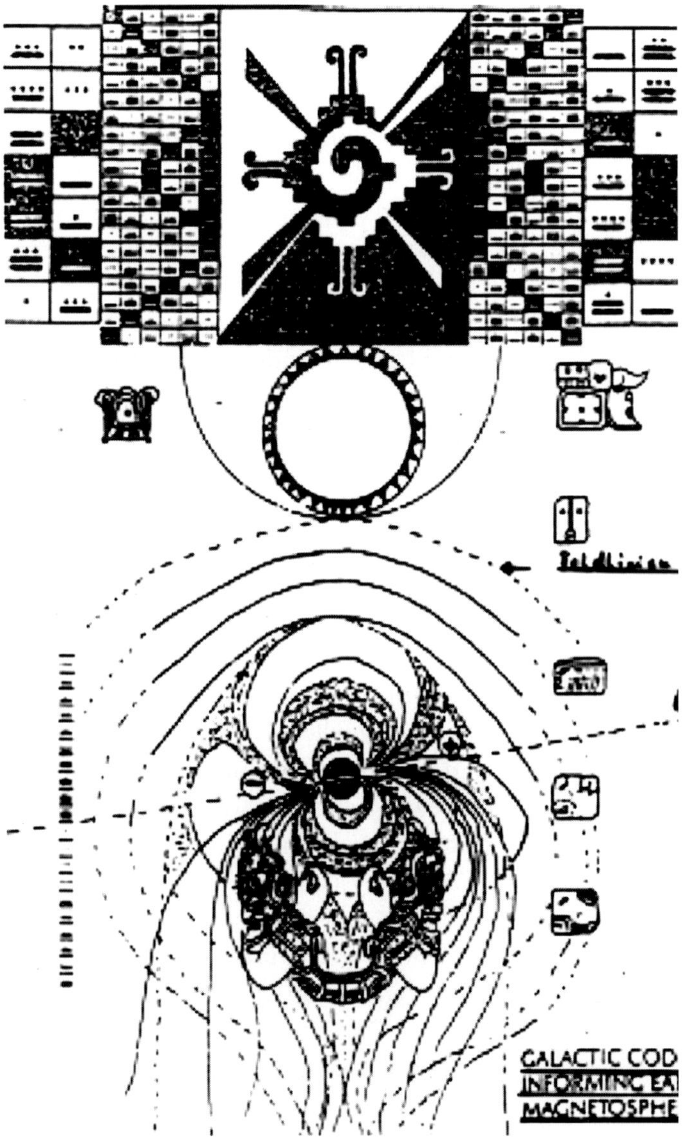

Tzolkin der Mayas
Die Abbildung beschreibt auf einfachste Art die Ankopplung zwischen dem „galaktischen Zentrum" und dem menschlichen Bewußtsein, wobei sich dieser Prozeß über unsere Sonne vollzieht.

Sämtliche vom Gehirn aufgenommenen und verarbeiteten Informationen wirken in unsere Raum-Zeit (X3+1) und werden gleichzeitig im Hyperraum abgespeichert. **Die Art unseres Bewußtseins bestimmt den Grad der Empfangsqualität aus dem Hyperraum und der Umsetzung der Gedanken in unsere Raum-Zeit-Realität.** (siehe auch: Carlos Calvet, „Hyperraum, die Beherrschung von Raum und Zeit. Auf den Spuren der Schöpfung". Magazin 2000plus, Nr. 170, Seite 20, „Der genetische Laser. Von den Biophotonen bis zum Hyperraum"). Diese Bewußtseinszustände können als eine Art Kohärenz im Bereich unserer Gehirnwellen aufgefaßt werden. Diese Kohärenz wird durch den Zustand von Entspannung und Klarheit ausgedrückt. Es konnte eindeutig beobachtet werden, daß eine hohe Kohärenz den Photonen die Fähigkeit verleiht Ordnung zu bilden und Informationen zu übermitteln. Die Eigenschaften der gemessenen Gehirnwellen deuten also auf eine direkte Ankopplung an den Hyperraum im Sinne eines **Informationsaustausches** hin.

In der Naturwissenschaft sind Zusammenhänge zwischen den Sonnenaktivitäten und dem menschlichen Verhalten durchaus bekannt. Darüber hinaus schrieben zwei populärwissenschaftlich orientierte Forscher, M. Coterell und B. Gilbert zu diesem Thema einen Bestseller.

Sie belegen eindeutige Zusammenhänge zwischen dem Auf- bzw. Untergang von Weltreichen und entsprechenden Sonnenzyklen. Vom Babylonischen-Reich, etwa 3000 v. Chr. bis zum Römischen-Reich und weiter bis zu der Epoche der Maya-Kultur, bestehen Korrelationen zu den Sonnenaktivitäten. Dieses Datenmaterial zeigt auf einen Paradigmawechsel in der aktuellen Epoche unserer Gegenwart hin. Hiernach ist der Prozeß des aktuellen Paradigmawechsels noch nicht abgeschlossen. Den Berechnungen nach soll im Jahre 2012 ein „großer Zyklus" beendet sein.

2012 ist letztlich auch das Datum welches dem Tzolkin - eine Art Kalender - entnommen wurde. Dieser Tzolkin, auch Maya-Code genannt, ist von Dr. José Arguelles 1987 entschlüsselt worden. Auch der Tzolkin beschreibt ein deutliches Zusammenspiel zwischen kosmischen Konstellationen und Bewußtseinsepochen. Dem Tzolkin zufolge ist „unsere" Sonne nur eine letzte von weiteren Sonnen, welche hierarchisch angeordnet sind. Von unseren Astrophysikern wissen wir heute, daß der Sirius, unserer Zentralsonne entspricht. Der Maya-Code beschreibt noch eine weitere, eine Art Haupt-Zentral-Sonne unseres Universums. Im Rahmen des Mayakalenders werden Zyklen beschrieben, die unseren Naturwissenschaftlern noch unbekannt sind. Diesem Kalender nach ist quasi heute ein Hauptzyklus nahezu abgeschlossen. Der Code der Maya beschreibt in diesem Zusammenhang einen „galaktischen Synchronisationsstrahl", der von der Ur-Zentral-Sonne aus, zu bestimmten Zeiten auf das Bewußtsein der Menschen einwirkt. Interpretieren wir dieses Mayabild, dann lassen sich hieraus durchaus entsprechende Einflußebenen ableiten.

Artefakte erweisen sich als Sensation

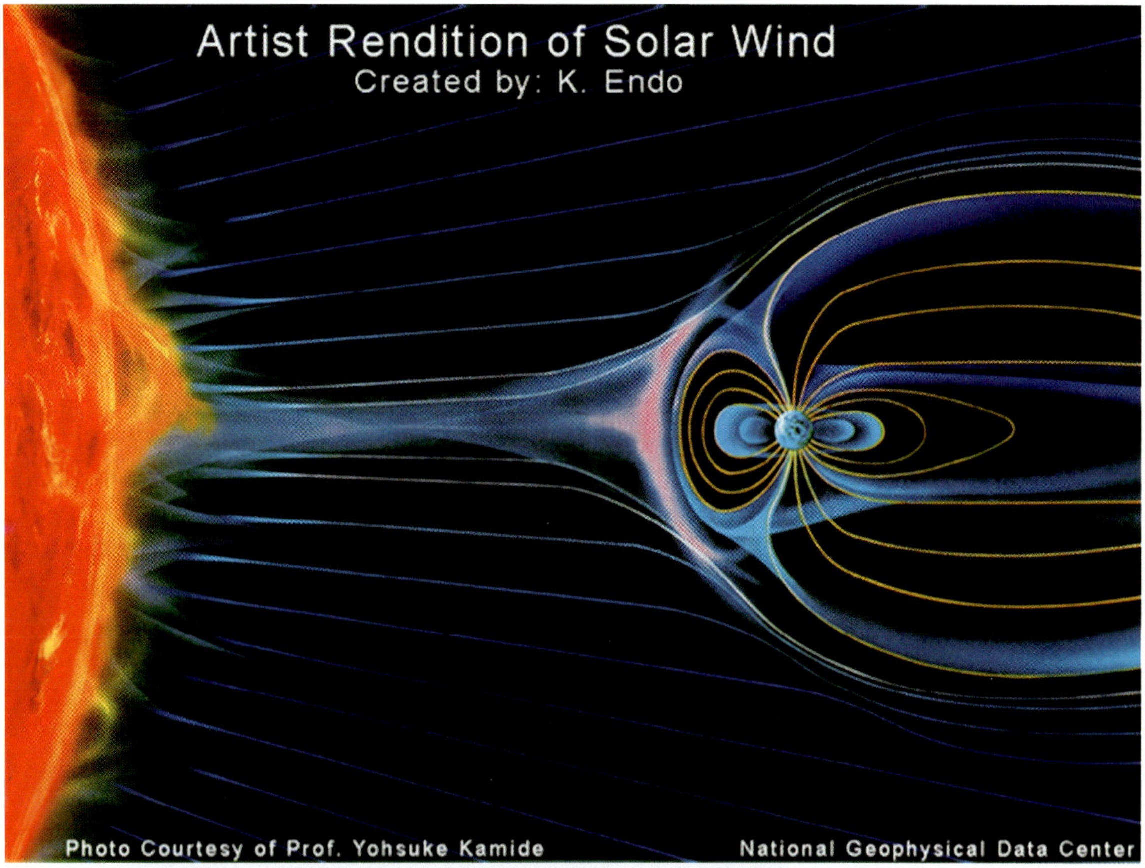

Befreien interkosmische Einflüsse unseren Geist?

Ganz offensichtlich zeigt unsere Sonne seit einigen Jahren ein äußerst merkwürdiges Verhalten. Sie befindet sich in einem äußerst aktiven Zustand. Niemals zuvor, seit ihrer direkten und indirekten Beobachtung, und hier können Forscher auf einen Zeitraum von über tausend Jahren zurückgreifen, wurden derartige Ausbrüche festgestellt. Die bekannten Aktivitätsschwankungen, welche natürlichen Rhythmen folgen, werden gegenwärtig nicht eingehalten. Die Explosionen, die auf (bzw. in) der Sonne beobachtet werden, sind von einer dermaßen hohen oder großen Intensität, daß immer öfter die Satelliten ausfallen. Daß diese Explosionen in direktem Zusammenhang mit unserer Psyche stehen, dürfte nur sehr wenigen bekannt sein.

Machtwechsel im Sonnensystem

Dein Wille geschehe

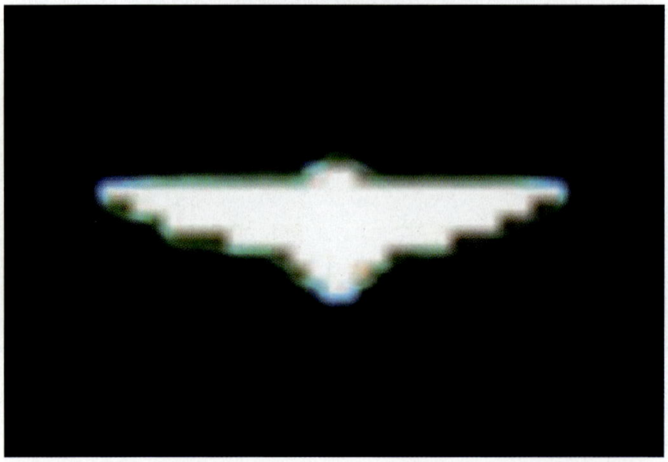

Hubert Wöhl vom Kiepenheuer Institut Freiburg: „Wir messen derzeit die höchsten Aktivitätswerte der Sonne, seit es Aufzeichnungen darüber gibt."

Unter diesen Aktivitäten sind Explosionen zu verstehen, welche in ihrer Folge zu Sonnenwinden mutieren. Diese Sonnenwinde, die aus Elektronen und Protonen bestehen, erreichen Geschwindigkeiten von bis zu 5,6 Millionen Stundenkilometern! Auf unserer Erde angekommen, verursachen sie unter anderem drastische Veränderungen des Erdmagnetfeldes. Das Erdmagnetfeld wiederum ist eine wesentliche Einflußgröße in Bezug auf das menschliche Psycho-Endokrinum. Hierdurch werden unter anderem extreme Emotionen und Stimmungslagen hervorgerufen, wie zum Beispiel Depressionen, Aggressionen, Suizide, Euphorie, um nur die Wesentlichsten zu nennen.
Nur sehr wenigen dürfte in diesem Zusammenhang bekannt sein, daß die

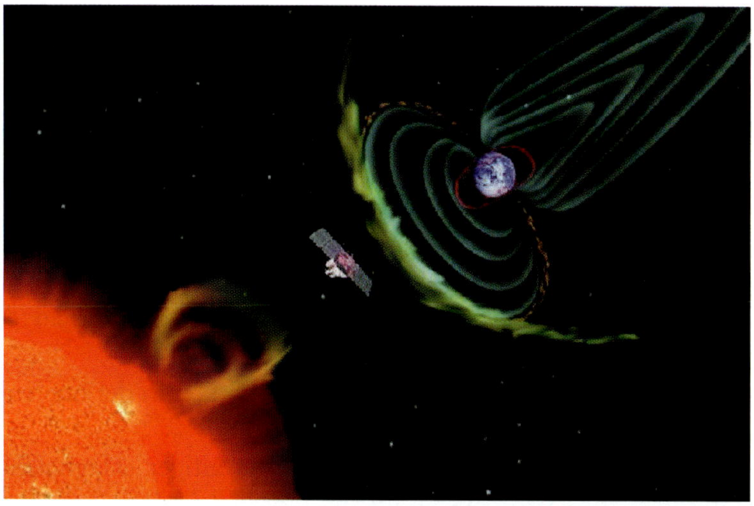

menschliche Epiphyse (Zirbeldrüse auch „Drittes Auge“ genannt) sehr sensibel auf dieserart veränderte Magnetfelder reagiert, besteht sie doch zum Teil selbst aus winzig kleinen Magnetkristallen. Die Reaktionen dieser Epiphyse auf solcherart magnetische Anomalien bewirken einen Einfluß auf das Bewußtsein.
Warum wird uns dieses unglaublich erscheinende Szenario nicht mitgeteilt? Ganz offensichtlich wird uns hier etwas höchst Bedeutsames vorenthalten. Möglicherweise liegen für dieses Verhalten triftige Gründe vor, nur ist ein Durchschauen dieses Versteckspiels für aufmerksame Leser von wissenschaftlichen Veröffentlichungen der letzten Jahre leicht möglich. So publizierte bereits am 29. August 2002 „3sat-online“ einen Artikel mit der Überschrift: **„Von der Sonne bedroht?“**, unter dem Motto **„Das Magnetfeld droht zu schwinden“.**

Das interdisziplinäre Zentrum für Katastrophenmanagement und -vorsorge trägt die Kurzbezeichnung CEDIM (für: Center for Disaster Management and Risk Reduction Technologies). Die Einrichtung der Universität Karlsruhe und des Geoforschungszentrums Potsdam (GFZ) widmet sich der Erforschung von Überschwemmungen, Stürmen, Vulkanismus und Erdbeben, hat aber auch einen Projektbereich „Elektromagnetische Tiefensondierung und geo-magnetische Felder“. Dabei geht es vor allem um das Phänomen der Polwanderung und dessen künftige Auswirkungen etwa auf Stromnetze, elektronische Anlagen oder Pipelines. Parallel dazu beobachten die Forscher ein zweites Phänomen. Das Magnetfeld der Erde, das den Planeten vor einem zu starken Einfluß kosmischer Stürme, den „Sonnenwinden“, schützt, hat sich laut Professor Karsten Bahr von der Universität Göttingen in den vergangenen 150 Jahren um etwa acht Prozent abgeschwächt.
Die Auswirkungen des Sonnenwindes bekamen 1989 die Bewohner Ostkanadas zu spüren. Damals führten von der Sonne ausgestoßene, stark aufgeladene Teilchenströme in der Provinz Quebec zu schweren Störungen im

Stromsystem. Mehrere Transformatoren brannten nach Überhitzung ab, die Elektrizitätsversorgung der Provinz war neun Stunden lang lahm gelegt.

Um die physikalischen Zusammenhänge dieses Phänomens ein wenig besser zu verstehen, ist es hilfreich, sich in der Historie dieser Wissenschaft etwas umzuschauen. So ist ein wichtiger Aspekt die Entdeckung von physikalischen Schichten außerhalb der Ionosphäre – in mehr als 1.000 Kilometern über der Erdoberfläche. James Van Allen stellte fest, daß es da draußen eine gewaltige Menge elektrisch geladener Teilchen gibt, die vom Magnetfeld der Erde gefangen gehalten werden.
Im Südpazifik begann man 1962 damit, Atombomben in der oberen Atmosphäre zu zünden.
Als Reaktion hierauf entwickelte sich ein gewaltiger Magnetsturm auf Hawaii, der dort zum Stromausfall führte, Nordlichter in der Südsee entstehen ließ und den britischen Satelliten „Ariel“ außer Funktion setzte. „Zufälligerweise“ entstand kurze Zeit später ein Erdbeben der Stärke 8,5 (!), welches große Teile der chilenischen Küste verwüstete.
Hiermit soll zum Ausdruck gebracht werden, daß **außerirdische Einflüsse dieser Art den zurzeit von unserer Sonne verursachten Erscheinungen sehr ähneln können.**
Weitaus konkreter äußern sich Wissenschaftler zu diesem brisanten Thema in der Zeitschrift: „PM“ in der Ausgabe 10/2000:
„Ein Maximum an Explosionen erschüttert den Fixstern. Immer öfter lösen diese Eruptionen gewaltige Teilchen-Tornados aus. Immer größer wird die Gewalt, mit der die Partikel das Magnetfeld der Erde durchschlagen – normalerweise ein sicherer Schutzschild gegen kosmische Strahlung. Immer dramatischer wirkt sich das Teilchenbombardement auf Menschen, Tiere, Pflanzen und Technik aus: Es drohen Computer-Crashs, Energieausfälle, Satellitenabstürze- und neue Krankheiten. Auch das Klima wird in Mitleidenschaft gezogen: Naturkatastrophen häufen sich.“

Erscheinung eines Nordlichts

Als bekannt und gesichert gilt, daß die Sonne innerhalb von elf Jahren einen Zyklus von minimaler bis zu maximaler Aktivität durchläuft. Diese Aktivitäten äußern sich zunächst durch eine Zunahme von Sonnenflecken, welche extreme magnetische Austrittspunkte darstellen. Von hier aus entstehen gigantische Explosionen, die sich anschließend durch entsprechende Partikel (Elektronen und Protonen) als Schauer ins All bewegen. Diese Schauer, „Sonnenwinde" genannt, können sich mit Geschwindigkeiten von über fünf Millionen Stundenkilometern zu sehr mächtigen Stürmen entwickeln. Unsere Erde ist insofern hiervon betroffen, da sie sehr oft von diesen Stürmen erfaßt wird. Am 13. März 1989 wurde das letzte Sonnensturm-Maximum registriert. Eine hochenergetische Partikelwelle prallte damals auf das Magnetfeld der Erde. Von wesentlicher Bedeutung hierbei ist nun, daß die Bestandteile dieser „Wolke" aus **Ladungsträgern** bestehen und demzufolge auch ein entsprechendes Magnetfeld generieren.

Der US-Astrophysiker Robert Hoffman äußerte sich hierzu: „Es war, als ob die Erde von einem Hammer getroffen würde." Tatsächlich presste die Druckwelle dieses Sonnensturms das Erdmagnetfeld um ein Drittel zusammen. **Blitzartig erhöhte sich am Himmel die Stromstärke um eine Million Ampere, was dem Zehn- bis Einhundertfachen eines Gewitterblitzes entspricht.** Infolge hiervon wurden Ströme innerhalb der leitenden Erde induziert, welche einen Super-GIC bewirkten. Ein Super-GIC bedeutet für Experten so etwas wie eine extreme Art eines geo-magnetischen Chaos.

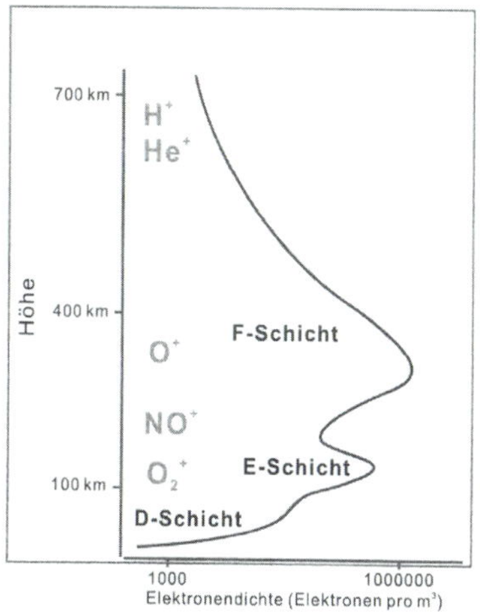

Elektronendichteverteilung in den Ionosphärenschichten.

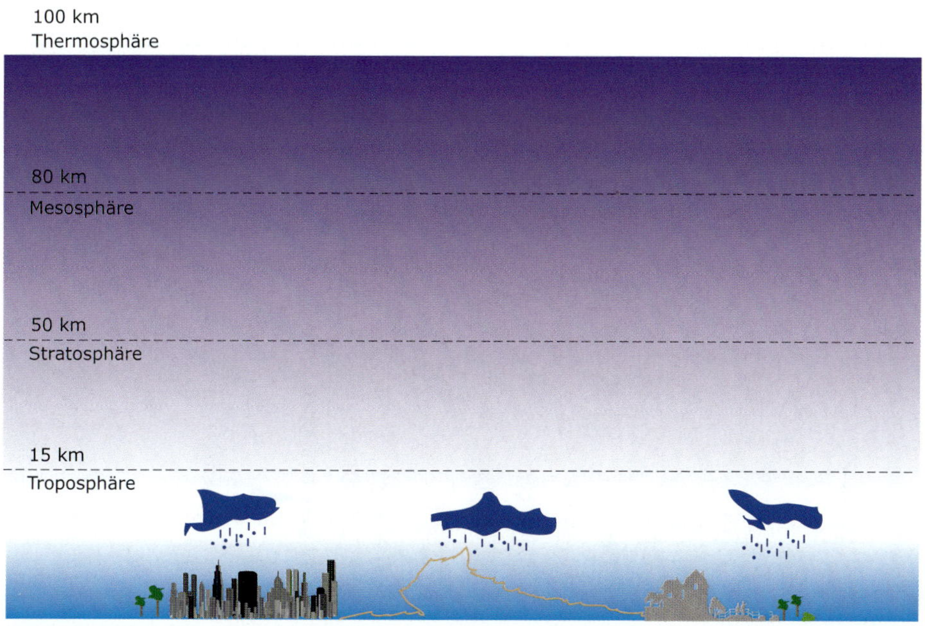

Ionosphäre oder Aufbau der Erdatmosphäre

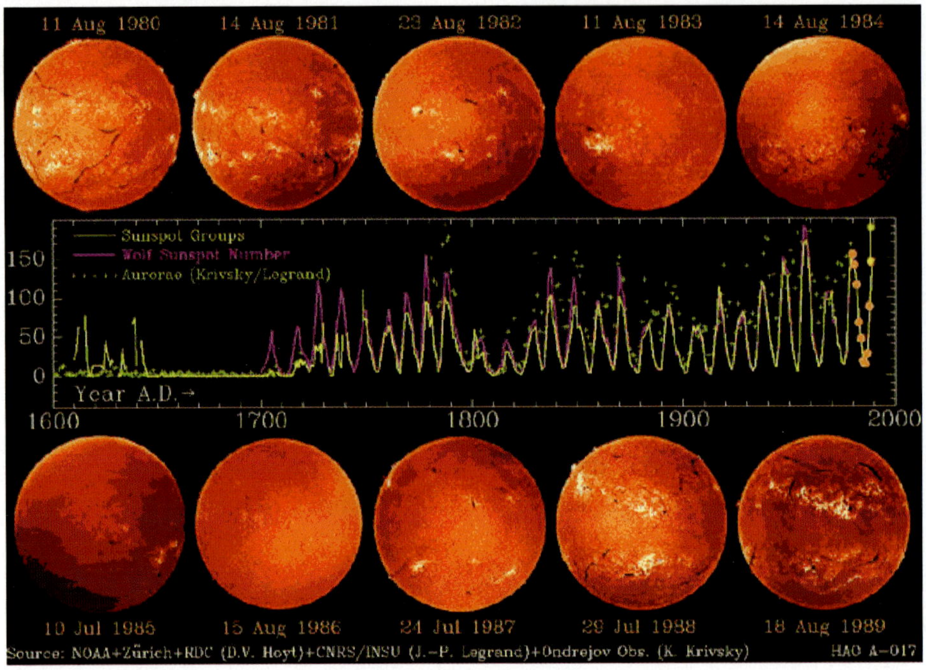

Kontinuierliche Zunahme der Sonnenflecken innerhalb der letzten 400 Jahre.

Seit etwa drei Jahren zeigen selbst Kompassnadeln – offensichtlich orientierungslos – unterschiedliche Richtungen an. Ausläufer der entstandenen Wellen erreichten sogar das ferne Japan und führten dort unter anderem zu brennenden Transformatoren in Kernkraftwerken. „Für kurze Zeit“, so wurde anschließend berichtet, „herrschte die Gefahr einer nuklearen Katastrophe!“ Der Leiter des Atmosphären-Forschungsprogramms, Richard Behnke, prognostizierte in Folge dieser Katastrophe: „In nächster Zeit dürften schlimmere Dinge passieren“, und John Kappemann von der Universität von Minnesota ergänzte: **„In Zukunft werden die Sonnenschäden Ausmaße annehmen, die für uns heute (1990!) noch nicht vorstellbar sind.“**

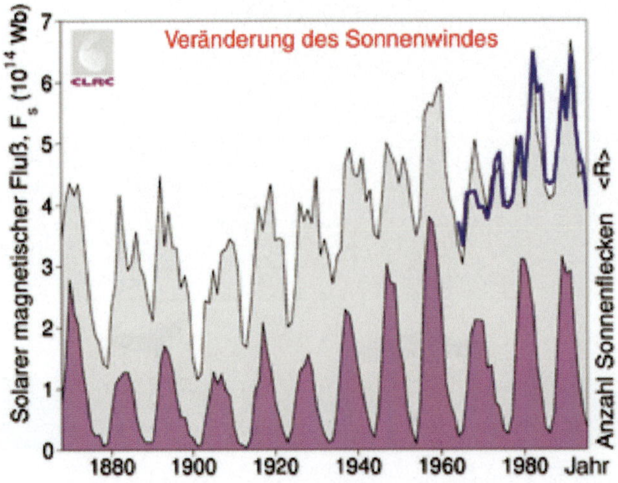

Deutliche Zunahme der magnetischen Feldstärke

Alleine der durch die Sonnenstürme verursachte Verlust an Satelliten ist immens und mit weiteren Konsequenzen für uns Menschen verbunden. In diesem Zusammenhang wurden als erstes „Galaxy-4“ und der AT&AT-Satellit „Telestar-401“ zerstört. Am 11. Januar 1997 wurden durch diesen Vorgang Millionen von Menschen von der Nutzung jeglicher technischer Kommunikation abgeschnitten.

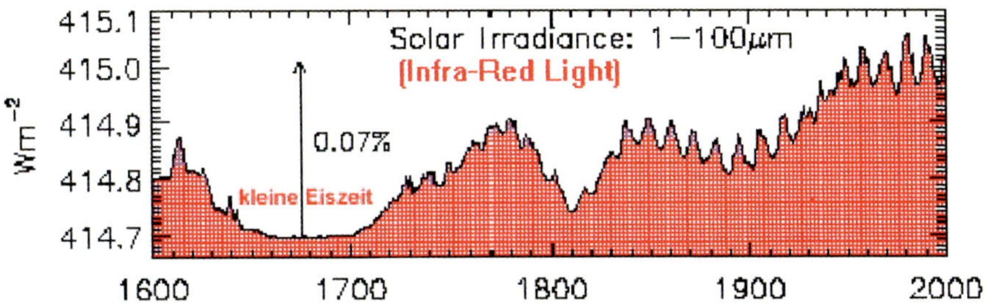

Kontinuierliche Steigerung der elektrischen Feldstärke, man beachte den Zusammenhang mit der „kleinen Eiszeit“ (um 1630-1710)

Ungeachtet des naturgemäßen 11-Jahres-Rhythmus zeigt die Sonne zum einen eine außergewöhnlich lang anhaltende Maximum-Phase sowie zum anderen Explosionen von unvorstellbarer Intensität. Der von der NASA eingesetzte Satellit „SOHO“ dient ausschließlich zur genauesten Beobachtung der Sonne. Allein die für die Öffentlichkeit freigegebenen Bilder (Internet NOAA) zeigen selbst dem Laien sichtbare Anomalien. Immer häufiger ist dieser Satellit außer Funktion, was im Zusammenhang steht mit zuvor beobachteten extremen Explosionen.

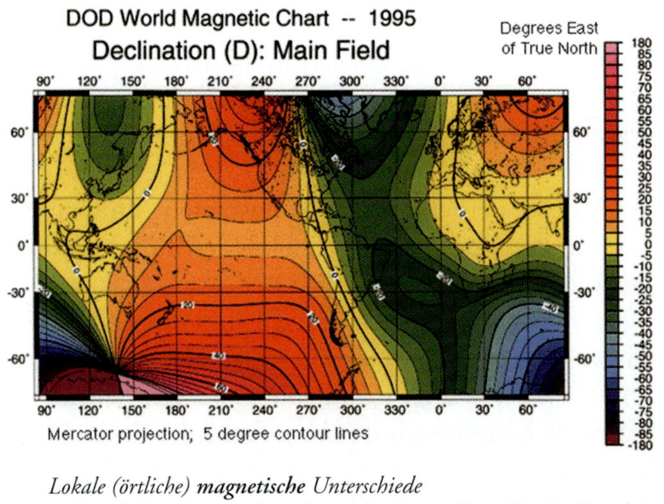

Lokale (örtliche) ***magnetische*** *Unterschiede*
Bedauerlicherweise werden selbst nicht eingeweihten Geophysikern keine neueren Aufzeichnungen mehr ausgehändigt (!)

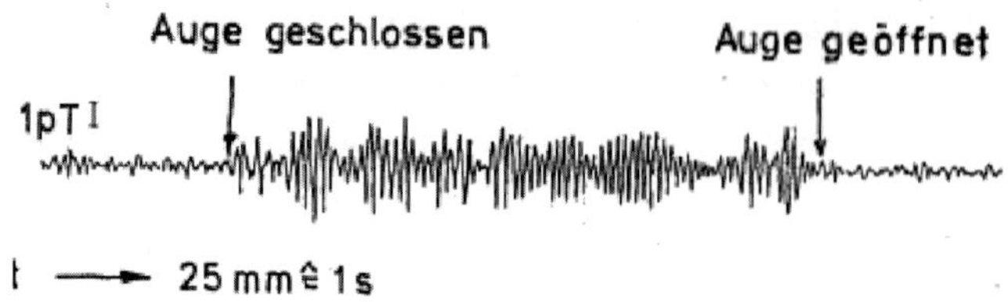

Erste Messung des ***magnetischen*** *Feldes des Gehirns eines Menschen, registriert in einem Magnetfeld abgeschirmten Raum. Das Signal zeigt einen Alpharhythmus auf einer Bandbreite von 7-12 Hz (nach Williamson).*

Da jedoch die Sonne weitaus mehr als die zuvor behandelten elektromagnetischen Einflußgrößen für uns Erdenbewohner parat hält, halte ich es für erforderlich, hierauf kurz einzugehen. Wenn wir die elementaren physikalischen Einflußgrößen, welche für die Entstehung unseres Universums verantwortlich waren, genauer betrachten, können wir eine weitere Anomalie erkennen.

Kalibrierung des Universums?

Die „Instrumente" im physikalischen Schöpfungs- und Erhaltungsprozeß unseres Kosmos, welche die Physiker **Naturkonstanten** nennen, zeichnen sich zur Zeit als sehr unzuverlässig aus und widersprechen damit ihrem Ruf, „konstant" zu sein, offenbar wesentlich!
Das bekannte Wissenschaftsmagazin „Spektrum" veröffentlichte unter der Überschrift „Physik-Höhepunkte des Jahres 2001" am 29. Dezember 2001 einen Artikel hierzu: „Veränderliche Naturkonstante
Nun scheint es sicher: Die Feinstrukturkonstante, welche die Stärke der Wechselwirkung zwischen geladenen Teilchen und elektromagnetischen Feldern bestimmt, hat sich im Laufe der Jahrmillionen verändert...
Offenbar liegt die Wahrscheinlichkeit dafür, daß sich die Konstante seit dem Urknall nicht geändert hat, nur noch bei 0,001 Prozent."

Diese Aussage über eine der wichtigsten „Konstanten" im Universum ist von elementarer Bedeutung. Korrekturen der Hubble-Konstante sind schon seit längerem vorgenommen worden.
Die ursprünglich von Edwin Hubble festgelegte Hubble-Konstante, welche die Größe und das Alter des Universums seit dem Urknall festlegt, wurde von ursprünglich 530 km/s pro Megaparsek in mehreren Schritten bis auf 42 km/s pro Megaparsek heruntergehoppelt, wobei jeder dieser Hubble-Hopser sowohl bei den Friedman-Jüngern als auch unter deren Gegnern zu entsprechend violetten Reaktionen geführt hatte. Während das Alter des Universums dabei immer mehr anstieg, wuchs die Anzahl von Publikationen, welche von Abweichungen gegenüber der gerade gängigen Hubble-

Konstante berichteten, ins Uferlose.

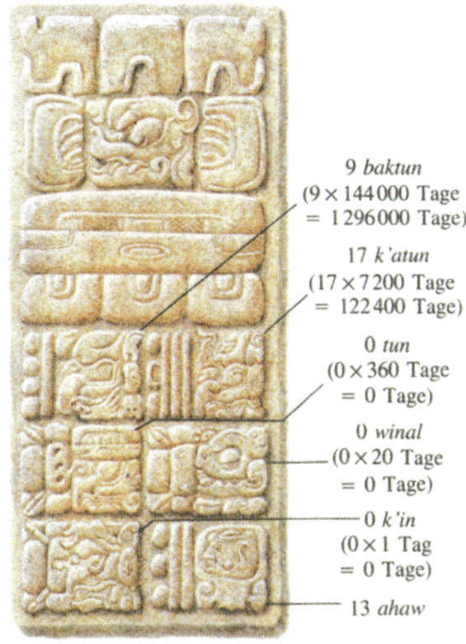

Steinplatte der Maya

Tatsächlich bleibt hierbei zu erkennen: **Die physikalischen Strukturen richten sich nicht nach den Gesetzen (z.B. Konstanten), welche die Wissenschaftler ihnen zugesprochen haben, sondern eher umgekehrt. Die Strukturen, welche sich hinter den physikalischen Einflußgrößen verbergen, bestimmen – unabhängig von der Richtigkeit ihrer Interpretation – das Resultat...**

Den physikalischen Gesetzen liegen Messergebnisse (Beobachtungen) zugrunde. Auf deren Grundlage haben Wissenschaftler und Ingenieure Technologien entwickelt. Ändern sich die physikalischen Größen, so ändert sich auch das Ergebnis der entsprechend einbezogenen Technik.
Die weltweite Energieversorgung über das Wechselstromnetz basiert zum Beispiel auf dem Maxwell'schen Induktionsgesetz. Ändern sich die Parameter, welche diesem Gesetz zugrunde liegen, so ändert sich auch das Ergebnis, was bis zu einem völligen Ausfall der Stromerzeugung führen kann. **Die Strukturen aller physikalischen Parameter sind außerhalb des uns bekannten dreidimensionalen Bezugsrahmens anzutreffen.** Das, was im Allgemeinen als Hyperraum bezeichnet wird, könnte eine „lokale" Zuordnung für diese Strukturen sein.

Mathematisch ordnet der Physiker B. Heim diese Strukturen den höheren Dimensionen zu. (siehe auch Magazin 2000plus, Nr. 124, Seite 16, „B. H. Kopernikus des 20. Jahrhunderts" und Seite 21, „B. Heims Feldtheorie" Teil 1. Nr. 123 Seite 19, „B. Heims Feldtheorie" Teil 2)
Offenbar liegen in diesen höheren Dimensionen sämtliche Programme für die physikalischen Parameter und Gesetze vor, wobei eines dieser Programme die Entstehung des uns bekannten Universums bewirkte. An diesem Punkt stellt sich die Frage nach dem Programmierer dieser Programme. Im Sinne der Ursächlichkeit (Kausalität) sollte diesen Programmen ein Verursacher, ein Schöpfer, zugrunde liegen.
Tatsächlich, so erklärt uns die Berechnung Burghard Heims ebenfalls, ist diesen Ur-Programmen eine Ebene des Geistes übergeordnet. Ähnlich dem Prozeß des Denkens, welcher die Transformation von Geist zu Materie bewirkt („unscharf"/"scharf" durch Beobachtung als ein Aspekt des Denkens), liegen hierbei gleiche Qualitäten zugrunde! Im Sinne der elementaren Ursächlichkeit läge hier die tatsächliche Wurzel des Seins. Dies hätte naturgemäß zur Folge: Eine

Heims Feldtheorie

Veränderung am Programm bewirkt eine Veränderung am materiellen Ergebnis.

Inter-kosmische Eingriffe dieser oder sehr ähnlicher Art beschreibt der Maya-Kalender, Tzolkin genannt.
Der Tzolkin versteht sich als ein Aspekt einer künstlich erschaffenen Matrix. Sein Entdecker, José Arguelles, beschreibt diesen Tzolkin in seinem Lebenswerk „Der Maya Faktor" ganz ausführlich. Hervorzuheben ist an dieser Stelle, daß sich das I-Ging, die Kabbala (Tarot) und dieser Tzolkin in ihren Grundzügen als identisch darstellen. Die Maya verstanden die Sonne als Herz und Geist der Galaxis. Sie meinten, die Galaxis hätte Absichten. Vom Herzen beziehungsweise Zentrum der Galaxis aus würden sämtliche Kodierungen vorgenommen.

Heutzutage ist aus der Quantenphysik bekannt, daß ein so genannter **elektrodynamischer Austausch (Information) sogar zwischen den Photonen der Sonne(n) und den menschlichen Elektronen stattfindet.**
Unsere Sonne vermittelt, so der Tzolkin, unter anderen Daten von anderen Sonnen (z.B. Sirius). Sie wird von mindestens zwei anderen Sonnensystemen gespeist beziehungsweise moduliert, wobei hier ein binäres Kommunikationsfeld entsteht. Die Verbindungsebenen dieser Sonnen laufen über die Zentralsonne (Zentrum unserer Galaxis und Schwarzes Loch), Sirius sowie Plejaden und enden mit der Sonne unseres Planetensystems. Durch die binären Sonnenfleckenbewegungen wird buchstäblich höheres Wissen übertragen. Unter diesen binären Sonnenflecken verstehen sich Progressionen bis zum sechsten Grad (2, 4, 8, 16, 32 und 64). Das Leben verhält sich zum Licht (Photon) ebenso wie unsere DNS mit ihren 64 Nukleiden (Zellkernen) zum Tzolkin mit seinen 260 Einheiten. 260 setzt sich zusammen aus 13 (Monate/Monde) mal 20 (Aminosäuren). Diese binären Progressionen stellen sozusagen einen 64-stelligen Wörtercode dar.

Nehmen wir doch mal an, daß die Stromausfälle bewußt gesteuerte Vorgänge sind. Sie dienen möglicherweise dem Schutz der Erde und den Menschen. Es wäre demnach also ein Eingriff von „höchster Schöpferebene". Beeindruckend aufklärend erscheinen in diesem Zusammenhang die mathematischen und physikalischen Modelle von Burghard Heim. Wie bereits angedeutet, ist es diesem genialen Physiker gelungen, ein ganzheitliches Beschreibungsmodell vom kosmischen Aufbau zu erstellen (Siehe auch Magazin 2000plus, Nr. 188, Seite 45, „ Die Heim'sche Feldtheorie". „Atomaufbau, Photonen und Chrononen und Hyperraum und mehrdimensionale Kosmen"). Seine Arbeiten zählen unter Insidern als die herausragendsten des letzten Jahrhunderts. Die Heim'sche Mathematik stellt unter anderem eine Darstellungsform eines den Geist und die Materie vereinenden Universums dar und verdeutlicht hiermit sämtliche Interaktionen (Wechselwirkungen). Während die heute verwendete Superstringstheorie mit zehn (elf oder inzwischen auch zwölf) Dimensionen rechnet, benötigt die Heim'sche Theorie zwölf Dimensionen.

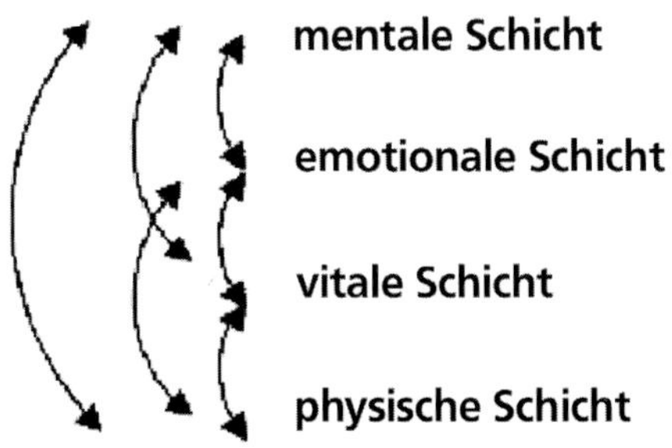

Die Pfeile links (Klammern) bedeuten, daß die Seinsschichten untereinander wechselseitig wirken (und außerdem Unter-Schichten haben, die ihrerseits untereinander wechselseitig wirken).

Die entscheidende physikalische Einflußgröße, die von höherdimensionalen Strukturen aus gesteuert wird, sind **gravitative Systeme**. Eine bekannte sekundäre Erscheinungsform hiervon ist zum Beispiel das uns bekannte Magnetfeld. Physikalisch betrachtet wäre durch dieses Modell ein gravitativer Eingriff im Sinne von dynamischen Feldveränderungen für die lokalen Stromausfälle verantwortlich (die ebenfalls seit längerem verheimlicht werden).

Gravitation als das Instrument eines höherdimensionalen Geistes? Zugegeben, das klingt oberflächlich betrachtet zunächst suspekt, ist jedoch bei näherer Betrachtung eine logische Schlussfolgerung aus den Arbeiten Burghard Heims. Wenn nun der Geist sich als die wahre Quelle sämtlichen materiellen Seins darstellt, so ist es leicht nachzuvollziehen, daß Bewußtsein und Energie lediglich unterschiedliche Aspekte des gleichen Agens (Lat.: Das Wirkende; wirkende Kraft, Ursache oder Wesen) darstellen.
Der Geist, bzw. der bewußte Beobachter befindet sich an der Schnittstelle zwischen Mentalem und der Materie.
„Bewußtsein ist der Vereinheitlichungsfaktor aller Felder", leitet der griechische Physiker Kostas Lambrakis sein „Unified-Field-Modell" ab (eine Ablei-

tung aus Einstein-Bohm-/Hilbert-Bohm-Effekten).
Der herausragende russische Physiker Alexander Dubrow hatte bereits 1972 die Ansicht geäußert, das primäre Biofeld in Organismen werde von einer gravitationsähnlichen Kraft gebildet, die durch lebende Zellen erzeugt werde, sich in jede andere Energie umwandeln könne, jede Abschirmung durchdringe und deren Wirkungen man in allen Lebensprozessen beobachten könne. Diese „Biogravitation" sei auch verantwortlich für die raumzeitliche Organisation der Materie in Lebewesen. Neuerdings werden nun auf allgemein naturwissenschaftlicher Ebene zunehmend mehr Belege für die Zusammenhänge zwischen der Gravitation und Magnetfeldern gefunden.
Vor kurzem berichtete „Science ORF": „Physiker: Erdmagnetfeld beeinflußt Schwerkraft. Die Schwerkraft – und vor allem ihr Zusammenhang mit den anderen Naturkräften – zählt nach wie vor zu den ganz großen Rätseln der Wissenschaft. Nun versichern Jean-Paul Mbelek und Marc Lachieze-Ray von der Französischen Atomenergie-Kommission, eine Verbindung zwischen Gravitation und Erdmagnetfeld gefunden zu haben. Auch die Europäische Weltraumorganisation ESA kündigte mehrere Projekte zur Erforschung der Schwerkraft an."

Die Zusammenhänge zwischen diesen Einflüssen und physikalisch-technischen Gerätschaften dürften angesichts dieser Betrachtungen logisch erscheinen. Nicht oder kaum zu trennen hiervon dürften die Auswirkungen auf uns Menschen sein. So erschien 1999 in „Perceptual and Motor Skills" ein Forschungsbericht über Zusammenhänge zwischen Erdmagnetfeldern und Todesfällen bei Kleinkindern. Die Autoren postulieren, daß bestimmte Fluktuationen des geo-magnetischen Feldes, die bei besonders niedriger globaler geo-magnetischer Aktivität im Erdmagnetfeld auftreten, im Gehirn elektrochemische Kaskaden hervorrufen könnten, die bei Säuglingen zum plötzlichen Kindstod führen können. Die Hypothese wurde anhand von Daten aus Ontario für die Jahre 1960 und 1961 mittels Korrelationsanalyse überprüft und bestätigt (O'Connor, R.P.; Persinger, M.A.). Daß es sich hierbei nur um die berühmte „Spitze des Eisberges" handelt, werden wir im weiteren Verlauf dieses Buches erfahren.
Die Materie ist offenbar ein Produkt der Informationen (des Geistes) aus den höheren Dimensionen. Somit ist die Materie die Projektion von Schwin-

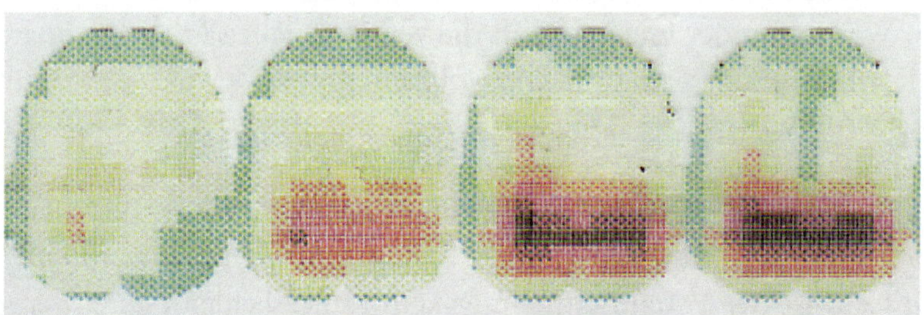

Menschliches Gehirn (im EEG-Mapping) unter Einfluß von elektromagnetischen Feldern (Dunkle Bereiche zeigen höhere Aktivität).

gungsvorgängen im sechsdimensionalen Raum.
Das Bewußtsein erschafft aus den Dimensionen X7 und X8 die Materie. Die Menschen empfangen und senden ständig Informationen von und zu diesen höheren Dimensionen. Das, was wir als den leeren Raum oder Äther (Vakuum) bezeichnen, entspricht diesen höheren Dimensionen. Hierbei sind die beiden Dimensionen X5 und X6 von großer Bedeutung, da sie zum einen eigenständig auftreten können und zum anderen die Gravitation bilden. Das Gehirn und unsere Erde wandeln Gravitationsenergie um in elektromagnetische Wellen – das ist der „Stoff", aus dem Gedanken bestehen!

Ganz offenbar besteht eine Korrelation zwischen den außergewöhnlichen kosmischen und geo-magnetischen Erscheinungen und neu auftretenden Symptomen bei uns Menschen. Psychische Erscheinungsmerkmale von bisher nicht bekannter Art, könnten durchaus zu den direkt erfahrenen neuzeitlichen Anomalien zählen. Das Spektrum hierbei reicht von telepatischen Fähigkeiten über Bewußtseinsveränderungen bis zu pathologischen Erscheinungen unterschiedlichster Art. Was sich bei dem einen als ein hypersensitives Wahrnehmungsvermögen darstellt, äußert sich bei dem anderen als aggressives, emotionales Verhalten. Dies alles sind, so lehrt es uns die Neuro-Chemie, Erscheinungsmerkmale von geo-magnetischen- und elektromagnetischen Feldern, die, dafür spricht vieles, Sekundär-Effekte von höherdimensionalen Gravitationsfeldern sind.

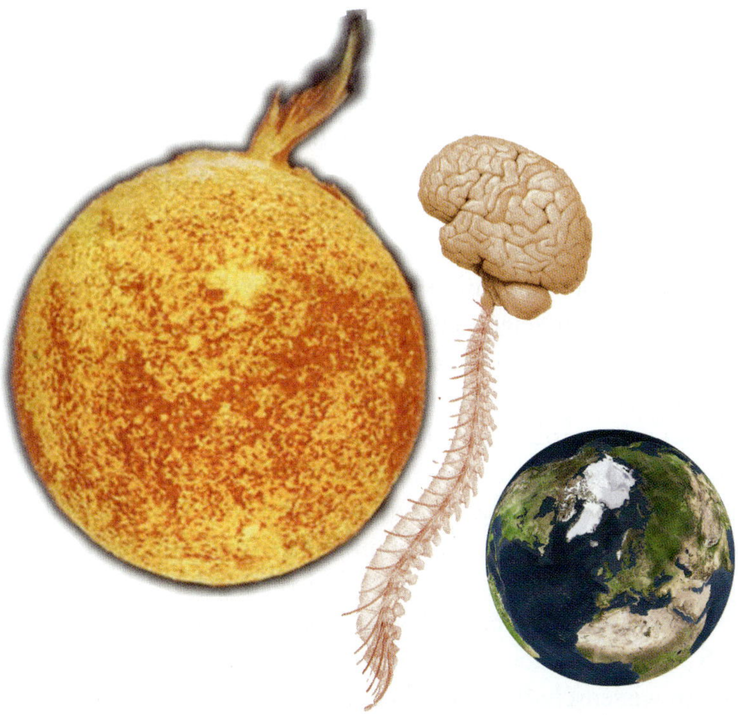

NASA beobachtet die Sonne

Seit 10 Jahren sendet der Satellit „SOHO" Daten der Sonne zur NASA. Ein sehr großer Teil dieser Daten sind der Öffentlichkeit über das Internet zugänglich. Von besonderer Aussagekraft sind hierbei die optischen Darstellungen, die in Form von unterschiedlich gefilterten Echtzeitphotos vorliegen.

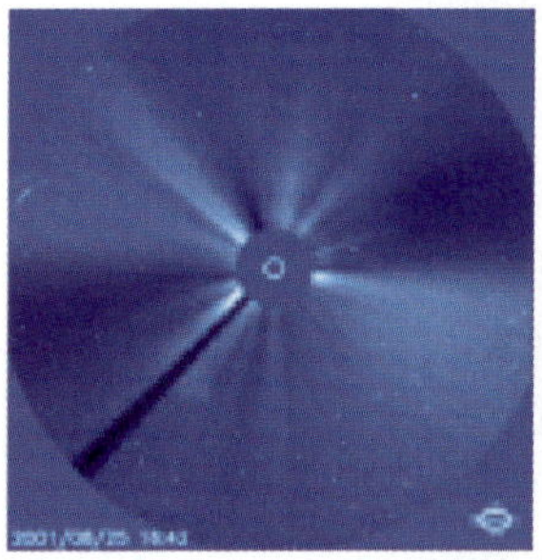

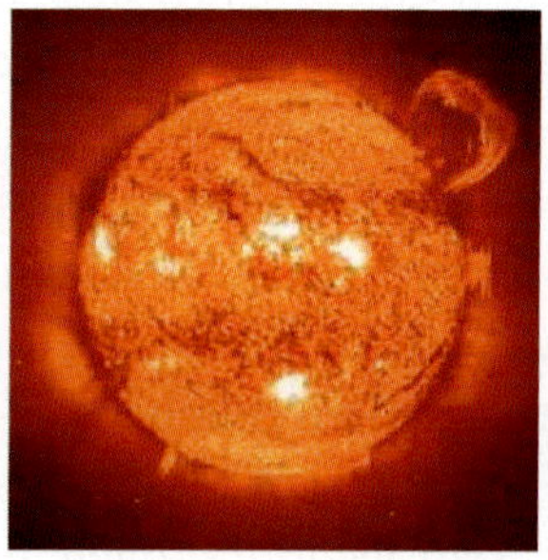
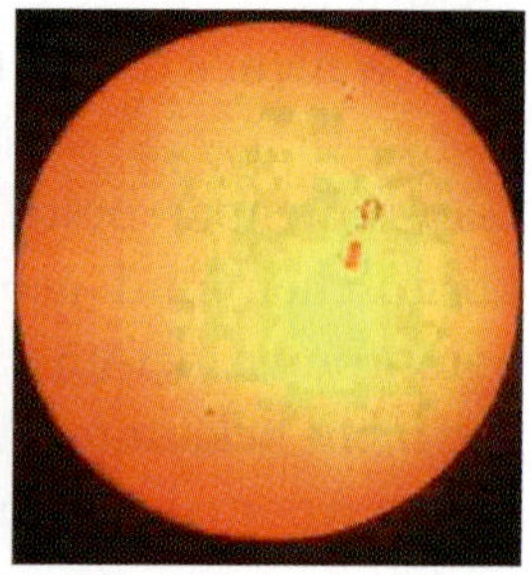

Sonne durch Scheibe abgedeckt um eine Übersteuerung zu vermeiden (linke Photos) und durch einen Farbfilter aufgenommene Aufnahme zur Erkennung von Sonnenflecken (rechte Photos)

Diese Aufnahmen dienen hauptsächlich der Auswertung von Sonneneruptionen, die zu den bekannten Sunflares (Sonnenwind) führen. Tatsächlich stehen diese Sunflares im direkten Zusammenhang mit dem Erdmagnetfeld. Jede Sonneneruption setzt eine unvorstellbare Menge von Partikeln frei. Diese Partikel sind Ladungsträger, also Elektronen und Protonen und erreichen mit teilweise **1 Million km/h** und mehr Geschwindigkeit die Erde (Siehe Bilder nächste Seite).

Von diesen Ladungsträgern ist bekannt, besonders was die Elektronen betrifft, daß sie zu der Verarbeitung und Übertragung von Informationen beitragen. Die Quantenphysik bietet hierzu eindeutige Modelle. Am auffälligsten zu erkennen sind die Auswirkungen dieser Sonnenpartikel durch ihren Einfluß auf das Erdmagnetfeld. Von diesem ist wiederum bekannt, daß es einen außerordentlichen Einfluß auf die Psyche der Menschen ausübt. Zahlreiche Versuchsreihen zeigen eindeutige Wechselwirkungen zwischen genau definierten magnetischen, elektrischen und elektromagnetischen Feldern und menschlichen Neuronen. Das Gehirn besitzt auf der elektromagnetischen Ebene eine sehr große Sensibilität, da unsere Sehorgane, Gedanken, Erinnerungsvermögen, Lernvermögen und die Emotionen komplexe elektromagnetische Signale verwenden. Die deutsche Forschung der Nachkriegszeit zeigte, daß das menschliche Gehirn äußerst geringe, von Natur aus niederfrequente- (ELF) EMR Signale aufspürt und verwendet, Wever (1974), König (1974). Verfolgt man die einschlägige Literatur über die Magnetstürme der letzten 75 Jahre, so findet man nicht wenige Ergebnisse von ernstzunehmenden Autoren wissenschaftlicher Arbeiten, die einen Zusammenhang zwischen den zyklisch alle 10-11 Jahre verstärkt auftretenden Magnetstürmen und pathologischen Erscheinungen beim Menschen nachgewiesen haben. Düll

und Düll (1934, 1935) berichteten über Zusammenhänge zwischen Gesundheitszustand und „plötzlichen Eruptionen der Sonne". Hierbei konnten sie feststellen, daß Krankheiten, welche Beziehungen zum Gehirn haben, gehäuft auftreten, (1934, 1935) daß in dieser Zeit der vermehrten Magnetstürme der Sonne die Häufigkeit an Todesfällen zunahm.
Auch wurden Häufigkeitsspitzen zu Zeiten der verstärkten Magnetstürme der Sonne bei Suiziden (Stoupel 1999; Düll, Düll 1934), bei epileptischen Anfällen (Halberg et al. 1991), bei Herzkreislaufbeschwerden insbesondere bei Myocardinfarkten (Mendoza 2000; Stoupel 1999; Strestik, Stav 1996; Breus et al. 1995; Villaresi et al. 1994a und b; Novikova 1969; Halberg et al. 1991; Lipa et al. 1976; Feinleib et al. 1975), bei Schlaganfällen (Feigin et al. 1997), bei Cholera (Chizhevski 1940), bei der Aufnahme von Patienten in psychiatrischen Kliniken (Friedman et al. 1963) und **des veränderten Verhaltens von psychisch Kranken** (Friedman et a. 1965) nachgewiesen.
Über verschiedene pathologische Erscheinungen, wie **veränderte Befunde von biologischen und psychischen Parametern zu Zeiten verstärkter Magnetstürme liegen weitere Forschungsbefunde vor:** Halberg (2001a und b, 2000), Breus et al. (1989), Mikuleck (1997), Roederer (1995), Vladimirski et al. (1995), Strestik und Prigancova (1986), Dubrow (1978), Feinleib et al. (1975), Gnevyshev et al. (1972), Barnwell (1960), Brown (1960), Brown et al. (1958, 1955)
Der international bekannte Chrono- und Raumfahrtmediziner Professor K. Hecht (Humboldt-Universität zu Berlin / Klinikum Charité, und Schlaf-, Stress-, Chrono-, Umwelt- und Raumfahrtmedizin [ehem. UdSSR]) fand im Herbst 1989 eine Korrelation mit der in Berlin selten auftretenden Erscheinung eines Nordlichts. Bei 36 **Schlafgestörten traten erhebliche Verstärkungen ihres Leidens auf.** Die Patienten berichteten, daß sie von der Nacht des Nordlichts an, welches sie gar nicht wahrgenommen hatten, 2-4 schlaflose Nächte verbracht hätten.

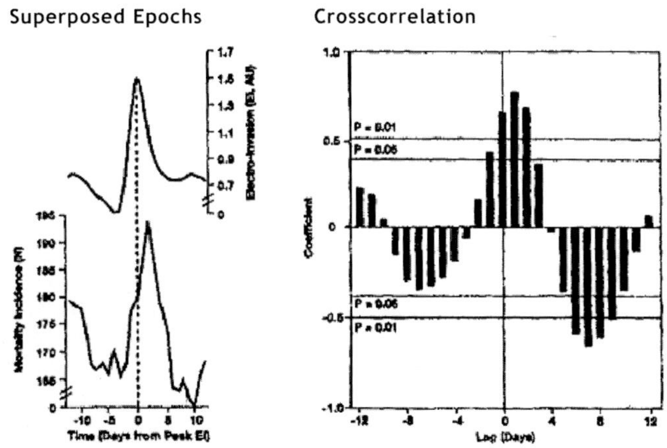

Kreuzkorrelationen zwischen Magnetstürmen der Sonne und der Mortalitätshäufigkeit der Daten von Düll und Düll, die von Halberg et al. mit modernen Analyseverfahren bearbeitet worden sind. (Halberg 2001b; Düll, Düll 1934)

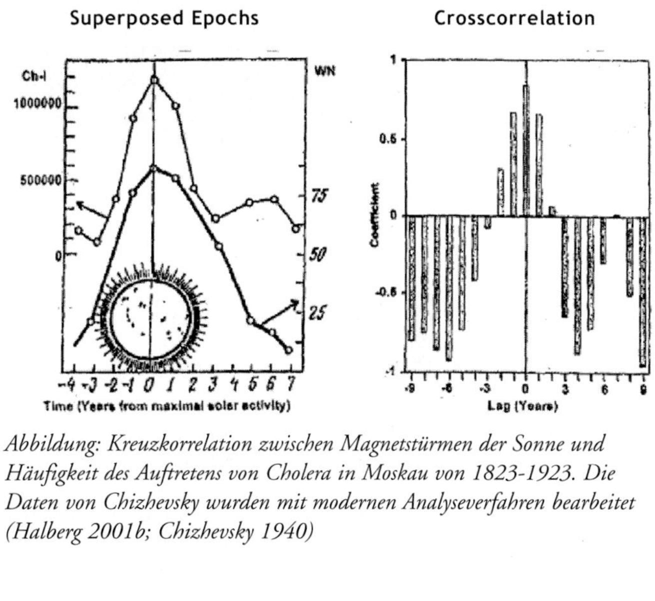

Abbildung: Kreuzkorrelation zwischen Magnetstürmen der Sonne und Häufigkeit des Auftretens von Cholera in Moskau von 1823-1923. Die Daten von Chizhevsky wurden mit modernen Analyseverfahren bearbeitet (Halberg 2001b; Chizhevsky 1940)

Diese Patienten, die in ständiger medizinischer Betreuung von Prof. Hecht standen, hatten in ihrer Anamnese einen sehr niedrigen Blutdruck, Wetterfühligkeit, zeitweise auftretende Erschöpfungs- und depressive Zustände sowie Antriebs- und Motivationsmangel zu verzeichnen. **Als Beispiele für die angeführten Beziehungen zwischen verstärktem Auftreten von Magnetstürmen der Sonne und Anstiegen der Häufigkeit von pathologischen Erscheinungen verschiedenster Art sollen folgende zwei angeführt werden.**

In den unteren Abbildungen sind die von Düll und Düll (1934) erhobenen Befunde zur Mortalität von Kranken mit Hirnleiden sowie die von Chizhevsky (1940) erhobenen Befunde zur Häufigkeit der Fälle von Cholera in den Jahren 1823-1923 in Moskau in Abhängigkeit von Magnetstürmen der Sonne dargestellt.

Die Daten wurden von Prof. Halberg (2001) mit der Kreuzkorrelation bearbeitet und in Diagrammen dargestellt.

Unter Sferics (auch Atmospherics genannt) versteht man elektromagnetische Wellen, die sich innerhalb der Atmosphäre bilden (10 und 28 kHz).

Sunflares beeinflußen das Erdmagnetfeld

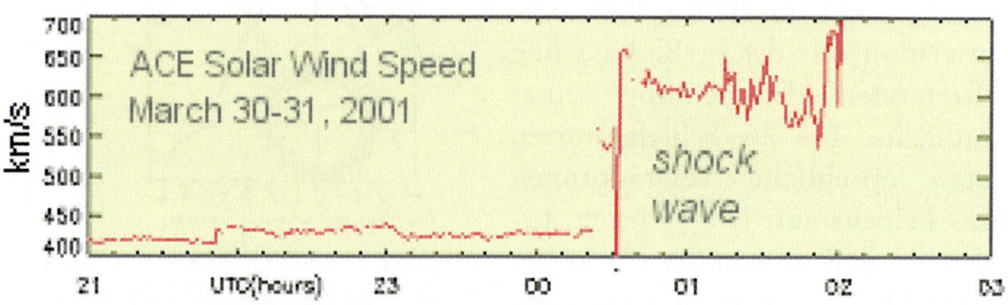

Sonnenwinde (Ladungsträger) reisen mit extremen Geschwindigkeiten zur Erde (Im Bild etwa 700 km/s (pro Sekunde!)

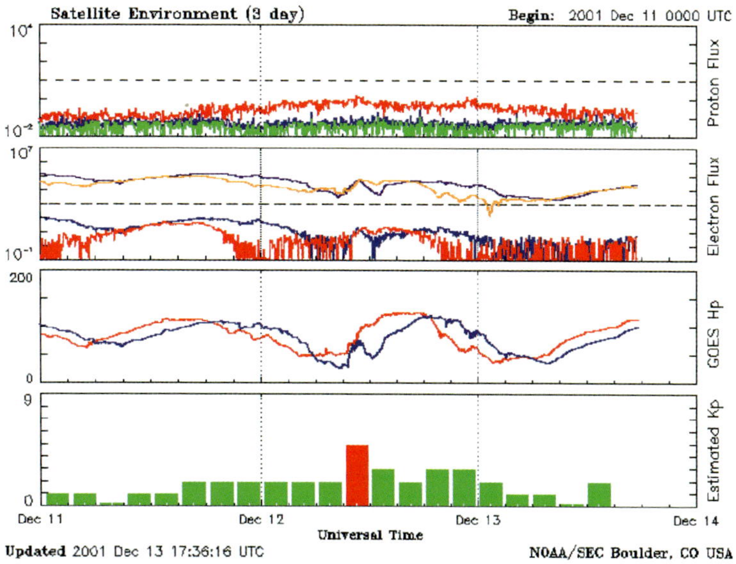

Protonen und Elektronen Flux sowie Abweichungen des Erdmagnetfeldes

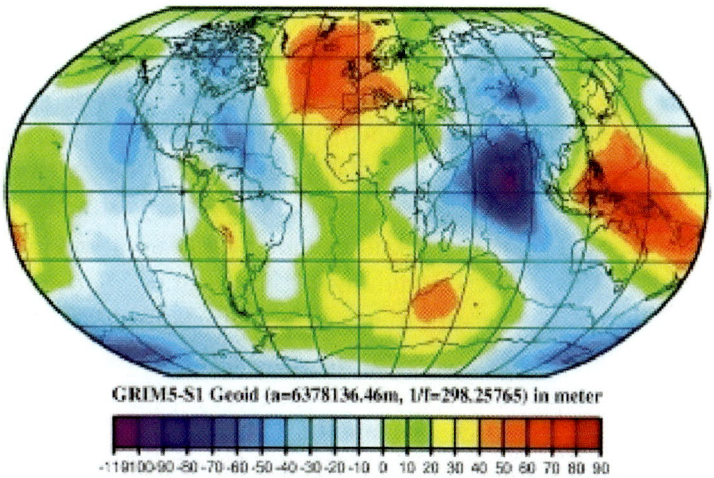

Topographische Darstellung der örtlichen Erdmagnetfelder. Die Farben repräsentieren die Intensitätsschwankungen der Erdmagnetfelder,

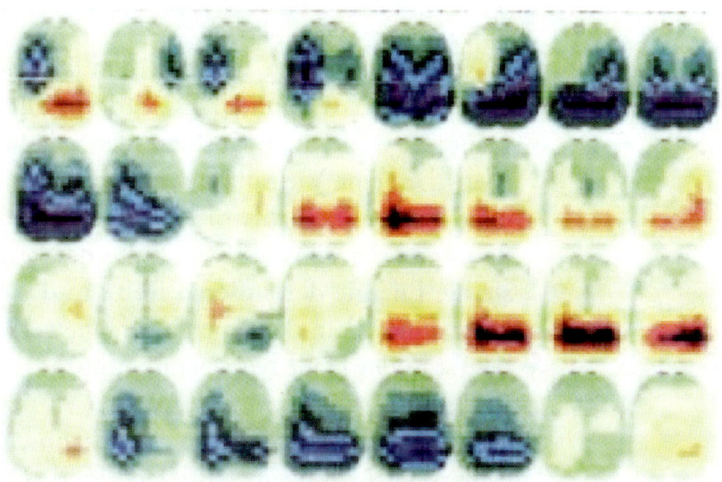

Topographische Darstellung der örtlichen Neuronenaktivität im menschlichen Gehirn (EEG, Brain Mapping)

Einwirkung der Sonne auf das Nervensystem

Bekanntlich ist das Nervensystem eng mit dem Herz-Kreislauf-System verbunden. Jeder Mediziner weiß auch, welche bedeutende Rolle das Nervensystem bei der Regulierung und Steuerung aller Prozesse spielt, die im Organismus höherer Tiere und des Menschen vor sich gehen. Demzufolge ist es nicht erstaunlich, daß der Sonneneinfluß sich gleichzeitig sowohl auf die Nerven als auch auf das Herz des Menschen auswirkt. An den aktiven Sonnentagen erscheinen in den Krankenhäusern wesentlich häufiger als gewöhnlich Hilfesuchende mit neuralgischen Beschwerden, mit Stenokardieanfällen (Herzkrampf) und Migräne. Bereits 1925 zeigte Professor Tschishewski auf der Grundlage eines umfangreichen Materials (45 000 Beobachtungen), **daß sich in fast 40 Prozent aller Fälle das Nervensystem gleichzeitig, synchron mit der Aktivität der Sonne, gereizt zeigt.** Später wurde dies durch sehr zahlreiche Arbeiten aus der ehemaligen Sowjetunion, Rußland, den USA und anderen Ländern bestätigt. Gegenwärtig besteht kein Zweifel mehr daran, daß auf Sonneneinflüsse vor allem das Nervensystem, dieser auf die äußere Einwirkung am empfindlichsten antwortende Teil des menschlichen Organismus, reagiert. Das Zentralnervensystem wird bei Wirbeltieren und bei Menschen durch das Rückenmark und das Gehirn gebildet. Es ist die **„materielle Basis" der Psyche des Menschen.** Wenn ein Mensch psychisch krank ist, so bedeutet das, daß sein Zentralnervensystem verletzt oder nicht voll funktionstüchtig ist. Zum peripheren Nervensystem gehören alle Nervenbildungen (Nerven und Nervenknoten), die außerhalb des Zentralnervensystems liegen. Im Folgenden werden wir anhand ausgesuchter Beispiele erkennen, wie die Sonne sehr stark auf die Nerven wirkt. Hierbei werden u.a. bemerkenswerte psychische Veränderungen beobachtet, die medizinisch als „Auffällig" klassifiziert werden.

Die Haut als Empfangsorgan

Unser Tastvermögen zählt zu den Hauptempfindungen, die uns mit der äußeren Welt verbinden. Es wird vor allem durch die Empfindlichkeit der Haut hervorgerufen, insbesondere dadurch, daß in der Oberhaut des Menschen eine Vielzahl von Nervenendigungen konzentriert sind. Außerordentlich sensibel antworten diese sogar auf **geringfügige Energieveränderungen** der Umwelt. Mit Hilfe des gesamten Nervensystems **überführen sie die Energie der äußeren Reize in das Bewußtsein.** Die Haut ist auf das engste mit jedem der inneren Organe verbunden, und jedes beliebige Organ besitzt in der Haut Nervenendigungen.

Besonders den Physiologen ist bekannt, daß an der Oberfläche der Haut elektrische Ladungen existieren. In den vorherigen Kapiteln konnten wir lesen, daß die Lebenstätigkeit des Menschen und der Tiere mit elektrischen und magnetischen Feldern eng verbunden ist. Diese Eigenschaft gehört besonders zum Nervensystem und zu jenen Nervenzellen, die an der Hautoberfläche konzentriert sind. Wie ein elektrostatischer Generator baut sich eine elektrische Ladung auf. **Das hat zur Folge, daß jeder Punkt der Haut ein statisches elektrisches Potential (abgekürzt STEP), d. h. ein bestimmtes Niveau elektrischer Energie, aufweist.** Der international bekannte Kiewer Wissenschaftler Anatoli Kusmitsch Podschibjakin gilt als ein Spezialist für die Erforschung dieses STEP. Schon 1950 zeigte er, daß an den aktiven Punkten der Haut, dort, wo sich die Nervenendigungen konzentrieren, die Größe des STEP vom Zustand des Menschen, von seiner Gesundheit, abhängt. Wenn irgendeine ernsthafte Krankheit entsteht, verändert sich sofort die Größe des STEP, wobei es sich nur an den bestimmten Stellen der Haut verändert, die für die jeweilige Krankheit charakteristisch sind.

Beispielsweise wurden bei Herzerkrankungen Veränderungen des STEP nur in dem zweiten und fünften Interkostalraum sowie an bestimmten Stellen des Schulterblattes festgestellt. Wenn ein Mensch unter Hypertonie leidet, äußert sich das an der Größe des STEP der Haut an der Schläfe. Es gab Fälle, in denen es durch Feststellung der Größe des STEP gelang, die Pneumonie (Lungenentzündung), vier Tage, bevor sie sich durch andere Symptome äußerte und sogar Röntgenaufnahmen noch keinerlei Befund zeigten, klar zu erkennen. Ein kurioser „Zufall" führte die Forscher zu unserem Thema. Dr. Podschibjakin bereitete schon eine Veröffentlichung über die Diagnosemöglichkeiten mit Hilfe des STEP vor, als zeitweilig **unvorhergesehene Hindernisse seine Arbeit hemmten.** Durch unverständliche Ursachen veränderte sich die Größe des STEP von Jahr zu Jahr. Manchmal wurden starke Schwankungen des STEP beobachtet, die eindeutig nicht mit irgendeiner Krankheit in Beziehung standen. Im Jahre 1963 stieß er auf das Buch J. Witinskis *„Die Prognosen der Sonnenaktivität"*. Aus diesem Buch war zu erkennen, daß bekannte Aktivitätsrhythmen der Sonne (Wolf'sche Zahlen) in einem Zusammenhang mit den Schwankungen des STEP standen.

Nervensystem und Psyche

Der Begründer der Heliobiologie Professor Tschishewskis veröffentlichte sein Hauptwerk 1930 (!): ***„Die epidemischen Katastrophen und die periodische Tätigkeit der Sonne"***. Aus diesem geht u.a. hervor, daß schon in den zwanziger Jahren, mit Unterstützung der Kollegen A. P. Lasarew und A. W. Leontowitsch, von Tschishewski ungefähr **3000 Messungen des STEP durchgeführt wurden.** Schon damals, nachdem Tschishewski die Schwankungen des STEP mit den **Schwankungen der Sonnenaktivität** verglichen hatte, stellte er ihre völlige Ähnlichkeit fest. **Eindeutig stand die Sonne, speziell die Sonnenflecken, als Ursache für die Veränderungen fest.**

In den achtziger Jahren konnte Professor A. K. Podschibjakin nachweisen, daß die Haut des Menschen frühzeitig auf eine bevorstehende Erhöhung der Sonnenaktivität reagiert. Bei jenen, die besonders sensibel gegenüber Sonneneinwirkungen sind, beginnt das Potential der Haut 3 bis 4 Tage vor dem jeweiligen Magnet-Sturm zu wachsen. Bei normal ausgeprägten Menschen ist diese Zeit vergleichsweise um die Hälfte reduziert. Daraus ist zu folgern, daß sich die Haut wie ein Sensor verhält. Tatsächlich ist es möglich, über die Messung des elektrischen Potentials der Haut, das Eintreten von Sonneneruptionen oder andere starke Erhöhungen der Sonnenaktivität zwei bis vier Tage vorauszusehen.

Psychische Veränderungen durch die Sonne

Im weiteren Verlauf untersuchte Professor Tschishewski den Einfluß der Sonnenaktivitäten auf die Emotionen und den Zustand seines Nervensystems. Als er seine Aufzeichnungen über die Sonnenflecken nach dem Datum ordnete, kam Tschishewski zu einer außergewöhnlichen Schlussfolgerung: Mit dem Anwachsen der Sonnenfleckenzahl machte sich bei den meisten Personen eine erhöhte nervliche Erregung, die sich in starken Emotionen ausdrückte, bemerkbar. Es konnte sogar ein vierwöchiger Zyklus, der der Sonnenrotationsdauer um ihre eigene Achse nahe kam, festgestellt werden. Später wandte sich Tschishewski mit der Bitte, entsprechende Beobachtungen an einer Gruppe geistesgestörter Kinder durchzuführen, an den Mediziner Dr. A. S. Solowjew. **Es stellte sich heraus, daß besonders an den Tagen, als die blendende Sonnenscheibe mit einer Vielzahl von Sonnenflecken bedeckt war, diese Kinder nervlich stark erregt waren, Schlägereien und Raufereien veranstalteten.**

Der Leiter der Gerichtsmedizin aus Tomsk, Professor Wladimir Pawlowitsch Dessjatow war hauptsächlich mit dem Sezieren von Leichen beschäftigt. Bei seiner Tätigkeit bemerkte Dessjatow eine interessante Gesetzmäßigkeit. Er entdeckte direkte Zusammenhänge zwischen der Einlieferung von Leichen und dem Auftreten von starken Sonnenausbrüchen *(„An bestimmten Tagen und in einigen Perioden war das Leichenschauhaus überfüllt, an anderen war es normal belegt und manchmal war es durchweg leer.")*.

Bei einem Gespräch mit einem Physiker, der sich mit Schwerpunkt mit der Erforschung der Ionosphäre beschäftigt, bemerkten die beiden Forscher, daß die Überfüllung des Leichenschauhauses an denselben Tagen auftritt, an denen die **Ionosphäre (elektrostatische Felder) erregt ist** und starke Radiostörungen beobachtet werden. Professor Dessjatow entschloß sich, die Todesursachen jener Leute tiefgründig aufzuklären, deren Leichen er untersuchte. Hier zeigte sich unerwartet die Kompliziertheit der Psyche des Menschen, waren die Todesursachen doch verschiedenster Art. Nach Überprüfung zahlreicher Fälle stand jedoch fest, daß sich an Tagen erhöhter Sonnenaktivität auch das Nervensystem des Menschen erregt. An diesen Tagen konnten auffallend zahlreiche Unfälle und auffällige Reaktionen beobachtet werden. Bei seiner weiteren Analyse untersuchte Professor Dessjatow die klassischen vier Charaktertypen: den Sanguiniker, den Phlegmatiker, den Choleriker und den Melancholiker. Er wußte zwar, daß sich nicht alle Menschen in diese Kategorien eingliedern ließen. Es existiert eine große Anzahl von Menschen, die als „Mischtypen" bezeichnet werden.

Trotzdem kann man behaupten, daß die Sanguiniker und Phlegmatiker Menschen mit einem stabilen seelischen Zustand sind, daß sie ausreichend selbstbeherrscht, ausgeglichen und oft lebensfroh sind. Demgegenüber erweisen sich Choleriker und Melancholiker vom psychischen Zustand her verschiedentlich ungewöhnlich und - im gewissen Sinne „abnorm". Die äußerste Erregbarkeit bei Cholerikern und im Gegensatz dazu, die ständige Depression und der schwermütige Zustand bei Melancholikern, weisen diese Charaktertypen als seelisch unausgewogen aus. Durch genauere Umfragen bei näheren Hinterbliebenen der sowohl durch „natürliche" als auch durch gewaltsame äußere Einflüsse Verstorbenen und nach weiteren Angaben bestimmte Dessjatow deren Charaktertyp. Die eindeutige Mehrheit der bei „Überfüllung" des Leichenschauhauses anzutreffenden Toten war zu Lebzeiten den Cholerikern oder den Melancholikern zuzurechnen. Wiederum konnte belegt werden, daß sich bei physisch und psychisch Gesunden, Sonneneinflüsse praktisch nicht bemerkbar machen. Bedauerlicherweise trifft das nicht auf psychisch unausgewogene Menschen bzw. nervlich stark überlastete Personen zu.

Auf dem Internationalen Medizinerkongress in Dublin, berichtete der Mediziner Dr. Morrel über den **Einfluß der Sonnenstürme auf Morde, Epilepsien und Selbstmorde.** Alle drei Aspekte haben eine gemeinsame Ursache: Die Veränderung des nerval-psychischen Apparats des Menschen. **Offenbar ist es möglich, daß die Sonnenstürme, indem sie den nerval-psychischen Tonus verändern, den menschlichen Organismus und seine Psyche, die sich in einem labilen Gleichgewicht befinden, beeinflussen, was zu diesen Arten von Handlungen und Erscheinungen führt.**

Ein Jahr vor Morrel legte Tschishewski in der Arbeit ***„Über die Beziehung von periodischer Sonnenaktivität und Kriminalität"*** erstmals Dinge im Zusammenhang dar, die, wie es schien, nicht miteinander vergleichbar waren. Völlig unabhängig von seinen Kollegen bestätigte Dessjatow von neuem, daß die Sonne auch Auswirkungen auf die Kriminalstatistiken hat. Im Februar 1969 trat W. P. Dessjatow zusammen mit seinen Mitarbeitern A. I. Ossipow und O. W. Susdalskaja an der Universität in Moskau auf. Den Ausführungen Dessjatows nach, fühlen sich Menschen mit schwachem Nervensystem, aber auch chronische Alkoholiker, nach einem Sonnenausbruch äußerst niedergedrückt. **Als Resultat wächst die Zahl der Selbstmorde in den ersten 48 Stunden nach einem Sonnenausbruch um das 4- bis 5fache im Vergleich zu so genannten ruhigen Sonnentagen.** Anlässe, die an Tagen der „ruhigen" Sonne als unwesentlich erscheinen, erweisen sich **bei diesen Menschen an**

Tagen nach Sonneneruptionen als unüberwindlich.
Wenn der Mensch am Steuer eines Autos sitzt, sind seine Nerven angespannt, die Aufmerksamkeit ist verschärft. Ein Nachlassen der Konzentration führt bekanntlich nicht selten zu Unfällen und sogar zu Katastrophen. Die Gruppe Dessjatows untersuchte eine Vielzahl von Autounfällen und Katastrophen. Die Schlußfolgerung: **Die Anzahl dieser Autounfälle ist am zweiten Tag nach einem Sonnenausbruch um das vierfache größer als an Tagen einer „ruhigen" Sonne.** Diese Ergebnisse konnten die Wissenschaftler K. Werner aus Hamburg und R. Reiter aus München bestätigen. Professor Reiter ermittelte zwischen 1954 und 1955, daß am zweiten Tag nach einer Sonneneruption, **wenn die Hauptmenge der Ladungsträger der Sonne die Erde erreicht und der Magnetsturm beginnt, sich die Reaktionsfähigkeit der Menschen auf Signale um das Vierfache verlangsamt.** Besonders diese Ursache spiegelt sich in der Statistik bei den schweren Autounfällen wieder. Bemerkenswert ist zusätzlich, daß bei Glatteis und Nebel die Zahl der Verkehrsunfälle fast nicht anwächst. Es ist davon auszugehen, daß an diesen Tagen die Autolenker besonders vorsichtig unterwegs sind.
In einer 1994 in ***British Journal of Psychiatry*** veröffentlichten Studie heißt es, **zwei Wochen nach einem geomagnetischen Sonnensturm würden bis zu 45 Prozent mehr manisch-depressive Patienten in Nervenheilanstalten eingeliefert als sonst.** Die Forscher führen diesen Zusammenhang auf komplexe Interaktionen zwischen der Zirbeldrüse und Magnetfeldern zurück (Kay, R.W., *„Geomagnetic Storms: Association with Incidence of Depression as Measured by Hospital Admission", British Journal of Psychiatry 164, Nr. 3* (1994)).

Psychische Epidemien durch die Sonne

Die Psychiatrie ist eine der am wenigsten ausgearbeiteten Disziplinen der modernen Medizin. Das erklärt sich vor allem durch die ungewöhnliche Kompliziertheit des Forschungsgegenstandes, den Krankheitsformen und Störungen der Psyche des Menschen. Im Mittelalter hielt man psychisch Kranke als vom Teufel, dunklen Mächten oder von anderen, wie man meinte, jenseitigen Mächten besessen. Der Aberglaube hemmte die Entwicklung der Psychiatrie. Erst am Ende des 18. Jahrhunderts begann man in Frankreich, danach auch in Rußland und anderen Ländern, die psychische Zerrüttung als Krankheit anzuerkennen. Dann entstand die Psychiatrie als Wissenschaft, die sich erst jetzt in vollem Maße der Kompliziertheit ihres Gegenstandes bewußt wird. Wir sind noch weit von dem richtigen Erkennen der Ursachen vieler psychischer Erkrankungen entfernt, und nicht immer und nicht alle psychisch Kranken gelingt es zu heilen. Einige psychische Zerrüttungen entstehen auf der Basis von Infektionskrankheiten wie der Grippe, der Cholera und der Ruhr. Epidemien dieser Infektionskrankheiten wurden manchmal von Massenpsychosen, echten psychischen Epidemien begleitet.

Beispielsweise erfaßte 1830 bis 1832 die Choleraepidemie einen bedeutenden Teil Rußlands. Wir wissen, daß ein heftiger Anfall dieser gefürchteten Krankheit äußerlich an eine starke Vergiftung erinnert. In Rußland ging sogar das Gerücht um, daß die Ärzte auf Anordnung der Staatsmacht die Gesunden vergiften würden. Diese unsinnigen Gerüchte verbreiteten sich schnell wie die übelste Epidemie. Im Moskauer, Tambower, Kalugaer und anderen Gouvernements kam es zu Ausschreitungen, die als Cholerarebellion in die Geschichte eingegangen sind. Sogar in St. Petersburg drangen mit Eintritt der Nacht große Massen geradezu irrsinniger Menschen in die Hospitäler, verprügelten die Ärzte und versuchten, die Kranken nach Hause zurückzubringen. Zeitgleich erfaßte die „Cholerarebellion" auch Ungarn und England. In Birmingham verbreitete sich das Gerücht, daß man Lebende begraben hätte. Menschen drangen in die Friedhöfe ein, wühlten die Gräber auf, zerbrachen Sarge und töteten einige Personen, die eingebildeter Verbrechen verdächtigt wurden. Ähnliche Szenen spielten sich in Italien und Spanien ab. In Sizilien kam es infolge der „Cholerarebellion" zu Blutbädern. **All dieses geschah in den Jahren maximaler Sonnenaktivität.** Ähnliches konnte 1892 bis 1893 beobachtet werden (wieder in Jahren einer „erregten" Sonne), als von neuem eine „Cholerarebellion" über Rußland hinwegrollte. Bekannt sind auch zahlreiche vergleichbare „Peststürme", die sich während der Pestepidemien ereigneten, zum Beispiel in Moskau im Jahre 1769. **Das waren Beispiele psychischer Epidemien, die deutlich mit der Sonne in Verbindung standen.**

Professor Tschishewski ging nun der Frage nach, ob möglicherweise auch andere psychische Epidemien existieren, die nicht mit massenweisen Infektionserkrankungen verbunden sind und im Zusammenhang mit entsprechenden Sonnenaktivitäten stehen. Anhand geschichtlichen Materials, von frühesten Zeiten bis in unsere Tage, zeigte er, daß ungefähr in **72 Prozent aller Fälle epidemisch verbreitete Massenpsychosen in den Jahren des Maximums der Sonnenaktivität auftraten.**
Um sich der Tragweite bewußt zu werden möchte ich hierzu einige Beispiele aufführen:
Wie wir wissen, ist Tarantella ein populärer neapolitanischer Tanz. Aber nicht allen dürfte bekannt sein, daß der Name des Tanzes mit **psychischen Massenepidemien verbunden** ist, die Italien gegen Ende des 15. Jahrhunderts erschütterten. Irgendjemand brachte in jener Zeit das Gerücht in Umlauf, daß der Mensch durch den Biß der Tarantel, einer in den Mittelmeergebieten verbreiteten etwa 3 cm großen Spinne, einen „Muskelwahnsinn" bekäme. Vor starken Schmerzen krümme er sich in Krämpfen. Das einzige Heilungsmittel sei der rasende Tanz unter den Klängen der Geigen, Flöten und Gitarren. Diese wilden Tänze verbreiteten sich über ganz Italien, und auch die große Mehrheit der gar nicht von der bösartigen Spinne Gebissenen wurde von der Raserei des Tanzes erfaßt. Der Anblick der Tarantella-

tanzenden erwies sich als starke psychische Einwirkung auf große Massen des Volkes, und das erhöhte sich besonders in den Jahren der Sonnenaktivität. Wilde Tänze psychisch kranker Menschen lassen sich im Verlauf der ganzen menschlichen Geschichte nachweisen, beginnend mit den Tänzen zu Ehren des Bacchus und anderer Götter. Diese psychischen Erkrankungen (in Lehrbüchern der Psychiatrie sind sie als eine Form des „Veitstanzes“ beschrieben) nahmen teilweise völlig entartete Formen an. 1418 verfiel ganz Paris in den Taumel eines geradezu irrsinnigen Tanzes. Die Menschen tanzten bis zur völligen Erschöpfung auf Straßen und Plätzen, auf Balkonen und Dächern. Tausende tanzten in ihrer Tollheit auf den Pariser Friedhöfen. Im 16. Jahrhundert erfaßten ähnliche Entartungen die Bewohner Lissabons.

Viele psychische Epidemien entstanden auf dem Boden religiöser Geistesverwirrung. Unter dem Einfluß religiöser Prophezeiungen erwarteten die Menschen viele Male das angebliche Weltende. Beim Nähern der vorhergesagten Daten nahmen die Selbstmorde Massencharakter an. Das war aber nicht nur im Mittelalter so. Im Jahre 1892 begann ein im Kiewer Gouvernement lebender Kondrati Malewanny, der an chronischem Wahnsinn litt, vorherzusagen, daß in nächster Zeit das Ende der Welt eintreten und das „Jüngste Gericht“ beginnen werde. Er verleitete tausende Bauern, von der Arbeit fernzubleiben und an einem gemeinsamen Gebet teilzunehmen. Während dieses Auflaufes gerieten die Teilnehmer in eine starke Erregung. Es begannen Massenhalluzinationen, Krämpfe, Schluchzen, also alle Anzeichen einer Massenhysterie. 1910 führten in Verbindung mit dem Erscheinen des Halleyschen Kometen Gerüchte über das Weltende buchstäblich zu psychischen Massenepidemien. Panik und Verwirrung erfaßten wenig gebildete Teile der Bevölkerung in einer Reihe von Ländern. Beispielsweise bereiteten verschiedene Menschen ihre Gräber vor und legten sich hinein, befangen von der fixen Idee, man könne nur in einer solchen Form dem erwarteten „Weltuntergang“ würdig entgegentreten. Bei den psychischen Erkrankungen auf religiöser Basis tritt auch die so genannte Fallsucht auf. Die psychisch Kranken beginnen gewöhnlich während der Zeit des Gottesdienstes mit unnatürlicher Stimme zu schreien, und nicht selten endet der hysterische Anfall mit einem epileptischen Fall. Es ist charakteristisch, daß fast alle Fallsuchtepidemien, d. h. massenweise Auftreten dieser Epilepsie mit psychogenen Symptomen, in den Jahren der „erregten“ Sonne zu verzeichnen sind. Dasselbe kann man über die Selbstmordepidemien (beispielsweise in Frankreich im Jahre 1836, in Österreich 1860) sagen.

Die Untersuchungen zeigen, daß in der psychischen Verfassung der Menschen eine Reaktion der Ereignisse auf der Sonne ablesbar ist. Bereits 1935 konnten T. Djull und 1963 Ch. Friedmann sowie andere ausländische Forscher zeigen, daß die Zuspitzung nervlich-psychischer Krankheien eng mit den Schwankungen der Sonnenaktivität zusammenhängt. Der sowjetische Wissenschaftler W. P. Ischakow stellte fest, daß die Zahl der an Schizophrenie erkrankten Menschen und die Sonnenaktivität in Wechselbeziehung stehen *(Sammelband „Sonne, Elektrizität, Leben". Moskau 1972.).*

Psychische Extreme: Selbstmorde und Psychosen

Auffällig deutlich ist der psychische Bezug bei Selbstmorden. Der Forscher T. Djüll hat Fälle von Selbstmord in Beziehung zu Tagen besonders hoher Werte von Kalziumflocken gesetzt, die nach K. Kiepenheuer ein besserer Indikator energetischer Sonnenaktivität sind als die Sonnenflecken. Bei insgesamt 45190 Fällen ergab sich eine signifikante Erhöhung der Selbstmordzahlen zurzeit intensiver Sonnenaktivität. Diese auffällige Korrelation konnte auch in Gruppen von Selbstmorden in Berlin, Hamburg, Kopenhagen, Zürich und Frankfurt beobachtet werden.

Tatsächlich scheint sich psychische Labilität zur Zeit solarer Eruptionen zu steigern. Howard Friedmann, Robert Becker und Charles Bachman haben bei der Untersuchung von 28642 Neueinlieferungen in acht große psychiatrische Kliniken in New York während der Jahre 1957 bis 1961 als Ergebnis gefunden, daß die Patientenzahlen an Tagen magnetischer Stürme merklich anstiegen. Hiermit stimmt überein, daß Tschijewskij, wie erwähnt, mit Hilfe umfangreichen geschichtlichen Materials, das viele Jahrhunderte zurückreicht, eindrucksvoll aufgezeigt hat, daß Massenpsychosen eng mit Perioden gesteigerter Sonnenaktivität zusammenhängen. Dies gilt nach W. P. Ischakow auch für Erkrankungen an Schizophrenie.

Sonnenaktivität beeinflußt die Kreativität

Die bisher aufgeführten Berichte stellen nur einen negativ erscheinenden Aspekt dar. Vernachlässigt wurde bisher, daß durch den Einfluß der Sonnenaktivitäten ebenso positiv zu bewertende Erscheinungen auftreten.
Von elementarer Bedeutung ist der Sonnenwind, der einen Schutzschirm bildet, ohne den die Entwicklung und Aufrechterhaltung von Leben nicht möglich wäre. Welche Strahlungsformen der Sonnenaktivität für den Menschen existentiell wichtig sind, wird wohl erst die zukünftige Forschung in vollem Umfang erkennen.
Die umfangreichen Ergebnisse, die sich aus den zahlreichen Korrelationen ergeben, lassen den berechtigten Schluß zu, **daß die Aktivität der Sonne als Form kosmischer Kreativität angesehen werden kann.**

Die Einheit von Masse, Energie und Information, die das kosmische Entwicklungspotential repräsentiert, spricht dafür, daß der Informationsfluß vom galaktischen Zentrum über die Sonne, dessen Quantität berechenbar ist, durch besondere Strukturen der Sonnenaktivität qualitativen Einfluß

auf menschliche Kreativität nimmt.
Dies ist vor allem in dem Sinne zu verstehen, daß Strukturimpulse aus dem Bereich des Urgrunds im Sinne der bereits erwähnten Definition des Naturwissenschaftlers Tomaschek *„überall dort Entwicklungsanstöße geben, wo die Entwicklungssituation günstig für die Aufnahme eines Entwicklungskeims ist, ganz gleich ob es sich um die Psyche eines Künstlers oder Wissenschaftlers handelt, der auf der Schwelle zu neuen Einsichten oder Erkenntnissen steht."*

Ist es nicht bemerkenswert, daß immer wieder gleiche Entwicklungstendenzen gleichzeitig in den verschiedensten Bereichen auftauchen und manchmal sogar zu identischen Ergebnissen führen? Der direkte Nachweis solcher Zusammenhänge erweist sich als schwierig. Merkmale der Kreativität, im Sinne der Definition, die Arthur Köstler in seinem Werk „Der göttliche Funke" gegeben hat, sind schwer zeitlich zu fixieren und werden in der Literatur, soweit sie überhaupt existiert, nicht mit der Angabe von Daten zitiert. Wo es Glücksfälle gibt wie bei der Tagebucheintragung von Descartes vom 10. 11. 1619 und des in einem wissenschaftlichen Tagebuch von Gauß angegebenen Datums der Lösung des Problems des regelmäßigen Siebzehnecks am 30. 3. 1796, fehlt es an detaillierten Daten der Sonnenaktivität. Zuverlässige tägliche Daten der Sonnenflecken liegen erst ab 1825 vor. Im übrigen kommt es bei solar-terrestrischen Einflüssen auf einzelne energetische Sonneneruptionen an, die fortlaufend erst seit Anfang der dreißiger Jahre beobachtet werden konnten.

Die Energetik der Flares wurde lange Zeit nur nach optischen Kategorien beurteilt, die nicht zuverlässig sind. Erst seit wenigen Jahren ist bekannt, daß sehr intensive Röntgenstrahlungsausbrüche bei Flares möglich sind, die optisch nur in die mittlere Kategorie einzuordnen sind. Die Beobachtung von Röntgenstrahlungsausbrüchen, die nur außerhalb der Atmosphäre möglich sind, läuft erst seit 1970. Ansonsten kann man nur bei den seltenen Protonenflares sicher sein, daß es sich um ein herausragendes energetisches Ereignis handelt. Berichte über Protonenflares liegen aber auch erst seit 1942 vor.

Es liegen Aufzeichnungen vor die belegen, daß unmittelbar nach besonders energetischen Eruptionen, wie z. B. vom 16. 7. 1959, kreative Impulse einfielen, die geradezu als „Erleuchtung" empfunden wurden und zu umstürzenden Erkenntnissen oder tiefgreifenden Wandlungen führten.
Beispielsweise berichtet Weizecker in seinem Buch *„Biologische Basis der Glaubenserfahrung"* von Gopi Krishna. Gopi selbst, der eine überwältigende Erfahrung des Kundalini-Yoga beschreibt, gibt als Datum Weihnachten 1937 an. (Genaue Angaben über energetische Eruptionen liegen aus den angeführten Gründen nicht vor). Solche Eruptionen sind in dieser Zeit sehr wahrscheinlich, da die Sonnenaktivität 1937 ein intensives 11-jähriges Maximum

erreichte. Albert Einstein reichte im Laufe des Jahres 1905 vier bahnbrechende Arbeiten bei der Fachzeitschrift *„Annalen der Physik“* ein, zu denen auch die Spezielle Relativitätstheorie gehörte. Wenn auch nicht genau bekannt ist, wann der jeweilige Grundgedanke konzipiert wurde, so läßt sich doch feststellen, daß auch das Jahr 1905 mit einem Maximum der Sonnenaktivität zusammenfiel. Werner Heisenberg hat in seiner Autobiographie *„Der Teil und das Ganze“* geschildert, wie der Durchbruch zum Grundkonzept der Quantenmechanik erfolgte. Dies geschah um den 8. Juni 1925, als die Sonnenaktivität weit aus dem Umfeld herausragte. Heisenberg schrieb über dieses Erlebnis: *„Im ersten Augenblick war ich zutiefst erschrocken. Ich hatte das Gefühl, durch die Oberfläche der atomaren Erscheinungen hindurch auf einen tief darunter liegenden Grund von merkwürdiger innerer Schönheit zu schauen, und es wurde mir fast schwindlig bei dem Gedanken, daß ich nun dieser Fülle von mathematischen Strukturen nachgehen sollte, die die Natur dort unten vor mir ausgebreitet hatte. Ich war so erregt, daß ich an Schlaf nicht denken konnte. So verließ ich in der schon beginnenden Morgendämmerung das Haus und ging an die Südspitze des Oberlandes, wo ein allein stehender, ins Meer vorspringender Felsturm mir schon immer die Lust zu Klettervursuchen geweckt hatte. Es gelang mir ohne größere Schwierigkeit, den Turm zu besteigen, und ich erwartete auf seiner Spitze den Sonnenaufgang.“*
Von etwas handfesterer Aussagekraft dürfte eine Studie von der Arbeitsgruppe W. und S. Randall sein. In dem Fachjournal „Bioelectromagnetics“ veröffentlichten sie **eindeutige Zusammenhänge zwischen Sonnenwinden und Halluzinationen***(1) bei „klinisch unauffälligen“ Probanden *(„The solar wind and hallucinations, relation due magnetic disturbances“, Bioelectromagnetics 12, 1991).*

Natürlich erscheinen diese wenigen Beispiele nicht sonderlich repräsentativ, um hieraus eine seriöse Ableitung vornehmen zu können. Bedenken wir jedoch, daß diese Ereignisse nicht weniger real sind, nur weil uns ein direkter Nachweis hierfür schwer zugänglich ist. Die gesicherten Nachweise über den Einfluß der Sonne (via Felder) auf unterschiedlichste Stimmungs- und Bewußtseinslagen, haben eines gemeinsam, sie verändern die entsprechenden Neurotransmitter (und Hormone).
Der gleiche Mechanismus vollzieht sich ebenso während der Bewußtseinserweiternden Zustände. In diesen Fällen werden die psychoaktiven Transmitter angesprochen*(1) („höhere“ Tryptamine wie 5meoDMT, 5-Methoxy N, N, Dimethyltryptamin). In der Epiphyse (Zirbeldrüse) werden unter anderem die Grundwirkstoffe produziert, welche für die höheren Bewußtseinszustände benötigt werden. Daß unsere Zirbeldrüse sensibel an das Erdmagnetfeld gekoppelt ist, konnten wir bereits erfahren. Der hauptsächliche Anteil dieser elektro-chemischen Umwandlungsprozesse wird hier vollzogen. Dieses Empfangsorgan, auch 3. Auge genannt, ist ebenfalls maßgeblich an unseren Träumen beteiligt. Bei Yogis und Heilern konnte bei-

spielsweise festgestellt werden, daß in ihren aktiven Zuständen (Trance bzw. Heilung) die Zirbeldrüse in auffälliger Weise aktiv ist, und entsprechende Transmitter produziert.

Mit sehr großer Wahrscheinlichkeit finden Inspirationen (Eingebungen) ebenso häufig statt, wie die Erscheinungen, die wir als „negativ" klassifizieren. Die Schwierigkeit liegt lediglich in unserer direkten Wahrnehmung dieser Einflüsse. Das Hindernis ist die Selektion zwischen den „normal" ablaufenden und den „übergeordneten" Einflüssen. Es erscheint nur allzu logisch, daß wir weitaus öfter mit Inspirationen gefüttert werden, als wir es uns eingestehen wollen…

(In meinem Buch „Die Realitätenmacher" – „Physik des Bewußtseins" wird speziell dieses Thema weiter vertieft)*

LUFTMASSEN	WARM					GEMISCHT		KALT		
SFERICS in kHz	10 28	10	10 28	10 ++	10 +++			28 +++	28 ++	28 10
WETTERPROZESSE	⬇		➚	⇗	Wf	⇗	Oc	Kf	↷	↷
Psych. Störungen	●									
Reizbarkeit		●			○					
Schizophrenie		●	○	●						
Depressionen				○	○	●				
Hypotonie		○			●					
Neurosen				○	●	○				
Suizide		○		○						
Erkältungen	○				○					
Entzündungen					●	○				
Pneumonien				○						
Bronchitis		○					○			
Blutungen		●		○	●					
Thrombosen				●	○					
Glaucome					●			○		
Unfallmaximum				●	○	●			○	
Beschwerden allgem.		●			○	●				○
Herzinfarkt		○		○	●	●	○	○		
Embolien				●	●	●	○	○		
Schlafstörungen		●			●	●		○		
Spasmen		●			○			●		
Migräne				○						
Kopfschmerzen allgem.		○		○	○		○	○		
Schmerzmaximum					●	●		●		
Reaktionszeit					●		●	○		
Herztod					●			●		
Frühgeburten										
Herzbeschwerden						○	○	●		
Magenperforationen					○	○	○	●		
Diabetes								●		
Rheuma/Arthritis							○	○	○	
Schlaganfallmaximum								●	○	
Epilepsie								○		
Koliken								○	●	
Angina pectoris								●	●	

Einfluß von natürlichen elektromagnetischen Feldern auf unterschiedliche Krankheitsbilder. Von besonderer Bedeutung ist hier die Korrelation zwischen EM-Feldern und psychischen Symptomen.

Hauptquelle für Sferics sind Gewitter, deren Blitzaktivitäten elektromagnetische Signale erzeugen. Da es sich bei den verursachenden Blitzen oft um nicht sichtbare „Dunkelfeldentladungen" handelt, werden die Sferics oft auch - nicht korrekt - als Dunkelblitze bezeichnet.

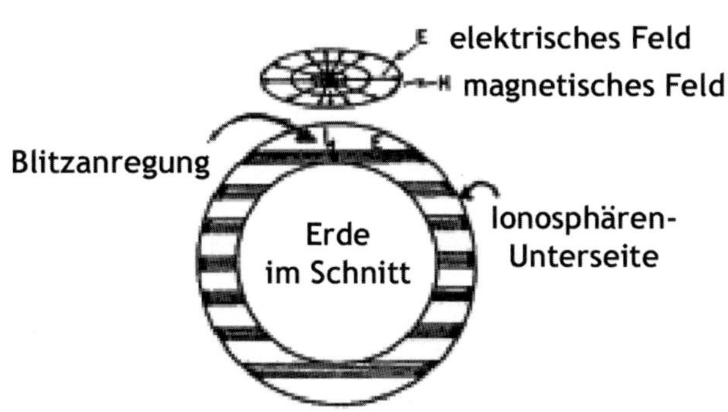

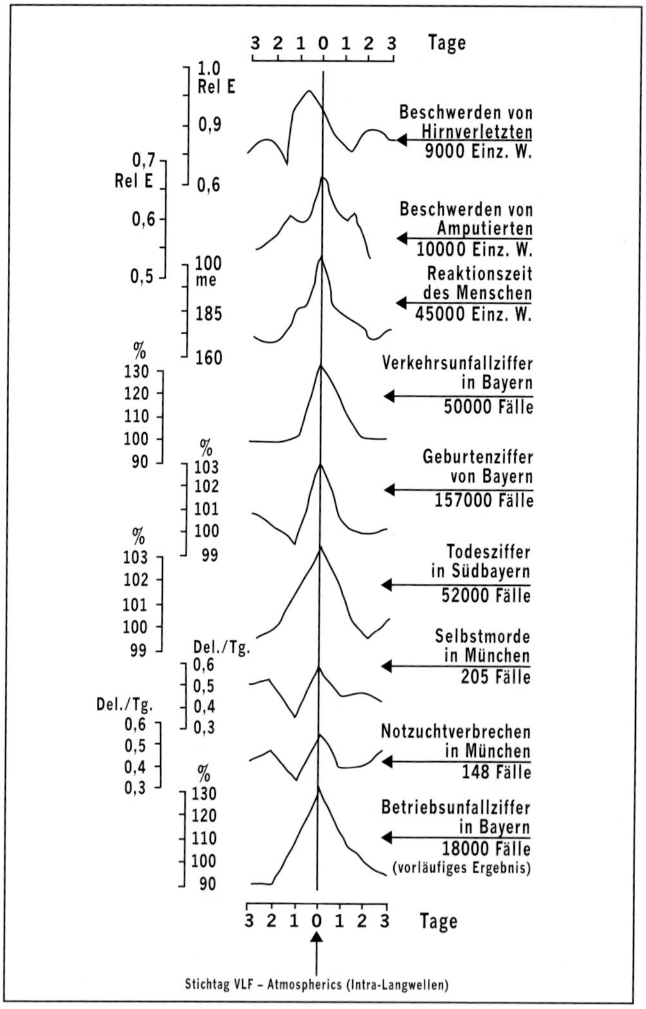

Korrelation zwischen Sferics (Atmospherics) und (in erster Linie) psychischen Symptomen bei Menschen

Erde als Hohlraumresonator

Von der Physik wissen wir, daß unter Bedingungen einer **„stehenden Welle"** eine Informationsübertragung quasi zeitgleich erfolgt, da innerhalb dieser Welle alles mit allem verbunden ist. Unsere Erde, als Kugel-Hohlraumresonator (7,8 Hz), bildet durch eben diese Eigenschaft, automatisch eine **stehende Welle,** welche durch entsprechende EM-Felder aufgebaut wird. Diese stehenden Wellen regen pausenlos die Erde selbst zur Eigenschwingung (Resonanz) an. Bemerkenswerterweise stimmen bestimmte Frequenzen (Schönwetter-Sferics) sowohl in ihrer Impulsform wie auch in ihrer Frequenz in frappanter Weise mit dem Alpha-Gehirnwellen-Rhythmus (8-12 Hz) überein! König, Fröhlich, Presman und andere Wissenschaftler gehen davon aus, daß gerade diese em-Felder eine entscheidende Rolle in der Prägung der Evolution gespielt haben. **Sind es doch gerade die Frequenzen, die für die Ausbildung der elektrischen Steuerungs- und Regelungsvorgänge bei Lebewesen von großer Bedeutung sind.** Eingebettet in ein quasi homogenes

Meer von EM-Feldern, die zumindest in ihrer natürlichen Form als eine kosmische „stehende Welle“ fungieren, können wir nun (wir sind das Ganze) am „Spiel des Universums“ so aktiv teilhaben.
Mit unseren Gedanken sind wir in der Lage, in Resonanz mit dem zu gehen, an das wir Denken. In Analogie eines Computers, wäre es dann möglich, Modelle wie Akasha und morphogenetische Felder zu erklären. Unser Gehirn wäre dann so etwas wie der Arbeitsspeicher, wobei die Festplatte, in der ersten Ebene, unsere Erde mit ihrem Magnetfeld (0,5 Gauß) in Verbindung mit den freien Elektronen (u.a. von der Sonne), darstellt wäre. Von entscheidender Bedeutung dürften, diesem Beispiel folgend, unser Bewußtsein und unsere Wahrnehmung sein. Hieraus ergibt sich die Qualität (als Intensität und Prägung) unserer Wahrnehmung. Konkret heißt das, daß aus der Vielzahl der Sinneseindrücke die auf uns ständig einwirken, ein bewußt selektives Auswählen erfolgen sollte. Erst wenn entsprechende, kohärente Schwellenwerte (größere Anteile an synchron schwingenden Neuronen) erreicht werden, ergeben sich holografische Strukturen die einen prägenden Einfluß (Erkenntnisse, Erleuchtung...) bewirken. So besitzt also unser Gehirn, die konkrete Möglichkeit, in den materiellen Schöpfungsprozeß einzuwirken. In der Physik heißt es: Überlagerungen (konstruktive Interferenz = Voraussetzung eines Hologramms) treten nur auf, wenn das Licht oder die em-Welle kohärent sind und wenn die Phasenbeziehungen während eines Verhältnis zur Schwingungsdauer lange Zeit konstant bleiben. Auf diese Weise bewirken die Strukturen der Schwingungsfelder, daß auch die Materie sich in sie hinein ordnet! Materielle Strukturen entstehen sowohl im Mikro- wie im Makrobereich aus Schwingungsüberlagerungen – Mikroteilchen sind selbst solche „Knotenphänomene“, stehende Wellen, die sich nicht mehr fortpflanzen, sondern sich lokalisieren, weil sich an dem betreffenden Ort die Feldkräfte die Waage halten – und wachsen dann in dieses Feld hinein!

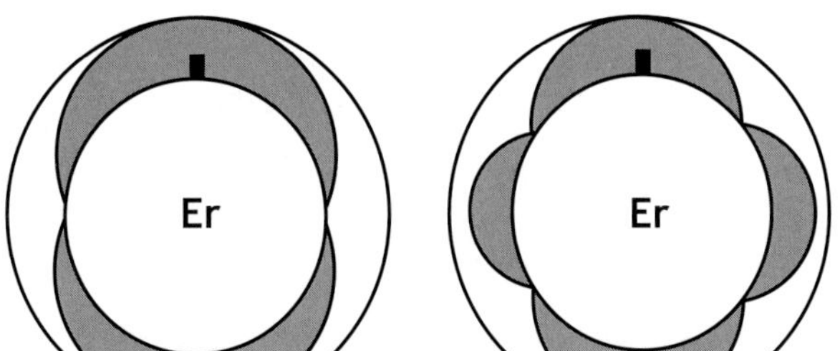

Feldkonfiguration der elektrischen Komponente der als „Stehende Wellen“ auftretenden Schumann-Resonanzschwingungen für die „modes“ n = 1, und n = 2, nach Toomey und Polk

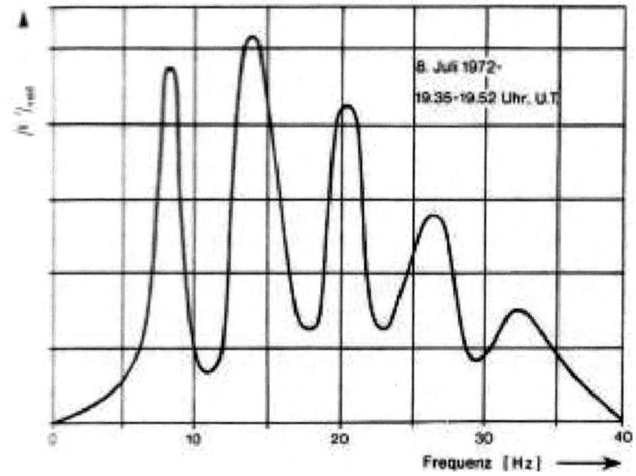

Spektrum des vertikalen elektrischen Feldes natürlicher Signale im ELF-Bereich, nach Toomey und Polk. Durch Blitzanregungen entstehen im Kugelhohlraumresonator Erde-Ionosphäre die sogenannten Schumann-Resonanzschwingungen, elektromagnetische Strahlung in Form „Stehender Wellen“.

Erde als Hohlraumresonator: Feldlinienverlauf

Zellteilungsprozess: Mitose. Der Feldlinienverlauf entspricht dem vom vorherigen Bild.

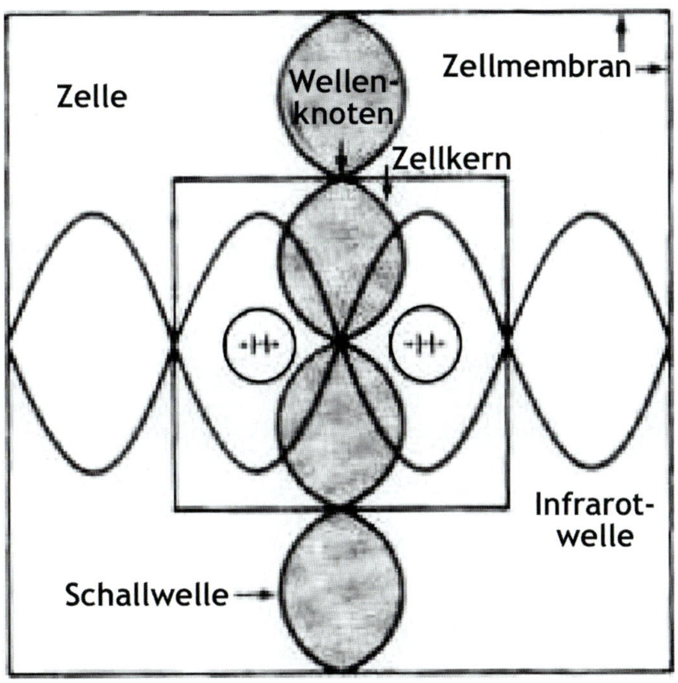

„Stehende Welle" zwischen Zellmembran und Zellkern

1984 berichtete der Physiker Robert Becker, die Resonanz zwischen dem natürlichen stationären Feld der Erde und den Mikropulsationsfrequenzen könnte dem zeitsteuernden Mechanismus bei der Zellteilung zugrunde liegen. Da das zentrale Prinzip der Resonanztheorie nicht die Energie, sondern die Frequenz ist, lassen sich mit ihr auch Wirkungen durch Felder von minimaler Stärke erklären, wie sie Dr. Yu Achkasova vom Medizinischen Institut der Krim (UdSSR, heute GUS) beobachtet hat. Das Magnetfeld der Sonne ist in Sektoren gegliedert, die den Scheiben einer Orange ähneln. Die Felder der einzelnen Sektoren sind abwechselnd nach innen und nach außen gerichtet, so daß sich leichte Veränderungen ergeben, wenn die Verbindungslinie Erde-Sonne auf dem Weg der Erde um die Sonne die Grenzen der einzelnen Sektoren überschreitet. **Dr. Achkasova beobachtete einen mit dem Überschreiten der Grenzen übereinstimmenden Rhythmus in der Zellvermehrungsrate einer Zellkultur. Ein erstaunliches Phänomen, wenn man bedenkt, wie unglaublich schwach die Änderung des Feldes auf der Erdoberfläche ist.**

		Richtung des Kopfendes des Embryos und das Geschlecht des Nachkömmlings			
Untersuchungsobjekt	Zahl der untersuchten Lebewesen	nach magnetisch Nord		nach magnetisch Süd	
		männlich	weiblich	männlich	weiblich
Fliegeneier (Drosophils)	2600	55.3	44.7	38.8	61.2
Hühnereier	1173	73.5	26.5	28.3	71.3
Kühe	19000	52.5	47.5	47.8	52.2
Pferde	79	71.5	28.5	36.3	63.7
Menschen	824	81.5	18.5	13.7	56.3

Einfluß der Feldrichtung des Erdmagnetfeldes auf unterschiedliche Tierembrios

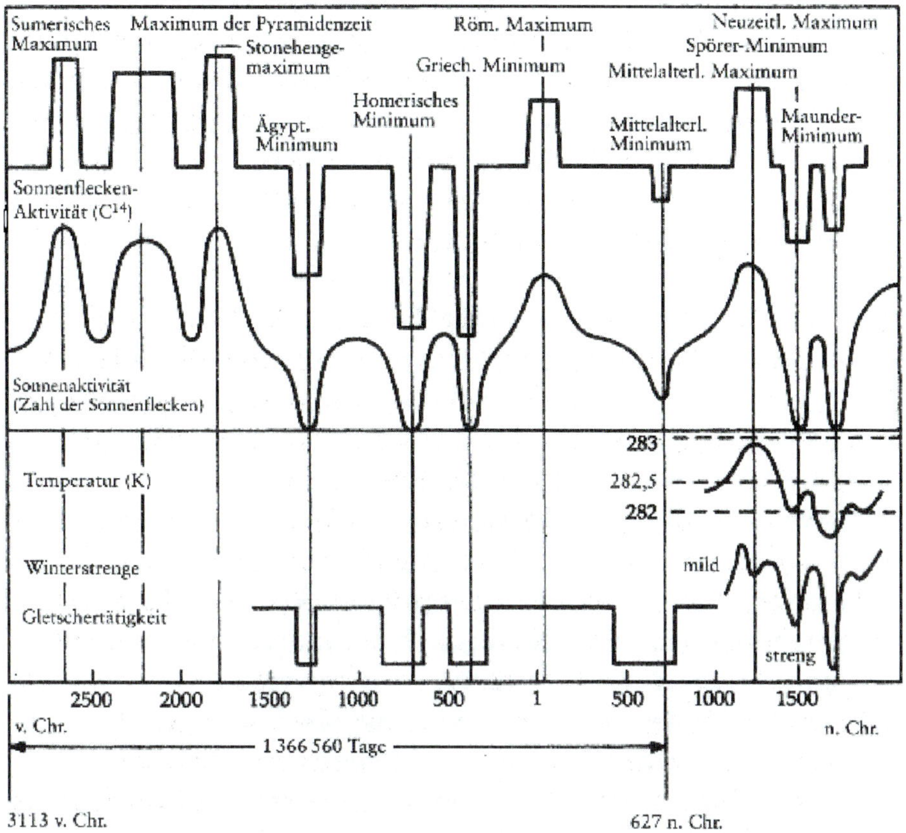

Korrelation zwischen den Sonnenaktivitäten (-Flecken und -Flares) und Hoch-Kultur-Epochen (Auf- bzw. Untergänge) der letzten ca.4000 Jahre.

Neuere Untersuchen von der Max-Planck Gesellschaft zeigen langfristig den Verlauf (Dez 2003). 1150 Jahre lange Messungen der Sonnenfleckenzahl zeigen fast denselben Verlauf wie die Temperatur.

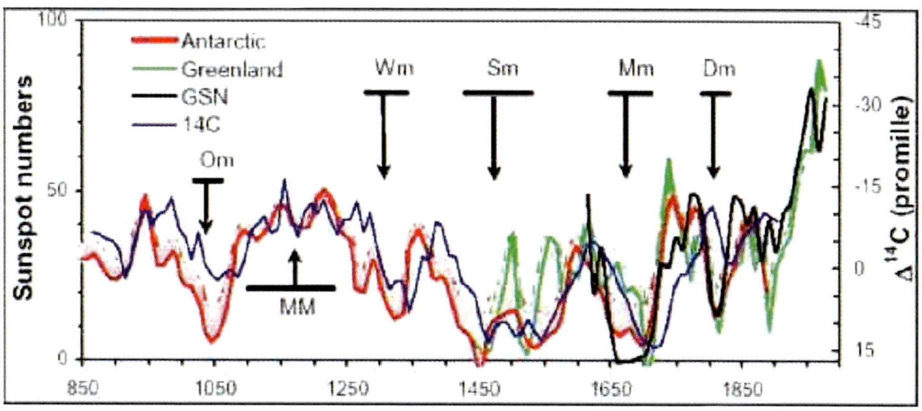

Ilya G. Usoskin, Sami K. Solanki, Manfred Schuessler, Kalevi Mursula, Katja Alanko
A Millemium Scale Sunspot Reconstruction: Evidence For an Unusually Active Sun Since the 1940's-
Physical Review Letters Dez 2003

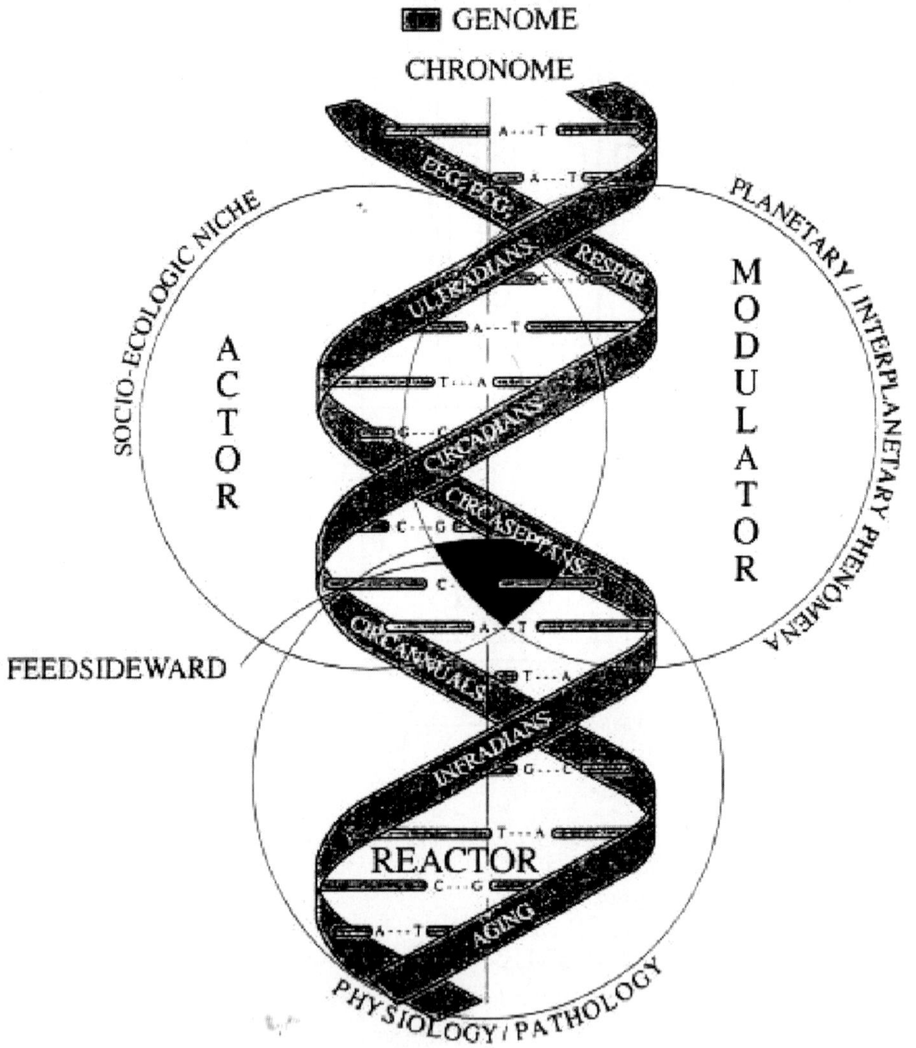

DNS im Einflußbereich von kosmischen Parametern
Chronobiology in Space (University of Minesota 12.1991)

Zugang zum Freien Willen?

Alles in der Natur verläuft nach geordneten Gesetzmäßigkeiten. Der Zufall (Chaos) dient lediglich als Grundlage für Veränderungsprozesse, die sich zu hoch geordneten Systemen ausprägen (dissipative Strukturen). Naturgemäßes Erschaffen ist durch das Wechselspiel von Chaos und Kohärenz (Ordnung) geprägt. Lebewesen müssen, um sich neu zu ordnen, phasenweise ins Chaos zurückkehren. Damit die Ätherkräfte in der Materie wirksam werden können, muß diese einen relativ formlosen, chaotischen Zustand annehmen, um zur empfänglichen Matrix zu werden. Die entsprechenden Erscheinungen auf Gewebe- und Zellebene sind dem Biologen wohlbekannt.
I. Prigogine erhielt den Nobelpreis für seine Entdeckung, daß chaotische Systeme (in erster Linie biologische Systeme) im Zustand ihrer höchsten Unordnung (Chaos), in ein hoch geordnetes (dissipatives) System umschalten. Ganz offenbar liegt diesen Prozessen ein **„übergeordneter" Regel- und Steuerbereich** zugrunde, wobei die Örtlichkeit dieser „übergeordneten" Regel- und Steuerebene aus der uns bekannten Raumzeit (3+1) fällt.
Mit anderen Worten, **die Natur erfüllt einen sinnbehafteten Zweck, welcher aus der Perspektive seiner Bestandteile allein nicht beobachtet werden kann** (der „blinde Fleck). Dieser „sinnbehaftete Zweck" bedient sich offenbar der Materie, was erklären würde, weshalb sich materielle Systeme nach festgelegten Strukturen zu richten scheinen. Dieser Vorgang würde zumindest erklären, weshalb sich „wie von unsichtbarer Hand gelenkt" Elementarteilchen zu hoch komplexen atomaren-, molekularen- und biologischen Systemen formieren. Möglicherweise wäre dies auch der Grund, weshalb wir Menschen Entscheidungen treffen, die nicht unserem „freien Willen" entsprechen.

„Alles Verhalten - auch unsere Entscheidungen - sind den neuronalen Vorgängen nachgängig."
(Prof. Wolf Singer, Direktor am Max-Planck-Institut für Hirnforschung Frankfurt.)

Natürlich stellt sich hier die Frage, **wer oder was denkt für uns?**
Der Neurologe B. Libet lehrte und forschte u.a. mit John Eccles in Canberra. Libet gilt als „Galionsfigur des Determinismus" und seine Forschungen beschäftigen sich zudem hauptsächlich mit der menschlichen Willensfreiheit. Die herausragenden Ergebnisse seiner Experimente: Das Gehirn beginnt bereits bis zu 1,5 Sekunden bevor die Versuchsperson eine einfache willkürliche Handlung vornimmt, wie eine Hand heben, entsprechende Wellen auszusenden, und dies völlig unbewußt. Das Bewußtwerden der Entscheidung

passiert erst 2/10 sec vor Beginn der Bewegung. Nur in dieser extrem kurzen Zeit des Bewußtwerdens kann der Handlungsimpuls noch gestoppt werden. Die Interpretation dieses Ergebnisses:
Die Absicht zu handeln entsteht aus einer Aktivität, die nicht Teil unserer bewußten Wahrnehmung ist (siehe auch Magazin 2000plus, Nr. 170, Seite 44, „Neue Erkenntnisse und Wege in der Bio-Physikalischen Wissenschaft", Interview mit Bernhard Eppich, dem Direktor des bio-physikalischen Institut Queensland) .

„Es existiert kein mentales Agens, also das, was unsere Entscheidungen trifft"
(Prof. Wolf Singer, Direktor am Max-Planck-Institut für Hirnforschung Frankfurt.)

Diese Erkenntnis, die aus zahlreichen Versuchsreihen unterschiedlichster Forscher immer wieder bestätigt wurde, erscheint grotesk und vernichtend zugleich. Sind wir verdammt in einem deterministischen System als Funktionseinheiten zu fungieren? Wunderbarerweise scheint das nicht grundsätzlich der Fall zu sein. Wenn wohl auch der überwiegende Teil unseres bisherigen Lebens durch deterministische Systeme geprägt, bzw. „fremdbestimmt", wurde, so existieren doch auch Momente, in denen wir „selber Herr unserer Entscheidungen", incl. Gedanken und Emotionen sind. Aus der Ebene des „ultimativen Beobachters", welche dem Zustand des Superbewußtseins entspricht, sind wir durchaus innerhalb unseres „freien Willens".
Roger Penrose übernimmt die von Benjamin Libet in seiner *time-on Theorie* geäußerte Vermutung, daß **lediglich die Dauer der Nervenaktivität bestimmen könnte, was bewußt wird** (Schwellenwert zum q-bit / 1 Trillion SETs). Libet kam zu etwa einer drittel bis einer halben Sekunde notwendiger Vorlaufzeit der unbewußten Nervenaktivität (in Form eines seit den sechziger Jahren (Kornhuber und Deecke) bekannten Bereitschaftspotentials, d.h. einer langsam ansteigenden negativen Spannungsverschiebung, (=elektrostatisches Feld) die untrüglich auf eine gleich einsetzende Tätigkeit hinweist. Roger Penrose setzt dann die Dauer der Kohärenz der Mikrotubuli mit der halben Sekunde unbewußter Nerventätigkeit gleich und versucht somit den Übergang von unbewußten Vorgängen zu bewußten Vorgängen mit den Vorgängen in den Mikrotubuli gleich zu setzen.
Was jedoch denkt durch unser Gehirn? Was ist das Geistige, welches sich über die Programme aus den Hyperäumen (> X6) hinwegsetzt?
Dieses „Geistige" wirkt nicht nur im Mikrobereich einzelner Teilchen, oder allenfalls noch, wie der Nobelpreisträger Walter Heitler zugesteht, bis zur Dimension von einzelnen Makromolekülen. Auch die makroskopischen dissipativen Strukturen sind eine Möglichkeit, **implizite Ordnung** in raumzeitliche Manifestation zu transformieren, wie Professor Karl Pribram von der Stanford Universität meint. Er erweiterte David Bohms „holographische

Theorie“ auf die Gehirnforschung. Im kohärenten Verhalten, in das die Materie bei den Nichtgleichgewichtsphasenübergängen überwechselt, manifestiert sich ein geistiges, bewußtseinsähnliches Prinzip wie in der Unschärferelation. Tatsächlich ist davon auszugehen, daß man es bei den dissipativen Strukturen im Grunde mit makroskopischen Quantenphänomenen zu tun hat. Es ist die Quantenlogik der Bose-Kondensation, die offenbar letztlich auch hinter diesen makroskopischen kohärenten Zuständen steht.

Wie erreiche ich den Zustand, meine wahrhaft eigenen Entscheidungen zu treffen?

Unser Gehirn verdanken wir einem evolutionären Prozess. Hinsichtlich der Basisfunktionen hat sich seit Anbeginn der Entwicklung von Nervensystemen so gut wie nichts geändert. **Die Nervenzellen, die in der Großhirnrinde des Menschen vorkommen, sind auf molekularer Ebene identisch mit denen der Meeresschnecken** (frühe Spezies). Auch die Funktionsweise der Nervenzellen ist nahezu unverändert erhalten geblieben, lediglich der Differenziertheitsgrad und die Komplexität der Nervennetze haben sich verändert. Seit der Erfindung der Großhirnrinde, die zum ersten Male bei niederen Vertebraten (Wirbeltieren) auftritt, sind bei der Hirnentwicklung keine Veränderungen beobachtet worden. **Zwischen der Ratte und dem Menschen sind lediglich die Volumenvermehrung der Großhirnrinde (Neuronen) zu erkennen.** Die aus der Evolution entstandenen und ausgeprägten Neuronen stellen die elementare Hardware für unsere Denk- und Wahrnehmungsprozesse dar. Das die Naturgesetze (woher stammen diese?) an dieser Stelle besonders konservativ vorgegangen sind, hat sicherlich seinen guten Grund. Wenn nun die Neurobiologen aus ihren Forschungsergebnissen ableiten, daß kein „mentales Agens“ existiert, dann wird uns jedoch erstaunen, wie sie zu diesem Schluß gekommen sind („Es existiert kein mentales Agens, also das, was unsere Entscheidungen trifft“). Ihr elementares Argument hierfür lautet, daß Wechselwirkungen nur auf Grundlage von Energieaustausch ermöglicht werden. Hierzu ein Originalzitat von Prof. Wolf Singer:
„Wenn **Wechselwirkungen mit etwas materiellem** zu Stande kommen sollen dann auch der Wechselwirker mit dem er Energie austauschen muß, und etwas **Mentales hat keine Energie, denn wenn es Energie hätte, dann wäre es wieder etwas Materielles**“.
Offenbar wollen die Neurobiologen uns glaubhaft machen, daß unsere geistigen Aspekte ausschließlich durch elektrische und elektro-chemische Prozesse gesteuert werden. Tatsächlich wurde bei derart mechanistischen Interpretationsmethoden lediglich die klassische Physik eingebracht. Wenn also argumentiert wird, daß „Mentales“ nicht existiert, weil es keine Energie hierfür zu finden gäbe, und **Energie mit Materie gleichsetzt,** so sollten wir der Wiederauferstehung des Mentalen doch recht nahe sein. Wenn also eine

Wechselwirkung ohne Energieaustausch möglich sein sollte, so wäre hierdurch das Hauptargument der Neurobiologen „es existiert kein mentales Agens, also das, was unsere Entscheidungen trifft" entkräftet.
Zur allgemeinen Aufklärung bedienen wir uns den aktuellsten Modellen der Quantenphysik. So bietet allein die Quanten-Elektrodynamik hierfür ein ausgereiftes Konzept an.
Wenn Materie sich selbst organisiert, dann spielen Potentiale eine große Rolle. Alle die uns aufbauenden Massen-Bausteine bestehen nur aus zwei Grundformen: Aus Atomkernen und **Elektronen**. Beide Grundformen treten immer zusammen mit Ladungen auf. Grundsätzlich gilt: **Ladungen sind die Quelle von Potentialen.** Elektronen und Protonen tragen neben Ladungen auch Massen. Die **Massen sind die Raum-Zeit-Krümmungen** und die Ladungen sind Potentiale. **Im Vakuum gibt es auch diverse Ladungen ohne jede Massen.** Unterschiedliche Ladungsansammlungen erzeugen unterschiedliche Potentiale. Wenn unterschiedliche Potentiale nebeneinander existieren, entstehen Gradienten. Potentialgradienten erzeugen die elektrischen und elektromagnetischen Feldkräfte (EM-Feld). **Feld-Energie und Potential sind seit 15 Milliarden Jahren präzise korreliert mit Ladungen. Diese Energie versorgt das ganze Universum.** Ladungen und Ladungsverteilungen mit ihren dazugehörigen Feldern und Potentialen treiben alle chemischen Prozesse an. Ladung kann mit Hilfe ihre Feldes arbeiten. Potentiale sind für sämtliche Organismen von elementarer Bedeutung. Bekanntlich umgeben jeden Organismus, ob als Gewebe, als Organ, als Zelle, als Molekül bis hinunter zum Proton und Elektron spezifische Ladungsgehalte und somit spezifische Potentialgrößen.

Zwei Elektronen, die sich in der äußeren Raumzeit, also „außerhalb des Vakuums" begegnen, können durch die **elektrostatische Wechselwirkung innere Lichtmuster untereinander austauschen.** Dabei wird zwischen einem inneren Photon des einen und einem inneren Photon des anderen Elektrons ein Impuls ausgetauscht wie zwischen zwei Billardkugeln. Dieser Photonenimpulsaustausch führt neben dem Informationsaustausch (Lichtmuster) auch zur Abstoßung der beiden Elektronen voneinander. (Gleichnamige elektrische Ladungen stoßen sich bekanntlich ab.) Ein Elektron und ein Positron („gespiegeltes Zwillingsteilchen" des Elektron = Antimaterie), die sich in der **äußeren Raumzeit** begegnen, können durch die **elektrostatische Wechselwirkung** innere Licht- bzw. Antilichtmuster austauschen. Dabei wird zwischen einem inneren Photon des Elektrons und einem inneren Antiphoton des Positrons ein Impuls ausgetauscht. Dieser Impulsaustausch führt neben dem Informationsaustausch (Licht- bzw. Antilichtmuster) auch zur Anziehung des Elektrons und des Positrons. (Ungleichnamige Ladungen ziehen sich an.)
Der Grund warum ein elektrostatisch geladenes Objekt im Labor Spannung und ein E-Feld besitzt, ist, **daß es eine Fülle von geladenen Massepartikeln,**

den Elektro-Neutrinos, in diesem Objekt gibt, die sich gewaltig bewegen! Eine wirklich statische Ladung hätte also absolut kein E-Feld! (Prof. Konstantin Meyl, Johannes von Buttlar, Neutrino Power, „Der experimentelle Nachweis der Raumenergie revolutioniert unser Weltbild")
Betrachten wir die bisher beschriebenen Ergebnisse aufmerksam, werden wir sicherlich nicht um die Frage kommen: Existiert eine Gemeinsamkeit zwischen den zahlreichen Effekten, ein Modell, welches uns die tatsächlichen bio-physikalischen Zusammenhänge beschreibt? Sollten wir dieser Frage ernsthaft nachgehen wollen, so sollten wir uns darüber im Klaren sein, daß wir uns hierbei auf ein großes Thema einlassen. **Handelt es sich doch um nichts Geringeres als die Gralsfrage der Naturwissenschaft. Es ist die Frage nach der Schnittstelle zwischen Physis und Bios, der Interaktion zwischen Materie und Geist. Im Grunde stellt sich die Frage nach dem Phänomen des Lebens.** Bereits bei einer oberflächlichen Betrachtung dieser Frage, werden wir die Frage erweitern müssen. Woher stammt die Intelligenz, welche die Elementarteilchen befähigt das zu tun was sie in die Lage versetzt, am aktiven Evolutionsprozeß des kosmischen Seins teilzuhaben. Welche Örtlichkeit ordnen wir den Elementarteilchen diese Attribute zu? Als die „Vertreter des Kleinsten" bleiben lediglich zwei Verstecke übrig, in ihrem eigenen „Inneren", oder in ihrem Umgebungsmedium, dem Raum.
Wenn Chaos sich über den Weg der Empirie (Evolution) zu Ordnung entwickelt, sich Elektronengemeinschaften zu komplexen Molekülen verbinden, die in beabsichtigter Folge gar, sich zu dem erweitert was wir als organisch bezeichnen, **können wir eine gelenkte Intelligenz nicht länger leugnen.** Das gelenkte Spiel zwischen Chaos und Ordnung zu bestehen, impliziert eine solche Intelligenz, die sich durch Information und Selektion ausweist. Wodurch sich diese Intelligenz zum Ausdruck bringt, welches Medium sie einsetzt, ist weitestgehend bekannt. Das, was die Physiker als „Wechselwirkungen" beschreiben, kennzeichnet die Ausdrucksform dieser Intelligenz. Physiker sprechen von einer Wechselwirkung, wenn zwei Gegebenheiten einander beeinflußen. Die elektromagnetischen Wechselwirkungen sind beispielsweise die elementarsten Kopplungen, die in Lebewesen vorkommen. Wenn wir etwas fühlen, indem wir beispielsweise die Finger auf eine Flasche klopfen, dann empfinden wir zweifellos die Wechselwirkungen zwischen den Elektronenwolken unserer Fingerkuppen und den Elektronenwolken der Flasche. Die Elektronenwolken kommunizieren mit Hilfe von Photonen. Wir fühlen also die elektromagnetischen Wechselwirkungen der Photonen.

Um unserer Gralsfrage etwas näher zu rücken, ist es zunächst erforderlich, sich einiger Basisinformationen zu bedienen:
Die Elektronentheorie ist bekanntlich das Ergebnis der folgenden drei Vorstellungen:

1. Die Elektrizität ist atomistisch konstituiert.
2. **Elektromagnetische Felder werden nur von Elektronen erregt und wir-**

ken nur auf Elektronen; sie haben ausschließlich im Äther (Vakuum) ihren Sitz (die ponderablen Körper kommen nur in zweiter Linie in Betracht, insofern sie Elektronen enthalten).

3. Der Äther ist ein alles durchdringender, starrer Körper und definiert so ein bestimmtes System, auf welches die Feldgleichungen zu beziehen sind. Die Feldgleichungen selbst gehen aus den Maxwellschen hervor.

Bereits in der klassischen Physik war bekannt, daß sich gleichnamige elektrische Ladungen (negativ-negativ, positiv-positiv) abstoßen und ungleichnamige Ladungen (negativ-positiv) anziehen. Dieser experimentelle Befund ist in einem physikalischen Gesetz zusammengefaßt: Das Coulomb'sche Gesetz besagt, daß die Kraft F, die zwischen zwei Ladungen q1 und q2 wirkt, proportional mit dem Produkt beider Ladungen wächst und umgekehrt proportional mit dem Quadrat des Abstands r beider Ladungen abnimmt. Dieses Kraftgesetz der Ladungen hat damit die gleiche Struktur wie das Newton'sche Gravitationsgesetz, das die Kräfte zwischen Massen beschreibt, mit dem Unterschied, daß es neben der Möglichkeit der Anziehung auch die Möglichkeit der Abstoßung gibt, weil es elektrische Ladungen mit negativem und positivem Vorzeichen gibt. Alle Elektronen besitzen per Definition eine negative elektrische Ladung, und alle **Positronen*** (*"gespiegeltes Zwillingsteilchen" des Elektron = **Antimaterie**) eine entgegengesetzt große positive elektrische Ladung. In der modernen Physik werden Wechselwirkungen zwischen Teilchen allgemein durch den Austausch vermittelnder Teilchen beschrieben. Der Nobelpreisträger für Physik, Prof. R. Feynmann beschrieb bereits in den vierziger Jahren **die elektrostatische Wechselwirkung durch den Austausch so genannter virtueller Photonen zwischen zwei Elektronen. Prof. Feynmann nannte diese Photonen virtuell, weil sie im Außenraum zwischen den beiden wechselwirkenden Elektronen experimentell nicht beobachtet werden können.** Aus diesem Grund konnten beispielsweise unsere Hirnforscher auch keine schlüssigen Modelle auf ihrer Suche nach dem „mentalen Agens" finden. Obwohl der Nobelpreisträger John Eccles der Lösung in „**Wie das Selbst sein Gehirn steuert**" sehr nahe war.

Die Komplexe Relativitätstheorie des französischen Physikers Prof. J. E. Charon erlaubt nun noch ein viel tiefergehendes und weitaus komplexeres Verständnis dieses Mechanismus der elektrostatischen Wechselwirkung. Die physikalische Eigenschaft der elektrischen Ladung von Elektronen und Positronen wird gerade dadurch verursacht, daß **Elektronen** und Positronen eine innere Raumzeit-Struktur mit Photonen bzw. Antiphotonen besitzen!
(Zum allgemeinen Verständnis können wir diese **Innere-Raumzeit der Elektronen** und Positronen, **bereits dem Hyperraum zuordnen**). Damit gelangen wir zu einem fundamentalen Verständnis der Entstehung elektrischer Ladungen einerseits und der daraus resultierenden elektromagnetischen Wechselwirkung andererseits. In diesem Wissen liegt der Schlüssel zur „Wiederauferstehung des Geistes in der Materie" verborgen! Wer sich einge-

hender mit diesem elementaren Thema beschäftigen wird, dem erschließt sich eine Quantenwelt, aus der Geist und Materie ein und dasselbe sind (Materie als verfestigter Gedanke). Die **Quantenphysik widerspricht nirgends den Erhaltungssätzen**, daher ist eine Kritik von dieser Seite recht unplausibel. Eccles verwendet allerdings die Quantenphysik, um eine mit ihr nicht mehr machbare Ursache-Wirkungs-Hypothese zu untermauern. Eine Aussage wie „der Geist steuert sein Gehirn“ bringt uns leider erkenntnistheoretisch nicht mehr weiter.

Weitaus mehr bietet uns, wenn es darum geht, das **„ganzheitliche Sein“** zu begreifen, das 12-Dimensionsbild des begnadeten (!) Physikers Burghard Heim. In dieser Veröffentlichung kann ich bedauerlicherweise nur sehr kurz auf diesen „Seins-Schlüssel“ eingehen, möchte jedoch jedem authentischen Sucher seine Veröffentlichungen sehr nahe legen.

Die Strukturen des 12-dimensionalen Hyperraums nach Heim

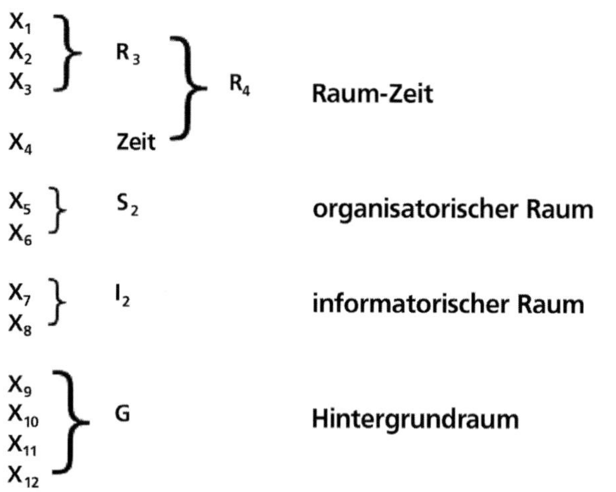

X1, X2, X3	Diese drei Koordinaten bilden unseren Raum R3
X4	Diese eine Koordinate steht für die Zeit
X5, X6	Diese beiden Koordinaten bilden den Strukturraum S2
X7, X8	Diese beiden Koordinaten bilden den Informationsraum I2
X9, X10, X11, X12	Diese vier Koordinaten bilden den zeitlosen Überraum G4

Die Folge (3;1;2;2;4) beschreibt die jeweilige Zahl der Koordinaten der Unterräume. Der Raum R3 und die Zeit X4 bilden die Raumzeit R4. Die Raumzeit R4 und der Strukturraum S2 bilden den materiell-energetischen Raum R6. Der zeitlose Überraum G4 kann nur durch mathematische Struk-

turen extrem hoher Symmetrie als Funktionenraum beschrieben werden. Im G4 und im **Informationsraum I2 sind Materie und Energie nicht definiert.** Projektionen zeitloser Strukturen des G4 in den Raum R3 (also in unsere Welt) werden im ersten Glied einer Abbildungskette in den Informationsraum I2 ermöglicht. Von dort gelangen sie zwangsläufig in den Strukturraum S2 und über die Zeit X4 in den Raum R3. Auf diese Weise steuern die Wahrscheinlichkeitsfelder **aus dem „Überraum" G4 ohne energetischen Aufwand die in der Raumzeit vorhandenen materiell-energetischen Strukturen.**
Wie auch immer die G4-Funktionen geartet sind, bei ihrer Abbildung in die Raumzeit über die physische Zeitstruktur **erscheinen sie stets als superpositions- und interferenzfähige Wahscheinlichkeitsamplituden in einer Raumzeit dieser Abbildungen.** Als Mensch hat man immer nur die Raumzeit der Physis, also materieller und energetischer Strukturen, im Sinn, die jedoch ebenso wenig real ist wie die Raumzeit dieser Abbildungen. Die reale Raumzeit ist stets eine Verschränkung (nach E. Schrödinger: Erläuterung siehe folgendes Kapitel) der physischen Raumzeit mit der Raumzeit solcher Wahrscheinlichkeitsfelder, ein Sachverhalt, aus dem die gesamte Quantentheorie herleitbar ist.
Diese so hergeleitete Theorie hat jedoch einen wesentlich höheren Informationswert als die aus historischen Gründen von der Erfahrung her entwickelte gegenwärtige Quantentheorie, die auf keinen Fall fundamentaler Natur ist. Aus dem G4 stammende Wahrscheinlichkeitsfelder **steuern ohne energetischen (!) Aufwand** in der physischen Raumzeit vorhandene energetische oder materielle Strukturen.
Die klassische Physik beschreibt alle Prozesse so, als ob sie faktisch wären, wogegen die Quantentheorie insbesondere in ihrer herleitbaren Form eben eine Physik des Möglichen ist. Der Indeterminismus* könnte hier durch die unbekannten Formen der abgebildeten G4-Funktionen und ihren Zugriff auf das vieldeutige (polydrome) Zeitareal der Raumzeit verstanden werden. (*Indeterminismus: „objektiver Zufall", W. Heisenberg; in der Physik bezeichnet der Indeterminismus die Existenz des echten Zufalls, d.h. der echten Unvorhersagbarkeit von Ereignissen).
Mit Sicherheit kann der Begriff Psyche nicht mit den Kategorien raumzeitlicher Physis erfaßt werden. Auf jeden Fall kann festgestellt werden, **daß alle materiellen Strukturen, je nach Organisationsgrad, ihre Komponenten auch in den organisatorischen Dimensionen X5 und X6, also im Unterraum S2 haben.** Es scheint jedoch so zu sein, daß im Fall der extremen Komplexität eines lebenden Soma (Körper) diese Komponenten entsprechend stark ausgebildet sind, was in diesem Transbereich einen holistischen Faktor als Strukturelemet voraussetzt, der die vielfältigen Mechanismen im raumzeitlichen Soma im Sinne eines Holomorphismus zu einer relativ stabilen Einheit koordiniert. Die G4-Steuerung kann nun über I2 direkt an diesem Faktor ansetzen, wodurch es im Soma zu einem eindeutigen Instinktsystem kommt, so daß die Lebensantriebe des Organismus durch

eindeutige Instinkte gesteuert werden. Wenn hingegen, wie dies beim Menschen der Fall ist, die Orientierungen sämtlicher Lebensantriebe, aber auch die Leitidee des individuellen Lebens, frei wählbar sind, dann liegt der Fall des freien Willens vor, der jedoch die Aufhebung der eindeutigen Steuerung aus dem Hintergrund (G4, I2) der Welt bedingt. Die Voraussetzung einer solchen Vielschichtigkeit kann aber nur die Entität eines Asomaton (Persönlichkeitskern) eines Körperlosen sein, das als geschlossenes System von Steuerungspotenzen und ihren Funktionen, also G4-Strukturen, aufzufassen ist und als Entität ein Hyperraumvolumen definiert, wobei zu bemerken wäre, daß der Volumenbegriff auch im nicht-materiellen Bereich der Welt existiert (Der religiöse Begriff hiefür wäre „Seele"). Wird sozusagen die Biopsyche des erwähnten Holomorphismus (der gewisse Voraussetzungen zu erfüllen hat) im Sinne einer 'Inkarnation' okkupiert, **dann erfolgt die mehrdeutige Steuerung und die Äußerung des freien Willens im wesentlichen aus der Entität dieses Asomatons, das sich als primärer Faktor während der Inkarnationszeit (Lebensdauer) im Soma raumzeitlich darstellt.** Der Bewußtseinsprozeß ist ein Geschehen, das weder physisch noch psychisch normal ist. Vielmehr müssen diese Vorgänge als Wechselbeziehung zwischen dem qualitativen psychischen Innenraum und dem quantitativen somatischen Bereich aufgefaßt werden. Auf diese Weise können alle Erscheinungen der Psychosomatik, aber auch alle Phänomene des Animismus, verstanden werden. Offensichtlich verkörpert das Asomaton als Entität die eigentliche ich-bewußte und abstraktionsfähige Persönlichkeit eines Menschen. Andererseits ist dieses Asomaton (Persönlichkeitskern) als Struktur des nicht-materiellen Bereiches der Welt, nämlich des G4, verbunden mit dem I2, zeitlos, während die komplementäre Somastruktur zeitlich begrenzt ist.

Dem aufmerksamen Leser dürfte die revolutionäre Bedeutung dieser 12-dimensionalen Beschreibung nicht entgangen sein. Indem dieses Modell in logischer Weise unsere dreidimensionale Raumzeit (X3+1) auf eine Zwölfdimensionale erweitert, ist hierdurch eine **Vereinheitlichung zwischen Geist und Materie gegeben,** was, quasi nebenbei auch mit sämtlichen Naturgesetzen geschieht. **Physikalische Gesetze treten als „Sekundäreffekt" in Erscheinung, sozusagen in Folge entsprechend ausgeprägter Geistesstrukturen.**
Motto: Physikalische Gesetze passen sich den Gedanken an.

Stellen wir uns dem Postulat „Es existiert kein mentales Agens, also das, was unsere Entscheidungen trifft", so sind wir nun sicherlich mit einigen handfesten Argumenten ausgestattet, diese Schlußfolgerung außer Kraft zu setzen. Was jedoch offen geblieben ist, sind die unbequem erscheinenden Ergebnisse (warum eigentlich?) aus der Neurophysiologie, die uns Menschen einen (eigenen:) *„freien Willen"* abspenstig machen wollen: „Alles Verhalten –auch unsere Entscheidungen- sind den neuronalen Vorgängen nachgängig".
Wie jedoch im oberen Text zu lesen war, existieren Situationen in denen wir

uns durchaus innerhalb unseres ***„eigenen** Willens"* befinden, was auch immer dieses „Eigene" auch sein mag. Unabhängig von den Konditionierungen und genetischen Veranlagungen, die einen Großteil unseres Verhaltens bestimmen, sind zusätzlich neurologische Prozesse am Wirken, die das, was wir als *„freier Wille"* beschreiben erheblich einschränken. Hiervon wird sich jedoch zu lösen sein, indem wir aus dem Zustand innerhalb **unseres** *„freien Willens"* die manipulierenden Strukturen durchschauen..., und durchbrechen.

Das diese naturgemäße Qualität (unser kosmisches Erbe) auch tatsächlich von uns genutzt werden kann, verdanken wir möglicherweise den aktuellen Sonnenanomalien!

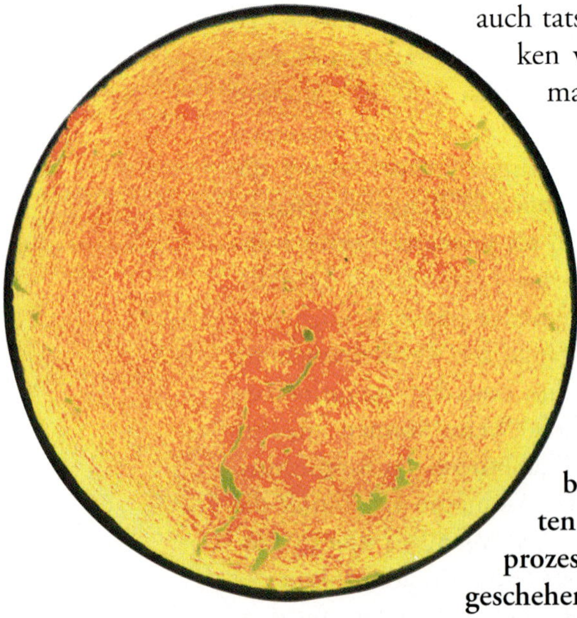

Sonnenflecken als Boten der Veränderung

Sonnenflecken als Boten der Veränderung

Sind die Elektronen der Sonne unsere verschränkten Zwillingsteilchen?

Unser gesamter Körper (wie alle Materie) besteht aus Elektronen, die das Alter der gesamten kosmischen Zeit haben. Über Umwandlungsprozesse wie sie beispielsweise im Inneren der Sonne geschehen (Wasserstoff zu Helium) werden Elektronen quasi „formatiert" (in-formiert). Wir können davon ausgehen, daß nahezu alle Elektronen unseres Körpers aus diesen Elektronen bestehen*.

**Hinzu kommen sicherlich noch die Ladungsträger aus dem gesamten Kosmos...schwarzes Loch....Supernova usw.*

Alle **Elektronen,** die heute existieren und die uns aufbauen und funktionieren lassen, sind in Bruchteilen einer Sekunde (ca. zwischen der Zeit 0 bis zur Zeit 0,1 sec) nach dem vermutlichen Anfang des materiellen Seins, quasi bei der Neugeburt des Kosmos entstanden. Kein Elektron ist bis heute prinzipiell dazugekommen oder verloren gegangen. Obwohl sich Elektronen gerne für eine gewisse kurze Zeit in andere Quantenteilchen verwandeln, behalten sie doch ihre Identität. Sie sind absolut unsterblich. Die Wechselwirkung der Elektronen **untereinander durch Neutrinos** (virtuell) **und Photonen** (real) und ihre Wechselwirkung mit der elektromagnetischen Strahlung, getragen vom Vakuum (Hyperraum) und moduliert und gesteuert durch mein **Bewußtsein, bestimmen nahezu alle Ereignisse in der Welt.** Beobachtungen sind keine neutralen Feststellungen eines gegebenen Verhältnisses, sondern aktiv wirksam in der Formung der Wirklichkeit, die beobachtet wird. Das bedeutet jedoch: Beobachtung und Resonanz sind identisch in ihrer Wir-

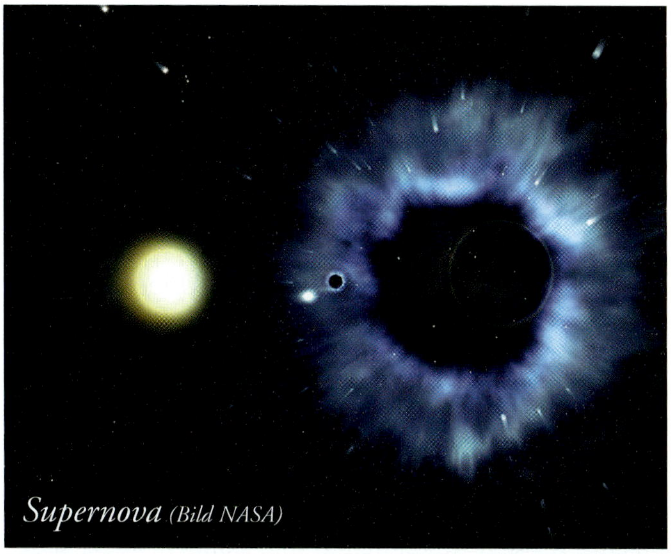
Supernova (Bild NASA)

kung zur Realitätsbildung.
Man kann sich die Elektronen und Positronen daher als 4-dimensionale Kugeln vorstellen, die auf einer 4-dimensionalen Fläche (der äußeren Raum-Zeit) dahinkullern. Die Berührungspunkte dieser Kugeln mit der Fläche, sind genau die Orte, an denen sich die jeweiligen Teilchen in der äußeren Raum-Zeit aufhalten und experimentell beobachtbar sind. Elektronen und Positronen sind also mit Licht (Neutrinos) gefüllte innere Schwarzloch-Strukturen mit einer vom beobachtbaren Außenraum - **eigenen Raum-Zeit!**
Mit der Komplexen Relativitätstheorie von J. Emile Charon lassen sich auch geistige Phänomene in fundamentaler Weise in ein physikalisches Modell integrieren. Die speziellen Ableitungen aus der Komplexen Relativitätstheorie von J. E. Charon, decken sich offenbar mit den Berechnungen der „Einheitlichen- Massenformel" von Burghard Heim (siehe auch „12-dimensionaler Hyperraum" von B. Heim).

Sämtliche Elementarteilchen, die unseren Kosmos aufbauen, enthalten die Dimensionen X5 und X6 (geladene und neutrale Teilchen, Wechselwirkungs-Quanten wie z.B. Photonen, Neutrinos und Gravitonen). Es handelt sich also um eine **Wechselwirkung von Materie mit immateriellen Signalen, was sicherlich ein Grund für die bisher erfolglose Suche der Hirnforscher nach „mentales Agens" war.**
Ordnen wir also unseren „rehabilitierten" mentalen Agens den geistigen Aspekten zu, die uns als das **„wir Selbst"** erscheinen (das „Ich Bin" et al). In tätiger Interaktion zu unserer Realität, „die Bühne des Lebens", spielt die Rolle des **Beobachters** die Hauptrolle. Tatsächlich wirkt der Beobachter in uns aktiv auf unsere Realität ein. Unabhängig ob wir „innerhalb" oder „außerhalb" unseres „freien Willens" agieren, üben wir

Schwarzes Loch (Bild NASA)

einen schöpferischen Einfluß auf unsere Realität aus. Der fundamentale Unterschied jedoch liegt in der Erschaffungsqualität. Ein „erwachter (befreiter) Geist" bringt **wesentlich mehr Wirkanteile in die Realität,** als ein Geist, der aus den festgefahrenen Strukturen (Routine, Gewohnheiten) agiert. (Eckhart Tolle beschreibt, wie man den Kontakt mit dem Beobachter „trainieren"kann in „Jetzt – Die Kraft der Gegenwart!")

Über welche Eigenschaften sollte nun ein Beobachter verfügen, um die Beobachtereffekte auszulösen? Die **Umschaltung von virtueller auf reale Information und Energie geschieht immer erst lokal durch Beobachtung,** Messung, Aufzeichnung, Resonanz und das Geben von Sinn und Bedeutung („the it from the bit" laut Wheeler). **Die Quantenphysik entwirft ein Bild von der Wirklichkeit, in dem Beobachter und Beobachtetes untrennbar miteinander verbunden sind.** Die Auswirkungen der Beobachtung sind für die zum Vorschein gebrachte Realität fundamental und können weder reduziert noch kontrolliert werden. Eine Quantum-**Superposition**, die von der Umgebung isoliert ist, bleibt in diesem Stadium, **bis ein bewußter Beobachter auftritt.** Experimente haben erstaunlicherweise ergeben: **Wenn eine Maschine Quantensysteme mißt, bleiben die Ergebnisse solange in einer Superposition, bis ein bewußter intelligenter Mensch die Messung der Maschine beobachtet.** Erstaunlicherweise ist also nicht nur das Bewußtsein für das Zusammenbrechen der Wellenfunktion verantwortlich, sondern sogar Intelligenz ist ein wesentlicher Bestandteil des Schalters. Ungestörte Phänomene sind nur die, die unbeobachtet bleiben. Das unbeobachtete Universum kann daher nicht so verstanden werden, als hätte es eine völlig vom Nachweis unabhängige Existenz.
Aus den Berechnungen der Quantenphysiker geht hervor, daß **zwei Teilchen, die einmal miteinander in Wechselwirkung getreten sind, offenbar zu Bestandteilen eines unteilbaren Systems werden.** Der Nobelpreisträger Erwin Schrödinger hat dafür den Begriff der **Verschränkung** geprägt. Dieses zunächst nur hypothetische Konzept ist inzwischen durch **zahlreiche Forschungsarbeiten bestätigt worden.** An der Ecole Nationale Supérieure in Paris konnte eine Forschergruppe um Serge Haroche nachweisen, daß es nicht nur verschränkte Photonen, **sondern auch verschränkte Atome gibt.** Der Gruppe des Quantenphysikers Anton Zeilinger in Wien gelang es in diesem Jahr sogar, vier Lichtteilchen miteinander zu verschränken. Eines der spannendsten Experimente, die auf der Verschränkung von Teilchen beruhen, ist die „Teleportation" von Quantenzuständen.
Grundsätzlich gilt:
Unter Verschränkung versteht man, daß **Teilchen, die einmal in Wechselwirkung gestanden haben, sich nicht mehr als getrennte Objekte betrachten lassen, selbst wenn sie räumlich weit voneinander entfernt sind.** Die atomare Wirklichkeit besteht demnach aus ausgedehnten „Quantenobjekten", die nur als Ganzheit beschrieben werden können (Siehe auch B.Heim 12D-Modell).

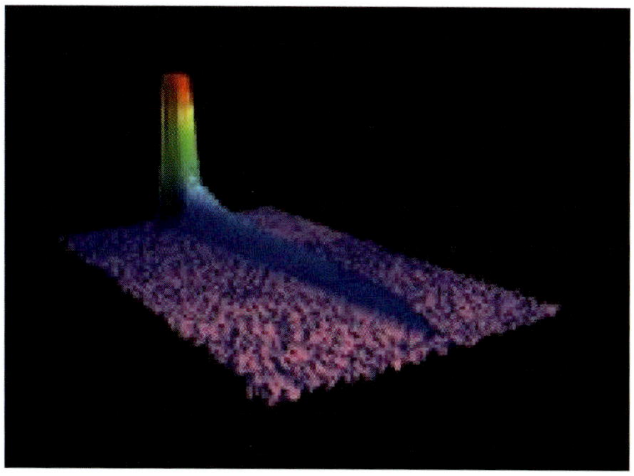

Bose-Einstein-Kondensat und Atomlaser. Über der Fläche, auf der sich die Atome befinden, ist die Dichte ihrer Verteilung auf dieser Fläche aufgetragen. Alle Atome sitzen in einem eng begrenzten Gebiet - dort ist die Dichte sehr hoch (Säule mit roter Spitze). Mit Hilfe von Radiowellen werden Atome aus diesem Bose-Einstein-Kondensat herausgelöst. Sie bilden einen kontinuierlichen Strahl. Er ist als Keil zu sehen, der über die Ebene verläuft. (Quelle: MPI für Quantenoptik)

Telepathische Zwillinge

Physikern gelang vor kurzem die Produktion von so genannten verschränkten Teilchen. Auch hier handelt es sich um einen Quanteneffekt, und zwar um einen äußerst erstaunlichen, den sich Einstein mit ein paar Kollegen 1935 zunächst als bloßes Gedankenexperiment ausgedacht hat. Werden zum Beispiel zwei Lichtquanten gleichzeitig im selben Prozeß erzeugt, dann bleiben ihre Eigenschaften, etwa die Richtung ihrer Polarisation, aneinander gekoppelt („verschränkt"), auch wenn sich die beiden Quanten mit Lichtgeschwindigkeit voneinander entfernen. Verändert man das eine Quant, dann „fühlt" das Zwillingsquant - so weit es auch entfernt sein mag - das sofort und verändert sich ebenfalls. Der Effekt, der nach seinen Erfindern Einstein-Podolsky-Rosen-Paradoxon heißt, bringt die Physiker ins Schwärmen: Man könnte damit, so glauben sie, die simultane Kopplung von Daten in unterschiedlichen Speichern bewerkstelligen, unabhängig von äußeren Einflüssen, sozusagen in Form von Telepathie zwischen den Quanten. Daß dies keine reine Fantasterei ist, belegen erste Experimente. Konkrete Hoffnungen auf einen funktionierenden Quantencomputer sind also inzwischen berechtigt. Immerhin wurde das physikalische Grundprinzip schon gezeigt, und erste Ansätze von Software sind ebenfalls im Entstehen. Wenn man bedenkt, wie primitiv 1947 der erste Transistor aussah und was bis heute daraus geworden ist, kann man, zumindest was die technische Seite betrifft, durchaus sehr optimistisch sein.

Was ist Information?

Es gibt derzeit in den Wissenschaften keine einheitliche Definition dieses grundlegenden Begriffes. Der Begründer der Informationstheorie, Claude Shannon, brachte ihn 1948 in einen Zusammenhang mit der Entropie, dem Maß für Unordnung. Eine Zunahme an Information bedeutet demnach eine

Abnahme an Entropie. Heute geht man dazu über, Information als zusätzliche Dimension neben der Energie, als Ordnungszustand, Struktur oder Muster zu verstehen. Der Physiker und Philosoph C. F. von Weizsäcker definiert in »Aufbau der Physik« (1985) Information als »Maß einer Menge von Form, Maß der Gestaltenfülle«.

Informationsaustausch durch virtuelle und reelle Photonen

Die fundamentalste Ebene der Informationsverwaltung, -verarbeitung, -speicherung, vollzieht sich über den Austausch von virtuellen Photonen (Neutrinos), welche quasi vom „Inneren" der Elektronen ausgehen.
(Zum allgemeinen Verständnis können wir diese „Innere-Raumzeit der Elektronen und Positronen", bereits dem Hyperraum zuordnen).
Das geschieht beispielsweise dann, wenn zwei Elektronen so nebeneinander positioniert sind, daß ihre Spinachsen parallel, aber in entgegengesetzter Richtung verlaufen. In diesem Fall bilden die Elektronen das, was die Physiker ein Spin-0-System nennen. J. E. Charon berechnet, daß eine Informationsübertragung auf subatomarer Ebene nur möglich ist, wenn mindestens 2 Elektronen sich in gleicher Richtung bewegen, bzw. rotieren (Vorzugsrichtung parallel oder anti-parallel). Hier findet eine elementare Vereinigung von > = 2 Elektronen statt, wobei dieses immer paarweise geschieht. J. E. Charon nennt diesen Vorgang den Austausch von Gedächtnisinhalten. Tatsächlich finden diese Ereignisse überwiegend in unserer DNS statt (Cooper-Paare, supraleitender Effekt), was bedeutet, daß durch diese Eigenschaft, quasi der gesamte „Bauplan" des kosmischen Seins über unsere DNS abgerufen werden kann.
Um jedoch diesen Zustand hervorzurufen, ist es erforderlich, daß mindestens zwei Elektronen einem Magnetfeld ausgesetzt sind, das die Elektronen in eine parallele, bzw. antiparallele Drehrichtung (Spin) zwingen. Der Spin zwingt

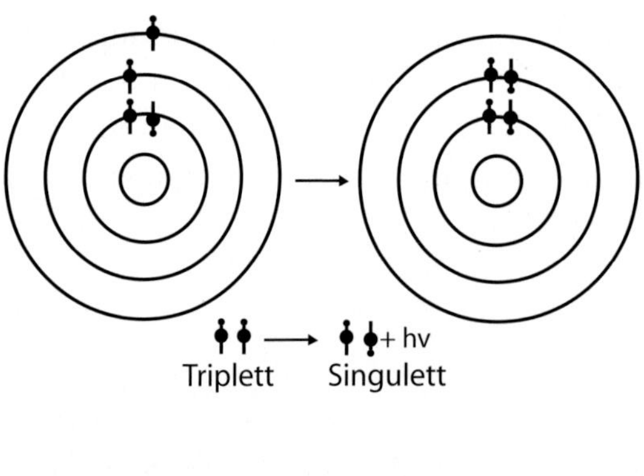

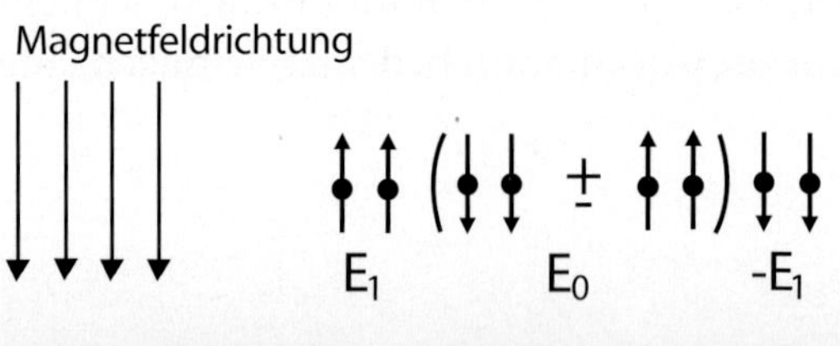

Rechtes Bild: Normalerweise paaren sich in gleichen Orbitalen Elektronen mit entgegengesetztem Eigendrehimpuls („Spin"). Kommt es beim Elektronenübergang in ein anderes Orbital zur Umkehr der Drehrichtung („Spinflip"), so handelt es sich um „verbotene" Übergänge, die im Vergleich zu den Anregungen bei Beibehaltung der Spinrichtung äußerst selten sind. Unteres Bild: Die Parallelstellung der Elektronenspins führt zu drei energetisch unterschiedlichen Relativpositionen gegenüber einem äußeren Magnetfeld. Die spektral liniert der optischen Übergänge spalten im Magnetfeld deshalb in drei energetisch unterschiedliche Linien („Triplett") auf. Bei verbotenen Anregungen handelt es sich meist um Singulett-Triplett-Übergänge.

die Elektronen, sich wie ein winziger Magnet zu verhalten, dessen Nord- und Südpol an den beiden Enden der Spinachse liegen.

Der Spin, der klassisch als Eigendrehimpuls des Teilchens erscheint, kann sich in einem äußeren Magnetfeld parallel oder antiparallel zu den Feldlinien orientieren. Ist das Elektronenpaar spin-antiparallel abgesättigt, weist es nach außen kein magnetisches Moment auf und kann folglich von einem Magnetfeld nicht mehr beeinflußt werden. Man spricht von einem „Singulett“ Zustand, weil die Energie im Magnetfeld nicht aufspaltet. Dagegen gibt es drei energetisch verschiedene Relativorientierungen des Gesamtspins zum Magnetfeld, sobald das Elektronenpaar die Spins parallel zueinander ausrichtet. Hier spricht man deshalb von einem „Triplett“ Zustand, der wegen seines nicht verschwindenden magnetischen Moments eine paramagnetische Substanzeigenschaft anzeigt. Nach dem Pauli-Prinzip können zwei Elektronen (als „Fermionen“) niemals im gleichen Quantenzustand, gekennzeichnet durch Energie, Drehimpuls, Ort etc., sein. Deshalb ordnen sich energetisch gleiche Elektronen auf der gleichen Bahn („Orbital“) stets paarweise mit entgegengesetztem Spin zueinander an. Nicht wenige Ausnahmen von dieser Regel läßt das Pauli-Prinzip zu, beispielsweise dann, wenn bei „eng benachbarten“ Elektronen die Bahndrehimpulse verschiedene Quantenzahlen aufweisen. Dann können die Spinquantenzahlen übereinstimmen. In diesem Fall ist es in der Regel energetisch sogar günstiger, wenn mindestens ein Elektronenpaar seine Spinrichtung parallel zueinander orientiert. Davon betroffen sind vor allem Radikalreaktionen, also chemische Umsetzungen jener Moleküle, die ebenfalls mindestens ein spinparalleles Elektronenpaar aufweisen. Häufig treten diese Radikale aber erst in bestimmten Anregungszuständen der Atome und Moleküle auf. Sie sind überdies „verbotene“ Zustände, da der zum Spin-umklappen („Flip“) notwendige Drehimpuls normalerweise vom anregenden Photon nicht geliefert werden kann. Hat man umgekehrt ein Radikal erst einmal angeregt, so ist es ähnlich schwer, es wieder zu inaktivieren.

»Aktuelle Information«, das sind nach Prof. F. A. Popp die bekannten energetischen Wirkungen, die mit unseren Sinnesorganen und Instrumenten registrierbar und gerade wegen ihrer starken Lokalisierung deutlich wahrnehmbar sind. Die Welt der Biochemie und überhaupt des konventionellen mechanistischen Weltbildes beruht auf diesen inkohärenten, nicht weit reichenden und sehr kurzlebigen Wechselwirkungen.

Die »potentielle Information« hingegen, die kohärenten, langreichweitigen Wirkungen und Kopplungen mit langer Lebensdauer, die »Welt der Möglichkeiten« ist das »zweite Gesicht« der Information, bei dem auch niedrige Intensitäten einen hohen Informationsgehalt haben können. Die potentielle Information kann viele Moleküle, Zellen, Zellverbände, ja schließlich sogar ganze Organismen und selbst Gruppen von Organismen einschließen und dazu bringen, als Ganzheit zu agieren.

Dieser Bereich wurde bisher von der Wissenschaft praktisch nicht berücksichtigt und wird sich für die Biologie und generell für die Wissenschaft der Zukunft als bedeutsam erweisen. Nachdem die gründliche Erforschung der Stoffwechselfunktionen, des Austausches von Energie und Materie, »nur« zu einem immensen Wissen über tausend isolierte Einzelheiten des biologischen Geschehens geführt hat, wird erst die Untersuchung der Übertragung von Information, der eigentlichen biologischen Kommunikation und Regulation, ein wahres Verständnis des Funktionierens von Lebewesen bringen.

Elektrostatische Felder im Sinne der Informationsübertragung

Ein elektrostatisches Feld ist ein zeitlich unverändertes elektrisches Feld. Seine Größe wird gemessen in Volt pro Meter (V/m). Es wird verursacht durch ortsunveränderliche elektrische Ladungen unterschiedlicher Polarität. Dipole richten sich in einem elektrostatischen Feld aus und Ladungen (z.B. Elektronen oder Ionen) wandern zu derjenigen Elektrode mit der entgegengesetzten Ladung. Elektrische Felder lassen sich leicht abschirmen (Faradayscher Käfig). In unserer Erdatmosphäre herrscht ein dauerhaftes, inhomogenes, langsam variierendes statisches elektrisches Feld zwischen Erdboden und höheren Schichten aufgrund der vorhandenen Spannung von ungefähr 250kV zwischen dem Erdboden und der Ionosphäre.

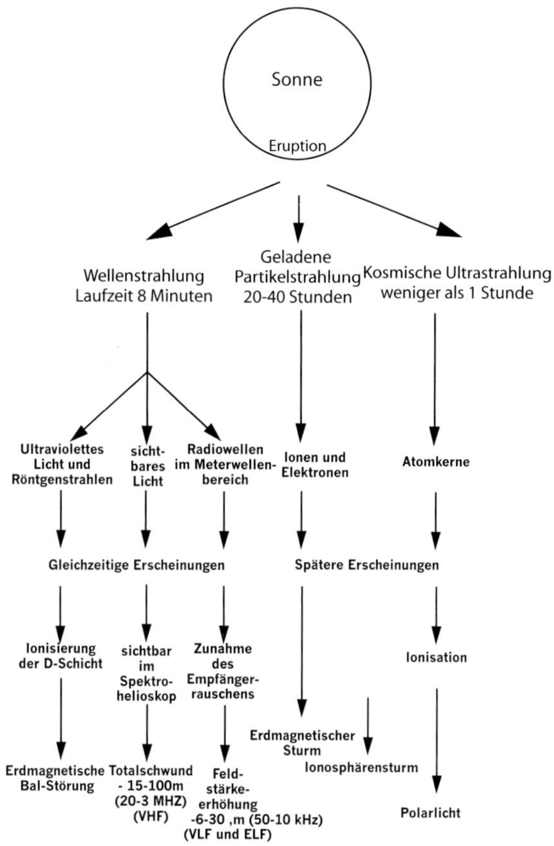

Folgeerscheinung einer Sonneneruption auf der Erde.

Natürliche, hohe elektrostatische Felder finden sich zum Beispiel bei Gewittern. Niedrigere Werte finden sich in der Natur immer durch den Potentialunterschied zwischen Erdboden und Ionosphäre, der bei etwa 300 KV liegt. Die gemessenen Werte am Erdboden schwanken täglich (um 40%) sowie im Laufe der Jahreszeiten, und werden durch Pflanzen und Gebäude teilweise abgeschirmt. Elektrostatische Felder scheinen einen Einfluß auf das Zellwachstum zu haben, und es gab in der Vergangenheit Versuche auf diese Weise das Pflanzenwachstum in der Landwirtschaft zu beschleunigen. In der Literatur werden elektrische Felder für Ratten als Stressoren betrachtet (Harkness 1980).

Die Ionosphäre ist ein Teil der Erdatmosphäre und umfaßt hierbei speziell die Meso- und Thermosphäre. Sie erstreckt sich daher von der Stratopause, der unteren Grenze der Mesosphäre, bis zur unteren Grenze der Exosphäre in circa 500 km Höhe. Die mittlere freie Weglänge einzelner Gasteilchen beträgt in der Ionosphäre mehrere Kilometer, so daß ein Energieaustausch zwischen den Teilchen auf Grund seltenen Kontakts kaum stattfindet. Diese Gasmoleküle der extrem dünnen Atmosphärenschicht werden von der eintreffenden energiereichen kosmischen Strahlung ionisiert, also in Ionen und freie Elektronen gespalten. Dadurch geht das Gas in den Plasmazustand über. Aufgrund der geringen Dichte der Ionosphäre können diese Teilchen lange existieren, ehe sie wieder rekombinieren. Es herrschen hierbei starke elektrische und magnetische Felder, mit denen elektrisch geladene Teilchen des Sonnenwindes wechselwirken, wodurch es unter anderem zu Polarlichtern kommt. Es können auch elektrische Ströme fließen, die die Ausbreitung von Funkwellen erheblich beeinflußen.

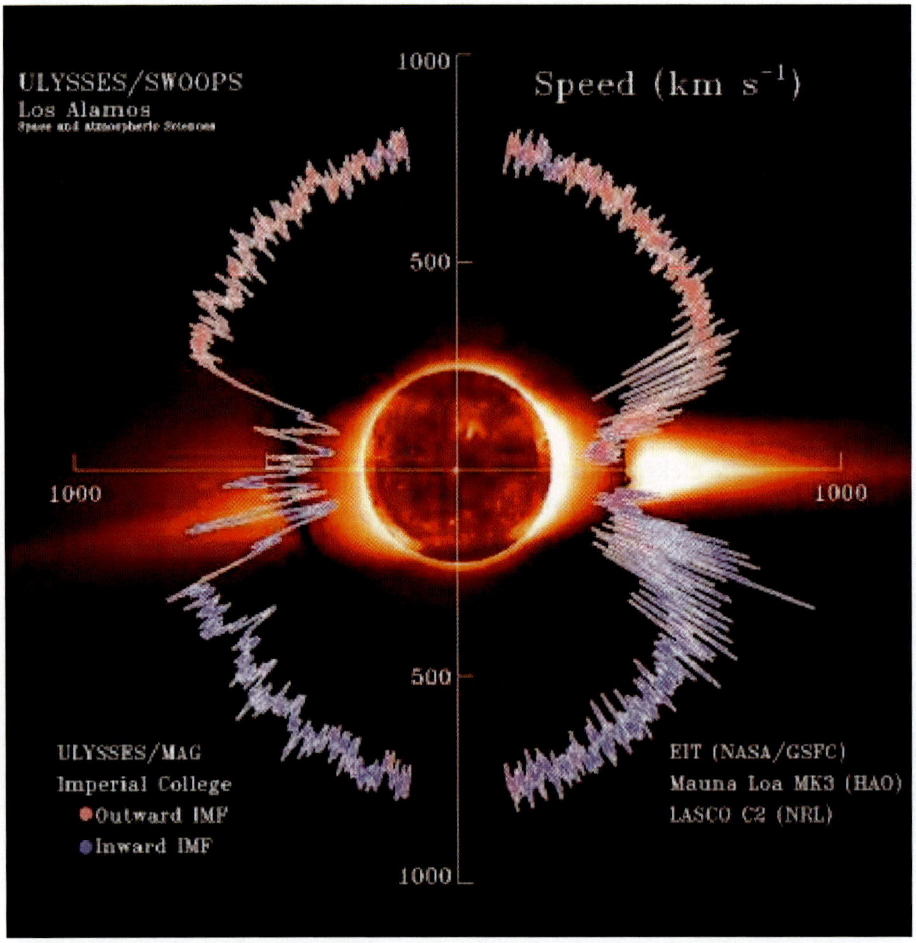

Ausbreitungseigenschaften und Geschwindigkeit der Ladungs- bzw. Informationsträger (Elektronen und Protonen), verursacht druch eine Sonneneruption.

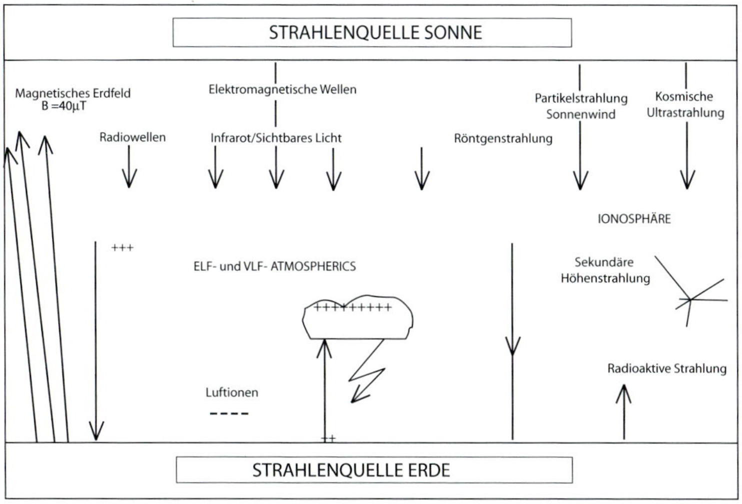

Von der Sonne hervorgerufene Feld- bzw. Strahlungseinflüsse die auf die Erde einwirken. Im Besonderen soll hier auf die Elektrostatischen-Felder zwischen Ionosphäre und der Erde hingewiesen werden.

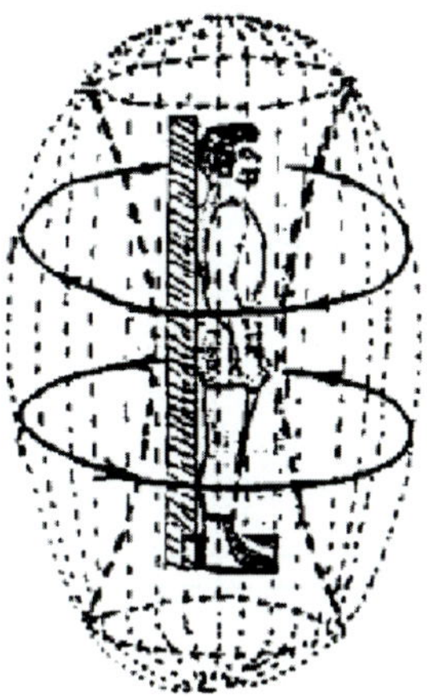

Der Mensch steht im Einflußbereich von kosmischen Feldern und Neutrinos.

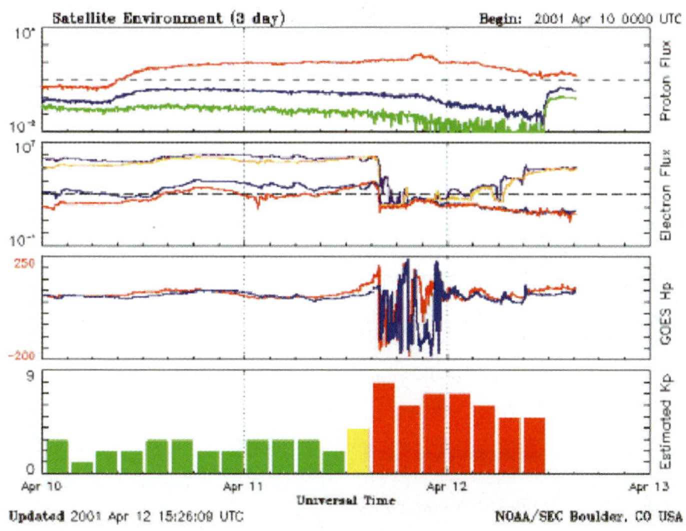

Unterschiedliche Messergebnisse, bewirkt durch den Einfluß der Sonne. Die oberen beiden Darstellungen kennzeichnen den Durchfluß der Ladungsträger (Elektronen und Protonen), die unteren Bereiche zeigen Veränderungen und Intensitäten des Erdmagnetfeldes.

Höhenabhängigkeit der Ionisierung in der höheren Atmosphäre für mittlere Breiten, nach Hoffman und Swider

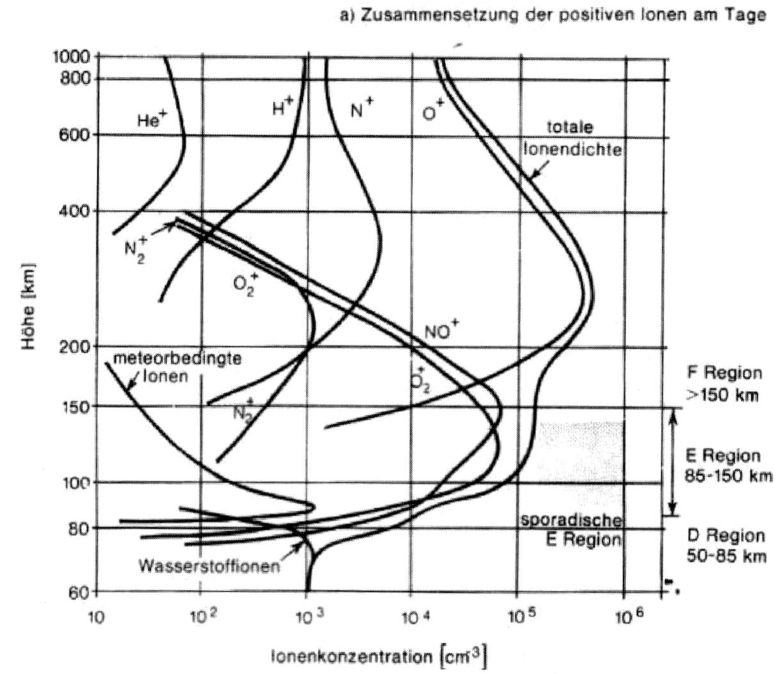

Ionenprofil am Mittag, Sonnenfleckenminimum.

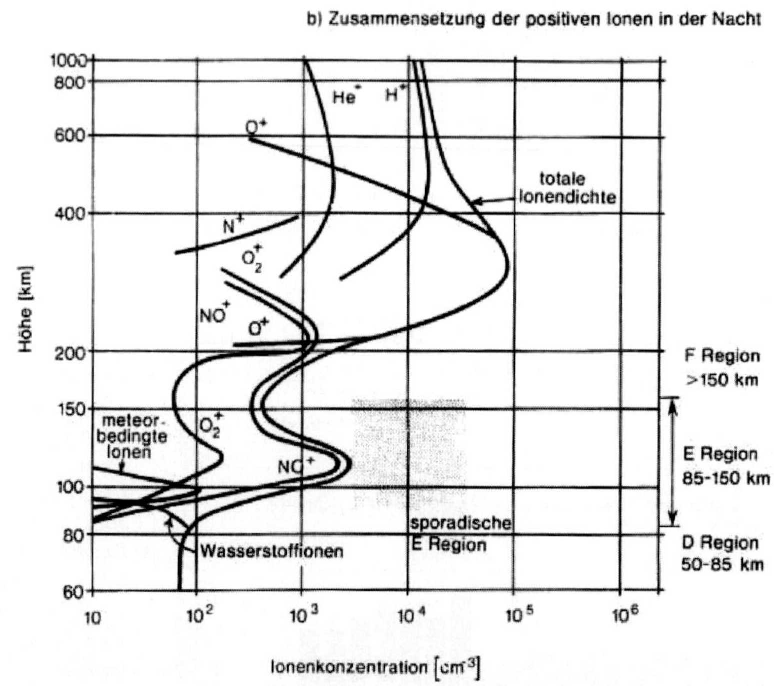

Ionenprofil während der Nacht, Sonnenfleckenminimum.

c) Tag/Nacht-Elektronenkonzentration

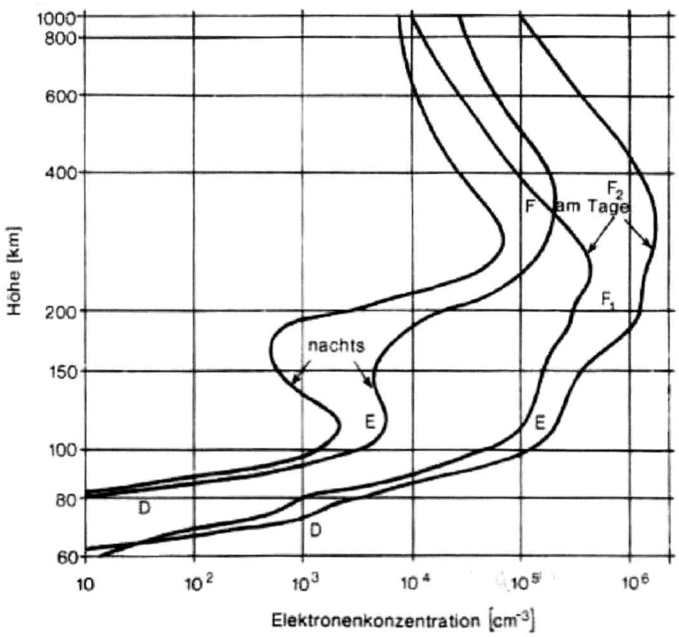

Elektronenkonzentration bei (1) Sonnenfleckenmaximum und (2) Sonnenfleckenminimum.

Geist, Programme und Informationsspeicher aus dem Hyperraum

Alle Elektronen besitzen per Definition eine negative elektrische Ladung, und alle Positronen eine entgegengesetzt große positive elektrische Ladung. Aus Sicht der Quantenphysik verfügt die elektrostatische Wechselwirkung noch über eine „geistige" Eigenschaft. Durch den instantanen (augenblicklichen) Photonen-Impulsaustausch können die beiden Elektronen untereinander Information in Form von Lichtmustern austauschen, das heißt, sie können etwas voneinander „Lernen" - und zwar bidirektional, in beiden Richtungen, also beide Elektronen bereichern ihre Erfahrungsmengen im Inneren ihrer ordnungserzeugenden Raumzeiten gleichzeitig. Das Ergebnis entspricht einem Informationszuwachs (genaueres hierzu wurde im vorherigen Kapitel beschrieben).

Miller-Urey-Experiment / elektrostatische Felder als Programmedium

Schon vor etwa 50 Jahren konnte Stanley Miller eine Uratmosphäre im Labor erzeugen, indem er eine wässrige Flüssigkeit elektrischen Feldern/Entladungen aussetzte. Dabei entstanden recht schnell verschiedene organische Verbindungen, unter anderem Aminosäuren, Bestandteile der Proteine. In den Meeren, vielleicht auch in Seen, Bachläufen oder sogar Pfützen, die alle für eine konstante Temperatur sorgen und Schutz vor der wilden Atmosphäre bieten, vollzieht sich jetzt das Wunder. Organische Moleküle lagern sich zu größeren Strukturen und Verbänden zusammen und beginnen, sich selbst zu reproduzieren. Es sind gerade 700 Millionen Jahre vergangen, nachdem der Planet sich gebildet hat (eine im kosmischen Maßstab lächerlich kurze Zeitspanne), und schon beginnen die ersten einzelligen Organismen - Bakterien - mit der Eroberung des Planeten.
Stanley Miller führte 1953 folgendes Experiment durch:
In einen Glaskolben, der mit Methan, Ammoniak und Wasserstoff gefüllt war, leitete er Wasserdampf ein und setzte diese künstliche, der irdischen Uratmosphäre nachempfundene Mischung elektrischen Entladungen von 60000 Volt aus. In einer Kühlfalle sammelte er die entstandenen Reaktionsprodukte und analysierte nach einigen Tagen die erhaltene Mischung. Er fand unter anderem folgende Zusammensetzung:

Diverse Carbonsäuren	13.0%
Glycin	1.05%
Alanin	0.85%
Glutaminsäure	Spuren
Asparaginsäure	Spuren
Valin	Spuren sowie weitere Verbindungen.

Je nach Zusammensetzung seiner Uratmosphäre erhielt er eine Fülle von Aminosäuren, Kohlenhydrate, Fettsäuren usw. Damit war klar, daß aus einfachen anorganischen Molekülen komplexe organische Verbindungen entstehen können, die durchweg eine wichtige Rolle im Aufbau des Lebens spielen. In der bekannten (S.Miller-Versuch) Ur-Geschichte der Evolution, haben sich die Kohlenstoffe zu Alanin, der ersten Aminosäure verbunden. Hierbei waren die Blitzentladungen die entscheidenden Einflußgrößen. Bekanntlich kennzeichnet einen Blitz ein hohes elektrostatisches Feld. Die Erde hatte zu dieser Zeit eine andere Größe als heute, war erheblich kleiner (O.Österle et.al), was bedeutet, daß ihre Resonanzfrequenz (Schumann-Resonanz) etwa bei 10,5Hz lag. Durch die asymmetrischen Kohlenstoffverbindungen innerhalb der DNS, ist diese innerhalb ihrer eigenen Raum-Zeit-Blase, einer Raummembran, in einer Art virtuellem Zustand. Eine Raummembran ist keine materielle Membran wie etwa eine Zell- oder Kernmembran.
Dieser Zustand wird hervorgerufen durch die besondere Gestalt des Raumes selbst: Es muß eine durch die Topologie des Raumes entstandene Membran sein. Genau dieses geschieht, „tut das Elektron" nun durch die besondere chemische Struktur des asymmetrischen- Kohlenstoffes – welcher sich durch die besondere Eigenschaft auszeichnet, auf natürliche Weise die Topologie des Raumes zu verändern.

Asymmetriescher-Kohlenstoff schließt zwischen den vier „Ärmchen" kleine Zonen des Raumes ein!

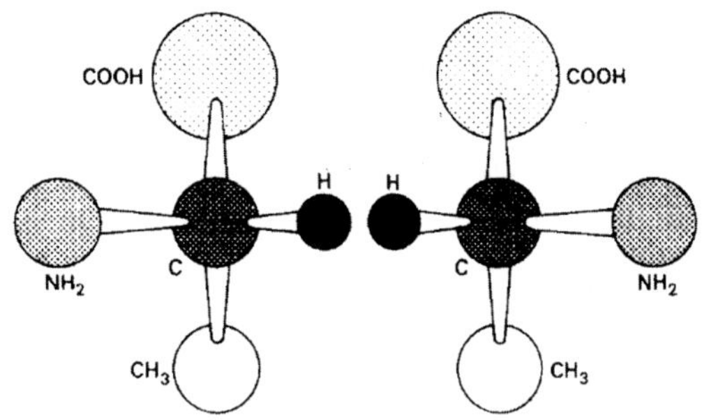

Spiegelbildliche Moleküle des asymmetrischen Kohlenstoffs (Alanin)

Die sehr langen Kohlenstoffketten der Proteine bieten dem Elektron die Möglichkeit, Mikro-Regionen des Raumes vollständig abzugrenzen, so daß tatsächlich eine Art topologische Membran entsteht. In einem solchen topologischen, Nicht-Ebenen-Raum verwandelt sich jede beliebige gerade Linie in eine Helix – DNS/RNS.
Ähnlich wie die Elektronen, befindet sich die DNS/RNS in einem „Zwitter-Seins-Zustand (Welle-Teilchen-Dualismus /Heisenbergsche Unschärferelation). Nur durch Beobachtung, welches einer Messung gleichkommt, wird sich die DNS/RNS entsprechend „verwandeln" („scharf" werden). Es ist bekannt, daß die Gesamtlänge einer menschlichen DNS zwei Meter ist, was einer Frequenz von 150 MHz entspricht. Zu den großen, ungeklärten Phänomenen in der Genetik, zählt das Auf- und Abwickeln (Spiralisierungsvorgänge) der DNS. In ungeklärter Weise vollzieht die DNS diesen „Wunderakt" in kürzesten Zeiteinheiten, ohne dabei einen Fehler zu machen. Ihre spezielle „Örtlichkeit", die sogenannte Raum-Zeit-Blase dürfte eine Erklärungsmöglichkeit hierfür sein. Aus der Perspektive der reellen Photonen, bzw. unserer „realen" Beobachtungswelt, laufen Prozesse außerhalb unserer

dreidimensionalen Raumzeit absolut anders ab. Speziell die zeitlichen Prozesse laufen in einer gespiegelten, also rückwärtigen Weise ab. Gelten innerhalb unserer dreidimensionalen Realität die entropischen, also chaotischen Gesetze, so sind es in den Raum-Zeit-Blasen negentropische, also geordnete Gesetze.

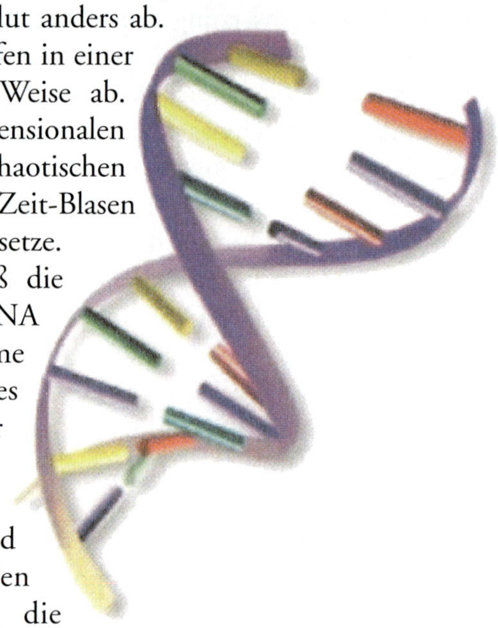

Seit 2002 ist nun bekannt, daß die Gen-Information nicht in der DNA enthalten ist. Biologische Systeme treten über ein sehr breites Spektralband in Resonanz mit der Umwelt. Ultraschwache elektromagnetische Felder regeln nicht nur den Stoffwechsel und Informationsfluß zwischen den Zellen, sondern steuern auch die Transkription der DNA während der Eiweißsynthese (Popp, 1981). Bereits Gurwitsch vermutete, daß die Quelle der von ihm 1923 entdeckten mitogenetischen Strahlung ein „morphogenetisches Feld" ist. Es handelt sich dabei um eine globale stehende Dichtewelle der Materie (des Äthers bzw. des so genannten physikalischen Vakuums). Kristalle, Quarz beispielsweise, bilden stehende Wellen.

Reset:

Abrufen von alten Programmen durch das „Time-Reverse-Verfahren" von Ciba Geigy

Zwei Wissenschaftler von Ciba Geigy untersuchten den **Einfluß von elektrostatischen Feldern** auf das Wachstum und die Morphogenese von lebenden Organismen, wenn deren Keime, Samen oder Eier für eine gewisse Zeit zwischen zwei Platten mit einem elektrischen Feld von 500-2000 V/m belassen wurden. Im Jahr 1989 meldet Ciba Geigy ein Patent für ein „Verbessertes Fischzuchtverfahren" an. Darin wird beschrieben, wie sich Fische – besonders Forellen – auffällig gut entwickeln, wenn deren Eier vorher einem elektrostatischen Feld ausgesetzt wurden. Im Vergleich zu unbehandelten Fischeiern konnte die Schlupfrate um 100-300% gesteigert werden, die Fische waren agiler und vitaler, waren viel widerstandsfähiger gegen Krankheiten, nahmen wesentlich rascher an Größe und Gewicht zu und erreichten schneller das Erwachsenenstadium. Was der Patentanmeldung fehlt, den Autoren aber von Herrn Schürch anhand von Bildern gezeigt wurde, ist die starke Veränderung der Morphogenese. Die Fische hatten neben einem kräftigeren Körper und kräftigeren Farben ein viel stärkeres Gebiss und einen verlängerten, nach oben gebogenen Unterkiefer.

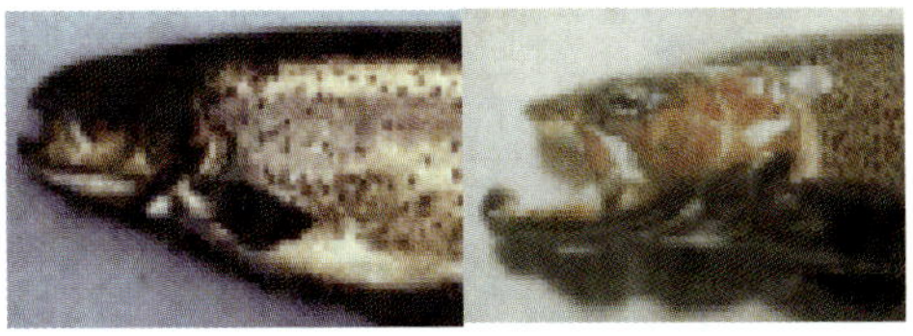

Das Außergewöhnliche hieran ist, daß diese Fischformen seit langer Zeit ausgestorben sind!

Weiterführende Forschungen zeigen unter anderem die Auswirkung von elektrostatischen Feldern auf verschiedenste Lebensformen (Kresse, Weizen, Mais, Farn, Mikroorganismen, Bakterien), im Frühstadium beschrieben. Ganz besonders auffällig war wiederum die Veränderung der Morphogenese. So entwickelt sich beispielsweise nach drei Tagen im elektrostatischen Feld aus dem Wurmfarn mit 36 Chromosomen, der Hirschzungenfarn mit 41 Chromosomen! Nach allgemeingültigen Naturgesetzen dürfte dies nicht geschehen. Der wieder neu entstandene Hirschzungenfarn entwickelte sich in den folgenden vier Jahren zu allen möglichen Farnarten: Wurmfarne, Buchenfarne, südafrikanische Lederfarne und andere.
Die Forscher begannen sich an diesem Punkt zu fragen, ob die Informationen für Formgebung der Lebewesen wirklich in den Genen gespeichert sind, oder ob nicht die **elektrostatische Aufladung der Atmosphäre ein Faktor ist, der die Gesamtinformationen der Natur mitbestimmt.** In der Genetikforschung gibt es mittlerweile eine ganze Reihe von Wissenschaftlern, welche die Auffassung vertreten, daß der wahre Sitz der Gene nicht innerhalb der DNA-Struktur zu finden ist.
Mit Hilfe von Hochspannungsentladungen können in der Kirlian-Photographie physisch nicht existierende Teile von organischen Strukturen auf photographischen Platten sichtbar gemacht werden, und wenigstens im Fall von normalen Heilungsprozessen ergibt sich der Eindruck, daß eine Art von Bauplan existieren muß, welcher als Vorlage für derartige Heilungsprozesse dient.

Wenn man alle diese Faktoren zusammenfaßt, kommt man schlecht an der Erkenntnis vorbei, daß es eine Art von **„genetischem Masterplan“** geben muß, welcher weitgehend mit den von Rupert Sheldrake postulierten „morphogenetischen Feldern“ gleichzusetzen ist. **Dieser Masterplan, von welchem aus die bei lebenden Organismen zu beobachtende Morphogenese gesteuert wird, muß dabei weitgehend in einer transzendenten Seinsebene des Hyperraumes angeordnet werden, weil unsere unmittelbar mit den Sinnen erfassbare Welt mit ihren materiellen Strukturen als Seinsebene für**

ein derartiges Phänomen ausscheidet. Dieser immaterielle Master- oder Sollwertplan besitzt dabei anscheinend die Funktion, daß er als Vorlage für die auf der materiellen Seinsebene liegenden Organismen dient, welchen eine Art von „Istwert-Funktion" zugeschrieben werden muß.

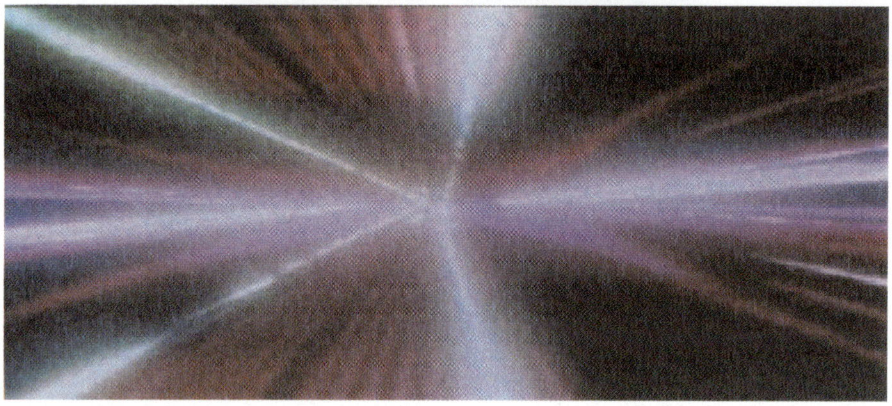

Hyperraumtunnel
Quelle: www. highadventure.mordor.ch

Felder und Potentiale dienen zur Informationsspeicherung

Wenn Materie sich selbst organisiert, dann spielen Potentiale eine große Rolle. Alle die uns aufbauenden Massen-Bausteine bestehen nur aus zwei Grundformen: Aus Atomkernen und Elektronen. Beide Grundformen treten immer zusammen mit Ladungen auf. Grundsätzlich gilt: Ladungen sind die Quelle von Potentialen. Elektronen und Protonen tragen neben Ladungen auch Massen. Die Massen sind die Raum-Zeit-Krümmungen und die Ladungen sind Potentiale. Im Vakuum gibt es auch diverse Ladungen ohne jede Massen. Unterschiedliche Ladungsansammlungen erzeugen unterschiedliche Potentiale. Wenn unterschiedliche Potentiale nebeneinander existieren, entstehen Gradienten. Potentialgradienten erzeugen die elektrischen und elektromagnetischen Feldkräfte (EM-Feld). **Feld-Energie und Potential sind seit 15 Milliarden Jahren präzise korreliert mit Ladungen. Diese Energie versorgt das ganze Universum. Ladungen und Ladungsverteilungen mit ihren dazugehörigen Feldern und Potentialen treiben alle so genannten chemischen Prozesse an (die in Wirklichkeit physikalische Prozesse sind).** Ladung kann mit Hilfe ihres Feldes arbeiten. Die Energie dafür ist unerschöpflich. Woher kommt der kontinuierliche Nachschub der Energie? Die Physik tut sich offenbar immer noch schwer mit der Antwort. Zitat Sen: „Die Verbindung zwischen Feld und seiner Quelle war immer schon und ist immer noch das schwierigste Problem in klassischer Physik und Quanten-Elektrodynamik.“. Sen, D.K. (1968) Fields and/or Particles. Academic Press, London and N. Y.

Potentiale sind für Organismen lebenswichtig. Auffällig ist: Jeder Organismus hat als Gesamtkörper, als Gewebe, als Organ, als Zelle, als Molekül bis hinunter zum Proton und Elektron spezifische Ladungsgehalte und somit spezifische Potentialgrößen.

Alle wichtigen Funktionen innerhalb unseres Körpers sind an bestimmte Potentiale gebunden: Aktionspotential, Ruhepotential, Zetapotential, Verletzungspotential, um nur einige zu nennen. Verletzungspotentiale beispielsweise leiten die Heilungsprozesse ein. Was geschieht dabei? Zellmembranen werden durch Krafteinfluß teilweise zerstört und dann durchlässig für Ionen. Als Folge davon tritt lokal eine zur übrigen Membran inverse Spannung auf. An der Grenze zur intakten Membran löschen sich die gegenläufigen Gradienten aus. Das ist der strategisch entscheidende Prozeß für die Stimulierung von Zeitmomenten (time-like-Photonen). Der Grund warum ein elektrostatisch geladenes Objekt im Labor Spannung und ein E-Feld besitzt, ist, daß es eine Fülle von geladenen Massepartikeln, den Elektro-Neutrinos in diesem Objekt gibt, die sich gewaltig bewegen! Eine wirklich statische Ladung hätte absolut kein E-Feld! 1938 berichtete Dr. C. G. Kimball, daß inhomogene Gleichfelder von wenigen Gauß zu einer statistisch signifikanten Abnahme der Wachstumsrate von Hefezellen führen können, während starke homogene Felder von 11000 Gauß die normale Wachstumsrate nicht beeinflußen.

Die Wirkung mußte also auf der Inhomogenität des Feldes beruhen. 1978 machte Robert Becker Versuche über die Wirkung **elektrischer Gleichfelder (die elektrostatische Feldeigenschaften aufweisen) auf wachsende Krebszellen.**

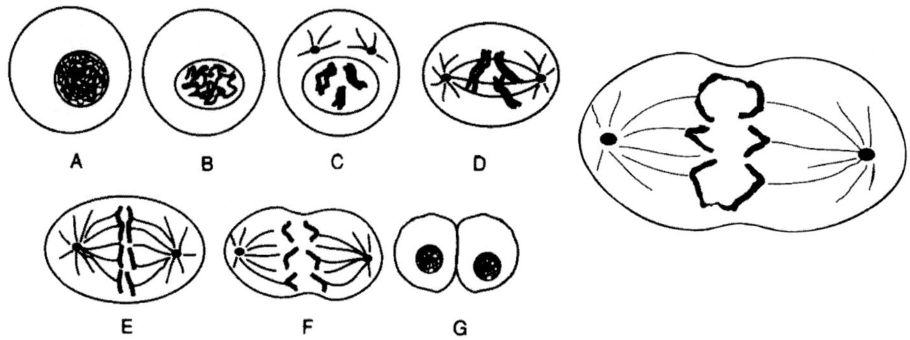

Becker pflanzte Mäusen Krebszellen ein und setzte die Mäuse dann über mehrere Wochen einem inhomogenen Gleichfeld aus. Dabei richtete er zwei verschiedene Versuchsanordnungen ein: Bei einer Gruppe von Versuchstieren **war das Feld horizontal (parallel*** zur Erde), bei der anderen vertikal (im rechten Winkel zur Erde) angeordnet. Überraschenderweise ergab sich bei den beiden Versuchsanordnungen ein wichtiger Unterschied: Bei horizontaler Anordnung waren die Chromosomen der Krebszellen deutlich abnorm, während sie bei vertikaler Anordnung keinerlei Abweichung vom normalen Muster zeigten. Bei der horizontalen Gruppe fand Becker Chromosomenbrüche, Austausch von Chromosomenteilen von einem zum anderen Chromosom, Bildung von ringförmigen Chromosomen und winzige Fragmente, die von anderen Chromosomen abgebrochen waren. Derartig schwere Chromosomenmißbildungen führen gewöhnlich dazu, daß keine Zellteilung mehr stattfinden kann und die Zellen schließlich absterben oder eine neue, mutierte Zellinie entsteht. Becker prüfte diese Möglichkeiten und stellte fest, daß die Krebszellen mit den deutlichen Chromosomenmißbildungen starben, weil sie die Fähigkeit zur Replikation verloren hatten. Komplexe elektronische Resonanzwirkungen setzen auf der Ebene des einzelnen Ions oder Moleküls an und können sogar auftreten, wenn gar keine Zellen vorhanden sind. Die Wirkung auf Zellebene hängt davon ab, in welcher Art von Zelle die Feldwirkung erzeugt wird und wie die betreffende Zelle organisiert ist. Die Erforschung der Wirkung von Feldern auf Zellen in dieser Hinsicht hat eben erst begonnen.

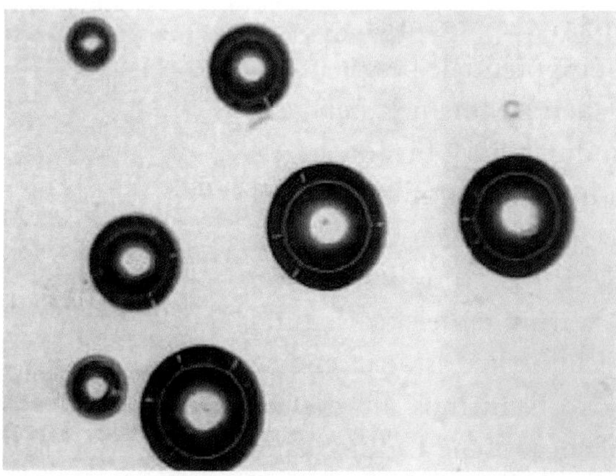

Künstlich erzeugte Membransysteme (Vesikel) nehmen im elektrostatischen Feld schon auf Distanz richtungweisende Beziehungen zueinander auf. Am Punkt der kürzesten Verbindung zwischen zwei Nachbar-Vesikeln bilden sich in den Membranen weiße Muster.

Kontakt:
In der vergrößerten Abbildung zweier Vesikel scheint es, als ob Feldlinien die geometrischen Gegenpositionen verbinden. In den Membranen bilden sich an dieser Stelle charakteristische „Kelche mit Sockel".

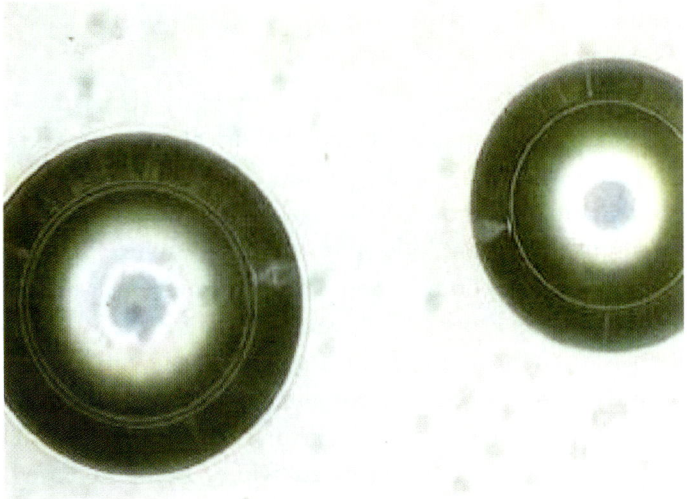

Verschmelzung:
Die ursprünglich kelchartigen Muster vereinigen sich zu einer Membranüberspannenden Spindel. Die Membranen verschmelzen an dieser Stelle miteinander.

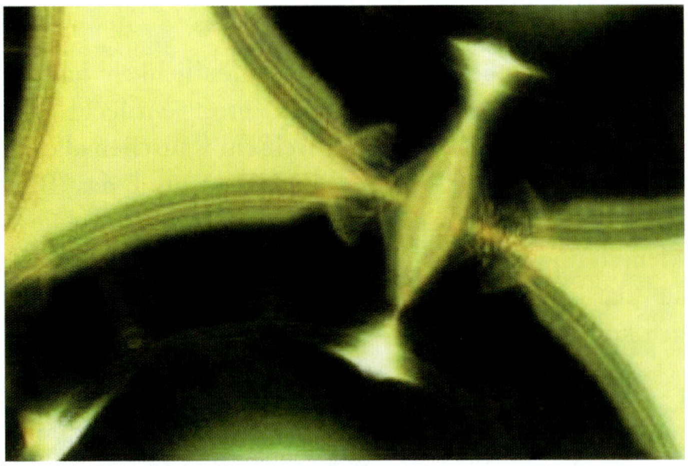

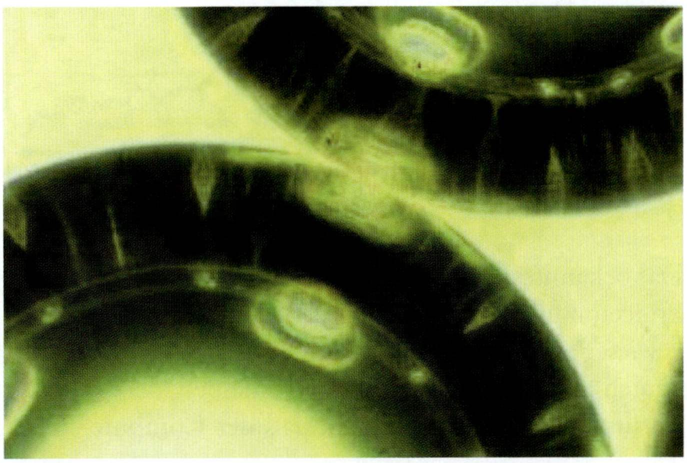

Annäherung:
In der Nahzone zwischen den Membranen kommt es zu Spitzeneffekten. Auch an der Membraninnenseite bilden sich nun Interferenzmuster.

Rauschen als Schnittstelle zwischen Geist und Materie

Seit 1978 wird an der Princeton University (USA) im Labor des „Princeton Engineering Anomalies Research“ zum Thema Interaktion von Mensch und Maschine geforscht. Bereits Ende der 80er Jahre konnte dort nach Ablauf umfangreicher Studien wissenschaftlich belegt werden, daß **Dioden mit „weißem Rauschen“* als Schnittstelle zwischen Mensch und Maschine eingesetzt werden können. Seit 1998 scannen** im Rahmen der Studie „Global Consciousness Project“ weltweit aufgeteilt etwa **50 solcher Dioden mit weißem Rauschen nicht wie bisher nur das Bewußtsein von Individuen, sondern das globale Bewußtsein aller Menschen.** Die Messergebnisse sind jetzt veröffentlicht und zeigen **synchrone Ausschläge aller Dioden bei weltweit aufsehenerregenden Ereignissen wie z. B. beim Krieg im Irak, beim Begräbnis Lady Dianas oder auch beim Terroranschlag vom 11.September 2001 auf das World Trade Center in New York.**

„Quantec Consulting“ veröffentlichte diese Zusammenfassung:
Maschinelles Gedankenlesen
Weitgehend unbemerkt von der Öffentlichkeit hat die Forschung an der amerikanischen Universität Princeton entdeckt, daß Maschinen und Computer, die eine **Diode mit weißem Rauschen als Schnittstelle eingebaut bekommen haben, auf die Gedanken und das Bewußtsein derjenigen Personen reagieren, die sich mit ihnen verbinden.** Die Verbindung zwischen Mensch und Maschine bzw. Computer ist drahtlos und beruht lediglich darauf, daß sich die Person auf die Kommunikation mit der Maschine gedanklich konzentriert.

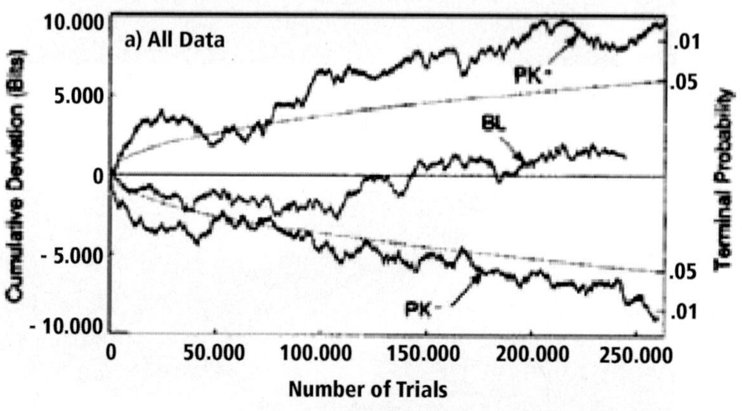

Abb.1

Das bekannteste Experiment dieser Art wurde in den USA an der Universität Princeton über acht Jahre mit zweihundert Studenten (ohne besondere nachgewiesene PSI-Fähigkeiten) durchgeführt und bestand darin, daß die Studenten aufgefordert wurden bei Testläufen „+“ oder „-“ zu denken. Die Auswertung aller Testdaten ergab, daß der Computer über die Diode mit dem weißen Rauschen* registrieren konnte, was die Operanden während der jeweiligen Testläufe gedacht hatten und das dann auch korrekt anzeigte.

*Weißes Rauschen (thermisches Rauschen, *Johnson-Nyquist-Rauschen) ist ein* ***weißes Rauschen,*** *das sich aus der* ***thermischen Bewegung der Moleküle im Gleichgewicht erklärt.*** *Da es überall vorkommt, spricht man auch von* ***Hintergrundrauschen.*** *Richtet man eine Empfangsantenne in das Weltall, empfängt man Johnson-Rauschen, das einer Temperatur von 3 K entspricht.*

Weltweit wurde durch das Zusammenschalten 50 weltweit verteilter Meß-Dioden, das Auftauchen von emotional bewegenden Ereignissen, die weltweit in den Medien und der Presse übertragen werden, auf statistisch signifikante Abweichungen überprüft. **Eine brisante Besonderheit wurde zur Zeit des Terroranschlags auf das World Trade Center beobachtet. Während vor dem Terroranschlag auf das World Trade Center der Ausschlag** (unteres Bild, rote Linie) **erwartungsgemäß um die schwarze Linie fluktuiert, löste das Eintreten der Katastrophe einen weit außerhalb des Zufallsbereichs liegenden Ausschlag aus, der weltweit synchron von allen 50 Dioden aufgezeichnet wurde.**

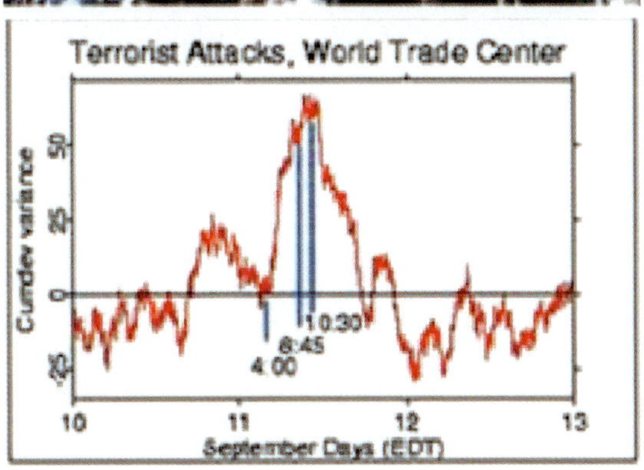

Die von Sheldrake postulierten morphischen Felder gehen von einer Verbindung jedes einzelnen Menschen mit dem morphischen Feld aller Menschen aus. Dieses Feld müßte aber auch dann weltweit synchron reagieren, ohne daß ein Ereignis von allen Menschen gleichzeitig bewußt wahrgenommen wird. Daß das globale Bewußtsein auch ohne weltweite Medien und Fernsehausstrahlungen funktioniert, kann man daran erkennen, daß das globale Bewußtsein bereits um 4:00 Uhr alarmiert war (siehe Abbildung), also fünf Stunden, bevor das erste Flugzeug einschlug (kurz vor 9:00) und sechseinhalb Stunden vor dem Einsturz der Zwillingstürme (10:30). **Da dieser Terroranschlag bis 9:00 Uhr weder den Behörden bekannt war noch in den Medien vorher darüber berichtet wurde, hat das globale Bewußtsein also schon ab dem Moment reagiert, in dem begonnen wurde, den Plan in die Tat umzusetzen!** Dieses Phänomen würde erklärt sein, wenn man berücksichtigt, daß Informationen außerhalb unserer dreidimensionalen Raumzeit „beheimatet" sind (Siehe B. Heim und J. E. Charon >X4).
Bedenken wir, das Rauschen stellt Skalarwellen dar, die mit der Geschwindigkeit v = 0 „unterwegs" sind (Überlichtschnell).
Diese Messergebnisse könnten durchaus Beweise für das Vorhandensein morphischer Felder sein, die alle Gehirne auch dann verbinden, wenn die Wahrnehmung eines Ereignisses nur außersinnlich erfolgt.

Auch Tiere haben ein Bewußtseinsfeld

Dioden mit weißem Rauschen interagieren mit jeder Form von Bewußtsein. Da auch Tiere ein (Un)Bewußtsein haben, können auch deren „Gedankenfelder" ausgelesen werden. Ein schönes Beispiel dazu ist ein Experiment, über das Rupert Sheldrake in seinem Buch „Der siebte Sinn der Tiere" auf Seite 322 berichtet:
Hierbei wurden Küken beim Schlüpfen auf einen Roboter konditioniert, der seinerseits mit einer Diode mit weißem Rauschen für seine Steuerung bestückt war. Die Küken so auf einen Roboter zu konditionieren, daß sie ihn für ihre Mutter halten, ist, wie Konrad Lorenz in seinem berühmten Versuch mit den Graugänsen gezeigt hat, sehr einfach: Der erste Gegenstand, den die Küken nach dem Schlüpfen als erstes in Bewegung sehen, wird für die Mutter gehalten.

Die Abbildung 8 repräsentiert den ersten Teil des Experimentes. Hier war der Käfig rechts leer, und der von der Diode mit dem weißen Rauschen gesteuerte Roboter bewegte sich überall in seinem Areal innerhalb der Umrandung. Die Linien entsprechen den Fahrwegen, die der Roboter zurücklegte.

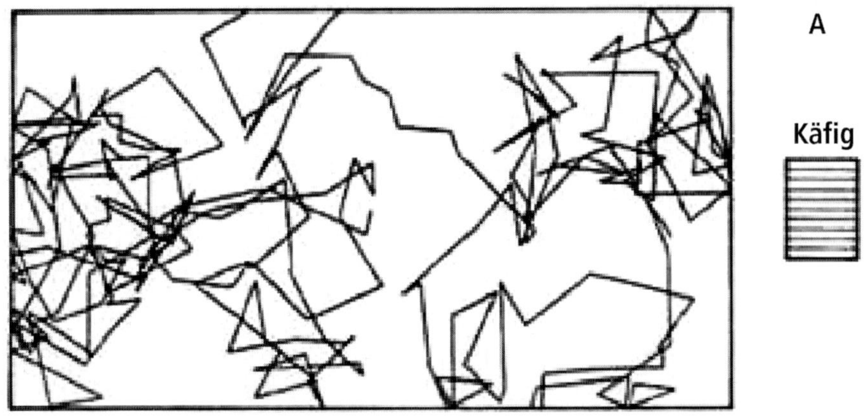

Abb. 8

Beim zweiten Teil des Experimentes wurden die Küken, die auf den Roboter konditioniert waren, rechts in den Käfig gesetzt. Wie an den Linien erkennbar, reichte das Bewußtsein der Ein-Tages-Küken (!) mit der Annahme, daß es sich beim Roboter um ihre Mutter handelt, aus, um den Roboter nunmehr immer in der Nähe ihres Käfigs zu halten.

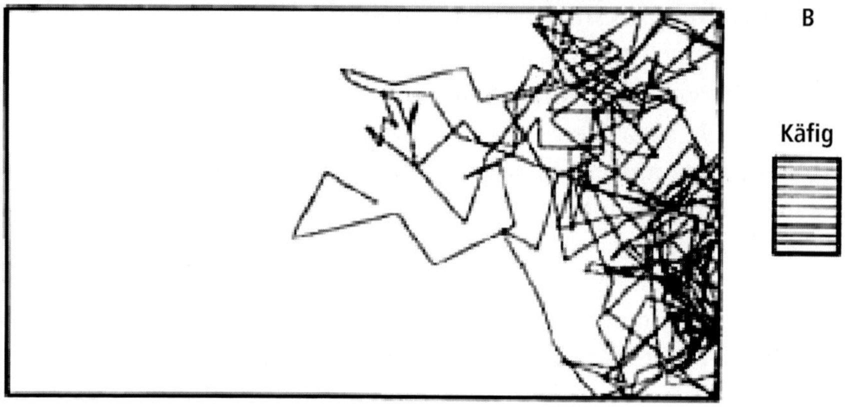

Abb. 9

Dieser sensationelle Versuch gibt zu denken, denn Ein-Tages-Küken wissen weder, was ein Roboter noch was eine Diode mit weißem Rauschen ist, noch wie diese Diode die Geradeaus-Rechts-Links-Bewegungen des Roboters auslöst. Es ist also der unbewußte Wunsch, die Erwartung der Küken, die über das Interface „Diode" als Schnittstelle zwischen Bewußtsein und Maschine, letztlich den Roboter steuert.

Die Diode, die das weiße Rauschen erzeugt, kann man sich wie die früher gebräuchlichen Fernseh- oder Radioquarzröhren vorstellen. Das Rauschen hat das Attribut „weiß", weil die Darstellung auf einem schwarzen Bildschirm durch flimmernde, weiße Punkte geschieht; das sieht so ähnlich aus wie auf einem Fernsehbildschirm nach Programmschluss. Das Rauschen der Zener-Diode selbst ist mit einem Radio vergleichbar, das zwischen zwei Sendestationen eingestellt ist und mal tief rumpelt, mal hoch pfeift und dann wieder in mittleren Frequenzen rauscht, völlig zufällig und ohne erkennbares Muster.

In dem Moment aber, wo dieses Rauschen mit Bewußtsein in Verbindung tritt, verändert es sich. Diese Veränderungen können dann im Computer verarbeitet und interpretiert werden. Die Diode als Schnittstelle zwischen Bewußtsein und Maschine ist seit über dreißig Jahren erforscht - mit eindeutigen Ergebnissen. Unzählige Testreihen haben an Menschen und an Tieren nachweisen können, daß Dioden mit weißem Rauschen in der Lage sind als Schnittstelle zwischen Bewußtseinformen verschiedener Ausprägungen und Computern zu dienen. Der Franzose René Peoc'h konnte durch seine Experimente im Schlaflabor sogar nachweisen, daß das auch völlig ohne Wach-Bewußtsein funktioniert. Im Rahmen des globalen Bewußtseins-Projekts wird derzeit sogar das kollektive Bewußtsein aller Menschen auf unserem Planeten erfaßt.

Das weiße Rauschen hat quantenphysikalische Eigenschaften

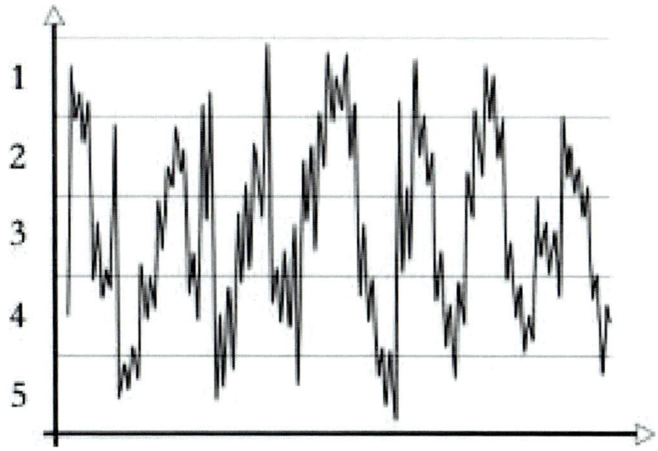

Hier nun die Analogie: Soll z.B. die ideale Farbe ermittelt werden, mit der ein Klient energetisiert und harmonisiert werden kann, wird eine im Computer erstellte Datenbank, die alle zu testenden Farben enthält, mit dem weißen Rauschen verbunden. Sollen fünf Farben ausgetestet werden, wird das Rausch-Spektrum der Diode in fünf gleich große Frequenzbänder unterteilt; diese Bänder werden dann von der „QUANTEC-Software" (empfehlenswert!) automatisch durchnumeriert und den in der Datenbank vorhandenen fünf Farben zugeteilt.

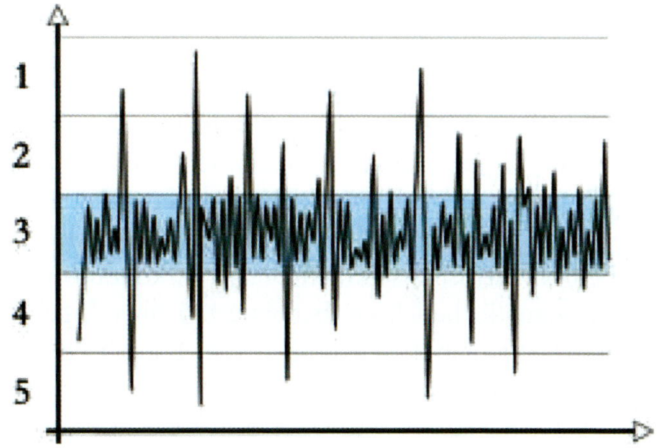

Sobald das Bewußtsein mit dem Rauschen verbunden wird, verstärkt sich das vorher über alle Frequenzbänder verteilte Rauschen (obiges Bild) in einem Bereich mehr als in allen anderen (unteres Bild).

Zwei Studien der Universität Princeton

An der Universität Princeton hat man über mehrere Jahre hinweg zwei Studien durchgeführt, um herauszufinden, ob solche Pseudo-Zufallsgeneratoren dieselben Resultate wie das weiße Rauschen vorweisen können. Das Ergebnis beider Studien läßt keine Zweifel aufkommen: Ohne Diode geht es nicht! Hier faßt der letzte Satz zusammen, daß deterministische Pseudo-Zufallsgeneratoren nicht für die Interaktion mit Bewußtsein taugen. Hier heißt es im mittleren Absatz (nach 10-4) ebenfalls, daß die in der Forschung aufgezeigten Möglichkeiten der Interaktion von Bewußtsein und Maschine sich nur mit echten Rauschquellen (non-deterministic) erzielen lassen und keinesfalls mit Pseudo-Zufallsgeneratoren!

Was ist Rauschen?

Im Sinne der Information gibt es kein reines Rauschen. Rauschen wandelt sich in Information. W. I. Thompson: „Rauschen und Unordnung erscheinen als notwendiger Hintergrund für das kreative Fortschreiten des Universums." G. Bateson: **„Die Erschaffung neuer Formen ist unmöglich ohne einen Hintergrund von Rauschen und ohne ein ungebundenes Potential von Zufall und Unordnung in der Erwartung der Selektion durch das ordnende Eingreifen der kreativen Handlung."**
Alles, was nicht Information, nicht Redundanz, nicht Form und nicht Einschränkung ist, ist Rauschen, **die einzig mögliche Quelle neuer Muster."**
Aus der Vakuum-Physik wissen wir, daß das Gehirn als chaotisches System für minimalste Einflüsse sensitiv ist und Informationen aus dem Sub-Quantenbereich empfangen kann. Aaron und Einstein empfahlen zur Transkommunikation ein rhythmisches-reflektiertes Rauschen, dessen Wirksamkeit, abhängig von Motivation, Erwartung und Selektion, sein sollte. Häufig trat beim Einsetzen instrumenteller Transkontakte ein zusätzliches Rauschen auf. Cazzamalli, berichtete bereits 1925 über Ergebnisse mit Patienten im Faraday-Käfig, daß diese ein deutliches Rauschsignal im Radio erzeugten. Kiyota und Yamashita konnten aus den Köpfen von Probanden ein KW-Signal messen, sowie später eine Unterdrückung des UKW-Empfanges von Probanden.

Mit den Ergebnissen des Nobelpreisträgers R. Feynman wurde ersichtlich, daß sich ein Photon in unglaublich kurzer Zeit in ein **Elektron-Positron-Paar (Materie-Anti-Materie)** teilen und sofort wieder vereinen kann. Diese virtuellen Teilchen entziehen sich direkt jeder Messung, weil sie viel zu kurzlebig sind. Anderseits erzeugen diese Teilchen ein fluktuierendes Feld (eine Art elektromagnetisches **Rauschen***), welches auch Wirkungen auf reelle Ladungen hat. Das Vakuum ist nicht mehr leer sondern aufgefüllt wie ein See

aus virtuellen Ladungen („Dirac-See"). Hendrik Casimir leitete aus den Feynman-Gleichungen die so genannte Nullpunktstrahlung ab, und schlug dazu sein bekanntes Experiment vor.
**Rauschen = Skalarwellen mit der Geschwindigkeit v = 0 (weiteres siehe unten)*

Bemerkenswert am Chaos ist, daß es nicht aus einer Vielzahl von unbekannten Einflüssen entsteht, wie etwa das **Rauschen** in elektrischen Stromkreisen, das durch die ungeordneten Bewegungen von Myriaden von Elektronen verursacht wird. Vielmehr ist es eine Konsequenz des ansonsten völlig deterministischen Bewegungsablaufs.
Zufall und Statistik begegnen uns in der Natur auf dreierlei Weise. Da ist erstens der anhaftende statistische Charakter der Quantenmechanik, worüber uns die ihrerseits strengen Gesetze für Wahrscheinlichkeitsamplituden Auskunft geben. Da ist zweitens die **deterministisch-chaotische** Bewegung, die als Folge nichtlinearer klassischer Naturgesetze auftritt, mit allen bekannten Zufallselementen wie Unvorhersagbarkeit und Unregelmäßigkeit im Ablauf. Da ist drittens der Zufall, der aus dem Zusammenspiel vieler Einzelteile (**Elektronen**, Moleküle, Körner, Staubbrocken im Saturnring, Sternhaufen, usw.) entspringt. Wir wissen inzwischen, daß es für viele statistische Phänomene makroskopischer Art unerheblich ist, ob sich die beteiligten Partikel nach quantenmechanischen oder klassischen, nichtlinearen Gesetzen bewegen. **Allein die Vielzahl der beteiligten Teilchen bewirkt makroskopisch zufälliges Verhalten, das wir anschaulich als „Rauschen" bezeichnen. Wie vor kurzem entdeckt wurde, kann das Rauschen Resonanzschwingungen und gerichtete Bewegung verursachen. Zudem beeinflußt es maßgeblich den Ablauf aller chemischen Reaktionen.**

Unsere Gehirne stehen in Verbindung mit dem Rauschen

Wenn Elektronen die Quelle des Rauschens sind, ist es nicht verwunderlich, daß genau definierte Elektronengemeinschaften (Moleküle...Proteine*) prädestiniert sind, „genauer in den Rauschprozess" einzuwirken (was beim Denken sicherlich geschieht). Die Aktivität (Intensität) unserer Gedanken steht im direktem Zusammenhang zu der Anzahl der Neuronen, die geordnet (kohärent) zusammen schwingen (feuern). **Hierdurch erzeugen sie entsprechende elektrostatische und elektromagnetische Felder,** die in den Äther dringen (um auf ihre Resonanzpartner zu treffen). Aus einem chaotischen Durcheinander (Rauschen), allein unserer Neuronen-Elektronen, wird über einen geistigen Vorgang -Denken genannt-, Ordnung erschaffen! Und Strukturen gesendet, die den Informationen der Gedankeninhalte entsprechen. Motto: Je klarer und ausgeprägter die Gedanken sind, umso mehr Neuronen senden die Gedankeninhalte und Wirken auf unserer Realitätsbühne.
Die, den unterschiedlichen bildgebenden Verfahren entnommenen Werte

(EEG, EMG, Mapping, Squid, usw.), zeigen u.a. sehr deutlich eine örtliche Zunahme von **kohärent schwingenden Neuronen. Um diesen Effekt gerichtet deuten zu können, ist es erforderlich zu wissen, daß das menschliche Gehirn, in einem Tagesbewußten (normal-) Zustand lediglich etwa 10% seiner Neuronen geordnet, also kohärent schwingen läßt. Der große Restanteil der Neuronen befindet sich quasi im Rauschen, also in einem ungeordneten Zustand (Chaos).** Allgemein vermuten die Neurophysiologen, daß diese ungeordneten Neuronen, sich in einem „inaktiven Zustand" befinden. Werden nun vermehrt Anteile der „inaktiven", ungeordneten (chaotisch feuernden) Neuronen in einen Zustand von hoher Ordnung versetzt, so ist dieses mit der Klarheit unseres Bewußtseins gleichsetzen. Je mehr unserer „denkenden Neuronen" gemeinsam schwingen (feuern), umso höher ist ihre Sendeleistung. **So sind quasi alle aktiven Gehirne daran beteiligt, ständig neue Informationen in das Rauschen einzugeben (morphogenetisches Feld), die dann wiederum für alle Gehirne frei zur Verfügung stehen.**

**speziell die Wasserstoffbrücken- und die van der Waals –Bindungen sind die elementaren Schnittstellen.*

In der Astrogenetik wird untersucht, wie sich astronomische Kräfte auf **biologische Rhythmen und auf genetische Faktoren** auswirken. Hierbei werden mehrere wissenschaftlich gesicherte Tatsachen miteinander in Beziehung gesetzt. Damit soll bewiesen werden, daß solare Teilchen die Persönlichkeit von Menschen im Augenblick ihrer Empfängnis beeinflußen können.
Insbesondere entdeckte man, daß **Schwankungen des schwachen Erdmagnetfelds genetische Mutationen in den Zellen hervorrufen können, während sich diese im Stadium der Zellteilung befinden.** Die Zellteilung findet im Anschluß an die Empfängnis statt. Im Jahre 1984 führte A. R. Lieboff vom Naval Medical Research Institute in Bethesda, Maryland, Experimente an menschlichen Zellen durch, und zwar an den so genannten Fibroblasten. Das sind Zellen, aus denen durch Differenzierung die verschiedenen Arten von Bindegewebe hervorgehen. Bei Lieboffs Versuchen ergab sich, daß **Änderungen des umgebenden Magnetfelds die DNA-Synthese in den Zellen beeinflußen.** Das bedeutet: In den Zellen können sich Mutationen vollziehen, wenn sie einem variierenden Magnetfeld ausgesetzt werden - auch wenn dieses schwächer als das natürliche Erdmagnetfeld ist.
In den zwanziger Jahren untersuchte Johannes Lange bestimmte Aspekte an eineiigen und an zweieiigen Zwillingen. Aufgrund seiner Arbeiten weiß man seit 1927, daß die Persönlichkeit (die Gesamtheit der Charaktermerkmale) im Wesentlichen von den genetischen Anlagen abhängt. Daher können genetische Veränderungen, hervorgerufen z. B. durch Mutation aufgrund von Änderungen in der Stärke des lokalen Magnetfelds, für unerwartete Charakterzüge verantwortlich sein. Anders ausgedrückt: **Die Persönlichkeit hängt von Richtung und Stärke des lokalen Magnetfelds im Augenblick der Empfängnis (Konzeption) ab.**
Diese Folgerung wird durch Studien des Psychologen H. J. Eysenck und des Astrologen Jeff Mayo über extrovertierte und introvertierte Persönlichkeiten bestätigt.
Sie fanden heraus, daß diese Charakterzüge auf faszinierende Weise mit den Tierkreiszeichen bei der Geburt zusammenhängen.
Untersucht man **die von der Sonne emittierte Strahlung, so stellt man fest, daß sie sich jeden Monat ändert.** Weiterhin lassen sich vier Arten von Strahlung unterscheiden, die im Laufe etwa eines Monats aufeinander folgen. Diese Sequenz der Strahlungstypen entspricht in vieler Hinsicht der jahrtausende alten kosmologischen Ansicht, daß es vier Elemente gibt - Feuer, Erde, Luft und Wasser-, die das Wesen und die Stimmungen der Menschen in einem ungefähr monatlichen Rhythmus beherrschen. Diese Abhängigkeit steht im Einklang mit den Wesensarten der zwölf Tierkreiszeichen, die die Astrologen unterscheiden.

Sumerische Darstellung der Tierkreiszeichen

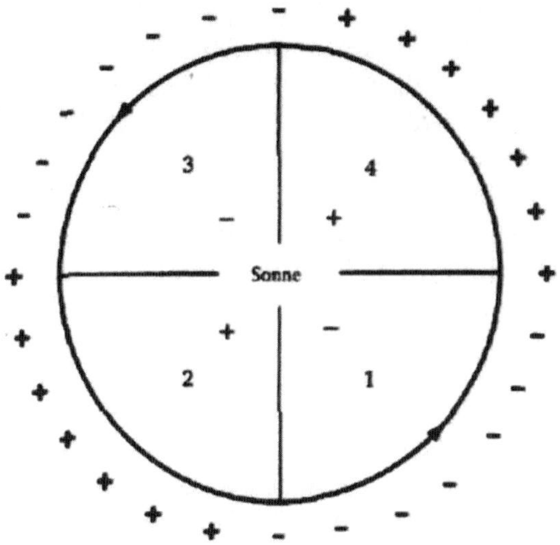

Die Sonne dreht sich um ihre Achse und sendet dabei positive und negative Teilchenstrahlung aus, auch zur Erde. Diese empfängt die Strahlung in einem 28-Tage-Rhythmus, weil sie sich während der 26 Erdentage (die eine Sonnenumdrehung dauert) auf ihrer Bahn um die Sonne weiterbewegt. Jedes der hier gezeigten Felder beeinflußt die Erde jeweils eine Woche lang.

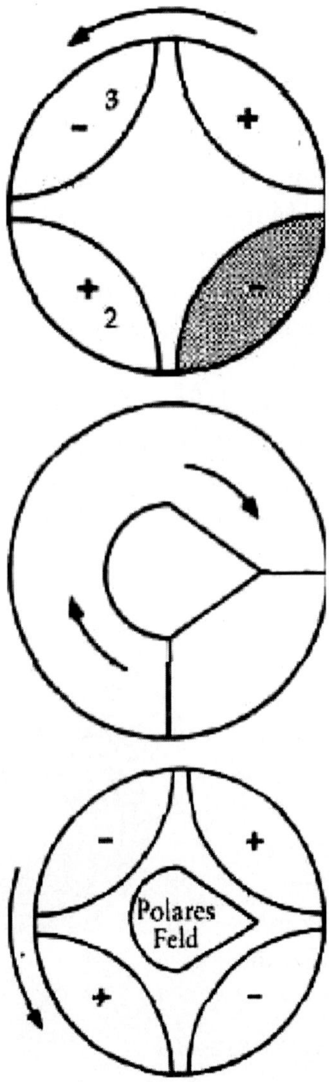

Zweidimensionale Ansicht der Sonne mit dem äquatorialen und dem polaren Magnetfeld. Beide Felder rotieren, wobei das polare langsamer ist. Dadurch überstreicht das polare Feld jeden Monat einmal das äquatoriale Feld.

Die Begründung für die etwa **monatliche Fluktuation der Sonnenstrahlung** ist zwar komplex, aber nicht schwer zu verstehen. Die Sonne dreht sich an ihrem Äquator in 26 Erdentagen (= 0,07 Jahre) einmal um sich selbst. Während dieser Zeit bewegt sich die Erde auf ihrer Bahn um die Sonne ungefähr 16 Winkelgrad (7 Prozent von 360°) weiter. Von einem bestimmten Punkt auf der Erde aus gesehen, dreht sich die Sonne daher einmal in 28 Erdentagen um sich selbst. Wir bezeichnen die vier verschiedenen Arten des äquatorialen Sonnenmagnetfelds mit den Ziffern 1 bis 4. Dabei seien 1 und 3 negativ sowie 2 und 4 positiv. Alle vier Felder sind insgesamt 28 Tage lang der Erde zugewandt. Anders gesagt: Die Erde empfängt Sonnenteilchen bzw. -Strahlung, deren Polarität nach jeweils 7 Tagen zwischen postiv und negativ wechselt.
Aber an ihren Polen rotiert die Sonnenoberfläche deutlich langsamer; hier benötigt sie jeweils 37 Erdentage für eine Umdrehung. Daher

sieht ein Beobachter auf der Erde, daß sich das polare Feld der Sonne einmal im Monat um 90 Grad gegenüber dem äquatorialen Feld dreht. Wenn das polare mit dem äquatorialen Feld zusammenfällt, stört es sowohl dieses äquatoriale Feld als auch dessen Emission. Jeden Monat wird das nächste äquatoriale Feld beeinflußt. Wir numerieren die Polaritäten wie oben und betrachten die resultierenden Wechselwirkungen. Im ersten Monat wird Feld 1 neutralisiert, und wir beobachten nur die restlichen Felder.

Historische Vergleiche

Sumerische Darstellung der „Himmelsscheibe" Quelle: Pergamonmuseum Berlin

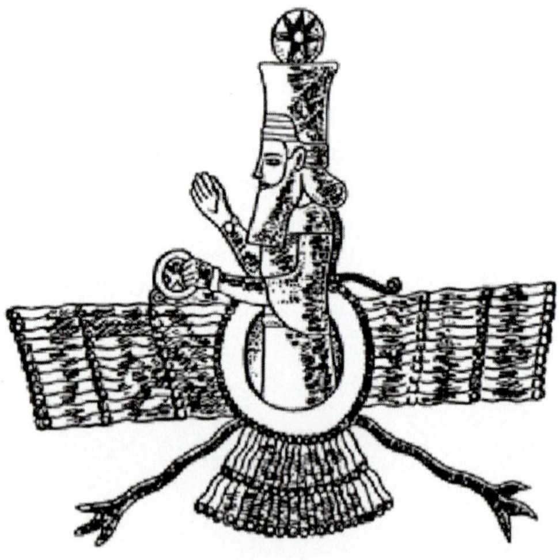

*Ahura Mazda / Schöpfergott**
Quelle: Br. Museum Kuyunjik Galerie Nr. 49

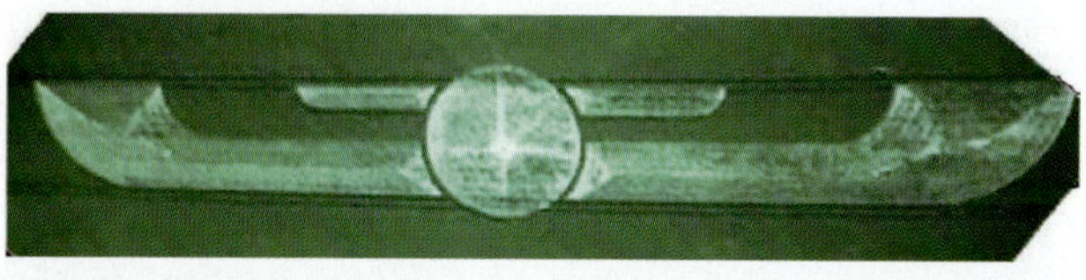

„Kornkreis" zeigt den seit 2003 vermehrt vor der Sonne aufgetauchten Himmelskörper

Unterschiedliche Darstellungen der „Sonnenscheibe"
Quelle: „Der 12. Planet", Zecharia Sitchin

Himmelserscheinung vor der Sonne.
Quelle: NASA-News

Assyrisches Siegel. Quelle: Brit. Museum, London

Ahura Masda wird meist in der Mitte der geflügelten Sonnenscheibe abgebildet. Ahura Masda (altiranisch „der weise Herr" oder „Herr der Weisheit", mittelpersisch Ormuzd oder Ormus) ist in der von Zoroaster gestifteten alten iranischen Nationalreligion des Parsismus (Zoroastrismus) der Schöpfergott, der die Welten Nenok und Geti erschaffen hat; er verkörpert die Macht des Lichts, ist Schöpfer und Erhalter der Welt und der Menschheit und ist der Gott der Fruchtbarkeit der Lebewesen; im Zendavesta Ahuramazda („weiser Herr"), auf den Keilinschriften der persischen Großkönige Auramazda genannt.

Naramsin weist zu seinem Heimatplaneten neben der Sonne. Quelle: Louvre Paris

Kudurru des Königs Meli-Sipak II., der seine Tochter vor die Göttin Nana führt. Die oberen Himmelsgebilde stellen Sonne, Venus und Nibiru dar. Quelle: Susa, Paris, Steinmetzer Nr. 68

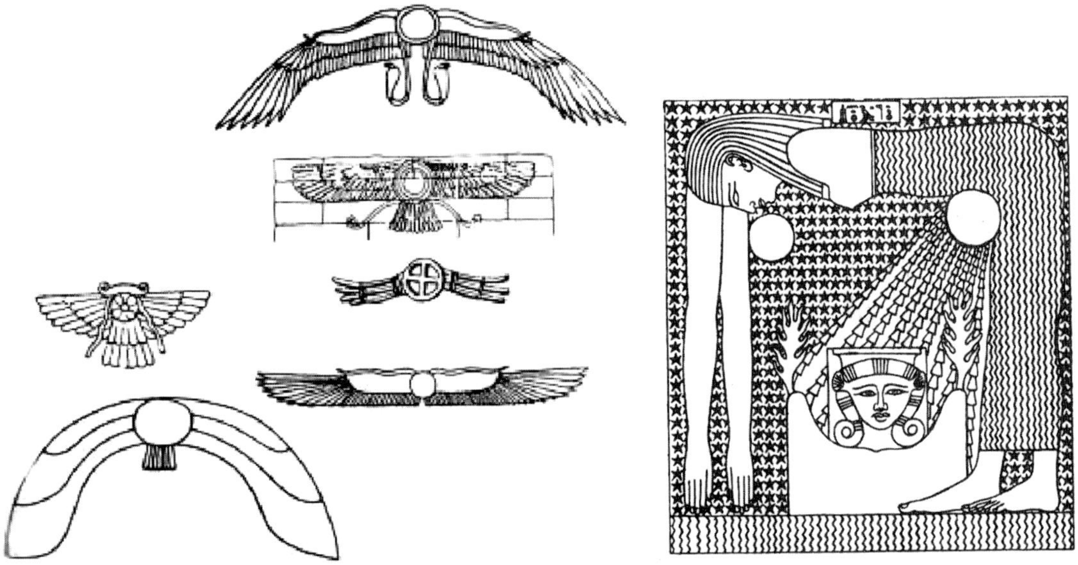

Linker Teil:
Unterschiedliche Versionen der „Wohnung der Götter“
Rechter Teil:
Die ägyptische Göttin Nut beugt sich über zwei Himmelskörper, Sonne (zu erkennen durch die Strahlen) und Nibiru (Planet X). Quelle: ***„Stufen zum Kosmos“****, Zecharia Sitchin*

Den Sumerern waren Himmelsachse, Himmelspole, Eklipse, Tag- und Nachtgleichen und ähnliches bestens bekannt; am erstaunlichsten aber muß es uns anmuten, daß sie mit dem Phänomen der absoluten Genauigkeit vertraut waren. Darunter ist die Verlagerung der Tag- und nachtgleichenpunkte auf der Ekliptik zu verstehen, die dadurch verursacht wird, daß die Achse der als Kreisel aufzufassenden Erde in 25 800 Jahren um die Achse der Ekliptik einen Kegel vom halben Öffnungswinkel 23,5° beschreibt. Die Verlagerung ist minimal, gemessen an der Lebensspanne des Menschen: Sie betragt alle 72 Jahre nur 1° von den 360° des Tierkreises.
Da der Tierkreis, in dem die Erde (und andere Planeten) um die Sonne kreist, in zwölf Felder oder Häuser eingeteilt ist, nimmt jedes Feld 1/12 des Kreises ein, also 30°. Infolgedessen dauert es 2160 Jahre (72 x 30), bis die Erde ein Feld hinter sich gelassen hat. Mit anderen Worten, wenn ein Astronom auf der Erde am Tag des Frühlingsäquinoktiums die Sonne vor dem Tierkreiszeichen Fische hat aufgehen sehen, werden seine Nachkommen sie 2160 Jahre später vor dem nächstfolgenden Feld, dem Tierkreiszeichen Wassermann, aufgehen sehen.
Kein einziger Mensch, nicht einmal ein ganzes Volk, hatte dieses Phänomen im Altertum beobachten, bemerken und verstehen können. Doch der Beweis ist unwiderlegbar: Die Sumerer, die ihre Zeitrechnung (oder ihren Kalender) im Zeitalter des Stiers, etwa 4400 v. Chr. begannen, wußten davon und verzeichneten auf ihren Tabellen die vorherigen Präzessionsverschiebungen zu den Fischen (etwa 6500 v. Chr.), zum Krebs (etwa 8700 v. Chr.) und zum

Verschiedene Darstellungen der Himmelsscheibe
Quelle: Susa Paris, Steinmetzer Nr. 48

Löwen (etwa 10900 v.Chr.). Unnötig zu betonen, daß die Sumerer auch wußten, daß ums Jahr 2200 v. Chr. am Tag des Frühlingsäquinoktiums -für die mesopotamischen Völker der Neujahrstag- das Widderzeitalter (KU.MAL auf sumerisch) beginnen würde. Schon einige frühere Gelehrte, die ägyptologisches und assyriologisches Wissen mit astronomischen Kenntnissen verbanden, erkannten, daß die textlichen und bildlichen Darstellungen das Tierkreiszeitalter als einen großen Himmelskalender benutzten, wobei Ereignisse auf der Erde mit den größeren Maßstäben der Astronomie in Beziehung gebracht wurden. In neuerer Zeit wurde diese Erkenntnis als Hilfsmittel bei prähistorischen und geschichtlichen chronologischen Studien benutzt. Für Zecharia Sitchin besteht kein Zweifel, daß der löwenähnliche Sphinx südlich von Heliopolis und die widderähnlichen Sphingen, die den Tempel in Karnak bewachen, das Tierkreiszeitalter bezeichnen, in dem sich die Begebenheiten zutrugen, mit denen sie in Beziehung standen, oder in dem die von ihnen dargestellten Könige oder Götter herrschten.
Den Mittelpunkt der astronomischen Wissenschaft und in der Folge aller Religionen, Glaubensrichtungen, Ereignisse und Beschreibungen des Altertums bildete also die Überzeugung, daß es noch einen Planeten in unserem Sonnensystem gab, einen Planeten mit der weitesten Umlaufbahn, einen obersten Planeten oder **„Himmelsherrn“** - das Gestirn, das die Ägypter den **„Unzerstörbaren Stern“** oder den **„Millionenjährigen Stern“ nannten - die Wohnung der Götter!**
Diesem Planeten huldigten die Völker der Antike ohne Ausnahme, dem Planeten mit der weitesten, majestätischsten Umlaufbahn. In Ägypten, in Mesopotamien und anderen Gebieten war sein Emblem die geflügelte Kugel (siehe oberes Bild). In der Annahme, daß die Himmelsscheibe auf den ägyptischen Abbildungen **„Res Himmelswohnung“** darstelle, bezeichneten die Gelehrten **Re** hartnäckig als **„Sonnengott“** und die **geflügelte Scheibe als „Sonnenscheibe“.**
Es dürfte jetzt klar sein, daß nicht die Sonne, sondern der Zwölfte Planet so dargestellt wurde. Tatsächlich unterscheiden die ägyptischen Zeichnungen deutlich zwischen der Himmelsscheibe, die diesen Planeten darstellt, und der Sonne. Wie im unteren Teil der Abbildung zu ersehen ist, wurden beide am Himmel gezeigt (dargestellt durch die bogenförmige Gestalt der **Göttin**

Nut), denn es sind **zwei Himmelskörper abgebildet. Deutlich ist auch der Zwölfte Planet als Himmelskugel oder Scheibe erkennbar, wohingegen die Sonne ihre begünstigenden Strahlen aussendet** (in diesem Fall auf die Göttin Hat-Hor, Herrin der Bergwerke auf der Halbinsel Sinai). **Wußten also die Ägypter wie die Sumerer schon vor Jahrtausenden, daß die Sonne im Mittelpunkt des Sonnensystems steht, dem zwölf Planeten angehören? Daß dies zutrifft, ist aus den Himmelskarten zu ersehen, die man auf Mumiensärgen gefunden hat.** Eine gut erhaltene Himmelskarte, die Heinrich Karl Brugsch, ein bedeutender Forscher auf dem Gebiet der ägyptischen Altertumskunde, 1857 in einem Grab in Theben entdeckt hat, belegt diesen Fakt eindeutig.

Anbetung des Gottes Samas. Deutlich ist sein Heimatplanet zu erkennen.
Quelle: Brit. Museum, London

Das ägyptische Totenbuch beschreibt an einer Stelle (Reise des König Pepi I) die **Landeaktion eines solchen Fluggefährtes:**

„Die Stille ist gebrochen: der Himmel spricht, die Erde bebt, die Erde zittert; die beiden Gebiete der Götter rufen, der Boden bricht auf, wenn der König aufsteigt zum Himmel, wenn es über das Gewölbe fährt. Die Erde lacht, der Himmel lächelt, wenn der König aufsteigt zum Himmel. Der Himmel jubelt ihm zu, die Erde bebt für ihn. Der donnernde Sturm treibt ihn, es donnert wie Seth. Die Himmelswächter öffnen ihm die Türen. Inmitten des Aufruhrs, des Donners und Bebens erhebt sich der „Himmelsstier". Dann verebbt der Tumult, und der König ist in der Luft."

Assyrisches Siegel stellt einen Sonnengott dar
Quelle: Schlummberger Sammlung, Paris

Eine Passage weiter heißt es:
„...zweimal hat er den Himmel und die beiden Länder umkreist. **Der Bestimmungsort** des Königs ist *Aten*, die **geflügelte Scheibe**, auch **„Unveränderlicher Stern“** genannt, wo **Re wohnt**. Die Himmelsreise dauert acht Tage...“

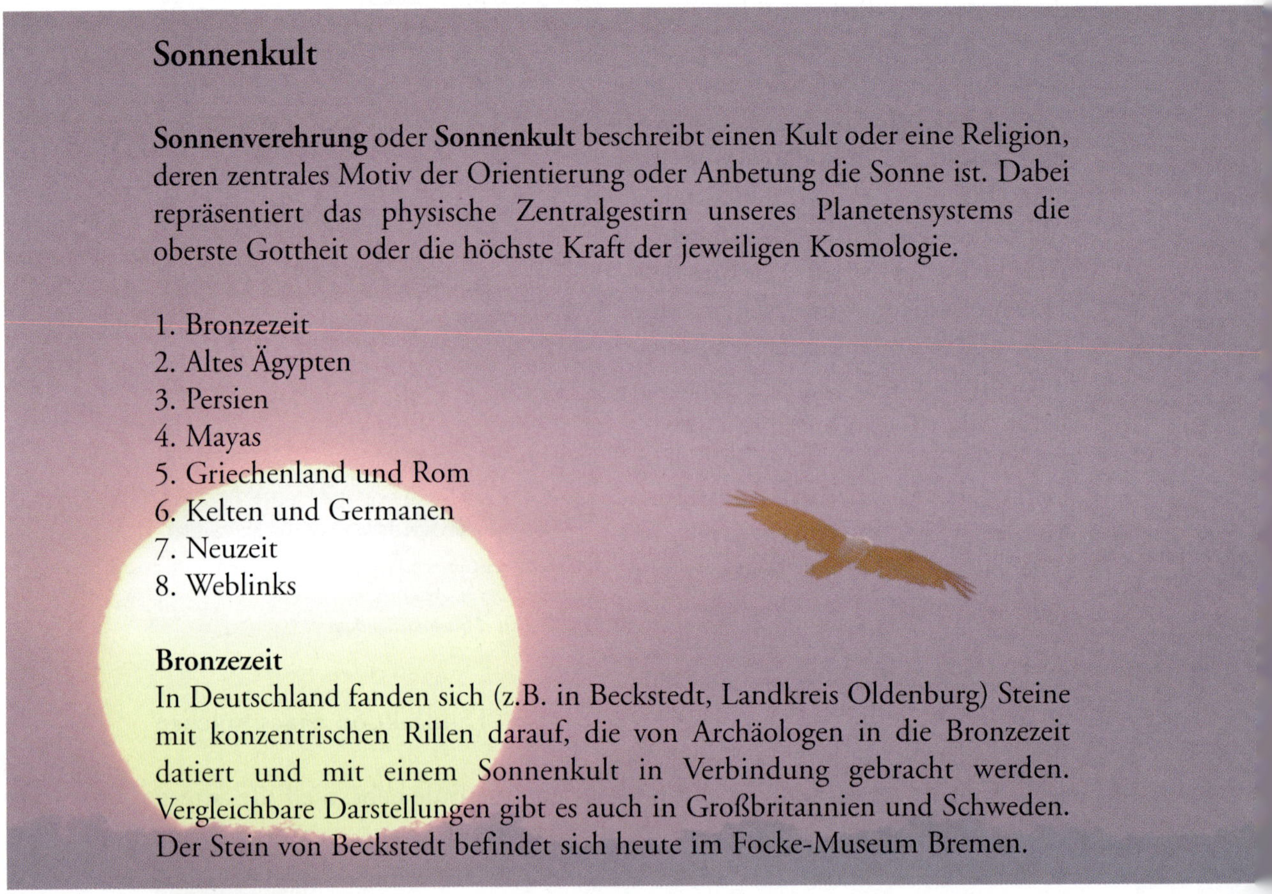

Sonnenkult

Sonnenverehrung oder **Sonnenkult** beschreibt einen Kult oder eine Religion, deren zentrales Motiv der Orientierung oder Anbetung die Sonne ist. Dabei repräsentiert das physische Zentralgestirn unseres Planetensystems die oberste Gottheit oder die höchste Kraft der jeweiligen Kosmologie.

Bronzezeit
In Deutschland fanden sich (z.B. in Beckstedt, Landkreis Oldenburg) Steine mit konzentrischen Rillen darauf, die von Archäologen in die Bronzezeit datiert und mit einem Sonnenkult in Verbindung gebracht werden. Vergleichbare Darstellungen gibt es auch in Großbritannien und Schweden. Der Stein von Beckstedt befindet sich heute im Focke-Museum Bremen.

Stein von Beckstedt
Quelle: Focke-Museum Bremen

Altes Ägypten
Die Sonne war lange Zeit im alten Ägypten oberste Gottheit und trug abwechselnd verschiedene Bezeichnungen. Zum Teil wurde sie als rechtes Auge des Himmelsherrn angesehen (Sonnenauge) oder als selbständiger Weltkörper.
Es gab die Vorstellung, daß die Sonne eine linsenförmige Scheibe sei. Andere meinten, die Sonne sei eine rote, glühende Scheibe, die in einer Sonnenbarke (ein großes Schiff) den Himmel befahre. Sie spiegelte aber auch den Lebenszyklus eines Ägypters auf die Länge des Tages wider: Die Sonne wurde als Kind am Morgen geboren (Chepre), war am Mittag im besten Mannesalter

(Ra) und starb dann am Abend als Greis (Atum).
Diese Vorstellung vom täglichen Leben der Sonne wurde später sogar dahingehend modifiziert, daß sie zu jeder einzelnen Stunde an der sie tagsüber sichtbar war, eine andere Gestalt annehmen könne. Beispielsweise: Vom Kind über den Mann mit Widder- und Falkenkopf bis hin zum Greis in Affen-, Löwen- und dann wieder Widder und Falkenform.

Persien
In der vorislamischen persischen Religion spielte die Verehrung der Sonne und des Feuers als Symbol für Ahura Mazda eine wichtige Rolle.

Ägyptischer Sonnengott Thoth

Maya
Ein Sonnenkult war bei den Maya Staatsreligion.

Sonnengott aus dem Sonnenkult der Maya.

Griechenland und Rom
Die Griechen verehrten den Sonnengott *Helios* als ein göttliches Wesen, das im Osten aus dem Ozean auftauchte, über den Himmel wanderte und abends wieder im Meer versank (Homer, Odyssee 3,1). Um Helios rankten sich zahlreiche Mythen, und der berühmte Koloss von Rhodos soll ihn dargestellt haben, dennoch blieb seine Bedeutung insgesamt eher begrenzt.

Im Rom der Kaiserzeit war der Sonnengott *Sol Invictus* hingegen höchst populär; im dritten Jahrhundert nach Christus wurde dieser Kult, der henotheistischen Charakter trug, von einer Reihe von Kaisern (vor allem Aurelian) stark gefördert und fast zu einer Staatsreligion erhoben. Damals wurde der Sonntag (*dies solis*) zum allgemeinen Feiertag erklärt - woran man auch in christlicher Zeit festhielt, um sich vom jüdischen Sabbat

Ahura Mazda, persischer Sonnengott,

Sol Invictus

Amenophis IV. - Echnaton und Nofretete mit den Prinzessinnen in einer Säulenhalle unter der Strahlensonne
Quelle: Staatliches Museum Berlin.

abzugrenzen. Auch Konstantin der Große war vor seiner „Konversion“ zum Christentum, wie sein Vater, ein Anhänger des Sonnengottes gewesen. Zahlreiche Elemente dieser Religion wurden von den Christen übernommen - angefangen mit der Licht- und Finsternismetaphorik bis hin zum Weihnachtstermin: Der 25. Dezember war zuvor als Geburtstag des Sonnengottes gefeiert worden.

Auch nach dem Sieg des Christentums hielt sich der Kult des *Sol Invictus* bis zum Ende der Spätantike. Einer der letzten großen Tempel (im syrischen Baalbek) wurde erst 554 n. Chr. unter Justinian I. zerstört.

Steele aus Sakkara (Aramäische Inschrift). Die Darstellungen sind in 3 Regionen angeordnet: Erscheinen vor Osiris, die Einbalsamierung und die Totenklage.

Kelten und Germanen

Bei den Kelten waren es die Druiden, die großes astronomisches Wissen besaßen und wahrscheinlich die Sonne genau beobachteten. Die Sonnenwendtage sind die höchsten Feiertage in dieser Mythologie.
[Enzyklopädie: Sonnenkult. DB Sonderband: Wikipedia
005/2006, S. 726647]

Echnaton könnte auf das **ägyptische Aton** zurückgehen, der **Sonnenkugel** mit dem Zentralkontinent im Pazifik als Spiegelbild. Wie **Atum** in seinem **Ator** saß

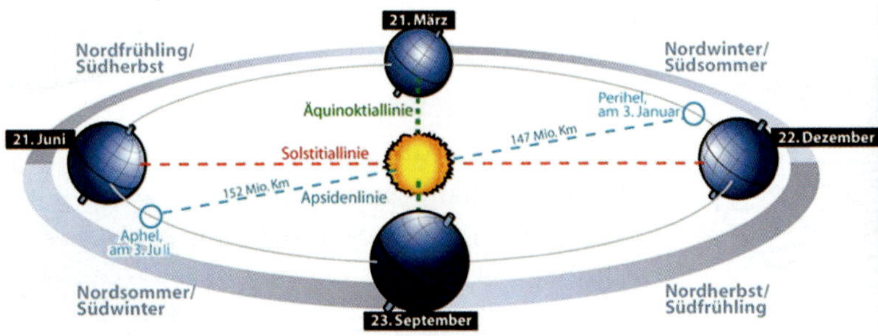

Sonnenwende 1999 Quelle: Wikipedia

Amenophis IV. - Darbietung (Opfer) unter der Strahlensonne. Auch als Schammasch und Uto bekannt
Quelle:Kairo, Ägyptisches Museum.

Druide feiert die Sonnenwende.

dann Adam in Eden. **Atum**, altägyptischer Schöpfergott aus Iunu (Heliopolis). Atum wird dargestellt mit Ober- und Unterägyptischer Krone (Pschent). **Als Schöpfergott zeugte er seine Kinder mit sich selbst.** Später wird er verbunden mit **Re-Horachti** (Horus der beiden Horizonte) zu Atum-Re, mit Amun und Ptah zum **Beherrscher der Welt und zum „Vereiniger der Länder".** Für die Sumerer verkörperte die Sonne den Sonnengott Utu. Bei den Babyloniern entsprach er dem Gott S**chamasch, der jeden Tag den Himmel betrat** und dessen Strahlen nichts verborgen blieb. Im alten Ägypten wurde Ra (auch Re oder Atum) als Sonnengott verehrt. Der „Ketzer"-Pharao Echnaton ließ später nur noch Aton, die personifizierte **Sonnenscheibe**, als einzigen Gott zu und schaffte alle anderen ägyptischen Götter ab.

Schamasch war in der semitischen und babylonischen Mythologie der Sonnengott, Gott der Gerechtigkeit und des Wahrsagens. Er entsprach dem Gott Uta der älteren Sumerer.

Eine wesentliche Astralgottheit der Babylonier war der **semitische Schammasch** (auch Utu genannt), die Kraft der Sonne. Die Kraft der Sonne war verheiratet mit Aja, die man später als Manifestation der Göttin Ischtar betrachtete. Schammasch galt als allsehender Sonnengott in Babylon, Richter des Himmels und der Erde, Gott des Landes der Lebenden, wanderte des Nachts durch die Unterwelt und brachte den Toten das Licht, **sein Zeichen ist die Sonnenscheibe mit einem vierzakkigen Stern,** aus dem Strahlen schießen.
Die geflügelte Sonnenscheibe war das Zeichen göttlicher Fürsorge und nach einem Baum oder Frucht greifende Gestalten galten als Symbole für Fruchtbarkeit (beliebtes Motiv christlicher Kunst: Eva, lt. 1. Mos. 3,21 die Mutter aller Lebendigen, greift nach der Frucht am verbotenen Baum).
Assur wurde im späteren Verlauf der Vater Götter genannt. Zunächst Gott der gleichnamigen Stadt, dann zum assyrischen Reichsgott aufgestiegen. Ursprung und Etymologie des Namens sind ungewiss. Seit dem 13. Jahrhundert vor der Zeitrechnung beginnt er Enki in seiner dominierenden Stellung zurückzudrängen und übernimmt dessen Beiwörter „Großer Berg" und

Helios auf dem Sonnenwagen (Vase 435 bC)
[Enzyklopädie: Helios. DB Sonderband: Wikipedia 2005/2006, S. 338416]

„Vater der Götter". Ab dem 9. Jahrhundert wird er mit Anschhar gleichgesetzt. Zu seiner Funktion gehören das sonst dem **Sonnengott zustehende Richteramt und die Kriegführung.** Auf Denkmälern erscheint er als **bogenspannender oder -haltender Gott in der geflügelten Sonnenscheibe.**

In der griechischen Mythologie war Helios der Sonnengott. Zusammen mit Selene (Mondgöttin) und Eos (Morgenröte) war er Kind von Hyperion und Theia. Die Aufgabe von Helios war es, den Sonnenwagen über den Himmel zu lenken, dabei ging Eos vor ihm, Selene folgte am Abend. Der Koloss von Rhodos soll, wie erwähnt, ein Standbild von Helios gewesen sein.

Bei den Inkas wurde der jeweilige Herrscher neben dem Sonnengott Inti, dem Schöpfergott Viracocha und der Erdgöttin Pachamama, als Gottheit verehrt.

Ein Phönix in den Flammen (Quelle: Aberdeen Bestiary, 12. Jahrhundert)

Phönix (Mythologie)

Phönix (griech. *Phoinix*, aus ägypt.: *benu* Leuchten; lat. *Phoenix*), ein mythischer Vogel, gilt als Symbol der Wiedergeburt.

Im antiken Ägypten

Ein **Benu** ist in der ägyptischen Mythologie ein heiliger Vogel aus Heliopolis. Er wird meist in Gestalt eines Graureihers mit langen Hinterkopffedern und mit goldenem und rotem oder vierfarbigem Gefieder dargestellt. Er wurde als Symbol der aufgehenden Sonne verehrt. Er ist eng mit dem Kult des Sonnengottes Ra verbunden und ließ sich als erstes Wesen nach der Schöpfung auf dem aus der Flut auftauchenden Land nieder. In bestimmten Zeitabständen kommt er aus Arabien oder Indien nach Heliopolis, wo er sich im Tempel des Sonnengottes Ra ein Nest aus

Myrrhen baut. Hier verbrennt er beim Sonnenaufgang in der Glut der Morgenröte, um aus seiner Asche verjüngt wieder aufzuerstehen und zum Himmel empor zu fliegen. Dies soll nach ägyptischem Glauben alle 500 oder 1461 Jahre, nach griechischem alle 1000 Jahre geschehen. Da nach der Nilflut stets die Vögel als erste erschienen, brachten die Ägypter den Benu mit dem sich jährlich erneuernden Osiris in Verbindung. Der Benu wird in der ägyptischen Mythologie auch als Auge und Zorn des Sonnengottes Ra bezeichnet. Gleichzeitig war er seine unbesiegbare Waffe.
Der Benu wurde von den Griechen als **Phönix** überliefert. In der Zeit des Hellenismus herrschte die Vorstellung, der Phönix sei aus der Asche des Osiris oder seinen sterblichen Überresten hervorgegangen und erreiche ein hohes Alter von ungefähr 300-500 Jahren. Nach dieser Vorstellung baut der Benu am Ende seines Lebens ein Nest, setzt sich hinein und verbrennt. Nach Erlöschen der Flammen bleibt ein Ei zurück, aus dem nach kurzer Zeit ein neuer Phönix schlüpft. - Eine zweite Variante dieser Sage berichtet, daß der rot- und goldfarbene Vogel alle 500 Jahre einmal nach Heliopolis kommt, jeweils am Todestag seines Vaters. Aus Weihrauch formt er dann ein Ei, das von der Größe her die Leiche seines Vaters aufnehmen kann. Dieses Ei trägt der Benu dann in den Tempel von Heliopolis, wo es feierlich begraben wird. In der Spätantike wurde der Phönix dann zum Symbol der Unsterblichkeit und bei den Christen Sinnbild der Auferstehung.
[Enzyklopädie: Phönix (Mythologie). DB Sonderband: Wikipedia 2005/2006, S. 602681]]

Rückkehr der „alten Götter“?

„Die vom Himmel auf die Erde kamen“

Ist die „geflügelte Sonnenscheibe“ der Ägypter (Aton Ra) und das Symbol des Heimatplaneten der Anunakis – Nibiru- identisch? Handelt es sich bei einem der mysteriösen Objekte, welches des öfteren vor der Sonne zu sehen war, möglicherweise um den Heimatplaneten der Anunakis „Nibiru“? Treffen die alt sumerischen Beschreibungen zu, welche die Rückkehr der „alten Götter“ in den Zeitraum ab 2003 ankündigen?

Für die Sumerer verkörperte die Sonne den Sonnengott Utu. Bei den Babyloniern entsprach er dem Gott Schamasch, **„der jeden Tag den Himmel betrat“** und dessen Strahlen nichts verborgen blieb. Im alten Ägypten wurde Ra (auch Re oder Atum) als Sonnengott verehrt. Im antiken Griechenland verehrte man den **Sonnengott Helios**, der mit seinem **Sonnenwagen täglich über das Firmament fuhr**. Allerdings sind aus dem antiken Griechenland auch die ersten Überlegungen überliefert, in denen die Sonne als physikalisches Objekt betrachtet wird. Auch Sin oder Suen, der Mond (Gott), zählte zu den obersten Astralgottheiten.

Ägyptische Darstellung von Thoth
Beachte die Sonnenscheibe auf dem Kopf

Assur, der „Allsehende“: Hinter Assur, dem Sohn des Shem (Jahwe)

Herkunftsbeschreibung der Anunakis, der „Götter" („die, die von Oben kommen"). Stellt das schwebende Objek ihr Raumgefährt des Heimatplaneten Nibiru dar?

Handelt es sich bei diesem Objekt um ein Raumgefährt der Anunakis, der Bewohner von Nibiru, dem 12.Planeten?

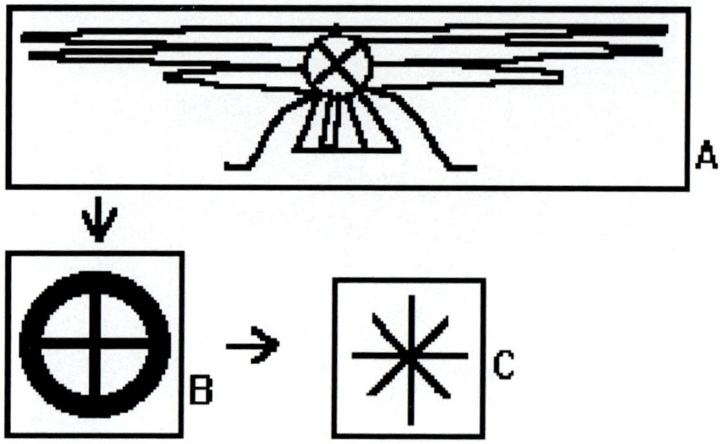

Das Raumgefährt (A) und Heimatplanet (B und C) (Nibiru) der „Götter“

Sohn des Herrschers von Nibiru „Enki, als Symbol
Quelle: „Kulturvergleichendes Lexikon“, Gisela von Frankenberg
(Verlag: Gisela Meussling)

ENKI, Herr der Erde

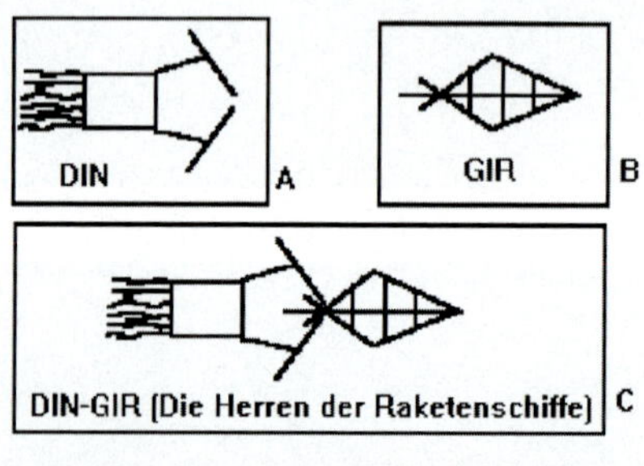

Symbole:
DIN-GIR: „Die Herren der Raketenschiffe“

Keilschrift und Symbole. Das Raumgefährt der „Götter“ (Anunakis)

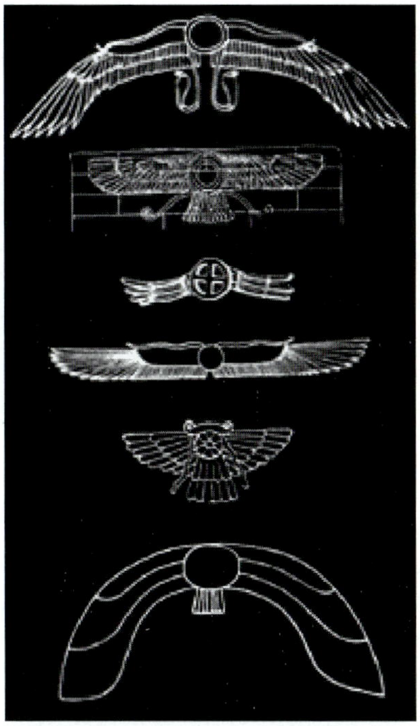

Unterschiedliche Darstellungen des Raumgefährts der „Götter“

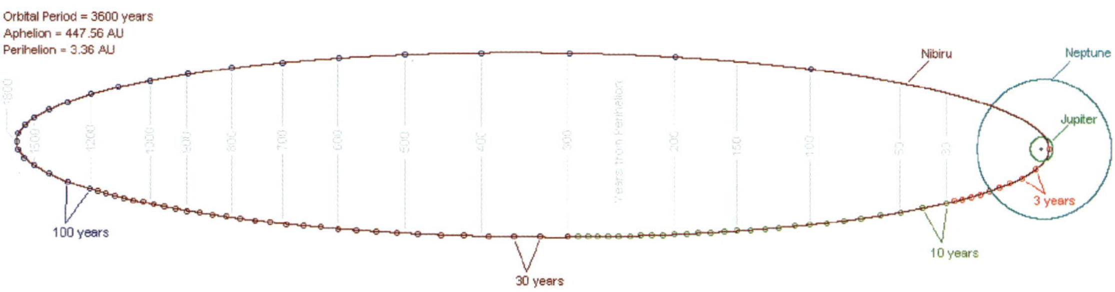

Umlaufbahn des Heimatplaneten der Anunakis Nibiru: 3600 Jahre.

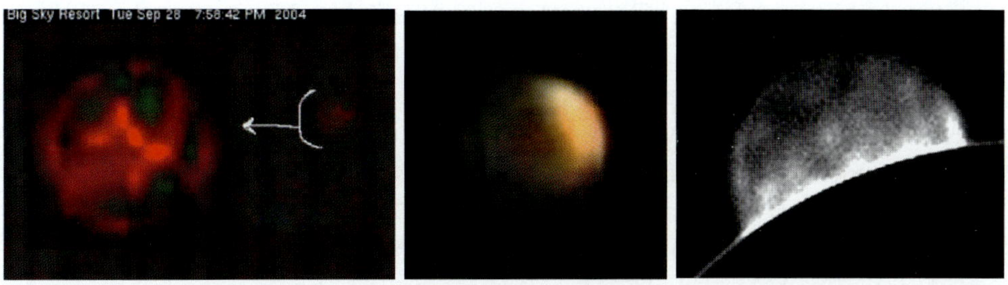

Vier unterschiedliche Aufnahmen (mit unterschiedlichen Teleskopen und zu unterschiedlichen Zeitpunkten) von einem der Himmelskörper vor der Sonne. Handelt es sich hierbei um Nibiru?

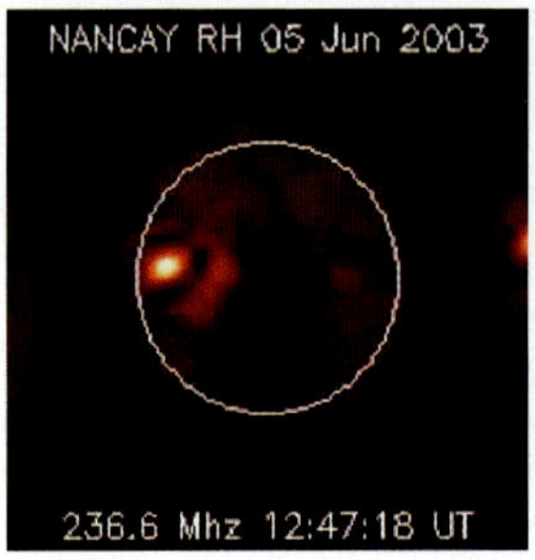

2003

Die Ankündigung von Planet-X (Nibiru) in Moskau

Offenbar beschreibt auch das „Alte Testament" der Bibel das letzte Wirkszenario der „Götter", die in Wirklichkeit die Bewohner von Nibiru sind. Das Buch „Der zwölfte Planet" von Zecharia Sitchin, basiert auf den alten sumerischen Keilschriften. In diesem Buch kommt dem zehnten bzw. zwölften Planeten - je nach Sichtweise; wenn man Sonne und Mond mitaddiert erhält man zwölf - genannt **„Nibiru"**, eine zentrale Rolle zu. Dieser Himmelskörper umkreist die Sonne in einer elliptischen Umlaufbahn von 3600 Jahren Umlaufzeit. Die Bewohner dieses Planeten sind die sog. „Anunnaki" (**„jene die vom Himmel auf die Erde kamen"**), so beschreiben es die sumerischen Tontafeln.

Den Texten dieser Tontafeln war des weiteren zu entnehmen, daß diese Bewohner ein großes Problem mit ihrem Planeten hatten, da die Gefahr bestand, daß die Atmosphäre in den Weltraum entweicht und so ein weiteres Bewohnen unmöglich wird. Die Lösung dieses Problems bestand darin, Goldstaub in die oberen Schichten der Atmosphäre zu verteilen. Dieser habe die Eigenschaft, selbige wieder zu stabilisieren, so Robert Spengler. Da auf dem Planeten Gold nicht in ausreichenden Mengen vorhanden war, entschied man sich auf anderen Planeten danach zu suchen - und wurde auf der Erde fündig. Es wurde auch ein Raumflughafen errichtet, in dem das geschürfte Gold über Raumstationen und Raumschiffe auf den Heimatplaneten geschafft wurde.

Neueste Forschungsergebnisse ordnen in unterschiedlichen historischen Kulturkreisen den gleichen „Göttern" unterschiedlichen Namen zu. So wird aus dem Anunaki-Fürsten aus Babylon; Enki in Ägypten Pta. Aus Marduk (Babylon) wird in Ägypten Re, im alten Hellas Zeus und wandelt sich im Alten Testament zu JAHWE. Ebenso ist die altiranische Darstellung des Sonnengottes **Ahura Mazda** (auch Ahura Masda genannt), zu nennen. Ahura Mazda bedeutet „der Schöpfergott, der die Welten Nenok und Geti erschaffen hat". Ahura Mazda verkörpert die Macht des Lichts, ist Schöpfer und Erhalter der Welt und der Menschheit, und wird meist in der Mitte der **geflügelten Sonnenscheibe** abgebildet.

Die Sonnenscheibe über dem Helm des „Gottes" symbolisiert den Herkunftsort der Anunaki.
Dieses Symbol taucht sehr häufig in den Überlieferungen der Sumerer auf.
Offensichtlich ist die Historie des biblischen Alten Testamentes an diese Epoche gekoppelt.

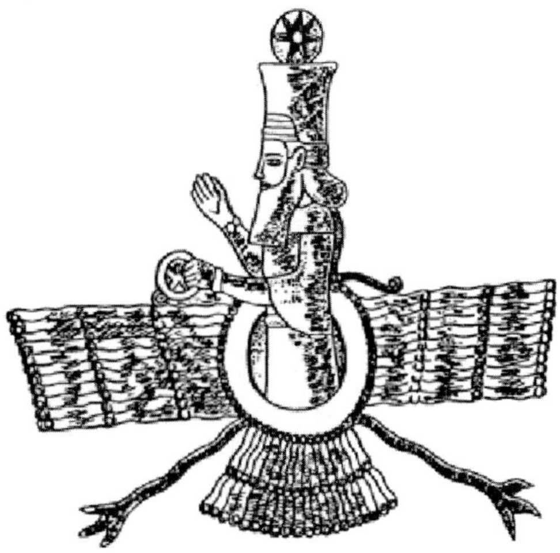

Ahura Mazda

Huldigung von Salamanassar von Assyrien
Die oberen Objekte beschreiben die Herkunft seiner „Götterlinie"

Schmelzziegelgemälde aus Assur. Assyrischer Herrscher im Gebet vor Aschur.
Auch hier ist die Herkunftsbeschreibung durch die oberen Himmelskörper zu erkennen.

Im oberen Abschnitt des sumerischen Rollsiegels ist eine Besonderheit zu erkennen. Um die Sonne sind 11 Planeten mit unterschiedlicher Größe und Entfernungen dargestellt. Ein 12.Planet befindet sich zwischen den beiden rechten Anunakis (zwischen der Nasenhöhe und dem stockähnlichen Gegenstand). Mit diesem 12. Planeten soll die Herkunft der Anunaki beschrieben werden

Sonne, Venus (oder Erdmond) und Nibiru
(oben, von links nach rechts)

Begegnung der „Götter“, der Anunaki, Bewohner von Nibiru
Plejaden (Siebengestirn), Venus (oder Erdmond), Nibiru und Sonne
(oben, von links nach rechts)

Tafel von Sippur: Anbetung des Sonnengottes Schamasch

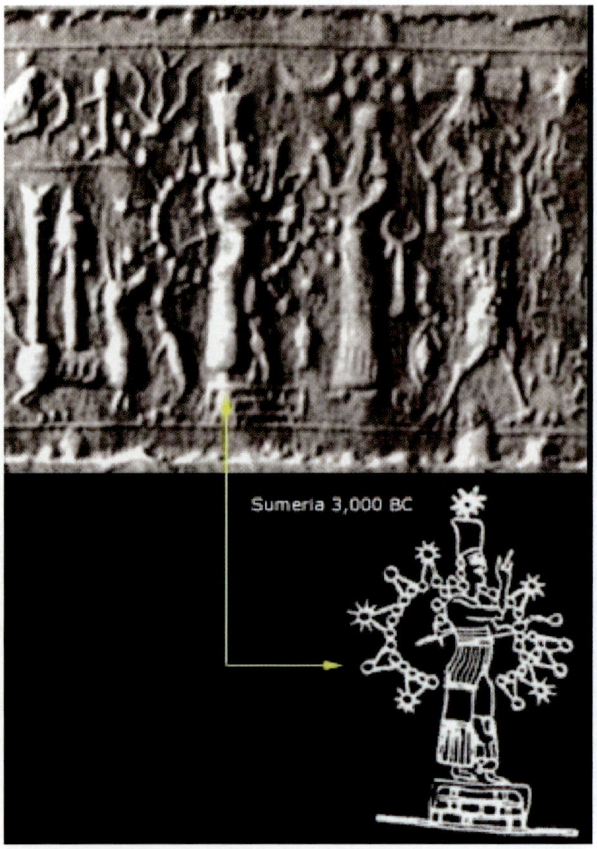

Herkunftsbeschreibung der Anunaki
Die Planeten des Sonnensystems. Das sternförmige Objekt auf dem Kopf des „Gottes" beschreibt seinen Herkunftsplaneten.

Die ersten Aufnahmen des NASA-Satelliten SOHO zeigten das Objekt, das wir gegenwärtig exakt 10 Jahre später wieder vor der Sonne antreffen.

Erstmals wurde das Objekt am 26.2.1996 durch SOHO aufgenommen

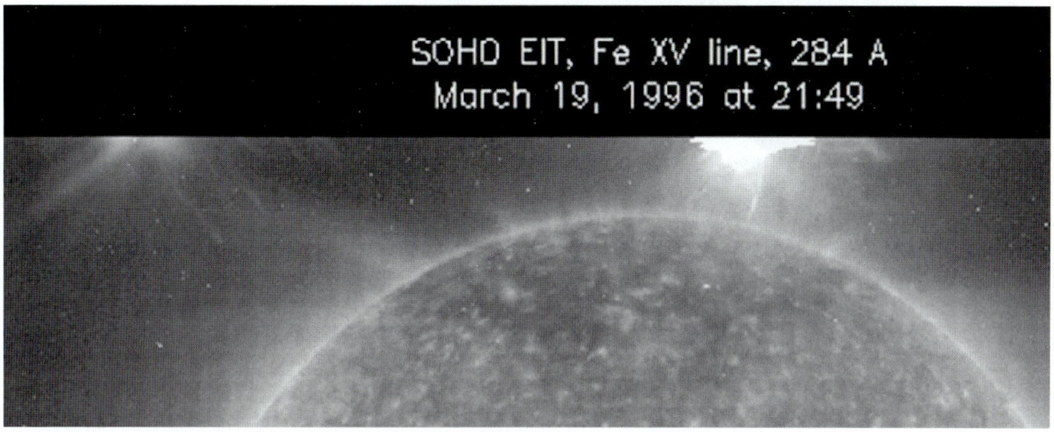

Am 19.3.1996 taucht neben dem Objekt ein weiters Objekt auf

Objekt am 18.9.2002

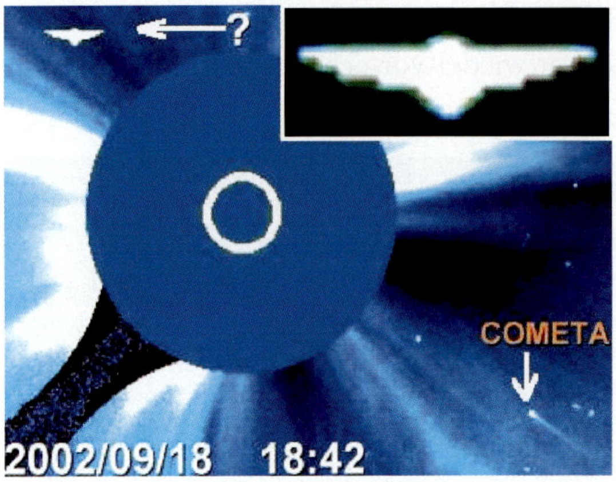

Totale mit Vergrößerung des Objektes

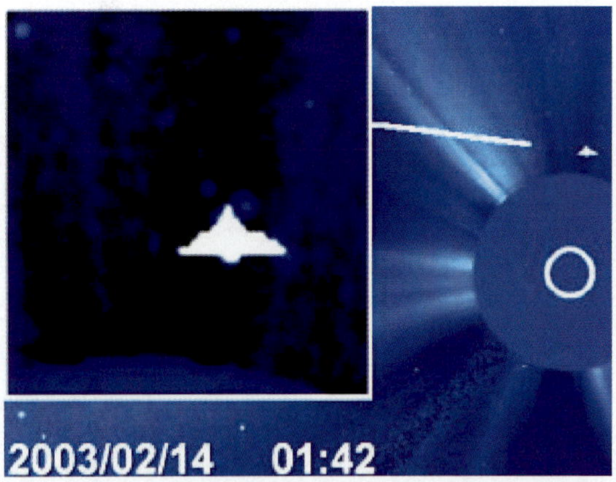

Am 14.2.2003

10 Jahre nach der ersten Sichtung durch SOHO am 30.3.2006

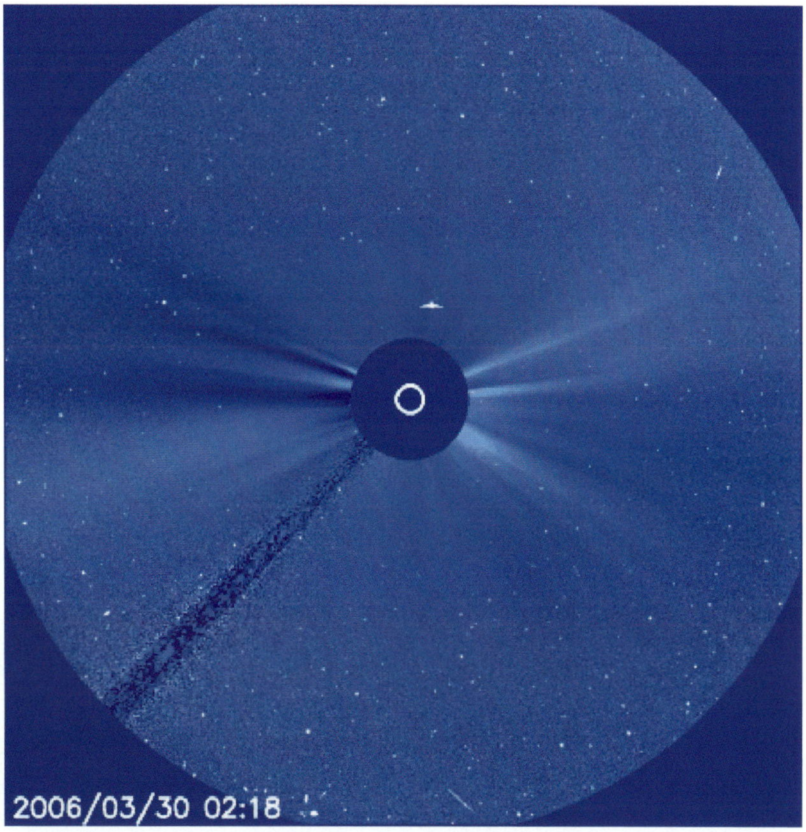

30.3.2006 um 2 Uhr 18

Wenige Stunden später 30.3.2006 um 23 Uhr 18

Objekt sendet einen „Strahl" nach oben, einen kleineren „Strahl" nach unten.

Ältere Aufnahme vom 9/2002 als Vergleich. Auch hier sendet das Objekt gleichzeitig zwei „Strahlen" ab

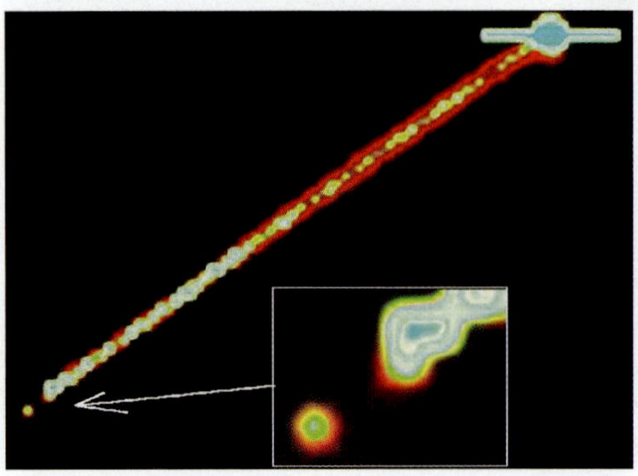

Objekt trifft auf ein anders Objekt 1/2000

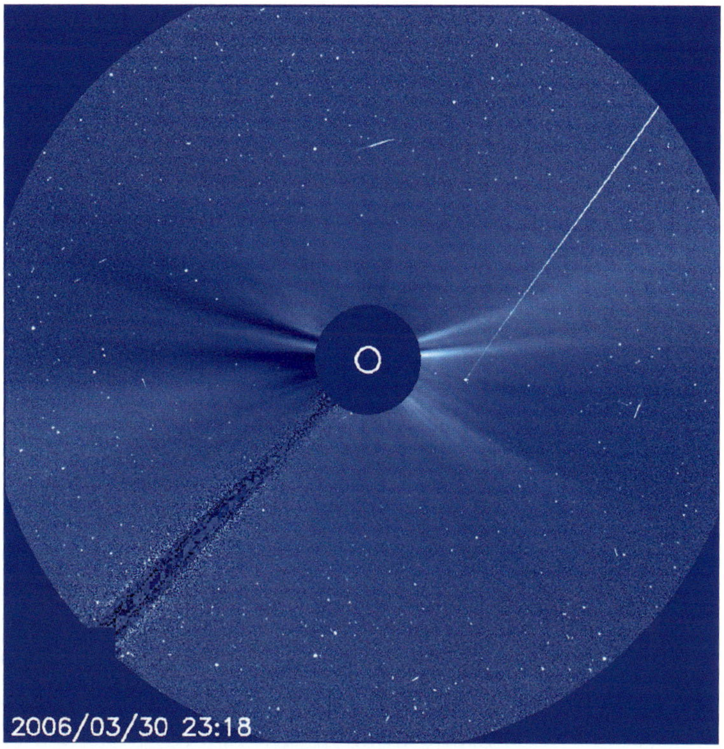

Der „Strahl" verläuft nach außerhalb der Sichtscheibe…

Solltest du dich für Nibiru / Planet X interessieren, besteht die Möglichkeit mit einem hochauflösenden Teleskop den Himmel links unterhalb von Saturn zu beobachten. Schau dir die untere blaue Linie an. Beachte, daß die Umlaufbahn des Planeten Pluto leicht in genau die Richtung und den Neigungswinkel verschoben ist, die Nibirus Bahn beim letzten Verlassen unseres Sonnensystems kennzeichneten.
Möglicherweise ist der geringe Abstand der Umlaufbahn des Doppelsterns unserer Sonne (Nibirus anderer Fokus) dafür verantwortlich, daß Nibirus Bahn diesmal ein wenig von derjenigen abweicht, die seinerzeit Plutos Orbit beeinflußte.

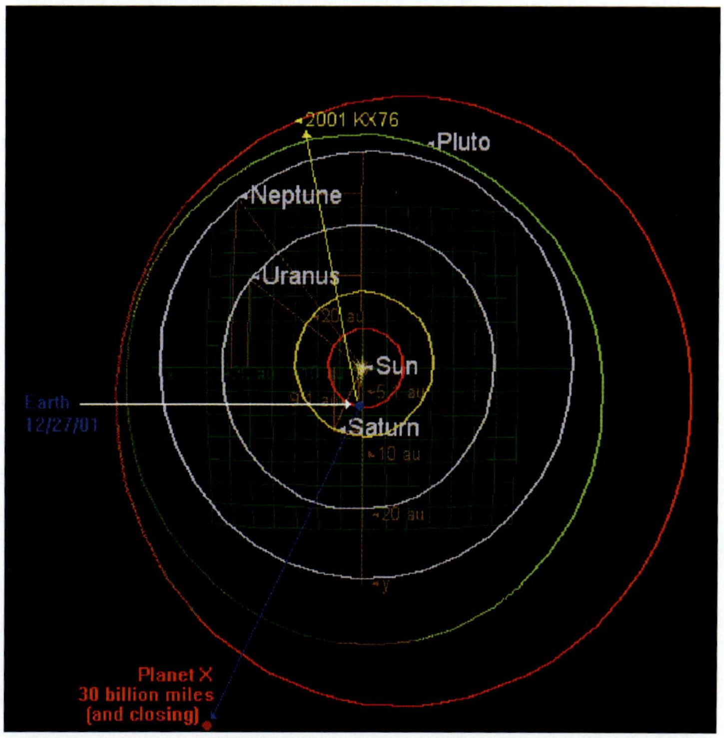

If Nibiru / Planet X is of interest, you should be watching below and to the left of where Saturn is now in the sky, (if you have access to an observatory-grade IR scope). See blue sight-line below. Note that Pluto's orbit is pulled off-center in the roughly the same direction and inclination of Nibiru's last „exodus" from the inner solar system. Possibly the slow distant orbit of the Sun's binary star, (Nibiru's other foci), would explain why it's approach has drifted somewhat from the direction that it's last passage pulled Pluto's orbit.

Warum werden wir über diese Forschungen nicht informiert?

Vor etwa 10 Jahren erschien der internationale Bestseller „Die Prophezeiungen der Maya" von Adrian Gilbert und Maurice Cotterell*. Im Wesentlichen bezog sich dieses Buch auf ein naturwissenschaftliches Werk, das bereits im Jahre 1996 veröffentlicht wurde. Unter dem Titel **„Astrogenetics*"** verbergen sich die naturwissenschaftlichen Grundlagen des Buches „Die Prophezeiungen der Maya". Das besondere hieran ist, das „Astrogenetics" wie vom Erdboden verschwunden zu sein scheint! Sämtliche Versuche dieses Buch zu erhalten verliefen erfolglos, trotz einer ausgeprägten Beharrlichkeit und einer Ausdauer die sich über sieben Jahre erstreckte.
Vor über dreißig Jahren veröffentlichte der Direktor der Technischen Universität München, Prof. Dr. L. König eine Zusammenfassung der wesentlichsten, bis dato bekannten Forschungsergebnisse die zu diesem Thema zählten. Sein, im Eigenverlag (!) erschienenes Buch nannte er: „Unsichtbare Umwelt". Prof. König, im Übrigen der Nachfolger von Prof. Schumann (Entdekker der „Schumann-Resonanzfrequenz" der Erde) faßt seine Ergebnisse zusammen:
„Die in den letzten Jahren gesammelten Daten zeigen deutlich, daß wir das normale geomagnetische Feld der Erde heute in die Betrachtung der Grundfunktion lebender Organismen als Umweltfaktor von großer Tragweite einbeziehen müssen. Ich meine, daß es sich bei dieser Einsicht wahrscheinlich um die bedeutendste Einzelerkenntnis des Jahrhunderts handelt."
Wie ist es also möglich, daß ein erstrangiger Spezialist wie Prof. König sich zum einen zu einem Statement wie **„Ich meine, daß es sich bei dieser Einsicht wahrscheinlich um die bedeutendste Einzelerkenntnis des Jahrhunderts handelt"** hinreißen läßt, und doch, selbst nach drei Jahrzehnten, niemand über diese Ergebnisse informiert wird?
Es ließe sich diese Liste beliebig weiter fortführen, womit sich letztlich jedoch nur der Nachdruck der Frage erhöht:
Warum werden wir über diese Forschungen nicht informiert?

*"**Maurice Cotterell** fand ebenfalls heraus, daß die Sonnenflecken einen Zusammenhang mit der Verschiebung der Polachsen der Erde haben müssen. Dank moderner Messverfahren (Radiokarbonmethode) ist es heute möglich, Rückschlüsse auf die Sonnenaktivitäten früherer Jahrhunderte und Jahrtausende zu ziehen. Auf der Sonne entstehen in einem Zyklus von durchschnittlich 11,1 Jahren gewaltige Magnetstürme welche die Sonnenflecken hervorrufen und die Intensität des Sonnenwindes erhöhen. Die Zyklen der Sonnenflecken sind aber noch weitaus komplexer, da sie nicht immer gleich stark ausfallen. Es gibt noch überlagerte Zyklen, die sich über Jahrhunderte und Jahrtausende erstrecken. Weitere Untersuchungen haben ergeben, daß die Sonne ihr Magnetfeld ca. alle 3750 Jahre umkehrt, wobei eine Umkehrung ca. 374 Jahre dauert. Für diese Zyklen sind anscheinend vor allem die

ungleichen Rotationsgeschwindigkeiten des Magnetfeldes der Sonne verantwortlich.
Eine verblüffende Feststellung machte Cotterell, als er den Mayakalender mit dem Rhythmus der Sonnenaktivität verglich. Die komplex ineinander verschachtelten Kalender der Maya stimmen mit den ebenfalls verschachtelten Sonnenfleckenzyklen seit Jahrtausenden überein. Die Maya konnten anhand ihrer Kalender ihren eigenen Untergang im 7. Jahrhundert vorhersehen. Sowohl das Magnetfeld der Sonne als auch dasjenige der Sonnenflecken kehrte sich in diesem Zeitraum um (440 - 814 n.Chr.). Ebenfalls war die Intensität der auf die Magnetosphäre der Erde auftreffenden Strahlung in dieser Zeit deutlich höher als vorher und nachher. Die Sonnenaktivität hat auf die Fruchtbarkeit und den Hormonhaushalt der Menschen einen großen Einfluß. Das Aufblühen und Untergehen der Hochkulturen unserer Geschichte verlaufen verblüffend analog zu ihr.
In den Mayaschriften wird von verschiedenen Sonnenzeitaltern berichtet, bei deren Wechsel gewaltige geologische oder klimatische Veränderungen und Katastrophen die Menschen heimsuchen. Für das kommende Sonnenzeitalter, das anhand ihres 5200jährigen Kalenders im Jahre 2012 beginnt, prophezeien die Maya, daß Seen ausgeleert werden, Berge umstürzen und Länder in den Fluten der Meere versinken. Müssen wir in den nächsten Jahrzehnten mit einer Erd-Polverschiebung rechnen?
Die Maya könnten mit ihrem 5 x 5200 (25627) Jahres-Zyklus die Präzision des Tierkreises bzw. die Erdachsenrotation (heutige Schätzungen 25800 - 26000 Jahren) gemeint haben. Wenn das Ende des 25627jährigen Zyklus des Sonnenkalenders auf das Jahr 627 n. Chr. gefallen ist, könnte der geschmolzene Erdkern sich jetzt langsam, durch das **umgekehrte Sonnenmagnetfeld re-magnetisieren** und sich anhand eines bestimmten Winkels zur Sonne, wenden. Vielleicht wird dadurch im Jahre 2012 durch erhöhte Sonnenfleckenaktivität eine Erdmagnetpolverschiebung verursacht.
Auch wenn Cotterell nicht genau weiß warum sich im Jahr 2012 der Erdpol verschieben soll, ist anzunehmen, daß es die Maya wußten, denn sie kannten die Sonnenfleckenzyklen und die Präzision der Erde, welche astrologisch den Zeitaltern entspricht. Es ist anzunehmen, daß ihr Wissen über die Sonnenzeitalter und deren Übergänge nicht einfach irgendwelche Fantasiegeschichten waren, sondern daß dahinter ein astronomisches Verständnis steckt, welches dem unsrigen überlegen war. Neben der **Venus standen auch die Plejaden im Zentrum ihres Interesses und diese stehen im Jahr 2012 genau auf der Ekliptik.**
Anfang der 90er Jahre wurden Rekordspitzen der Sonnenaktivität gemessen, die Sonnenflecken waren für jedermann mit bloßem Auge erkennbar und man konnte eine Abweichung der magnetischen Pole der Erde von mehreren Graden feststellen. War dies mitverantwortlich für die Erdbeben und Naturkatastrophen in diesem Jahrzehnt?
In den nächsten zwei bis drei Jahren ist wieder ein Termin für erhöhte Son-

nenaktivität. Bereits im September 1998 wurden wieder große Sonnenflecken auf der Sonne entdeckt (siehe Abb.), das Maximum der Aktivität wurde für 2001 erwartet.
Es bleibt zu beobachten, wie sich die Sonnenflecken in den nächsten Monaten und Jahren ab 2006 entwickeln. Kannten die Maya tatsächlich den Rhythmus der Sonne-Erdbeziehung, müssen wir in den nächsten Jahrzehnten mit einer Erd-Polumkehrung rechnen.
Die Folgen einer solchen Polverschiebung oder Umkehrung könnten verheerend sein. Die Erde könnte durch die magnetische Krafteinwirkung, auf ihre Pole, ins Taumeln geraten. Dadurch könnten anhand der Aussagen von Wissenschaftlern ganze Landstriche innerhalb weniger Jahrhunderte absacken und andere auftauchen. Erdbeben und Vulkanausbrüche verheerenden Ausmaßes könnten das Gesicht der betroffenen Regionen komplett verändern. Die Szenarien kämen den Beschreibungen der Maya und anderer apokalyptischer Überlieferungen sehr nahe.

Befruchtung

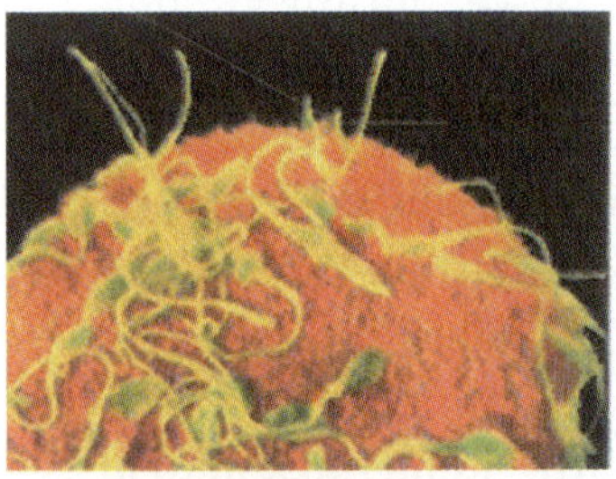

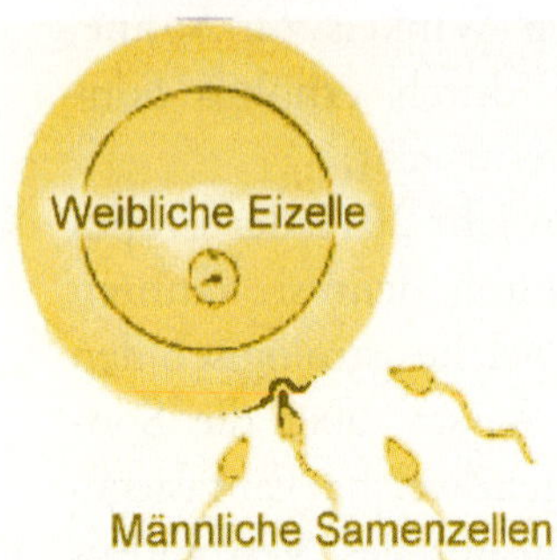

Auszug aus dem Buch. Der folgende Abschnitt stellt die komplette Zusammenfassung in Bezug des Quellenmaterials „**Astrogenetics** dar und stammt aus dem Buch: „Die Prophezeiungen der Maya“.

*„In den **„Astrogenetics“** wird untersucht, wie sich astronomische Kräfte auf biologische Rhythmen und auf **genetische Faktoren auswirken**. Hierbei werden mehrere wissenschaftlich gesicherte Tatsachen miteinander in Beziehung gesetzt. Damit soll bewiesen werden, daß solare Teilchen die Persönlichkeit von Menschen im Augenblick ihrer Empfängnis beeinflußen können.
Insbesondere entdeckte man, daß Schwankungen des schwachen Erdmagnetfelds genetische Mutationen in den Zellen hervorrufen können, während sich diese im Stadium der Zellteilung befinden.

Welche Gründe mögen hinter der organisierten Unterdrückung und Verheimlichung stecken? Natürlich spricht sehr vieles dafür, daß es sich um die gleichen Gründe handelt, die bereits seit dem Roswell-Fall in Erscheinung traten. Sofern ich richtig informiert bin, war dieser Roswell-Fall der eigentliche Grund, die CIA ins Leben zu rufen. Geht es „nur“ um die Vermeidung einer Massenhysterie? Will man den anstehenden „Machtwechsel“ nicht zulassen, ihn zumindest verzögern? Oder sind es **die fehlenden Antworten auf die Fragen**, die teilweise auch für uns noch unerschlossen sind, die Fragen die

automatisch anstehen, wenn wir nur erfahren würden, daß es sich um „extraterristische Wesen handelte, die dort um Einlass bitten"? Ich vermute, daß die Antwort auf die Frage der Verheimlichungsaktion irgendwo ein Konglomerat aus all den Aspekten ist.
So berichtete der ehemalige CIA-Mitarbeiter Virgil Armstrong auf einem Symposium im November 1995 in Salzburg, daß die Regierungen immer mehr unter Druck stünden, Informationen über UFOs freizugeben. *„Präsident Clinton möchte in wenigen Wochen oder Monaten UFO-Dokumente freigeben. Clinton besitzt 3 Videos, die er der Welt über UFO-Aktivitäten zeigen will." Auch die Außerirdischen würden sagen, daß nun endlich der Zeitpunkt gekommen ist, den Menschen die Wahrheit zu sagen, und wenn es die Regierungen nun immer noch nicht tun würden, dann würden sie (die Außerirdischen) es jetzt selbst tun. „Wir befinden uns an dem Punkt, wo man nicht mehr leugnen kann, daß Außerirdische hier sind. Nur die moderne Gesellschaft hinkt momentan noch etwas hinterher."*
Er habe schon 1980 öffentlich erklärt, daß die Regierung mit außerirdischen Kräften in Verbindung steht. Zu dieser Zeit war dies eine sehr riskante Aussage. Ein Colonel sagte daraufhin zu ihm: „Ich gratuliere Dir, Virgil, das hat noch niemand gewagt zu sagen. Entweder bist du morgen tot oder ein Held!" In der Zeit danach habe es drei Versuche gegeben, ihn zu töten.
Armstrong führte in diesem Zusammenhang aus, daß man unter den Außerirdischen unterscheiden müsse zwischen den sog. „Wächtern", die der Menschheit helfen, und anderen außerirdischen Mächten, die uns Menschen als ihr Eigentum betrachten. Genau darum gehe es beim „S.D.I.-Projekt" und beim Hubble-Teleskop. Nicht dumm, um russische Waffen abzuwehren, sondern ein **„Auge" auf den Himmelskörper (!) zu werfen, der in unser Sonnensystem gekommen ist.** Verschiedene Generäle, Dag Hammarskjöld (erster UNO-Generalsekretär), sowie die Präsidenten R. Reagan und M. Gorbatschow warnten schon vor Kriegen, die nicht auf der Erde, sondern im Weltall stattfinden werden.
Armstrong: „Es gibt eine sog. „schwarze Fraktion", die das alles weiterhin geheim halten will. **Dann gibt es eine starke Macht die will, daß das alles endlich veröffentlicht wird.** Die Kräfte der Dunkelheit sind aber vorbei, auch die der dunklen ETs. **Die Lichtkräfte sind hier und sie sagen, daß sie hier bleiben und daß sie gewinnen werden."** Ausführlich widmete sich Armstrong den Erdveränderungen der nächsten Jahre. Er sagte, daß diese gewaltigen Veränderungen schon begonnen hätten und, daß das jeder beobachten könne. Er erklärte ausführlich, woher es komme, daß nun die Erde sehr gestreßt wird. *„Die erhöhten Vulkan- und Erdbebentätigkeiten, die wir momentan erleben, sind erst die Anfänge der bevorstehenden noch größeren Veränderungen. 1996 sollen sie noch gewaltigere Ausmaße annehmen." (Zitat-Ende)*

Regierungsstrategie zur Aufklärung der Bevölkerung

Die gegenwärtigen Anstrengungen der Regierung zur Aufklärung der Bevölkerung über die Aktivitäten der Außerirdischen gehen in zwei Richtungen:

1. **Das Bewußtsein der Bevölkerung durch die Massenmedien in Bezug auf die Einmischung Außerirdischer zu sensibilisieren.** Verschiedene Pläne wurden zu diesem Zweck aktiviert, beispielsweise Sendungen wie „V- Die Außerirdischen" und „Krieg der Welten". Man hat festgestellt, daß man diese Angelegenheit nicht in das öffentliche Bewußtsein bringen kann ohne den vollen Umfang dessen, was getan wurde ebenfalls hineinzubringen.
2. Der zweite Punkt ist, einen aktiven Schutz gegen die EBEs (die Grauen) zu finden. Ein solcher Schutz soll gegenwärtig in Zusammenarbeit mit einer anderen außerirdischen Rasse, den „großen Blonden", entwickelt werden, da diese ebenfalls gegen die Aktionen der Grauen erhebliche Bedenken haben. (The leading Edge, No. 23, 1991, S. 59)

Beispiel aus der U.S. amerikanischen Presse

So wird die amerikanische Öffentlichkeit „aklimatisiert". Bericht der Zeitung „Weekly World News", Lantana, Florida vom März 1991. *„Beweise von denen die Regierung nicht will daß Sie sie sehen"* - „Sie sind hier" - Fotos, die sie geheim halten wollen" Übersetzung der Meldung:
„Die Fremden aus dem Raum sind hier und wir haben die Beweise!"
Einer der führenden amerikanischen UFO-Forscher bekam die exklusiven Fotos nachdem eine Geheimdienstquelle ihn informierte, daß U.S.-Agenten einen Außerirdischen gefangen genommen und ihn zum Verhör nach Washington gebracht haben. Und während die Regierung offiziell den Bericht zurückweist, wird gesagt, daß halb Washington - einschließlich Präsident George Bush - in die Details eingeweiht ist.

Weiter:
Amerikanische Agenten ergriffen einen Außerirdischen auf einem UFO-Landeplatz westlich von Virginia und sie verhören ihn nun in Washington D.C. Der UFO-Forscher: ... *"Dies ist der Moment auf den wir gewartet haben seit die amerikanische Regierung in den 40ern begann UFOs zu untersuchen."* ... *"Die Regierung hat uns belogen aber diesmal gibt es keine Lügen... jetzt haben wir Bilder - Bilder, die beweisen, daß ein Außerirdischer in Gewahrsam genommen wurde".*
Die Fotos sind so angelegt, daß sie Details zeigen, wie sie auch von Augenzeugen in Entführungsfällen beschrieben werden: großer Kopf, Nasenansatz, Mundschlitz und vier Finger. Beispiel der Schweizer Zeitung Wochenpost am Zürichsee, 1993, 3.12. ***„UFO-Invasion am Zürichsee?"***

Was mag diese Unterdrückung bedeuten? *„Im Gegensatz zur Alienpräsenz, die zur Zeit von Roswell fühlbar war und sich durch abgestürzte Schiffe und Alienkörper und Berichte auf der Titelseite präsentierte, wurde es nicht erwartet, daß Planet X für Jahrzehnte eine Angelegenheit wurde. Sie hatten Zeit. Somit ist das Cover-Up noch nicht durch die schiere Menge der Informationen, oder Wahrheit, die Desinformation kontert, zusammengebrochen, aber dieser Prozeß ist offensichtlich.* ***Der Plan war, eine unregelmäßige Sonne für magnetische Unregelmäßigkeiten verantwortlich zu machen,*** *Asteroidenschwärme für die Zunahme der Feuerbälle, globale Erwärmung für die schmelzenden Gletscher und Pole, und periodische Klimaänderungen für die Wetterunregelmäßigkeiten.* Es konnte angenommen werden, daß Panik in der Öffentlichkeit eine Bedrohung der nationalen Sicherheit war. Die Medien und die Wissenschaftler und die Wissenden zu zwingen, bei dem Cover-Up zu kooperieren, war einfach eine Angelegenheit, einen Eid auf die nationale Sicherheit jedem aufzuerlegen, der gebraucht wird, um zu kooperieren. Aber sie wußten nicht, was zu erwarten ist, noch konnten sie sich vorstellen, was zu erwarten war, und es gibt somit Löcher im Plan. Lügen kommen mit vielen Gesichtern. Einige sind Auslassungslügen, wo die Wahrheit einfach vermieden und nicht erörtert wird. Sie wird aus Berichten oder Fernsehdokumentationen mit der Erwartung weggelassen, daß die Öffentlichkeit, die als Schaf erachtet wird, nichts bemerkt. Sie erwarteten nicht, daß der Atlantische Rücken regelmäßig von Planet X auf einer täglichen Basis ergriffen wurde. Somit haben wir eine vollständige Umgehung des periodischen globalen Schüttelns, offen auf den Live-Seismographen weltweit zu regelmäßigen und voraussagbaren Zeiten während der täglichen Rotation des Globus zu sehen. Da es keine mögliche Erklärung außerhalb der Gegenwart eines Gaunerplaneten im inneren Sonnensystem gibt, geparkt nahe bei der Sonne, wird die Angelegenheit vermieden. Da die Live-Seismographen nicht standardmäßig von der Öffentlichkeit besucht werden, geht das solange, bis die Öffentlichkeit oder die Medien Notiz nehmen, und dann werden die Live-Seismographen weggenommen. Das USGS-Personal ist natürlich dazu gezwungen, mit dem

Cover-Up zusammenzuarbeiten. Ich rate jedem Leser, seine Sinnesorgane (Intuition über Herzenzenergie) und seinen Verstand zu schärfen, um sich bei dieser Sache nicht an der Nase herumführen zu lassen! Es fällt mir nicht leicht in diesem Superlativ zu argumentieren doch **diese Angelegenheit dürfte von extremster Bedeutung sein!**

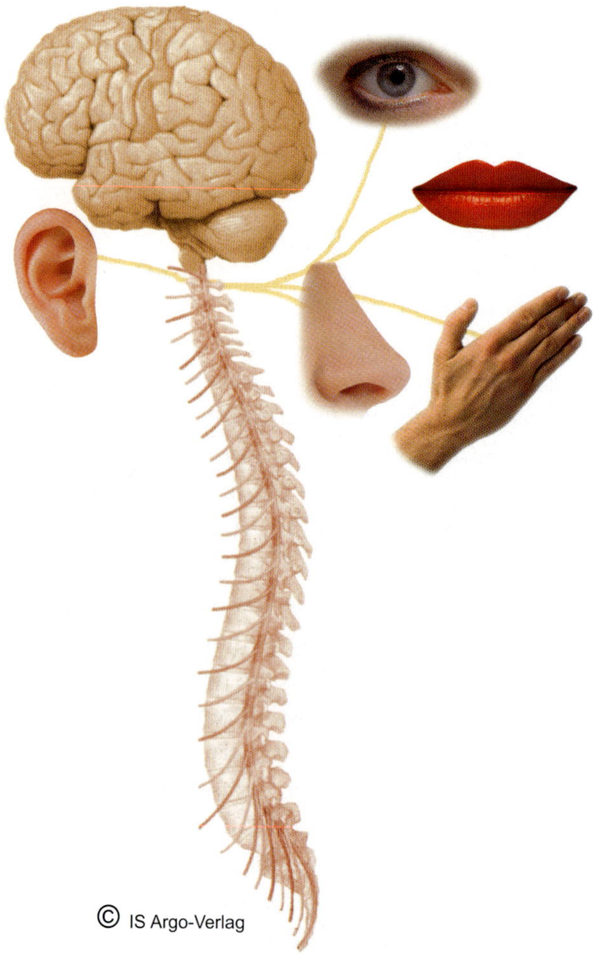

Photonenring als Raum-Zeit-Schleuse zum Aufstieg?

Soho, Satellit der die Sonne beobachtet und fotografiert. Quelle: NASA

In diesem Kapitel sollen die bedeutendsten Eigenschaften und Phasen des Photonenrings dargestellt und hinterfragt werden. Als Grundlage dient uns hierbei das berühmte Channeling von Virginia Essene und Sheldon Nidle, aus dem Jahre 1994. In ihrem Buch „Der Photonenring", werden ausführlich der Ablauf und die Hintergründe dieses kosmischen Schauspiels beleuchtet. Zwar sind einige zeitliche Ankündigungen bereits verstrichen, bis zum Jahre 1996 hätten wir bereits in den Potonenring eintauchen sollen, jedoch hielte ich es für fatal, aus diesem Grund den gesamten Inhalt anzuzweifeln. Möglicherweise ist dieses „Eintauchen" bereits erfolgt, lediglich das prophezeite Szenario der Dunkelheit (8 Tage) hätten wir in diesem Fall versäumt. Außerdem besteht die Möglichkeit, daß dieses Ereignis bereits genauso eingetreten ist, nur **„zeitversetzt" uns langsam in unsere gegenwärtige Realität eingespielt wird. Die mehrfachen Hinweise über den Gebrauch eines Hologramms, würden für einen solchen Ablauf sprechen!**

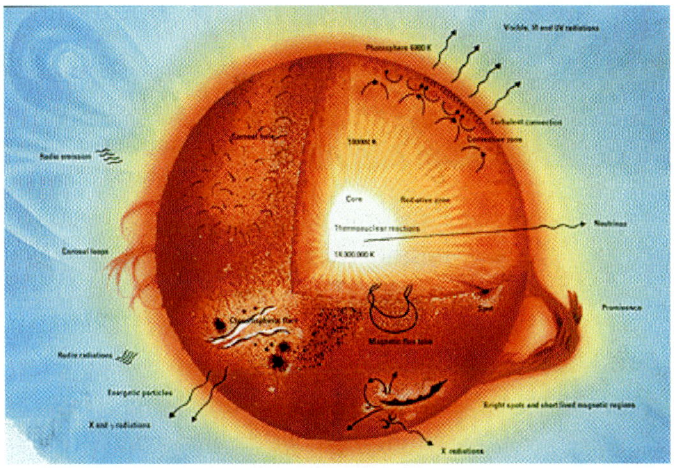

Quelle: NASA

Auf der andern Seite lagen sehr viele Prognosen, die aus unterschiedlichsten Quellen stammten auch daneben. Plötzlich schien sich alles um das Jahr 2003 zu drehen. Was tatsächlich in diesem Jahr geschah, werden wir sicherlich niemals vollständig aufklären können. Meiner Einschätzung nach, war das Jahr **2003 eines der bedeutendsten** in der Geschichte. Unsere Sinne, ebenso wie unsere Messinstrumente sind bei weitem nicht in der Lage darzustellen oder zu erfassen, was tatsächlich hinter den auffälligsten Flugkörperaktivitäten vor der Sonne geschah. Verarbeiten wir die Informationen aus der „Enoch-Offenbarung", die des „Photonenrings" und unsere naturwissenschaftlichen Ergebnisse hierzu, so werden wir möglicherweise einen deutlicheren Eindruck gewinnen können. In Analogie zu dem „Enoch-Schlüssel 114:" betrachten wir nun den Photonenring etwas ausführlicher.

Virginia Essene und Sheldon Nidle, berichten im Kapitel „Photonenring":
„Wir sind hier, um euch die ***Tatsache mitzuteilen, daß euer Sonnensystem im Begriff ist, in eine weit ausgedehnte Lichtregion einzutauchen, genannt Photonenring,*** *und zwar irgendwann zwischen* **März 1995 und Dezember**

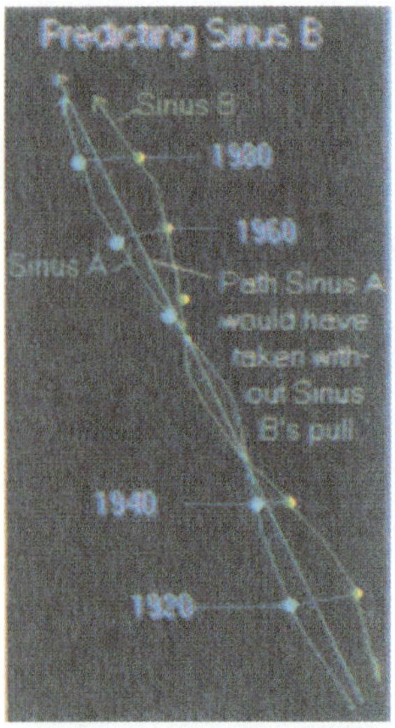

1996 *(zu der Zeit wurde SOHO in Betrieb genommen). Dieser Photonenring - eine riesige Lichtmasse - wird das Vehikel sein,* ***um euer volles Bewußtsein wiederherzustellen und euer DNS- und Chakrasystem vollständig zu transformieren.***

„Diese unglaublichen Veränderungen werden nicht nur euch, sondern auch euren Planeten und euer Sonnensystem für immer verwandeln. Der Photonengürtel wird nämlich euer Sonnensystem in eine höhere Dimension überführen (von der dritten in die fünfte), so daß sich euer Planet innerhalb des Sonnensystems zu einer neuen Position im Raum bewegen kann, die näher am Sternensystem des Sirius liegt"

„Es handelt sich um Lichtpartikel, welche durch den Zusammenstoß von einem Antielektronen (Positronen) und Elektronen entstehen. Dieser Zusammenstoß führt dazu, daß sich jeweils immer zwei Teilchen gegenseitig zerstören. Die daraus resultierende Masse wird vollkommen in Energie verwandelt, die man als Photonen oder Lichtpartikel bezeichnet. Im ersten Viertel dieses Jahrhunderts stellte Paul ***Dirac****, ein englischer Physiker, die Theorie auf, daß es für jedes Teilchen ein entsprechendes Antiteilchen geben müsse. 1932 entdeckte Dr. Carl David Anderson, der 1936 den Nobelpreis bekam, das erste dieser Antiteilchen — das Positron oder positive Elektron. Bis 1950 haben eure Wissenschaftler sowohl das Antiproton wie das Antineutron entdeckt"* (Dirac berechnete, daß zu jedem Baustein unserer Materie ein direkter **Antimaterie-Partner** existiert).

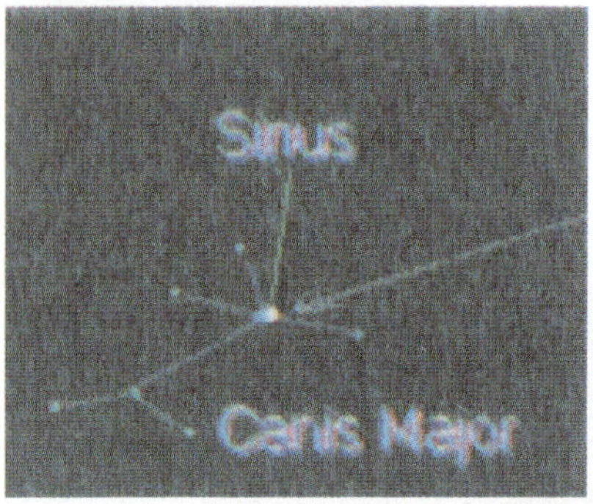

Tatsächlich entdeckte im Jahre 1932 der Experimentalphysiker Carl Anderson zufällig das erste Dirac'sche (Dirac postulierte aus seinen Berechnungen, **Antimaterie**) Antiteilchen in der kosmischen Strahlung. Es war das Gegenstück zum negativ geladenen Elektron, das positiv geladene „Positron". Anderson hatte, im Übrigen, nichts von Diracs phantastischen Vorstellungen gewußt. Die Voraussage und die anschließende Entdeckung eines Antiteilchens gehören zu den größten Triumphen der theoretischen Physik im 20. Jahrhundert. Zu Recht bekamen beide Physiker dafür den Nobelpreis. Eine moderne Interpretation nach R. Feynman besagt, daß das Positron auch als ein Elektron angesehen werden kann, das **in der Zeit rückwärts reist.**

Der **Photonenring** wurde zum ersten Mal von dem englischen Astronomen Sir Edmund Halley entdeckt. Ein Jahrhundert später wurde die Entdeckung von Friedrich Wilhelm Bessel bestätigt. So entdeckte er, daß sich alle Sterne der Plejaden mit ungefähr 5,5 Bogensekunden pro

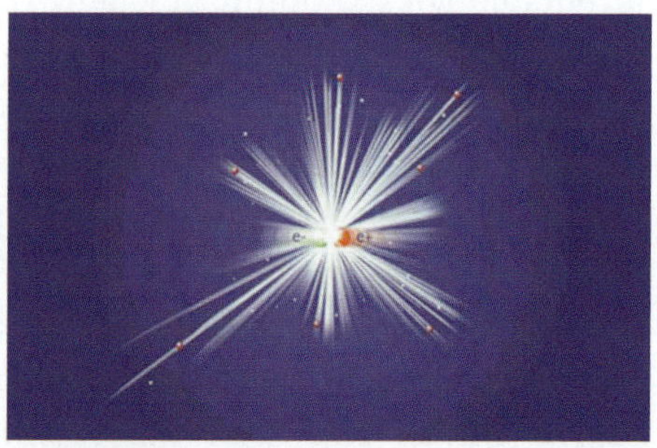
Antimaterie

Jahrhundert bewegten. Weiter entdeckte Paul Otto Hesse im absoluten rechten „Winkel (90 Grad) zu der Bewegung der Plejaden einen **Photonenring** mit einem Durchmesser von ungefähr 2.000 Sonnenjahren oder 1.223381 Milliarden Kilometern. Da die Ergebnisse der Beobachtungen von Bessel und Hesse über die Plejaden korrekt sind, bedeutet das, daß die Erde jetzt mit diesem Photonenring einen Zyklus von 24.000 bis 26.000 Jahren beendet.

„Ihr müßt wissen, was es für die menschliche Zivilisation bedeutet, daß die Erde jetzt in diesen Photonenring eintauchen wird."

„Die Erdastrologen sagen, daß nun das Wassermannzeitalter anbreche, eine Zeit ungeheurer Veränderungen der Wissenschaft, der Technologie und des Bewußtseins. Für eure Naturwissenschaftler und Historiker ist es ein Zeitalter enormer Schwierigkeiten, mit denen eure Zivilisation aufgrund ihrer gesellschaftlichen und politischen Strukturen möglicherweise nicht fertig wird. ***Auf jeden Fall scheint es sich entweder um den Auftakt zu einem neuen, wunderbaren Zeitalter zu handeln oder um eure Auslöschung.*** *Die Frage bleibt, welche Rolle der sich nähernde Photonenring in diesen Szenarios spielt."*

Nach diesem Channeling wird der Photonenring in drei Phasen unterteilt. Wobei der Schwerpunkt, in Analogie zum „Enoch-Vermächtnis" die Nullzone darstellt, durch die wir uns bewegen werden. *„Ihr werdet durch die so genannte* ***Nullzone*** *eintreten."* Dieser Prozeß wird etwa fünf bis sechs Tage in Anspruch nehmen, wozu drei Tage vollständiger Finsternis gehören.
„Daraufhin werdet ihr in den Hauptteil des Gürtels eintreten und ständig Tageslicht haben (24 Stunden täglich). Diese Reise dauert normalerweise 2.000 Jahre und ist beendet, wenn euer Sonnensystem wieder am anderen Ende des Gürtels in einer fünf bis sechs Tageperiode durch die Nullzone austritt."
„In diesem Zyklus hat die höchste Schöpferkraft (Gott) jedoch bestimmt, daß euer Sonnensystem mit Hilfe einer ***interdimensionalen Rettungsblase*** *aus dem Photo-*

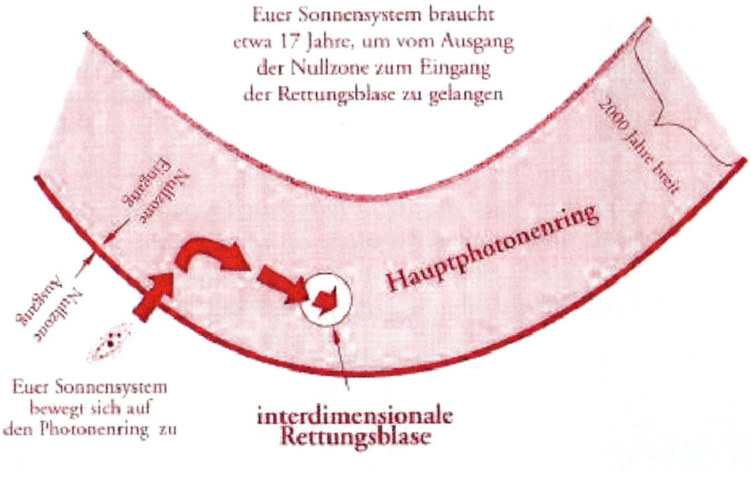

nenring über die 5. ***Dimension hinausbefördert*** *und in eine Position gebracht wird, die ungefähr drei Lichtjahre vom Sternensystem des Sirius entfernt ist."*

Dieser Vorgang scheint identisch mit dem Schlüssel 28/29 aus „Die Schlüssel des Enoch" zu sein:
„Dieser Übergang wird durch negative Gravitonen vorbereitet, die das Loch in der Matrix füllen, so daß die höhere Evolution die ***Hüllen*** *für die Gravitationsverdichtung eingrenzen kann. Jedoch handelt die* ***Lichtsäule wie eine Lichtdecke,*** *die die Bewußtseinsform (die weiter bestehen soll) während des Übergangs vor einer Auflösung bewahrt. Ohne dieses Lichtgewand würde die Bildnisfrequenz hinter dem genetischen Code zerstört."*

Die „Rettungsblase" und die „Lichtdecke" scheinen identisch zu sein. Weiter wird berichtet, daß diese Rettungsblase uns 2012 bis 2013 erreichen wird. Bei der **Nullzone** handelt sich um eine Region von extremer Energiekompression. Die magnetischen Felder sind dort dermaßen dicht, daß es für ein magnetisches Feld der dritten Dimension unmöglich ist, ohne Veränderungen hindurchzugehen. Diese Tatsache bedeutet, daß das magnetische Feld der Erde und der Sonne in eine neue Art von interdimensionalem Magnetismus transformiert werden muß. Folglich können wir eine Veränderung der elektrischen, der magnetischen und der Schwerkraft-Felder der Erde erwarten. Eine solche Veränderung soll bereits am Wirken sein.

Wie wir bereits mehrfach in diesem Buch erfahren konnten, hat das Erdmagnetfeld während der letzten Jahre drastisch abgenommen. Wie berichtet wird, ist diese Veränderung ein Nebenprodukt des Drucks, den der Photonenring auf unser Sonnensystem ausübt. So soll, wenn der Photonenring voll manifestiert ist, überhaupt kein elektrisches Gerät mehr funktionieren. Das heißt, daß weder Batterien noch irgendwelche elektrischen Schaltkreise funktionieren werden, wenn die Erde im Photonenring ist.

Quelle: NASA

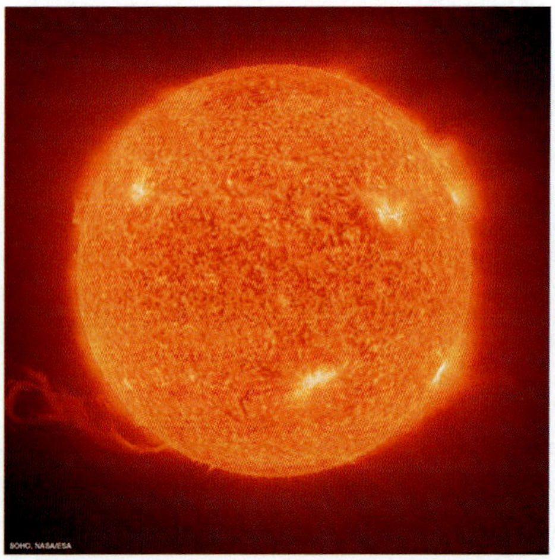

Interessanterweise wurden die extremen Wetter- und Klimaanomalien bereits im „Photonenring" angekündet.
„... wenn ihr euch der Nullzone nähert, wird es zu einer Druckerhöhung auf die Atmosphäre und Erdoberfläche kommen. Diese Entwicklung hat auch schon eingesetzt, wie man an der ***erhöhten seismischen*** *Aktivität seit den sechziger Jahren bis heute ablesen kann. Das gleiche kann für die* ***Vulkane*** *gesagt werden. Es hat auch eine* ***dramatische Veränderung in den planetaren Wetterverhältnissen*** *gegeben, was wiederum den Wasserzyklus unter Druck bringt. Daher die Dürreperioden in Kalifornien, in der Sahelzone in Afrika, im Süden von*

Zentralindien und in Nordchile. Zusätzlich weist das Ozonloch, das Ende der siebziger, Anfang der achtziger Jahre aufgerissen ist, auf eine kritische Veränderung hin, die zum Teil durch den herannahenden Photonenring entstanden ist. Dieses kommende Ereignis beeinflußt euer Sonnensystem auch dadurch, daß es zu tief greifenden ***Veränderungen im Zyklus der Sonnenflecken*** *und sogar der Durchschnittstemperatur auf der Sonnenoberfläche führt."*

Nach dem Channeling heißt es weiter, das 1987 und 1988 die Sirianer die Polarität der feinstofflichen Körper der Sonne verändert haben, so daß der Photonenring keinerlei negative Auswirkungen auf unser Sonnensystem haben kann.

Quelle: NASA

„Wir taten das, indem wir die feinstofflichen Körper der Sonne mit den neuen Gittern in Übereinstimmung brachten, welche die Herren der Zeit geschaffen haben (jene Überwachungsmacht Gottes, die mit der ständigen Erschaffung des physischen Universums betraut ist). Das wird der Erde einen sicheren Eintritt in den Photonenring erlauben. Zweitens ***veränderten die Wissenschaftler unserer Galaktischen Föderation den Sonnenflecken-Zyklus,*** *damit sich die Sonne leichter an die neue Ausrichtung ihrer feinstofflichen Körper anpassen kann."*

In dem Bemühen der „Sirianer" solare Harmonie herzustellen reagierte die Sonne mit einer **Zunahme der solaren Aktivität und mit einer allgemeinen stellaren Abkühlung. Zwei Darstellungen, die von NASA Wissenschaftlern bestätigt wurden.**

Ohne diese Veränderung, so heißt es weiter, wäre die Sonne durch die **Nullzone des Photonenrings zerstört worden und die Erde wäre verdampft.** „Ihr dürft aber — kurz vor dem Eintritt der Erde in den Photonenring - beruhigt sein: *Die Sonne wurde so verändert, daß sie diesen Durchgang erfolgreich überstehen kann."*

Offenbar gab es zwei Gründe warum diese Anpassungen auf der Sonne vorgenommen wurden: Erstens sei der Photonenring ein interdimensionales Ereignis, bei dem die Sonnenaktivität in der richtigen Phase sein muß. (Die Sonne muß auf einer ziemlich niedrigen Aktivitätsebene sein, so daß sie sich leicht an die rasanten Veränderungen anpassen kann, die der Eintritt in den Photonenring mit sich bringen wird.)

Zweitens müsse die Erde überwacht und es müssen Verfahrensweisen etabliert werden, die die interdimensionalen Energiekörper der Erde dem rapiden Wandel anpassen, der vor und direkt nach dem Eintritt in die Nullzone vonstatten gehen wird. Die Eingriffe, die dazu notwendig sind, wären bereits durch die **Anwendung eines interdimensionalen Hologramms vorgenommen worden.**

„Diese interdimensionale Lichthülle ist um eure Sonne gelegt worden, um das Sonnensystem auf dieses neue Ereignis (den Photonenring) vorzubereiten und gleichzeitig den Eintritt der Erde in den Photonenring mit Hilfe dieses Hologramms zu steuern. Das Hologramm wird später dazu benutzt werden, euer Sonnensystem in seine neue Position in der Nähe unseres Sternensystems (Sirius) zu bringen. Wir mußten also die Eintrittsfelder der Sonne anpassen, indem wir das Hologramm eures Planeten so vergrößert haben, daß es eure Sonne und das ganze Sonnensystem mit einschließt. Dadurch ist ein sicheres Eintreten sowohl in den Photonenring, als auch in die neue Position in der Galaxie gewährleistet."

Es wird berichtet, daß, sobald die Erde in den Photonenring eintritt sämtliche elektromagnetischen Felder „aufgelöst" (unwirksam) werden.

„Wie wir erklärt haben, bedeutet das, daß ihr dann keinerlei elektrische Gerätschaften mehr benutzen könnt. Deswegen müßt ihr beginnen, euch auf diese einschneidende Veränderung in eurem Leben vorzubereiten. Durch die neue Schwerkraft- und Elektrizitätsfelder etabliert werden. Was zunächst wie ein Verlust erscheint, wird in Wirklichkeit ein Gewinn sein, der dazu führen wird, daß Photonenenergiefelder auf der subatomaren Ebene verändert und zum entscheidenden Energielieferanten eures Sonnensystems werden."
Da alle Atome und Moleküle verändert werden, ähnlich wird dieses im Enoch-Schlüssel beschrieben, *„werdet ihr Erdenmenschen in eurer Natur* ***grundlegend verwandelt. Ihr werdet zu etwas ganz Anderem -und zwar weit Besserem- als ihr gegenwärtig seid."***

Sehr ähnlich wird diese Verwandlung des Menschen durch den Enoch-Schlüssel beschrieben. Dort heißt es, durch die Offenbarung wurde vermittelt: *„Um die Menschheit auf die Quantenveränderungen vorzubereiten, die jede Intelligenzebene auf diesem Planeten berühren werden. Hierdurch besteht dann die Möglichkeit, in einem anderen Körper die uns ursprünglich zugedachte Rolle, die des Adam Kadmon, zu übernehmen."*
Adam Kadmon wird auch als Urbild des Menschen verstanden, eine uns zugedachte Erscheinungsform, die wir jedoch bisher nicht in Anspruch nehmen durften. „Gefallene Engel", oder die „Nephilim", diejenigen die die Liebe und das Licht des „Väterlichen Mandats" verletzt haben, das da lautet, Seinem Bildnis und Gleichnis in der Entfaltung der verschiedenen Arten von Adam Kadmons zu folgen. **Die Intelligenzen, die mit den Wurzelrassen experimentierten und sich mit ihnen vermischten** (Genesis 6:4 Numeri 13:32-33). So gilt es offenbar nun, unser, uns zugedachtes Erbe anzutreten.
In der folgenden Beschreibung handelt es sich um den Abschnitt, den ich anfänglich dieses Kapitels als „möglicherweise nicht eingetroffen" deklariert

hatte. Es handelt sich um den Eintritt in die Phase der Dunkelheit.
*„**Euer Planet wird in ein großes Feld der Finsternis eintauchen**, wenn sich euer Sonnensystem der Nullzone nähert und in sie eintritt. Nach einer Phase von Zwielicht wird plötzlich vollkommene Finsternis, so als wäre der gesamte Planet in eine Kammer geworfen und die Tür hinter ihm geschlossen worden."*

Der genauere Ablauf wird wie folgt beschrieben:
„Die Sonne wird außer Sichtweite sein, und ihr werdet am tiefschwarzen Himmel keine Sterne erblicken. Der Tag wird sich plötzlich in Nacht verwandeln, da keine Kompression des stellaren und solaren Lichts in der Nullzone die Sonne und sogar die Sterne auslöschen wird. Die vollständige Finsternis wird für euch das Zeichen sein, daß ihr in die Nullzone eingetreten seid und daß der Transformationsprozeß begonnen hat."

Im Anschluß wird von den Ausfällen sämtlicher elektrischer Geräte berichtet. Ein Ereignis, welches durch die Einflüsse des Photonenringes und der Rettungsblase ausgelöst wird.

*„Wenn die elektrischen und magnetischen Felder des Planeten zusammenbrechen, hat das zur Folge, daß alle Atome auf der Erde verändert werden. Die Atome in eurem Körper werden modifiziert, so daß sich ein neuer Körper bildet - ein halbätherischer Körper - und der **Schleier vor dem Bewußtseins wird** entfernt. **Ihr werdet nicht mehr in der begrenzten dreidimensionalen Realität leben.** Ihr werdet Menschen sein, die in der Wirklichkeit des galaktischen Lichtes leben."*

Die nächste Veränderung, die wir nun spüren werden, ist die Kälte, die durch die völlige Abwesenheit der Sonne entsteht. Vergleiche mit einer kleinen Eiszeit werden hergestellt. Der Grund hierfür wäre, daß die Sonne in ihrer interdimensionalen Polarität verändert wird, sodaß die Sonnenhitze nicht auf die Erdoberfläche gelangen kann. Am dritten Tag würden wir eine Art Leuchten am Horizont entdecken, ähnlich wie Morgendämmerung. Das sei der Beginn des „Verjüngungseffekts".

Mit Beginn des fünften Tages würde sich das Klima wieder erwärmen und helles Licht würde dann zurückkehren. Der Photoneneffekt, der am Ende des dritten Tages einsetze, würde jetzt seine volle Wirkung entfalten. Ab dieser Zeit werden unsere Geräte durch eine neuartige Technologie funktionieren, die auf Photonenbasis aufbaut. In dieser Phase werden unsere Fähigkeiten neu definiert werden. Dann wird von der Rückkehr unserer „Brüder und Schwestern" berichtet:
„Es sind in der Tat eure älteren Brüder und Schwestern, eure Berater und Führer in dieser Übergangsperiode. Die Rückkehr der Raumfamilie bezeichnet eine wichtige Veränderung in der Beziehung der Erde zum Universum. Die Herren der Zeit, die den Eintritt in den Gürtel überwachen, werden auf eurem Planeten

eine Veränderung des Bewußtseins und der physischen Beziehungen in eine höhere Dimension bewirken."

Soweit die Darstellung des Channelings von Virginia Essene und Sheldon Nidle. Vor wenigen Tagen erreichte mich ein weiteres Channeling zum Thema „Photonenring". Diese „Durchsagen" wurden von Susanne Kreth gesammelt und in einem aktuellen Zusammenhang gebracht. Für bedeutsam halte ich die Beschreibungen über die Symptome, die sich aus den Einflüssen des Photonenrings und dessen Integrationsprozesses für uns Menschen ergeben. So macht sich dieser Prozeß dadurch bemerkbar, daß Energien im Körper zu fließen beginnen und daß sich das Leben in rascher Abfolge ändert, daß sich bestimmte körperliche Symptome einstellen, daß wir alte Bekanntschaften und Freundschaften hinter uns lassen, alte Berufssituationen usw.. Neue Personen tauchen in unserem Leben auf, mit denen wir in viel größerer Resonanz stehen als früher zu Freunden. Schlaf und Träume ändern sich. Die Erinnerungsfähigkeit nimmt zu.
Die körperlichen Symptome sind Erschöpfung, Schlafstörungen, Erhitzung an verschiedenen Körperteilen, Fieberzustände, grippale Infekte, Herzschmerzen, Herzrasen, Nadelstiche auf der Haut, Kopfschmerzen, Nackenschmerzen, Druck auf Stirn und 3. Auge, Druck im Schädelinneren, Übelkeit und Erbrechen, Gewichtsveränderungen, ungewohnte Hungergefühle, sensibles Reagieren auf Säuregeschmack, Licht- und Lärmempfindlichkeit, Schwindel, Sehstörungen, Vibrationsempfinden, Hautjucken, wattiges Gefühl im Gesicht, Taubheitsgefühl am Körper, Pfeifen oder Klingeln im Ohr, Stimmen-Hören, Flimmern-Sehen, schwankende-Objekte-Sehen, Sicht in andere Realitäten, Gedächtnis- und Denkstörungen (v. a. in Stufe 8 und 9), Gefühl von Identitätsverlust, Gefühl telepathischer Einmischung bis zum Gefühl von Besessenheit und Störungen von elektrischen Geräten, mit denen man in Berührung kommt.

Lichtkörperstufe 1
Erste physische Veränderungen. Plötzlich beginnendes Interesse an Spiritualität usw.. Man hat das Gefühl, unter Strom zu stehen. Es kommt zu Grippeanfällen, Fieberzuständen, Gliederschmerzen und Nadelstichen am Körper, Müdigkeit, Kopfschmerzen, Übelkeit und Erbrechen, Durchfall und Verdauungsstörungen, Akne, Hautausschlägen, Brennen und Hitze an einzelnen Körperteilen und Gewichtsveränderungen.
- Die DNS-Codierung wird aktiviert
- Der Zellstoffwechsel beschleunigt sich, was zur Folge hat, daß alte Traumata, Gifte, Gedanken und Gefühle aktiviert werden
- Die Hirnchemie verändert sich, es bilden sich neue Synapsen

Lichtkörperstufe 2
Weitere physische Veränderungen. Man beschäftigt sich mit Sinnfragen, mit dem Sein. Karmastrukturen beginnen sich aufzulösen, die Chakren werden aktiviert. Hinzu kommen die gleichen körperlichen Symptome wie in der 1. Stufe, und zusätzlich Desorientierung.
- Der Ätherkörper erhält Licht
- Die Kristalle beginnen sich aufzulösen (Blockaden brechen auf)

Lichtkörperstufe 3
Weitere physische Veränderungen. Die Sinneswahrnehmungen verstärken sich. Hellfühligkeit stellt sich ein. Es kommt zum ersten Seelenabstieg. An körperlichen Symptomen kommt es zu Lärm- und Lichtempfindlichkeit, einem empfindlichen Geschmackssinn und erhöhter sexueller Stimulierung.
- Ein Bioumwandler-Prozeß beginnt: Man ist in der Lage, Frequenzen weiterzuleiten
- Die Mitochondrien nehmen Licht auf (Zellorganellen im Zellinnern, die für den Energiestoffwechsel wichtig sind) und erzeugen mehr ATP (Adenosintriphosphat = Substanz, die in den Mitochondrien im Energiestoffwechsel entsteht)

Lichtkörperstufe 4
Physisch-mentale Veränderungen. Man hat erste übersinnliche Erfahrungen, telepathische Erlebnisse, hellsichtige Momente und neue Gedanken. Die körperlichen Symptome sind neurologischer Art und betreffen die Sinnesorgane. Es kommt zu einem Gefühl von „gipsigem" Kopf, zu häufigen und starken Kopfschmerzen, Augen- und Ohrenbeschwerden, Klingeln im Ohr (wie Tinnitus) und Hörstürzen, vorübergehender Taubheit, verschwommenem Sehen und dem Gefühl, daß elektrische Energie durch Kopf und Wirbelsäule fließen.
- Die elektromagnetischen und chemischen Zustände im Gehirn verändern sich
- Es werden neue Hirnfunktionen aktiviert, und es bilden sich neue Synapsen
- Beide Hemisphären des Gehirns verbinden sich allmählich miteinander

Lichtkörperstufe 5
Physisch-mentale Veränderungen. Man stellt sich Fragen nach dem Sinn (des Lebens), fragt sich, wer man eigentlich ist, fängt an, seine Kindheit zu durchforsten und sich zu prüfen. Bisherige Vorstellungen von sich selbst und der Wirklichkeit beginnen zu wanken. Man fängt an, seine Vergangenheit zu bearbeiten, analysiert und gewinnt Einsichten. Man

beginnt, alte Verhaltensweisen aufzugeben. Erste Ahnungen darüber, daß es noch andere Dimensionen gibt, als die, die wir sehen können, stellen sich ein. Immer mehr macht man übersinnliche Erfahrungen und erlebt telepathische Gedankenübertragung. Die Träume werden zusehends intensiver und man hat Klarträume. Die Schlafmuster verändern sich.
Es ist eine Zeit mit vielen Herausforderungen. Man ist jetzt euphorisch über das neue spirituelle Wissen, aber der Verstand analysiert es noch.

Lichtkörperstufe 6
Physisch-mentale Veränderungen. Man sortiert nun alte Bilder der Wirklichkeit aus. Es kommen nun auch sinngemäße äußerliche Veränderungen: Bisherige Freundschaften brechen auseinander, die Arbeitsplatzsituation verändert sich, man wird mit Menschen bekannt, die man als gleichgesinnt empfindet. Das Gesetz der Resonanz wirkt sich nun immer offensichtlicher aus: Überall stößt man auf Hinweise und Publikationen, die einen tiefer in das Neue bringen. Die übersinnlichen Erlebnisse häufen sich und man macht nun auch eigene spirituelle Erfahrungen. Aber es kommt auch zur Identitätskrise bis zum Identitätsverlust. Es ist eine schwierige Zeit mit großen Herausforderungen. Immer wieder neigt man zum Aufgeben. Einige wählen den Tod, weil sie es weiter nicht schaffen. Wer diese Zeit übersteht, schafft auch mehr. Am Ende steigt ein weiterer Seelenanteil hinab in den Körper.

Lichtkörperstufe 7
Physisch-emotionale Veränderungen. Emotionale Blockaden kommen nun hoch. Man fühlt sich konfrontiert mit Unwertsein, Inkompetenz, Scham und Schuld. Es kommt zu emotionalen Ausbrüchen. Es ist eine Phase des erwachten spirituellen Bewußtseins mit Enthusiasmus bei weiterhin bestehenden emotionalen Ungereimtheiten, weshalb man sich selbst überhebt und die kompensierende Vorstellung hat, etwas besonderes im Spirituellen zu sein. Dabei betont man das mit Ritualen, Fasten u.a.. Aber man wird auch spontaner, lebt im Hier und Jetzt.
Die emotionalen und karmischen Bindungen beginnen sich aufzulösen. Man hört auf die innere Stimme und folgt der inneren Führung. Aber immer wieder flackern auch Lebensängste auf. Es entwickelt sich eine Liebe zur Natur und zum Ganzen. Man entdeckt die Göttlichkeit. Man wird ruhiger und gelassener.
Das Herzchakra öffnet sich nun, und damit auch alle anderen Chakren. Frühere Interessen und Neigungen fallen allmählich weg. Man fühlt sich nur noch zu Gleichgesinnten hingezogen und hat keine Resonanz mehr zu „niederen" Charakteren. Dabei wird die Ausstrahlung auch kühler und distanzierter. Verbindungen zu anderen werden überpersönlicher.

Man wird sich nun auch seiner Co-Inkarnationen und Parallel-Selbste bewußt.
Körperlich kommt es jetzt zu Brust- und Herzschmerzen, was sich wie Angina pectoris anfühlen kann. Es kommt zum Druck auf das Brustbein, an der Stirn und am Hinterkopf und zum Schmerz auf dem Kopfscheitel, weil das endokrine System sich entwickelt. Das Gesicht verändert sich und man sieht jünger aus, hat weniger Falten.

- Das Herzchakra öffnet sich, Stirn- und Kronenchakra werden aktiviert
- Thymus, Hypophyse und Zirbeldrüse beginnen zu wachsen
- Der erhöhte Zellmetabolismus mit Energie verringert den Alterungsprozeß

Lichtkörperstufe 8

Physisch-emotionale Veränderungen. Die Säuberung von emotionalen und mentalen Blockaden bringt eine Zeit großer Herausforderungen, in der viel Kraft nötig ist. Die Aura reinigt sich von Blockaden. Die überphysischen Chakren werden teilweise aktiviert, so daß man sich ins Vereinte Chakra einklinken kann und Informationen aus allen Dimensionen und Inkarnationen erhält und Lichtsprache möglich wird. Das erkennt man daran, daß man Lichtschriften aufblitzen oder energetische Bewegungen sieht, und einen Informationen erreichen, von denen man nicht weiß, woher sie stammen. Die Hellfühligkeit ist groß und man nimmt alle Energien aus dem Umfeld auf.
Nun wird man von der eigenen Überseele gelenkt. Man sieht in anderen Menschen das spirituelle Wesen, und das Interesse ist eher spiritueller denn persönlicher Natur. Auch das sexuelle Interesse geht zurück. Wenn, dann erlebt man eine neue Sexualität mit kosmischem Orgasmus. Es ist kein Bedürfnis da, eine Beziehung mit einem ungleichen Partner einzugehen. Man wirkt nun noch unpersönlicher auf andere. Ist man ohne Partner, weiß man evtl. daß der eigene Seelenpartner in der 5. Dimension auf einen wartet.
Körperlich kommt es zum Druck im Kopf, an der Stirn, am Hinterkopf und dem Gefühl, daß der Kopf wächst. Man erlebt starke Kopfschmerzen und noch schlimmeres verschwommenes Sehen, Schlafstörungen, Gedächtnisstörungen bis Erinnerungsverlust, Denkstörungen, Desorientierung, Schwindelanfälle, Konzentrationsstörungen, unklares Denken, Plan- und Entscheidungsschwierigkeiten, Herzrasen, Herzrhythmußtörungen und Brennen über dem rechten Ohr. Man sieht Flammenschriften und andere Lichterscheinungen aufblitzen (Lichtsprache).

- Zirbeldrüse und Hypophyse wachsen weiter
- Die Gehirnstruktur verändert sich, das Gehirn nimmt bis zu 100% seiner Nutzungsmöglichkeit ein, der Kopf wächst
- Die Herzfrequenz steigt vorübergehend an

- Die außerkörperlichen Chakren 8, 9 und 10 werden aktiviert und man klinkt sich ins Vereinte Chakra ein
- Es wird ein ätherischer Empfangskristall aktiviert (daher das Brennen über dem rechten Ohr) und Infos herunter geladen, man erhält Informationen aus der geistigen Welt (daher Lichtsprache)

Lichtkörperstufe 9

Physisch-emotionale Veränderungen. Alte, niedere Charaktereigenschaften lösen sich auf. Es wird einem klar, daß man keine Kontrolle mehr braucht. Die Identität, Werte und das Selbstverständnis verändern sich durch einen weiteren Seelenabstieg. Man gibt sich seiner eigenen Seele hin und macht die Erfahrung, alles im Leben selbst zu erschaffen. Man integriert Parallelselbste und könnte sich dabei vorübergehend fremd oder besessen fühlen, mit Verhaltensweisen, die einem bei sich selbst unbekannt scheinen, als ob man sich von außen beobachtet. Es ist eine schwierige Zeit, die Mut und Tapferkeit erfordert. Oft fühlt man sich erschöpft und deprimiert. Und es sind auch noch Existenz-Restängste da. Man wird vom Höheren Selbst geführt und ist immer am richtigen Ort zur richtigen Zeit und tut und erlebt immer das Richtige. Man beginnt, mit dem multidimensionalen Selbst zu verschmelzen, mit dem Ziel, alles von sich zu manifestieren. Man erhält Informationen aus anderen Dimensionen. Man beginnt, göttliche Weisheit und Liebe zu verkörpern. Das Ego löst sich auf.

Körperlich kommt es zu Schmerzen im unteren Rücken und in der Hüfte, einem Druck und Dichtegefühl im Unterleib und Beckenboden, zur Gewichtszu- oder -abnahme, eventuell zum Wachstumsschub, zum Druck auf der Stirn, zur Erschöpfung und (bei Frauen) zu Hormon- und Menstruationsstörungen.

- Man erhält kodierte Mitteilungen aus anderen Dimensionen (Lichtsprache)
- Die Zirbeldrüse wächst weiter und produziert mehr Wachstumshormone
- Die Chakren 9 und 10 öffnen sich, die Chakren 11 und 12 beginnen sich zu öffnen

Lichtkörperstufe 10

Physisch-spirituelle Veränderungen. Man fühlt sich mit allem verbunden. Die höheren Chakren öffnen sich, die Aura ist ein einziges Lichtfeld. Man entwickelt die übersinnlichen Fähigkeiten eines galaktischen Menschen: Hellsichtigkeit, Teleportation, Aportation, Materialisierung und Dematerialisierung u.a. Reisen durch Raum und Zeit und in andere Dimensionen werden möglich.

Lichtkörperstufe 11

Physisch-spirituelle Entwicklung. Alle höheren Chakren sind nun offen.

Der Lichtkörper ist fast fertig und beginnt schon hoch zu vibrieren. Interdimensionales Reisen, Wahrnehmungen und Kommunikation sind nun möglich.
Der Planet Erde wird zu diesem Zeitpunkt nicht mehr in seiner jetzigen Raum-Zeit-Struktur sein, und lineare Zeit gibt es nicht mehr. Es ist der „Himmel auf Erden". Nun entscheidet man, ob man als Helfer auf der Erde bleibt, denn die Lichtarbeiter gestalten das Leben auf der Erde um, oder ob man als reine Energieform aufsteigt.

Lichtkörperstufe 12
Physisch-spirituelle Veränderung. Man hat einen halbätherischen Körper und ernährt sich von Licht und Luft. Man hat alle Fähigkeiten der Stufe 11 integriert. Nun vibriert der Körper schon so hoch, daß man durch Dinge durchgehen oder -greifen kann. Man kann sich auch bewußt wieder physisch verdichten, wenn man das will.

Der fertig aktivierte Lichtkörper ist dann ein halbätherischer, galaktischer so genannter **Adam-Kadmon**-Körper, der sich nicht nur überwiegend von Licht und Luft ernährt, sondern auch die multidimensionale Wahrnehmung und Kommunikation erlaubt. Er wird dann auch an eine bestimmte interdimensionale elektromagnetische Lichtstruktur angeschlossen, die so genannte Merkabah, die das interdimensionale Reisen ermöglicht. Neben der Erde steigen noch 383 weitere Planeten (mit nicht so hoher materieller Dichte wie wir) ins Licht. Auch die Zeit bricht in sich zusammen. Vor 30 Jahren ging es noch gemütlich zu: Da dauerte es lange, bis sich etwas Gedachtes manifestierte. Aber heute, da wir uns alle durch die neuen Energien zum galaktischen Menschen entwickeln, geschieht das sofort. Die globale Zivilisation, so wie sie heute ist, wird zusammenbrechen. Und es wird eine völlig neue Zivilisation entstehen. Wenn im Jahre 2012 die Erde bzw. unser ganzes Sonnensystem, in die neue Dimension eintritt, wird der Teil unserer Zivilisation, dessen Ansinnen immer noch von Macht und Negativem begleitet wird, untergehen. Der andere Teil geht ins Licht. Das ist der Aufstieg ins Licht. Wir werden diesen Aufstieg nicht über den Tod machen, also nicht, indem wir dafür erst sterben müssen, sondern wir werden diesen Aufstieg mit unserem derzeitigen physischen Körper vollziehen - noch in diesem Leben. In den nächsten Jahren werden wir uns alle weiterentwickeln. Durch das neue Energiegitter um unseren Planeten herum sind wir nun in der Lage, das zu schaffen. Hilfe erhalten wir von allen Seiten: Von Engeln, geistigen Führern, aufgestiegenen Meistern und der Galaktischen Förderation sowie den Sirianern, in deren Einflußbereich wir dann kommen werden. Sie waren es, die sich bei der Galaktischen Förderation dafür eingesetzt haben, uns zu helfen, damit wir diesen Übergang schaffen. Laut ihnen ist die Erde ein sehr wichtiger Planet, der zwar unscheinbar an der Peripherie der Milchstraße sitzt, der aber eine wichtige Aufgabe als Informationsträger hat. Der Aufstiegsprozeß ist das Endereignis dieser jetzigen Transformation. Nach dem Aufstieg treffen auch viele ihren Seelenpartner wieder. Nach dem Aufstieg bzw. dem Durchleben des Lichtkörperprozesses ist man in einem halbätherischen Zustand im selben physischen Körper wie sonst auch, nur daß dieser höher schwingt und dadurch feinstofflicher ist. Man sieht strahlender und jünger aus und hat alle Fähigkeiten eines galaktischen Menschen. Zu diesem Zeitpunkt werden wir die Hilfe der Förderation bekommen und mit den Sirianern in Kontakt treten. Die Sirianer sind humanoid wie wir und sehen uns sehr ähnlich. Sie stehen uns deshalb so nahe, weil wir teilweise von ihnen abstammen.

Was immer wir von diesen Durchsagen halten mögen, die unmittelbar bevorstehende Zeit wird uns über den Wahrheitsgehalt dieser phantastisch erscheinenden Informationen aufklären! Sicherlich ist es für meine Beurteilung dieses Materials von Vorteil, daß ich im Rahmen meiner wissenschaftlichen Tätigkeit direkte und indirekte Einblicke in Anspruch nehmen konnte. Natürlich ist mir noch kein Sirianer persönlich auf der Straße begegnet (oder er hatte grad keine Visitenkarte dabei?). Auf der anderen Seite liegen mir Patientenaussagen vor, die einen sehr großen Teil dieser Symptome beschreiben. In auffälliger Weise seit genau der Zeit, wo die außergewöhnlichen Sonnenanomalien auftraten, und demzufolge die Einflußgrößen auf der Erde sich entsprechend verändert darstellten. Vergessen wir nicht, dem Ereignis ist es gleich, ob wir daran glauben oder nicht. Nur, wenn es wirklich so wäre, was hätten wir zu verlieren..., und was zu gewinnen? Betrachten wir das ganze Szenario durch eine konstruktive Sichtweise, werden uns die Augen aufgehen..., das möchte ich wahrhaftig versichern.

Verbindung mit dem Allschöpfer durch Felder und Neurochemie?

Bekanntermaßen wird in der Epiphyse (Zirbeldrüse) der Grundwirkstoff produziert, welcher für die höheren Bewußtseinszustände benötigt wird. Dieser Grundwirkstoff heißt Melatonin. In den Tiefschlafphasen in unseren Träumen wandelt sich Melatonin in einem weiteren Verfahrensschritt zu einem Tryptamin, welches wir Pinoline nennen. Pinoline zählt zu dem psychoaktiven Wirkstoff, der uns zu psychedelischen Zuständen führt, höchste spirituelle Wahrnehmungen induziert. Bedauerlicherweise erinnern wir uns an diese besonderen Zustände kaum, offenbar verschlafen wir unsere wertvollsten Botschaften. Da diese „heiligen Zustände“ naturgemäß in den frühen Morgenstunden auftreten, finden die wirkungsvollsten Meditationen vor Sonnenaufgang statt. Einzig aus diesem Grunde führen Mönche seit jeher ihre Meditationen zu dieser Zeit durch. Die Epiphyse fungiert zusätzlich als zentraler Hauptrhythmusgeber, eine Art Dirigent aller anderen Gehirnareale. Sie steht in einer direkten Wechselwirkung mit anderen elektro-magnetischen- und magnetischen Feldern und speziell mit dem Magnetfeld der Erde. Wie im weiteren Verlauf des Buches zu erfahren sein wird, bestehen eindeutige Wechselwirkungen zwischen dem zentralem Nervensystem eines Menschen und den elektrischen-, magnetischen- und elektromagnetischen Feldern der Erde. Das bedeutet unter anderem, daß damit auch auf bestimmte Bewußtseinszustände Einfluß ausgeübt wird. Tatsächlich ist unsere Psyche, unser Bewußtsein an das Erdmagnetfeld in elementarer Weise gekoppelt. Astronauten gleichen im Weltall die fehlenden Erdfelder durch spezielle Generatoren und durch ein spezielles Bewußtseinstraining aus. Der NASA Mitarbeiter und Neurologe Michalel Persinger veröffentlichte eine Arbeit, aus der hervorging, daß Menschen ihre Orientierung an Raum und Zeit verlieren und psychisch auffällig werden, wenn sie vom Erdmagnetfeld abgeschirmt werden. Vor über 40 Jahren sind EEG Messungen an Yogis (während der Meditation) vorgenommen und die Korrelation zwischen Gedanken, EEG Feldern und Bio-Chemie des Körpers festgestellt worden (z.B.Gruber et al.). Die topographische Zuordnung einer spirituellen Erfahrung im Gehirn gelang vor kurzem dem Radiologen Andrew Newberg von der University of Pennsylvania (2003). In seinem Institut wurden die Gehirne buddhistischer Mönche und Franziskaner-Nonnen untersucht. Im Zustand der Meditation wurden die speziellen Hirn-

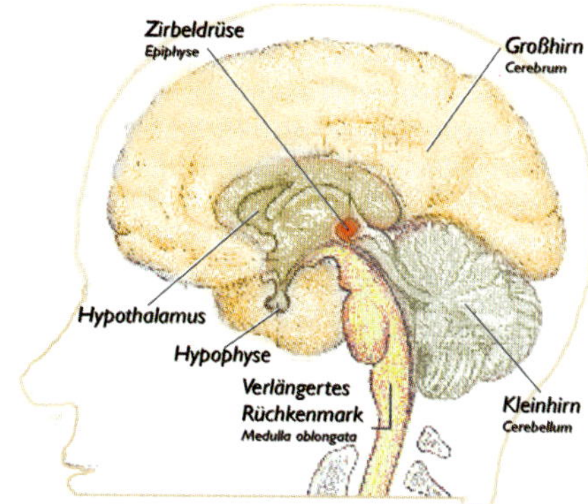

Menschliches Gehirn mit Zirbeldrüse (rot)

Melatonin, ein Hormon das in der Zirbeldrüse produziert wird und den Tag- Nachtrhtythmus steuert.
Chemische Formel:

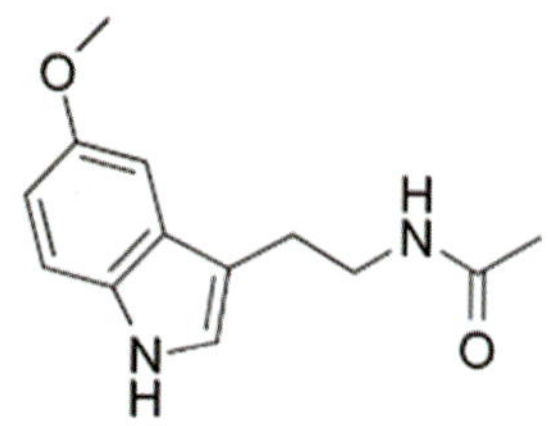

Tryptamine sind körpereigene Hormone und kommen in der Natur vor. Sie sind dem Neurotransmitter, Serotonin und Melatonin in der Struktur ähnlich.
Diese Moleküle weisen besondere Eigenschaften auf (Benzol-, Indolring = Ringströme), die ihnen eine Ankopplung zum Hyperraum ermöglicht.
Chemische Formel:

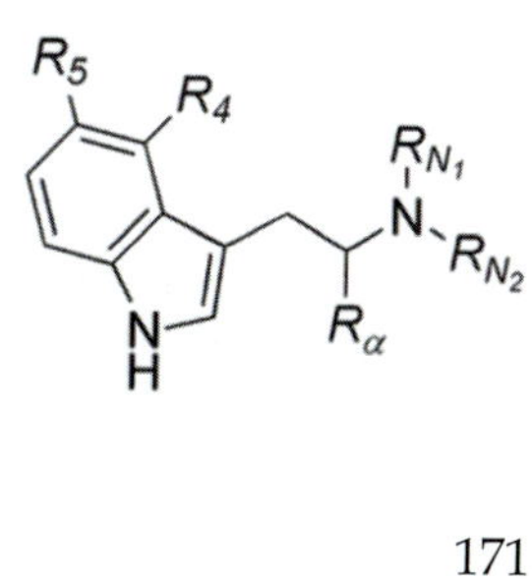

regionen entdeckt (durch einen SPECT-Computertomographen). Es zeigte sich: „eine ungewöhnliche Aktivität in einem kleinen Klumpen grauer Materie im oberen hinteren Abschnitt des Gehirns", so berichtete der leitende Radiologe. Dieser so genannte obere Scheitellappen ist vor allem für die räumliche Orientierung (wird bekanntlich eingebüßt bei Ausbleiben des Erdmagnetfeldes) zuständig. Während den spirituellen Erlebnissen wurde hier bei sämtlichen Probanden eine neuronal erzeugte Reizblockade gemessen. Die Folgerung liegt für Andrew Newberg auf der Hand: „Mystische Erfahrung ist biologisch real und naturwissenschaftlich wahrnehmbar."
Durch religiöse Versenkung können wir die Aufnahme von Sinnesreizen so massiv unterbinden, daß der obere Scheitellappen die Grenze von Körper und Selbst nicht mehr findet und wir eine komplette „Raumlosigkeit" erleben - eine Transzendenzerfahrung, die in den verschiedenen Religionen als Nirwana, Tao oder Unio mystica bezeichnet wird.

Der Neurologe Michael Persinger konstruierte an der Laurentian University, einen Helm, der ein stimulierendes elektromagnetisches Feld erzeugt. **Mehr als 80 Prozent der Versuchspersonen, die den „Magnethelm" aufsetzten, nahmen daraufhin eine höhere Wirklichkeit wahr:** Die Atheisten sprachen von einer Verbundenheit mit dem Universum, die Gläubigen von der Gegenwart Gottes. Persinger selbst hält diese Erfahrungen allerdings nur für epileptische Mikro-Anfälle, die durch das Magnetfeld ausgelöst wurden. Religiöse Erlebnisse bezeichnet er als eine selbstinduzierte, kontrollierte Form solcher Anfälle.

„Fotografien Gottes" sollen die Gehirnscans von betenden Nonnen und meditierenden Mönchen sein, die Andrew Newberg und sein Kollege Eugene D'Aquili an der Universität in Philadelphia machten. Nonnen beteten, und Buddhistenmönche meditierten in der Tomografen-Kamera. Wenn sie sich eins mit Gott fühlten oder im Nirwana angekommen waren, wurde der Blutfluß im Gehirn fotografiert. Im Hinterkopf trat dann „Funkstille" ein. Dort entstehen im so genannten Orientierungsfeld gewöhnlich die räumliche Orientierung und das Körpergefühl. Die Stillegung dieses Areals sorgt, so Newberg, für den entscheidenden Kick bei der religiösen Ekstase.
Wie solche psychedelischen Gotteserfahrungen ins Gehirn kommen, interessiert die Wissenschaft schon seit der Antike. Seit Hippokrates gilt die Epilepsie als die „Heilige Krankheit" schlechthin. Man glaubte damals, daß nur Götter Menschen aus dem Stand zu Boden schleudern und zu Zuckungen veranlassen können. In den Augen der nüchternen Wissenschaft haftete der Religion immer etwas Unseriöses und Krankhaftes an. So waren auch Kranke meist die Studienobjekte. Viele Mystiker und besonders Gläubige von Paulus und dem Propheten Mohammed, über Johanna von Orleans bis zu Dostojewski oder van Gogh erhielten oft noch posthum die Diagnose „epileptisch". Auch heutige Neurotheologen halten sich mit ihren Experi-

menten häufig an Epileptiker. So fand der Hirnforscher V. S. Ramachandran heraus, daß Patienten mit der so genannten „Schläfenlappen-Epilepsie" mehr auf religiöse Bilder als auf sexuelle oder gewalttätige reagieren, die normalerweise für die höchste Erregung sorgen. **Michael Persinger wiederum erzeugte mit magnetischen Signalen, die aus seinem „Magnethelm" kamen, epileptische Mikroanfälle im Schläfenlappen, die als Präsenzerlebnisse von Gott erfahren wurden.** Tatsächlich sind Zusammenhänge zwischen den bestimmten elektrischen-, magnetischen- und elektromagnetischen Feldern der Erde und dem Auftreten von Epilepsie bekannt.

Der Neurologe Michael Persinger, der verschiedene Versuche mit dem Magnethelm (unteres Bild) durchführte.

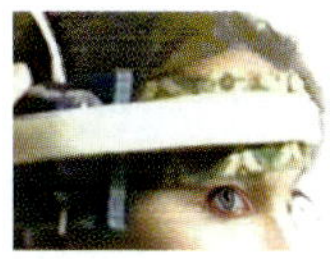

Naturwissenschaftlern sei hierzu kurz erklärt:
Aus der Meteorotropie des Nervensystems kann am Beispiel der Epilepsie aufgezeigt werden, daß eine stark individuell geprägte Feldabhängigkeit (elektrisch und magnetisch), im Zusammenhang mit Wetterlagen (Fön) besteht, was im übrigen vor 2500 Jahren von Hippokrates schon beschrieben wurde. An der Meteorotropie des Nervensystems haben die Gliazellen einen entscheidenden Anteil. Sie haben die herausragende Aufgabe, den **elektrostatischen Grundtonus der extrazellulären Flüssigkeit** konstant zu halten, so daß die Neuronen immer von dem gleichen funktionserhaltenden Ionen-Milieu umgeben sind. Neuronen, die Aktionspotentiale erzeugen, liefern positiv geladene Kaliumionen in den extrazellulären Spalt, wo sie sich in der Spaltflüssigkeit ansammeln und hier eine Änderung des „elektrostatischen Grundtonus" verursachen. In der Folge ändert sich das Potential der den Spalt bildenden Glia -Membranen, so daß die überschüssigen Kaliumionen in die Glia abwandern können. So entstehen in der „Glia" langsame Potentialschwankungen, die der Aktivität der benachbarten Neuronen wie „Schatten" folgen. Durch diese dem neuronalen Niveau nachfolgende Aktivität der Gliazellen entsteht eine unmittelbare elektrische Kommunikation zwischen den Neuronen und der Glia.

Eine Schlußfolgerung, daß über natürlich vorkommende Feldeinflüsse spirituell ausgeprägte Wahrnehmungen erzeugt werden, ist aus naturwissenschaftlicher Sicht zulässig. Das gegenwärtig etwas derartiges in einem erhöhten Maß geschieht, kann ebenfalls beobachtet werden, wobei dieser Prozeß sich zunehmend zu verstärken scheint! Hierüber uninformierte betroffene Personen können diesen Einfluß zunächst als pathologisch bedenklich einstufen und zu psychisch auffälligen „Patienten" abdiagnostiziert werden, obwohl diese Irritationen dazu beitragen, uns letztlich zu unserem „göttlichem Erbe" zu führen!

Aufstieg in die 5.Dimension?

Es ist eindeutig. In unserem Sonnensystem, auf unserer Erde geschehen Dinge, die sind mit „normalem Menschenverstand" nicht erklärbar! Deuten wir den uns mehrfach prophezeiten „Aufstieg in die 5. Dimension" im Zusammenhang mit den aktuellen, von der Natur hervorgerufenen Anomalien und den neusten Erkenntnissen der Quantenphysik, dann erstellt sich uns durchaus ein Szenario, welches einen solchen „Aufstieg in die 5.Dimension" erklären kann (davon abgesehen, daß sich niemand die 5.Dimension wirklich vorstellen kann..., oder doch?).

Aus quantenphysikalischer Perspektive spannt sich das gesamte Sein auf einen zwölfdimensionalen Raum auf. Die ersten 6 Dimensionen zählen zu den materiellen Bereichen, die „höheren" 6 Dimensionen zu den geistigen (Siehe Bild nächste Seite). In unserem „faßbaren" dreidimensionalen Ereignis-Raum, erfahren wir die Äußerlichkeit dieser Welt. Die „höheren Dimensionen" organisieren, informieren und leiten quasi das Ganze „hier unten". Ohne offenbar zu bemerken, daß wir selber ein aktiver Teil von einem multidimensionalem Wesen sind (ein „blinder Fleck"?). Unabhängig von unserer Raumzeit (Minkowski-Raum), also den Dimensionen, die wir für unsere Realitätsbühne halten, existieren die „höheren" Dimensionen. Wenn wir uns beispielsweise lediglich

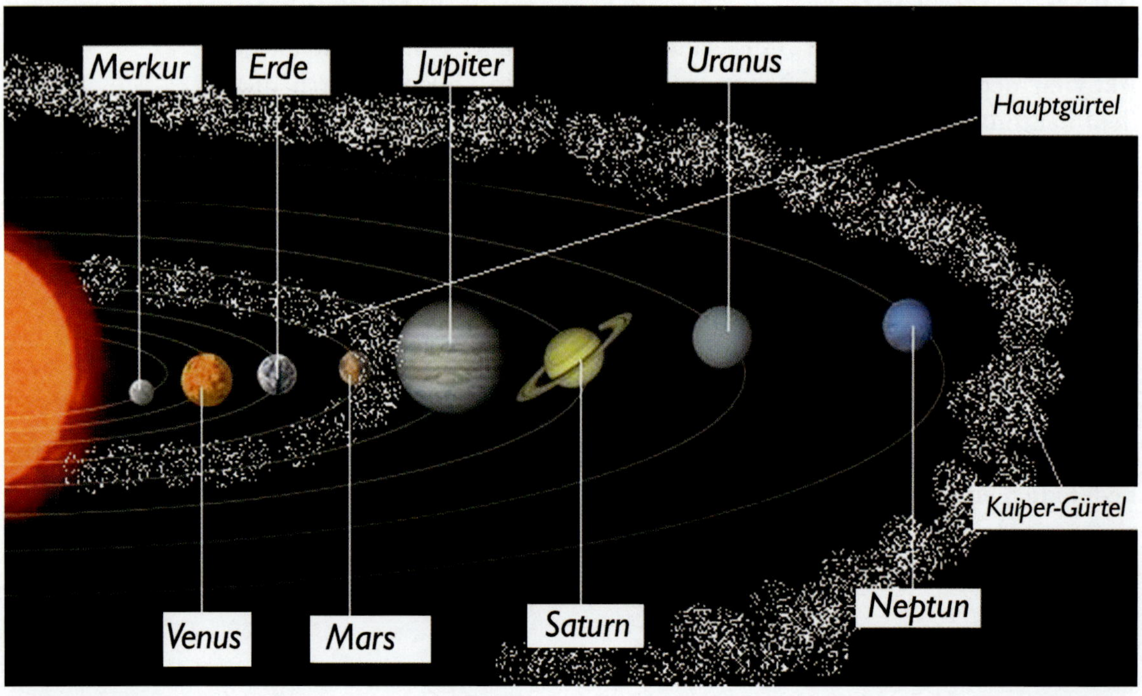

auf den körperlosen Dimensionen, wählen wir die X5 und X6 hierfür, aufhalten würden, könnten wir uns trotzdem zu den Lebendigen zählen. Sicherlich mit anderen Wahrnehmungen und Einflußmöglichkeiten ausgestattet, doch im Sein der Selbsterkenntnis ruhend („Ich bin der ich bin“). Es dürfte jedoch sinnlos sein, Vergleiche zwischen den Lebensqualitäten der uns vertrauten „unteren“ und den möglichen „höheren“ Realitätsbühnen herzustellen (wie lacht man von der 6.Dimension aus?).

Das Kriterium, um die Qualität einer beständigen und stabilen Daseinsform aufrecht zu halten, ist ein gewisser Schwellenwert von abgespeicherten, verinnerlichten Informationen (Erfahrungen). Das dürfte in sämtlichen Dimensionen gegeben sein, die unserer dreidimensionalen Realitätsbühne übergeordnet sind (>X4). Der Grad der Bewußtheit entscheidet hier. Im Traum sind wir deswegen hilflos den Ereignissen ausgesetzt, weil wir uns unseres Selbst nicht bewußt sind. Die so genannten Klarträume zeichnen sich deswegen durch die Qualität der Klarheit aus, weil wir uns in einem solchen Zustand vollbewußt sind (zu träumen). Die unterschiedlichen Grade der Bewußtheit lassen sich tatsächlich objektivieren, physikalisch darstellen. Diese Grade entscheiden über den Zustand der Unbewußtheit, Pseudo- Bewußtheit und Super-Bewußtheit. Die „Pseudo-Bewußtheit“ stellt eine Art Illusion dar. Diesen Zustand verdanken wir unserem **nicht vorhandenen** „freien Willen“, den die Hirnforscher (B. Libet et al) das Sekundenphänomen nennen (*„Alles Verhalten –auch unsere Entscheidungen- sind den neuronalen Vorgängen nachgängig“*, Prof. Wolf Singer, Direktor am Max-Planck-Institut für Hirnforschung Frankfurt). Das „Super-Bewußtsein“ hingegen versetzt uns in die Position mit eigenen wählbaren Freiheits- und Entscheidungsgraden. Dieser Zustand wird erreicht, indem eine definierte Menge von Elektronen eine Superposition eingeht. Unsere Aufmerksamkeit, unsere Wachheit ist direkt an diese Mechanismen gekoppelt. Einfach ausgedrückt bedeutet dies: Mehr Aufmerksamkeit kennzeichnet eine höhere Neuronenaktivität als eine Unaufmerksamkeit. Das sich innerhalb dieser Neuronen- und ihrer Verbindungen untereinander, quantenmechanische Strukturen ausprägen, erklärt –oberflächlich betrachtet-, die Qualitätssprünge zwischen Unbewußtheit und Super-Bewußtheit*.

Die Dauer der Nervenaktivität bestimmt, was bewußt wird (siehe auch Schwellenwert zum q-bit / 1 Trillion SETs =Singel **Electron Transistor). B.Libet kam zu etwa einer drittel bis einer halben Sekunde notwendiger Vorlaufzeit der unbewußten Nervenaktivität.*
Folgerung: Ein Organismus, der fähig ist, eine Quantenkohärenz über 10^9 Tubulins für 500 msec aufrechtzuerhalten, ist in der Lage bewußte Erfahrungen zu haben. Mehr Tubulins für eine kürzere Zeit oder weniger für eine längere Zeit erreichen dasselbe.

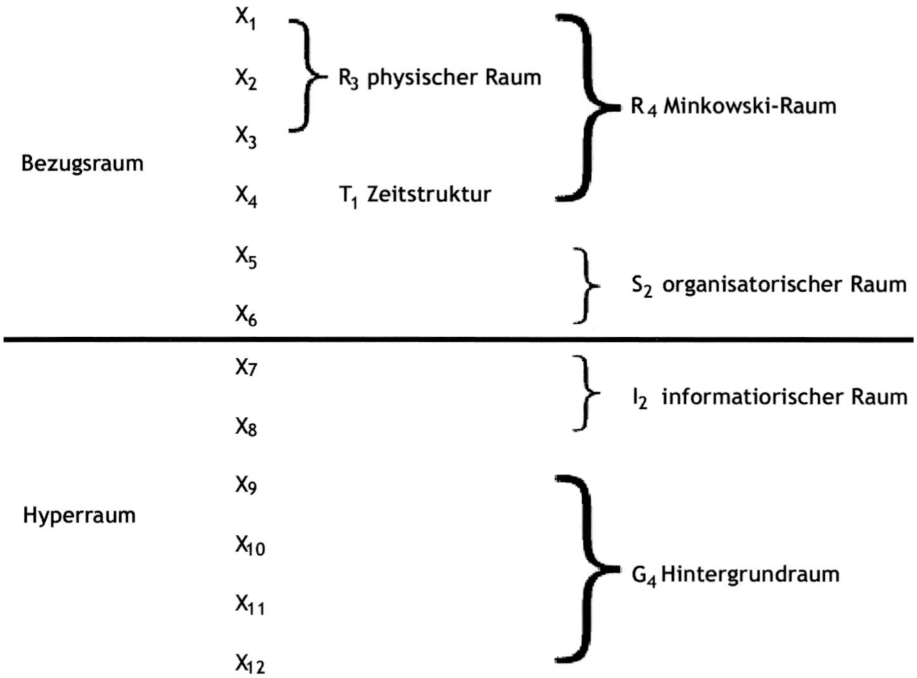

Zur Erinnerung:

X1, X2, X3	Diese drei Koordinaten bilden unseren Raum R3
X4	Diese eine Koordinate steht für die Zeit
X5, X6	Diese zwei Koordinaten bilden den Strukturraum S2
X7, X8	Diese zwei Koordinaten bilden den Informationsraum I2
X9, X10, X11, X12	Diese vier Koordinaten bilden den zeitlosen Überraum G4

Die Raumzeit R4 und der Strukturraum S2 bilden den materiell-energetischen Raum. Im G4 und im **Informationsraum I2 sind Materie und Energie nicht definiert.** Projektionen zeitloser Strukturen des G4 in den Raum R3 (also in unsere Welt) werden im ersten Glied einer Abbildungskette in den Informationsraum I2 ermöglicht. Von dort gelangen sie zwangsläufig in den Strukturraum S2 und über die Zeit x4 in den Raum R3. Auf diese Weise steuern die Wahrscheinlichkeitsfelder **aus dem „Überraum" G4 ohne energetischen Aufwand die in der Raumzeit vorhandenen materiell-energetische Strukturen.**

Abnabelung vom Erdmagnetfeld

Auf der „Festplatte" von Terra (Ter Ra), „unsere Erde", ist das komplette geschichtliche Informationsgut abgespeichert. Diese Datenbank beinhaltet sämtliche „Erfahrungen“ die je eine geisttragende Entität auf ihr gemacht hat. Zu den archetypischen geisttragenden Teilchen zählen die Elektronen. Mit der Komplexität von Elektronenverbänden (Moleküle und Molekülverbände) nimmt der Grad der erfahrbaren Möglichkeiten zu. Ab einer definierten Anzahl von organisierten Elektronenverbänden, organischen Molekülen (Proteine, Aminosäuren usw.) beginnt das, was wir als Bewußtsein beschreiben. Bewußtsein definiert eine Reflexion von sich selbst („ich denke also bin ich“). Alles, was jemals „auf der Erde“ erfahren und gedacht wurde, wird auf der Hardware-Ebene, abgespeichert. Als Datenbank fungieren das Erdmagnetfeld und sämtliche Gewässer dieser Erde (speziell die Meere und Ozeane). Die Hardware dieser Festplatte besteht aus Wasser, dessen Molekularstruktur (Cluster) hervorragende Informationsspeichereigenschaften darstellt. Die Speicherung und Formatierung der Daten erfolgt über Magnetfelder, speziell über das Erdmagnetfeld. Abgespeicherte Informationen werden über Resonanzen aufgerufen. Diesen Vorgang nennen wir Erinnerung. Betrachten wir unser Gehirn einmal aus dieser Perspektive, so stellen wir fest, daß hier etwas sehr ähnliches geschieht. Unser Gehirn besteht zu einem sehr großen Teil aus Wasser, den so genannten Gliazellen (extrazelluläre Flüssigkeit und Zytoplasma). Wenn wir denken, in unserem Fall „nachdenken“, uns an etwas erinnern wollen, bauen unsere Neuronen elektrische und magnetische Felder auf und rufen hierdurch die entsprechenden Informationen ab. Je nach unserem Suchbegriff (nachdenken) verläuft unser Gehirn nach den gleichen Prinzipien wie ein Radio oder Fernsehgerät.

Nachdenken verläuft in etwa so - um bei unserem Beispiel zu bleiben -, als wenn wir mit dem Drehkondensator einen entsprechenden Sender suchen. Wir betätigen unseren „Drehkondensator“ so lange (nachdenken) bis wir den gesuchten Sender gefunden haben (erinnern). So wie der fiktive Radio oder TV-Sender außerhalb unseres Empfangsgerätes liegt, so befindet sich auch das allgemeine und persönliche Informationsgut außerhalb unseres Körpers, in unserem Fall in den Gewässern dieser Erde. Genauer betrachtet sind sämtliche Informationen nicht auf der materiellen Ebene abgespeichert. Die Materie dient

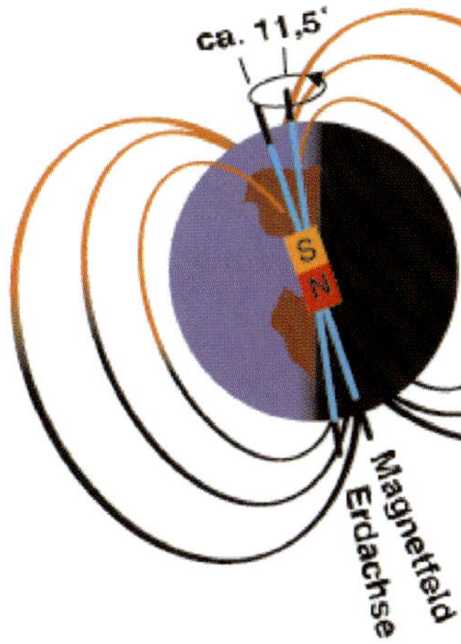

Darstellung des Magnetfeldes.
Das Erdmagnetfeld ist größtenteils statisch. Es ist nach Nord-Süd ausgerichtet.
Die magnetischen Pole des Erdmagnetfeldes weichen von den geographischen Polen der Erdachse um 11,5° ab.
Das Magnetfeld der Erde lenkt die geladenen Teilchen des Sonnenwindes ab.
Das Erdmagnetfeld kehrt sich etwa alle 250 Jahr um.
Der nächste Polsprung ist überfällig und wird erwartet.
Umpolungen sind seit etwa 100 Millionen Jahren gut dokumentiert. Da das Magnetfeld derzeit stark abnimmt, könnte in naher Zukunft eine Umpolung bevorstehen.
Während der Umpolung wäre die Erde den Sonnenwinden stärker ausgesetzt.

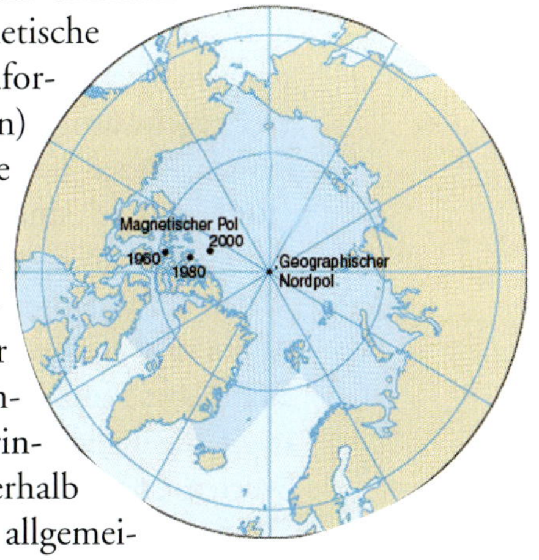

Wanderung des magnetischen Nordpols.

lediglich zur Verarbeitung und dem Aufrufen von Informationen, stellt also die Hardware dar (Informationen werden auf den höherdimensionalen Ebenen abgespeichert >X4).
Indem nun unsere „Erdfestplatte" sich einem direkten Zugriff immer mehr entzieht, werden die Erdbewohner hierdurch mit einem völlig neuartigen Problem konfrontiert. Durch das immer weiter sich abschwächende Erdmagnetfeld erfahren die Erdbewohner einen zunehmenden Erinnerungsverlust. Das Stranden der Wale und Delphine dürfte hierdurch erklärt werden. Seit längerem sind direkte Zusammenhänge zwischen dem Erdmagnetfeld und dem menschlichen Verhalten bekannt. Das auffälligste Beispiel dürfte hierbei die Korrelation zwischen sehr schwachen Erdmagnetfeldern und der Aufnahmequote in den psychiatrischen Kliniken sein. Glücklicherweise sind wir Menschen in der Lage, mit diesem „Problem" selber fertig zu werden. Tatsächlich verfügt speziell das menschliche Gehirn über sämtliche Voraussetzungen diese „Herausforderung" zu kompensieren. Sämtliche physikalischen Bedingungen hierzu stellt das Gehirn selber zur Verfügung. Voraussetzung hierfür ist der Aufbau von entsprechenden körpereigenen Feldern. Dieses geschieht immer dann, wenn wir in einem ausgeglichenen Zustand sind.
Neurophysikalisch ausgedrückt bedeutet das:
Jedes Neuron baut ein entsprechendes Feld auf. Wenn mehrere Neuronen sich zusammenschließen und im Gleichtakt schwingen, ist das gesamte Feld natürlich entsprechend größer. Ab einer bestimmten Intensität des Feldes dient der körpereigene Wassergehalt (Gliazellen) als aktiver, also zugänglicher Datenspeicher, was einer gesicherten Erinnerung gleichkommt.
Im allgemeinen Tagesbewußtsein befinden wir uns, in der Regel, leider nicht in diesem Zustand. Unsere Neuronen „feuern" chaotisch umher und erzeugen daher kein ausreichendes Feld. Fehlt nun zusätzlich noch die Ankopplung an die „Erdfestplatte", werden wir mit psychischen Problemen unterschiedlichster Art konfrontiert.
Der gegenwärtige Zustand der Abnahme des Erdmagnetfeldes erinnert mich an den Prozeß einer Abnabelung. Im Falle der totalen Abkopplung von der „Erdfestplatte" sind uns hierfür **zusätzlich** noch die Möglichkeiten gegeben, uns an die „kosmische Festplatte" anzukoppeln.
Welch ein Quantensprung in der Evolutionsgeschichte der Menschheit! Die Alternative hierzu würde einem totalen Erinnerungsverlust gleichkommen. Sämtliches, individuelles Informationsgut, wäre dem „Eigentümer" nicht mehr zugänglich. Möglicherweise trifft dieses alles nicht zu. Um es mir den Worten Anandas abzuschließen:
„Wir werden vom interkosmischen Kindergarten in die erste Klasse versetzt". Verbirgt sich hinter diesen Anomalien möglicherweise doch der „Aufstieg in die 5. Dimension"?

Zweifellos. Entweder handelt es sich bei diesen merkwürdigen Himmelserscheinungen um eine Verkettung von zufällig entstandenen Artefakten, Pixelfehlern, Meßirritationen und dergleichen, oder um eine Sensation, die ganz offenbar zu den spektakulärsten und nachhaltigsten in der Geschichte der Menschheit, möglicherweise gar der Erdgeschichte gehört. Welche Möglichkeiten einer seriösen Überprüfung stehen uns überhaupt zur Verfügung? Halten wir uns zunächst an die Vielzahl der Korrelationen, die zwischen den Sonnenausbrüchen und zahlreichen Ereignissen auf der Erde bestehen, so haben wir durchaus etwas in der Hand. Ein Tatbestand, welcher nach wissenschaftlichen Kriterien bestehen würde, etwas, was wir ein (statistisch) abgesichertes Ergebnis nennen könnten. Sicherlich zählen diese Ereignisse alleine für sich bereits zu den außerordentlich bedeutsamen. Wenn wir uns beispielsweise sicher sind, daß die **Sonnenausbrüche sich auf unsere Psyche und auf unsere Gesundheit auswirken**, so ist dies bereits ein Fakt von unvorstellbarem Ausmaß, dessen gesamte Bedeutung und Tragweite wir uns gegenwärtig noch gar nicht bewußt sind! Was können wir also mit diesen Erkenntnissen anfangen? Können wir uns dieser Einflüsse entziehen, und sofern das möglich sein sollte, mit welchen Mitteln? Sollen wir diese Einflüsse als naturgemäß akzeptieren, so wie wir uns den Auswirkungen einer Fönwetterlage nicht entziehen können?

Wären wir jedoch in der Lage einen „Blick hinter die Kulissen" zu werfen, würden beispielsweise über Hintergrundinformationen verfügen, die einen größeren Zusammenhang erkennen läßt, würden wir mit diesen Fakten weitaus mehr anzufangen wissen, oder?

Was also mag hinter diesen Ereignissen stecken? Gibt es tatsächlich einen „größeren Zusammenhang", eine „kosmische Ordnung", „**etwas**", was für diese Ereignisse verantwortlich ist? Natürlich liegt uns eine umfangreiche Sammlung an mehr oder weniger glaubhaften „New Age"-Informationen vor welche dieses kosmische Ereignis beschreiben. Eine unübersichtliche Menge an gechanneltem Material liegt allein hierüber vor. Die Ankündigung des Wassermannzeitalters zählt sicher zu den berühmtesten Prophezeiungen. Ohne die Authentizität oder Glaubhaftigkeit dieser Arbeiten in Frage zu stellen, bleiben sie doch eine Sache des Glaubens. Von einer anderen Qualität sind hingegen die Ableitungen die sich aus dem Tzolkin ergeben. Unstrittig ist, daß die Maya mit ihrem Vermächtnis einen außerordentlich hohen Beitrag auf unserer Spurensuche geleistet haben. Für mich als Naturwissenschaftler reichen diese Informationen jedoch bei weitem nicht aus. Meine Suche nach etwas Substantiellem, Fakten, welche die außergewöhnlichen Himmelserscheinungen und die daraus resultierenden Effekte auf der Erde erklären konnten, blieb für mich eine quälend lange Zeit erfolglos. Letztlich geschah es dann doch. Plötzlich und unerwartet hatte ich meine Antworten auf die quälenden Fragen gefunden. Mein Unterbewußtsein schien sich pausenlos mit dieser Frage zu beschäftigen, was ich deutlich an meiner Schlafqualität erkennen mußte. Rückwirkend betrachtet standen mir die einzelnen Bausteine für diese Erkenntnis schon seit über zehn Jahren zu Verfügung. Erst vor wenigen Monaten fiel es mir wie Schuppen von den Augen. Sämtliche themenrelevante Informationen, gesammelt aus unterschiedlichen Quellen, ergaben plötzlich ein sinnvolles Bild auf meine offenen Fragen zu diesem Thema. Zunächst traten mir einige Begebenheiten in Erinnerung, die vordergründig mit meiner beruflichen Tätigkeit im Zusammenhang standen. Ich stelle diese Ereignisse in einer tagebuchähnlichen Form dar, also genauso, wie sie mir wieder in Erinnerung traten:

Moskau, April 1992
Anläßlich eines Symposiums der Universität Moskau im Pawlow-Institut, sollte ich einen Vortrag über meine aktuellsten Forschungsergebnisse halten. Wie bei wissenschaftlichen Darbietungen dieser Art üblich, erstreckte sich dieses Symposium über drei Tage. Im Anschluß hieran besuchte ich mit meinem Schwiegervater (Prof. Dr. med. habil für Chronomedizin) einige seiner Kollegen in ihren Instituten. Im Rahmen seiner über dreißigjährigen Forschung mit russischen Wissenschaftlern hatte er sich bei ihnen zu einem sehr geschätzten Kollegen und Freund gemacht. Durch die exzellenten Kontakte meines Schwiegervaters wurde ich dem Leiter einer Forschungsabteilung in Moskau vorgestellt. Während einer familiären Abschlußfeier weihten mich der Gastgeber – der Forschungsleiter - und eine seiner Mitarbeiterinen in ein außergewöhnliches Projekt ein. Es handelte sich hierbei um die Untersuchung einer Person, die vorgab aus der „12. Dimension“ zu kommen. Da diese Person, es handelte sich um einen Mann mittleren Alters, über außergewöhnliche mathematische und seherische (prophetische) Fähigkeiten verfügte, sollte sie eingehend untersucht werden –was im gegenseitigen Einverständnis erfolgte. Dieser Mann, ich möchte ihn ***M****. nennen, hob hervor, daß ihm erst im Anschluß einer ausgiebigen Untersuchung seiner Fähigkeiten Glauben geschenkt werde. Das, was er letztlich mitzuteilen hätte sei von solch außerordentlicher Bedeutung, daß ihm diese, unter normalen Umständen, niemand glauben würde. ***M*** wurde über Monate untersucht, wobei sich diese Untersuchungen sowohl auf die medizinische als auch auf die intellektuelle Ebene erstreckten. Mein Schwiegervater, der mir letztlich diese Zusammenkunft erst ermöglichte, beschrieb mir kurz, daß er diesen „Probanden“ selber untersucht hatte, und daß dieser ***M***, rein medizinisch betrachtet, von normaler Art gewesen sei, und nichts auffälliges zu erkennen gewesen wäre.
Von absoluter Außergewöhnlichkeit, so berichtete man mir in hörbar emotional getragenem Ton, waren jedoch seine geistigen Fähigkeiten. So führte er beispielsweise die komplexesten und schwierigsten mathematische Aufgaben aus, wobei dieses in einer solch kurzen Zeit geschah, das die Neuro-

logen, die dieses Schauspiel beobachteten, ihren Geräten kaum trauen wollten. Nach kurzer Zeit stand für alle Beteiligten fest, daß es sich bei diesem ***M*** um einen äußerst außergewöhnlichen Menschen handelte. Offenbar konnte er die an ihm gestellten Aufgaben schneller lösen, als es die Kontrollrechner vollbrachten. Wie ausführlich diese Testreihen, die sich noch über Monate ausdehnten, tatsächlich waren, blieb mir verborgen. Die Mitarbeiterin deutete lediglich an, das es sich bei einigen Forschungen im Zusammenhang mit Fernerkennungsexperimenten („remote viewing") handelte. Am phantastischsten sollten jedoch seine Fähigkeiten sein, Ereignisse aus der Zukunft vorher zu sehen, was sich zunächst auf den Zeitrahmen der Versuchsreihen beschränkte. Beide, der Forschungsleiter und seine Kollegin, berichteten mir nun über das außergewöhnlichste Ereignis. Nachdem festzustehen schien, daß dieser ***M*** über die außerordentlichsten geistigen Fähigkeiten verfügte, Fähigkeiten die bisher für absolut unmöglich gehalten wurden, schenkten die Forscher seiner nun folgenden Botschaft die höchste Aufmerksamkeit und größtes Vetrauen. ***M*** brachte zum Ausdruck, daß ihm das, was er nun zu sagen hätte, niemand zuvor geglaubt hätte und er aus diesem Grunde diese Untersuchungen vorgeschlagen hätte. ***M*** wiederholte, daß er aus der 12. Dimension käme, und fügte nun hinzu, daß er der Menschheit eine bedeutungsvolle Botschaft zu verkünden hätte. Von „seiner Art" seien zeitgleich noch andere als er bei den wichtigsten Regierungen aufgetaucht, um diese Botschaft zu verkünden. Die eigentliche Botschaft hörte sich für mich eher nach einer makaber erscheinenden Warnung an. Soweit ich diese Botschaft noch in Erinnerung habe, möchte ich sie, soweit es mir möglich ist, kurz zusammenfassen:
„Der Intergalaktische Rat hätte beschlossen, im Jahre 2003 (er sagte genau „in 11 Jahren") eine **Korrektur im Universum** vorzunehmen, **wovon die Erde ganz besonders betroffen sein würde.** Man hätte seit Äonen (langer Zeit) die Erde und ihre Bewohner beobachtet, ihr mehrere Botschaften und Chancen gegeben, die jedoch alle keine Besserung bewirkt hätten. Das, was auf der Erde geschieht, wirke sich unmittelbar auf das gesamte Universum aus, und würde in unserem Fall zu einer sehr disharmonischen Situation geführt haben, die nun nicht länger hingenommen werden sollte. Allein das tatsächliche Ausmaß unserer Atomexperimente sei von unvorstellbar destruktiver Bedeutung *(Auswirkungen auf das Bewußtsein oder gar die Seele)* für den gesamten Kosmos. Die Korrektur, die 2003 durchgeführt werden sollte, würde von unvorstellbarem Ausmaß sein. Diese Botschaft sollte keine Verhandlung darstellen. Diese Hinweise sollten die Menschen auf das große Ereignis vorbereiten, sollten keine Angst vor den kommenden Kataklysmen aufbauen…"

Ganz offensichtlich betrachteten meine russischen Kollegen und mein Schwiegervater, alles Eingeweihte dieser Thematik, diese Botschaft als authentisch, für wahr! Natürlich verfügte ich nicht über ihre gesamten Hintergrundinformationen hierzu, jedoch konnte ich von meinem Schwiegervater glaubhaft erfahren, daß dieses Thema in den „höheren russischen Kreisen“ als sehr ernst eingestuft wird! Er selbst, ein betont sachlicher, eher atheistisch orientierter Verstandesmensch, war von dieser Sache überzeugt. Lediglich diese Feststellung machte mich sehr nachdenklich…, und ich begann in späterer Folge meine eigenen Recherchen anzustellen. Etwa zwei Jahre später besuchte mich ein Mann, der von sich behauptete, ein Melchisedek zu sein. Drunvalo Melchisedek, sein genauer Name, behauptete ebenfalls aus der 12. Dimension zu kommen, um seine Botschaft an die Menschheit zu vermitteln. Auch er wies darauf hin, daß er mit dieser Aufgabe nicht alleine zu diesem Zeitpunkt auf die Erde gekommen sei. Drunvalo sprach von einem Dimensionswechsel für die Menschheit, welcher im Jahre 2012 abgeschlossen sein sollte. Die Erde würde von der 3. in die 5. Dimension geführt werden, welches sich für die Erdbewohner zu einem nie dagewesenen Szenario auswirken würde. Dieser „Aufstieg“ sei von langer Hand bereits geplant gewesen…, die Maya hätten vor langer Zeit bereits ihr entsprechendes Vermächtnis hierzu, den Tzolkin, hinterlassen, um uns auf dieses Ereignis vorzubereiten. Ebenfalls erwähnte Drunvalo mir gegenüber, daß sich während der Übergangsphase (Dimensionswechsel) eine achttägige Dunkelheit einstellen würde. Ebenfalls würden sämtliche elektrisch- und elektronisch aufgebauten Technologien nicht mehr funktionsfähig sein. Offenbar war für Drunvalo, so wie all seine weltweit verteilten Anhänger (Größenordnung etwa 500.000 Menschen), dieses Szenario absolut real. Mir selber erschien dieser Mann von einer hervorragenden Güte zu sein, jemand, der zusätzlich noch über ein sehr fundiertes naturwissenschaftliches Verständnis verfügt, offenbar jemand, der genau wußte worüber er berichtete.

**M steht für Melchizédek. Melchisedech (auch Melchisedek oder Melchizedek) ist eine Gestalt aus dem Alten Testament, erwähnt in Genesis 14,17-19 im Rahmen der Abrahamserzählung: Melchisedech, der König von Salem, brachte Brot und Wein heraus. Er war Priester des Höchsten Gottes.*

Berlin 1994

Zwei Jahre später traf ich mich mit einem hohen russischen Regierungsangestellten in Berlin. Ein als „streng Vertraulich“ deklariertes Gespräch, fand unter vier Augen statt. Er teilte mir seine Besorgnis und Verwunderung darüber mit, daß „wir im Westen“ keine Aufklärung über die kommenden Ereignisse erfahren würden, was im klaren Gegensatz zu Rußland stand. Er sprach von einer besonderen Phase, in der wir Menschen unseren Verstand verlieren würden, sollten keine besonderen Vorbereitungen im Sinne von Gegenmaßnahmen getroffen werden. Wiederum berichtete er mir, was für mich am Erstaunlichsten war, das die Menschheit sehr bald eine fundamentale Umwälzung erfahren werde, eine neue Epoche, in der nur harmonische und göttliche Aspekte ausgetragen werden können. Diese Aussage war für mich von erstaunlicher Bedeutung, weil ich diesen Herrn als einen militant erscheinenden Atheisten kannte, jemand der gerade durch diese „Qualitäten" in der Position war, in der er sich in der Vergangenheit sehr bewährt hatte. Gerade diese Person vermittelte nun den Eindruck eines esoterisch angehauchten Gottesvertreter. Ganz offensichtlich ist dieser Mann von etwas außerordentlich Bedeutsamen, etwas, über das er mir nichts Genaueres sagen durfte, von dieser revolutionären Einsicht überzeugt worden.

Der aufmerksame Leser mag sich an dieser Stelle fragen, was diese Dokumentation mit der Antwort, mit einem Erklärungsmodell für die Anomalien zutun hat. Behutsam möchte ich mit der Aufklärung fortfahren. Im weiteren Verlauf werden sich die einzelnen Puzzlesteine zu einem ganzen Bild zusammenfügen.

Die Qualität meiner soeben dargestellten privaten Erlebnisse entstand in erster Linie durch die Personen, die mir ihre Informationen anvertrauten. Die Überprüfbarkeit bleibe ich dem Leser leider schuldig. Indem ich diese Dinge selber erfahren durfte verstärkte sich zunächst meine Intention, der Sache weiter auf dem Grund zu gehen. Auf meiner weiteren Suche nach seriösen Antworten beschränkte ich mich zwar auf die Erstellung von Korrelationen und der Begutachtung der täglich eingehenden Messergebnisse. Zusätzlich jedoch beschäftigte ich mich nun auch mit der Historie der Ägypter und der Sumerer. So vertiefte ich mich nun außerdem in die Forschung von Zecharia Sitchin (er übersetzte aus den sumerischen Texten sehr wertvolle Informationen) und José Arguelles, dem Tzolkin Spezialisten („Mayafaktor"). Ich studierte auch den Inhalt des Buches „Der **Photonenring**" von Virginia Essene und Sheldon Nidle.

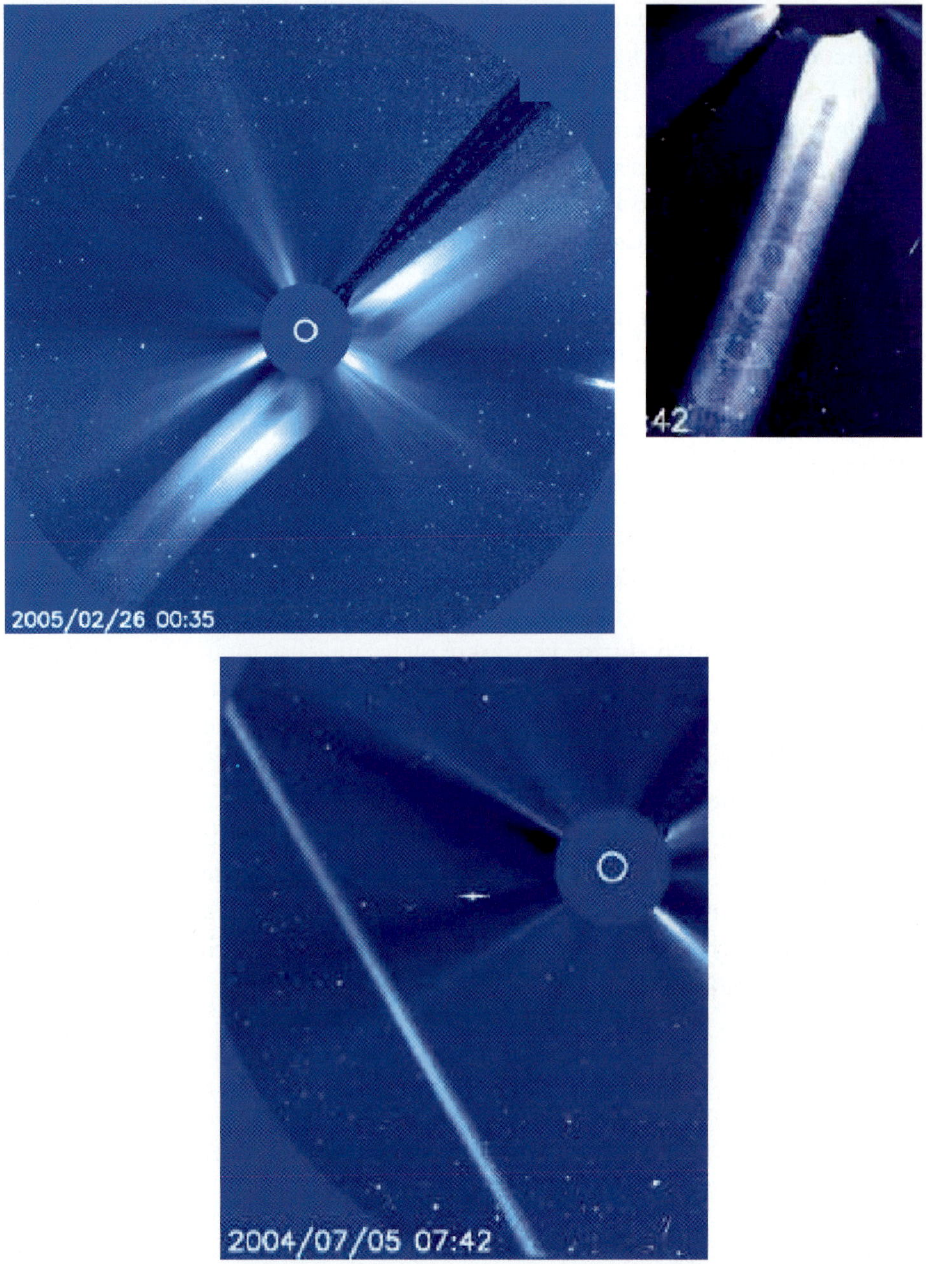

Diese „Lichtzonen", oder „Lichtsäulen" wurden bisher immer zusammen mit Flugobjekten beobachtet.

Vergleichen wir nun die Beschreibungen von Virginia Essene und Sheldon Nidle, welche die beiden Autoren 1994 in ihrem Buch „Der Photonenring" veröffentlichten. Dieses Channeling befaßt sich nahezu ausschließlich mit dem fundamentalen Wandlungsprozeß („Aufstieg") der Erde:

*„Washta und die zwei anderen Mitglieder des Sirius-Konzils möchten jetzt über ein unerhörtes physisches wie spirituelles Ereignis sprechen, das gegenwärtig auf die Erde zukommt. „Wir sind hier, um euch die **Tatsache mitzuteilen, daß euer Sonnensystem im Begriff ist, in eine weit ausgedehnte Lichtregion einzutau-***

chen, genannt Photonenring, *und zwar irgendwann zwischen März* ***1995 und Dezember 1996*** (zu der Zeit wurde SOHO in Betrieb genommen). *Dieser Photonenring - eine riesige Lichtmasse - wird das Vehikel sein,* ***um euer volles Bewußtsein wiederherzustellen und euer DNS- und Chakrasystem vollständig zu transformieren.*** *Diese unglaublichen Veränderungen werden nicht nur euch, sondern auch euren Planeten und euer Sonnensystem für immer verwandeln. Der Photonengürtel wird nämlich euer Sonnensystem in eine* ***höhere Dimension überführen...***"

Unser Lebensraum wird neu ausgerichtet werden, indem wir über eine Lichtzone in die nächste Evolutionsordung gehen. Diese vollständige Neuausrichtung der „Erde/Menschen" wird bis zum Ende des Zyklus (2006-2012) erfolgen.
Hier sollte der richtige Zeitpunkt getroffen werden, sonst würde eventuell ein Verfall des Bewußtseins eintreten. (Morpheus)
Dieser Übergang in eine neue Bewußtseinsebene ist als eine Raum-Zeit-Überlappung zu verstehen. Vor dem Eintritt in die Null-Zone überqueren wir die Lichtzone.
Ohne an dieser Stelle zu sehr in die Quantenphysik einzudringen, möchte ich auf den Begriff „negative Entropie" hinweisen. Die uns geläufige **Entropie** stellt eine Grundeigenschaft der Materie dar. Während Materie sich mit den Gesetzen der Entropie unterworfen ist (Thermodynamik und Informationstheorie) verläuft das Ganze im „Inneren von Materie" genau gegensätzlich. Hier herrschen die Gesetze der **Negentropie**. Während die Materie sich immer weiter dem Zustand des Chaos, der Unordnung zubewegt, verläuft es im „Inneren der Materie" in Richtung Ordnung. So stellt Entropie ein Maß an Verfall von Materie und Energie dar, während negative Entropie ein Maß für Ordnung und Harmonie darstellt, so sind Entropie und Negentropie auch immer ein Maß für Informationen.
Bewußtsein und Lebensdynamik realisieren sich im Wechsel steigender und fallender Aktivitätenströme, die im Raumzeitschnitt als informationstragende, **entropievermindernde** Gravitationswellen physikalisch beschrieben werden können. **Mittels künstlich erzeugter Gravitationswellen sind prinzipiell auf allen materiellen bis geistigen Organisationsniveaus über raumzeitunabhängige „Kanäle" beliebige Bewirkungen denkbar.** Die Kopplung wird durch Ähnlichkeit der Muster realisiert, der Übergang von **Photonenfeldern** (elektromagnetischen Schwingungen) zu den Gravitationswellen ist in beiden Richtungen möglich, wobei als wesentlicher Parameter innerhalb unseres Systems der **zeitliche Verlauf** einher geht.

Flugobjekt welches seit 2003 immer wieder vom SOHO-Satelliten der NASA aufgenommen wurde

Einfach ausgedrückt könnte man sagen, daß die Bedingungen, uns Menschen in einen „höheren Zustand" zu versetzen, am „einfachsten" durch die Mithilfe der Sonne zu bewerkstelligen ist. Durch sie steht das erforderliche Energiepotential bereit um derartige Experimente hervorzurufen (Schwarzschildradius, Sonne, Gravitationskollaps „Schwarzes-Loch", Hyperraum >X6). Im Kapitel „Aufstieg in die 5.Dimension" werden wir uns ausführlicher mit diesem wesentlichen Thema befassen.

Diese Darstellungen beschreiben einen elementaren Teil dessen, was für einen „Dimensionssprung" erforderlich wäre. Tatsächlich sind einige dieser Eigenschaften indirekt in Erscheinung (Referenzmessungen) getreten, konnten aus den Messungen der Wissenschaftler durchaus hierfür abgeleitet werden. Die beobachteten Raum-Zeit- bzw. Gravitationsanomalien stehen im Zusammenhang mit den Flugobjekten vor der Sonne!

Erstaunlicherweise wird in dem Buch Photonenring diese Phase sehr ähnlich beschrieben. Dieser Vorgang wird mit der **Nullzone** beschrieben, durch die die Menschheit geführt wird, im Schutze einer Art Lichtblase *„Ihr werdet durch die so genannte **Nullzone** eintreten"* (Aus der Photonenring).

Wenn wir in eine elektromagnetische Nullzone gehen, werden wir über Lichtfelder (Photonenring) im Gleichgewicht gehalten. Das bedeutet, daß wenn uns nicht Lichtfelder im Gleichgewicht hielten, sich unser Gehirn als ein elektromagnetischer Computer nicht an die neue Lichtfrequenz anpassen könnte und zerstört werden würde.

Durch eine Veränderung unserer Spinorientierung (antiparallel) wird eine solche Koppelung durchgeführt. Hierdurch kann unser Bewußtsein die Magnetfeldstrukturen durchbrechen, macht sich von ihnen unabhängig (durch Verlagerung zu neuen Energiebanden der Elektronen und Elektron-Proton-Struktur).

Dieser Vorgang würde eine Abkoppelung von dem Erdmagnetfeld entsprechen, etwas, was wir tatsächlich seit langer Zeit beobachten können (siehe die Grafiken).

Tatsächlich befinden wir uns zunehmend, seit einigen Monaten jedoch in einem extrem schwachen Erdmagnetfeldeinfluß.

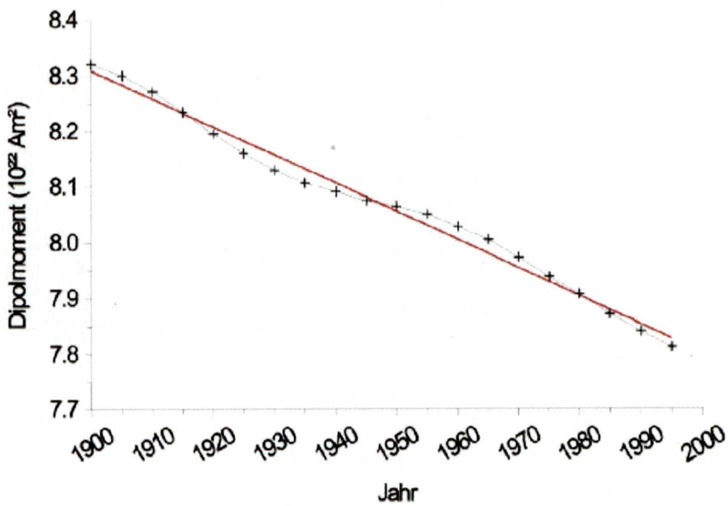

Abnahme des Dipolmoments der letzten 100 Jahre
Quelle: Syun-Ichi Akasofu, Sydney Chapman: Solar Terristical Physics

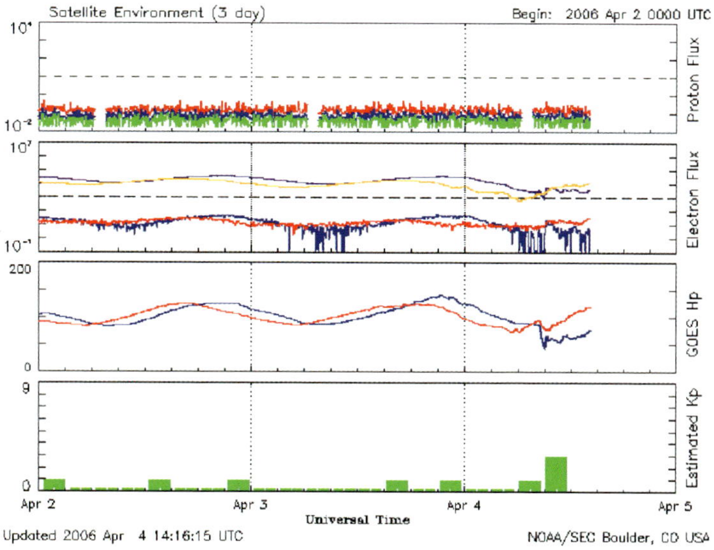

KP-Index zeigt außergewöhnlich schwache Magnetfeldeinflüsse

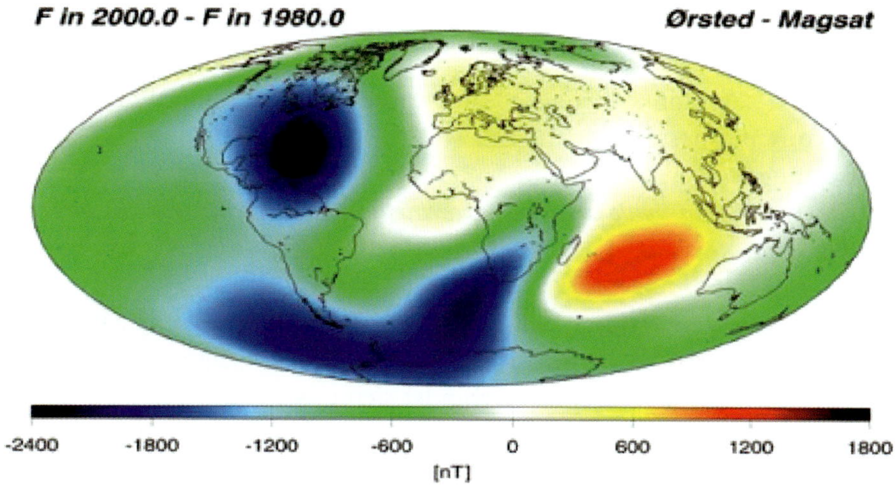

Topographische Karte der örtlichen Magnetfeldintensitäten.
Extreme Unterschiede der Erdmagnetfeldintensitäten in unterschiedlichen Regionen der Erde.

Aus verständlichen Gründen werden uns seit etlichen Jahren keine aktuellen Grafiken angeboten. Selbst mehrfach wiederholtes Bitten nach aktuelleren Darstellungen, die das örtliche Erdmagnetfeld erkennen ließen, ob nun als Laie, Journalist oder als Naturwissenschaftler, führte zu keinem Erfolg. Leider geben die oben dargestellten Kp-Index Tabellen nur einen gemittelten Wert der magnetischen Abweichungen an, eine lokale Magnetfeldintensität ist dieser Darstellung nicht zu entnehmen.
Ganz offenbar stehen die Sonnenaktivitäten, mit dem Flugkörper vor ihr, und die Abnahme des Erdmagnetfeldes in direktem Zusammenhang. Wiederum sind uns die Einflüsse des Erdmagnetfeldes auf unsere Psyche, auf unser Bewußtsein bekannt. Diesem Thema hatten wir uns bereits gewidmet.

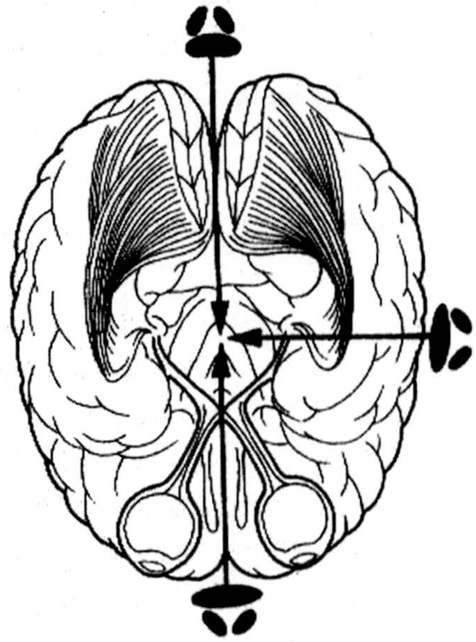

Zentrum des Empfangsorgans (Zirbeldrüse, Pineal-Gland) für elektromagnetische Felder

Eine Empfindlichkeit des Pinealorgans gegenüber Erdmagnetfeldern wurde seit 1980 wiederholt in Fachzeitschriften berichtet (u.a. mit der Folge stark unterdrückter Syntheseraten des Hormons Melatonin). Sie ist letztlich auf ***Magnetfeld-Änderungen (dB/dt) ursächlich zurückzuführen,*** wie das durch etliche Forschungsergebnisse gezeigt werden konnte. Das **Pinealorgan** mag den meisten Lesern als **Zirbeldrüse** oder Epiphyse bekannt sein. Daß diesem zentral gelegenen Hirnareal der **„Sitz des Bewußtseins"** zugesprochen wurde, ist sicherlich den meisten Lesern ebenfalls bekannt. Einer der herausragendsten Neurologen, Stuart R. Hameroff faßt es am deutlichsten zusammen: „...(I think, therefore I am) chose the brain's pineal **gland as the site of consciousness."**

Übersetzung:

„Ich denke deshalb habe ich die Zirbeldrüse als den Sitz des Bewußtseins gewählt."

Hier kann gefolgert werden, daß das Leben die geomagnetischen Parameter solange nicht verlassen kann, bis das Erdmagnetfeld schwächer geworden und neu orientiert ist. Offenbar verbindet sich unser Erdmagnetfeld mit der Höheren Evolutions-Anordnung über die geophysikalischen Raumzeitkrümmungs-Öffnungen. **Im größeren Maßstab läßt die elektromagnetische Nullzone eine neue genetische Programmierung zu.** Das Doppelhelix-Modell unserer DNS wandelt sich in ein angepaßtes neues Modell um, so daß wir in der Lage sind, die „höheren Informationskanäle" zu empfangen. Wenn wir bedenken, daß die menschliche DNS als Empfänger und Sender für Informationen fungiert, und lediglich die interne Verschaltung der Kohlenstoffatome (Proteine) für die Art und Qualität der Frequenzkanäle und dessen Sende/Empfangsleistung fungieren, wird einem das Ausmaß dieser Botschaft langsam bewußt. Letztlich können unsere Zellen und die DNA auch als Speicher für Lichtenergie verstanden werden. Zunächst einmal möchte ich in Erinnerung rufen, daß die Veränderung des Erdmagnetfeldes zum größten Teil durch die Ladungsträger der Sonne geschieht. Es handelt sich hierbei um die Partikel, die das Produkt der Sonnenexplosionen sind und anschließend mit Geschwindigkeiten von mehreren Millionen km/h auf die Erde zurasen. Diese Partikel sind letztlich Elektronen und Protonen, die aus dem tiefsten Inneren der Sonne stammen. Aus quantenphysikalischer Sicht spricht man den Elektronen „bewußtseinstragende" Eigenschaften zu (J.Charon, B.Heim usw.). Die neueren Evolutionsmodelle, die sich aus den Berechnungen der Quantenfeldphysik ableiten lassen, beschreiben den Evolutionsprozeß im wesentlichen durch die Wirkeigenschaften der Elektronen (Komplexe Relativitätstheorie).

Diese bewußtseinstragenden Teilchen bewirken zunächst durch **Kooperation über die elektromagnetische Wechselwirkung** größere, immer komplexer werdende Molekularstrukturen, die untereinander beginnen Energie in Form von elektromagnetischer Strahlung (also Photonen) auszutauschen, bis ganze Zellstrukturen und schließlich Organismen entstehen, die einen vielfältigen Stoffwechsel haben. Anfang der siebziger Jahre wurde von sowjetischen Wissenschaftlern in tausenden von kontrollierten, reproduzierbaren Experimenten der Beweis dafür erbracht, daß biologische Organismen die Steuerung wesentlicher Stoffwechselprozesse in erster Linie durch den Austausch von Photonen vornehmen. So wurden beispielsweise zwei identische Zellkulturen in zwei voneinander isolierte Glaskolben gegeben. Nur durch ein trennendes Quarz-Glasfenster konnten die beiden Zellkulturen miteinander Bio-Photonen austauschen. Daraufhin wurde eine der Zellkulturen mit einem Virus infiziert und erkrankte. Nach einer gewissen Zeit erkrankte auch die zweite, nicht infizierte Zellkultur, ohne daß sie mit der ersten Zellkultur in chemischem Kontakt war. Offensichtlich muß also durch den Photonenaustausch die Information der Erkrankung von der einen auf die andere Zellkultur, übertragen worden sein.
Der Biophysiker Fritz A. Popp faßte die bisherigen, bereits weit reichenden Erkenntnisse der Biophotonenforschung in einem Buch zusammen und verdeutlichte, welche vorrangige Bedeutung diese meßbare ultraschwache Photonenstrahlung für die Organisation biologischer Strukturen hat. So wurde bereits nachgewiesen, daß die Zellen biologischer Organismen sehr effektive Hohlraumresonatoren für die Photonenstrahlung sind.
Ein Hohlraumresonator verstärkt die Schwingungen in seinem Inneren, so wirkt z. B. auch der Klangkörper einer Gitarre als Hohlraumresonator für Schallschwingungen, so daß die Töne der Gitarrensaiten deutlich lauter zu hören sind. Im Inneren von biologischen Zellen baut sich ein kohärentes (das heißt im Gleichtakt schwingendes) elektromagnetisches Strahlungsfeld auf, wie dies für Laser typisch ist. Es läßt sich berechnen, daß das von der Sonne eingestrahlte sichtbare Licht als kohärent angesehen werden kann, wenn die absorbierende Fläche nicht größer als 10^{-6} cm^2 ist. Dies entspricht genau der Standardgröße der Oberfläche biologischer Zellen.
Die Elektronen haben also die Materie von den Abmessungen her in optimaler Weise so organisiert, daß ein Maximum Photonenenergie, also Lichtenergie, aufgenommen wird. Auch im Inneren der Zellen haben die Elektronen sich als erstklassige Ingenieure erwiesen. Man betrachte beispiels-

weise den Aufbau der DNS. Die DNS ist ein riesiges Molekül, das aus vielen tausend einzelnen Atomen aufgebaut ist und das im wesentlichen aus zwei zopfartig verdrillten Strängen besteht, die in gleichbleibenden Abständen durch verschiedene Sprossenarten miteinander verbunden sind. Von der Abfolge dieser Sprossenanordnung ist bekannt, daß sie die genetische Information der betreffenden Zelle enthält. Dies ist jedoch nur der biochemische Aspekt der DNS. Jüngere Forschungsergebnisse haben gezeigt, daß die DNS außerdem ein gigantischer intrazellulärer Photonenspeicher und eine Photonenantenne ist. In der Elektronenhülle der DNS finden sich viele tausende von möglichen angeregten Energiezuständen, in denen sich die Elektronen der DNS aufhalten können. Um diese angeregten Zustände zu bevölkern, müssen die Elektronen natürlich von außen Photonen (was das gleiche ist), elektromagnetische Wellen empfangen. Eine Stabantenne ist ideal, um der elektrischen Feldkomponente eines elektromagnetischen Feldes Energie zu entziehen. Eine Ringantenne ist ideal, um aus der magnetischen Komponente des elektromagnetischen Feldes Energie aufzunehmen. Die verdrillte Form der DNS stellt daher geradezu einen idealen Kompromiss zwischen Stab- und Ringantenne dar. Es wird angenommen, daß die menschliche DNS bis zu fünfmal zopfartig verdrillt ist. Damit bildet die DNS eine raffiniert konstruierte Antenne für Photonen, die durch die Superhelixstruktur über einen großen Frequenzbereich empfindlich ist (große Bandbreite). Die Elektronen verfügen mit der DNS über eine äußerst effektive Antenne, um das vielfältige, quasikontinuierliche Energiespektrum der DNS zu bevölkern.

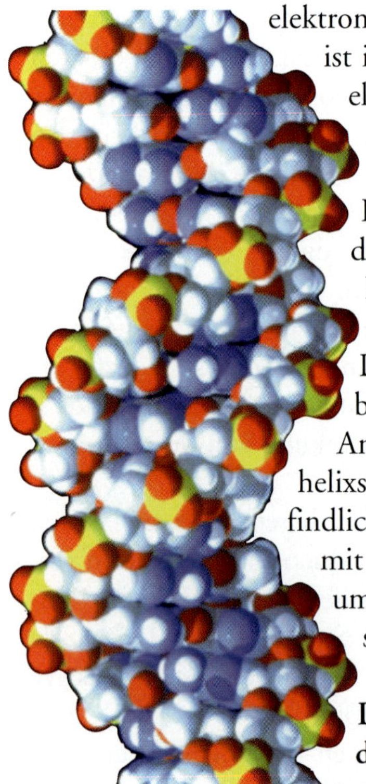

Dieser Transformationsvorgang setzt eine besondere Geisteshaltung voraus. Aus der egozentrierten Sicht- und Handlungsweise, werden wir uns als aktiver Bestandteil des kollektiven Ganzen erkennen. Dieses wird, davon bin ich absolut überzeugt, über einen Erkenntnisprozeß erfolgen, der durch die kosmischen Einflüsse ermöglicht wird.

Mögen auch einige Begriffe etwas verwirrend erscheinen, so können wir doch davon ausgehen, daß es sich bei der Formulierung **„Lichtzone“**, um spezifische Eigenschaften des **Photonenrings** handelt, eine Formulierung die den Channelings von V. Essene und S. Nidle entsprungen ist. Faktisch ist der Photonenring eine große Lichtzone, die aus Photonen, das heißt, aus Lichtpartikeln besteht. Er wurde von Wissenschaftlern zum ersten Mal 1961 in der Nähe der Plejaden mit Hilfe von Satelliten entdeckt. Die physikali-

schen Eigenschaften, dieser Lichtpartikel, und ihre Auswirkungen auf uns Menschen, werden wir im nächsten Kapitel behandeln. Die brisante Bedeutung dieses „Photonenrings“ wird uns durch ein Statement von Virgil Armstrong (ein ehemaliger CIA-Mitarbeiter) verdeutlicht. Für Virgil Armstrong ist die Energie des **Photonengürtels** sozusagen das Werkzeug für den Neubeginn, für die neue Zeit, und für die „Scheidung der Geister“, wie sie in den großen Prophezeiungen für unsere Zeit beschrieben und angekündigt ist. Armstrong: **„In der Realität des Photonengürtels können Sie nur noch das Göttliche leben. Jeder wird sich in der nächsten Zeit entscheiden müssen, ob er das „Christusbewußtsein“ akzeptiert oder ob er das nicht will. Es liegt bei Ihnen, Sie haben die Entscheidung. Die Erde wird sich transformieren, mit oder ohne Sie, aber sie wird es!“** Was dazu notwendig ist, erklärte Armstrong mit einfachen, klaren Worten: **„Lerne zu lieben, zu vergeben, sich selbst und anderen Liebe sein!“**
Vorgetragen in Salzburg 1995.

Wie es aussieht befinden wir uns bereits auf der *„Reise in die nächste schöpferische Intelligenzebene“*.

Künstlich hervorgerufene (?) Gravitationswellen von der Sonne und ihr Einfluß auf den Menschen

Am 23. Februar 2006 ereignete sich um unsere Sonne ein sehr denkwürdiges kosmisches Szenario von unbekanntem Ausmaß. Die Photos des NASA-Satelliten SOHO, vom 23. Februar 2006, zeigen uns ein Ereignis, welches sich im Wesentlichen um 22:18 Uhr hinter der Sonne abspielte. Der für uns sichtbare Teil dieser Aufnahmen zeigt lediglich in den Randbereichen der Sonne eine Lichterscheinung, die auf ein Objekt von kosmischem Ausmaß hindeutet. Bei der Betrachtung der gesamten Bildfolge (etwa 10 Aufnahmen) ist sehr deutlich erkennbar, daß dieses Lichtobjekt zu einer außerordentlich extremen Explosion auf der Sonne führte, die sogar die Satellitenkameras übersteuerte. Wohl bemerkt, das Lichtobjekt, welches wir auf dem unteren Bild erkennen können, ist **nicht** in Folge einer Explosion entstanden, sondern umgekehrt! Das Ergebnis dieser, **offenbar hervorgerufenen Explosion der Sonne,** führte zu einer Freisetzung von Ladungsträgern (Elektronen und Protonen), Gammastrahlen und Gravitationswellen. Da sich diese Einflussgrößen in der Regel auf alle biologischen Systeme auswirken, ist davon auszugehen, daß wir von diesem Ereignis nicht unberührt geblieben sind. Die primären (Wechsel-)Wirkungen, die durch die hervorgerufenen Einflußgrößen erreicht wurden, liegen in den Bereichen unserer Stimmungs- und Bewußtseinslagen. Korrelationen zwischen extremen Sonnenexplosionen und, um nur ein Beispiel hervorzuheben, dem Auftreten von psychisch auffälligen Erscheinungen bei Menschen, sind bekannt. Selbst bei optimaler Abschirmung gegenüber EM-Feldern, konnten bei Probanden (zuvor klinisch unauffällig) klar erkennbare psychische Erscheinungsmerkmale beobachtet werden. Wer oder was auch immer mag hier „seine Hände im Spiel" haben? Von bloßer Natürlichkeit kann hier offensichtlich nicht die Rede sein…

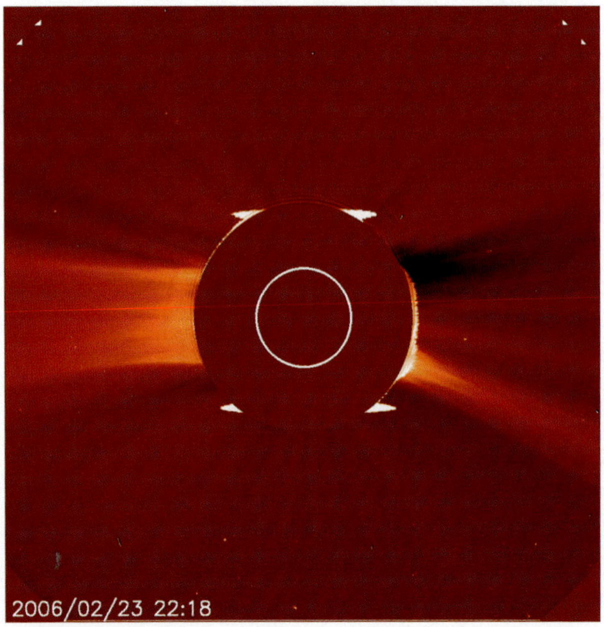

Was befindet sich hinter der Sonne?
Quelle: LASCO C2

Andere Kamera: LASCO C1

Wie es scheint ereignete sich das (-selbe?) Ereignis bereits am 22. März 1997 (!). Ein Deja-vu?

Wie es aussieht, zeigt unsere Sonne bereits seit einigen Jahren ein äußerst außergewöhnliches, gar bedrohliches Verhalten. Niemals zuvor, seit ihrer direkten wie indirekten Beobachtung - hier können Forscher auf einen Zeitraum von etwa tausend Jahren zurückgreifen - wurden derartige Anomalien festgestellt. Die aus der Vergangenheit bekannten Aktivitätsmuster, welche natürlichen Rhythmen folgen, werden gegenwärtig nicht eingehalten. Explosionen, die auf der Sonne beobachtet werden, sind von einer dermaßen großen Intensität, daß immer öfter die Satelliten ausfallen oder gar zerstört werden. Von ungeahntem Ausmaß für die Erde und ihre Bewohner dürften die Folgen dieser Explosionen sein. In der Naturwissenschaft sind direkte Zusammenhänge (Korrelationen) zwischen unterschiedlichen Aktivitätsmustern der Sonne und dem Klima bzw. Wetter auf der Erde allgemein bekannt. Weitaus geringer jedoch dürfte die Gruppe von Eingeweihten sein, die über gesicherte Zusammenhänge zwischen den Sonnenaktivitäten und dem psychischen Verhalten von Menschen wissen. Den Astro- und Heliobiologen liegen gesicherte Ergebnisse aus Langzeitstudien vor, die eindeutige Zusammenhänge zwischen psychischen- und Virus-Epidemien und der Sonne ausweisen. Diese Gruppe von Wissenschaftlern weiß auch von dem unterschwelligen Einfluß auf unterschiedliche Bewußtseinslagen der Menschen, welche durch die Sonne hervorgerufen werden. Biophysiker und

Neurophysiologen kennen die Wechselwirkungen zwischen elektrischen, magnetischen und elektromagnetischen Feldern und dem menschlichen Gehirn, sowie der in diesem Zusammenhang stehenden Psyche bzw. der Bewußtseinslage. **Vergleichen wir die bekannten Daten mit den gegenwärtig gemessenen Feldern, so dürfte eine Verwunderung darüber ausbleiben, daß ein großer Teil unserer gegenwärtig ausgeprägten „angespannten" psychischen Verfassung durch die Feldeinflüsse der Sonne bzw. der Erde erfolgt. Eine Schlußfolgerung, daß über bestimmte Feldeinflüsse spirituell ausgeprägte Wahrnehmungen erzeugt werden, ist aus naturwissenschaftlicher Sicht durchaus zulässig (Persinger et al).**
Die gegenwärtig gemessenen Einflußgrößen der Sonne übersteigen jedoch all das, was bisher beobachtet und gemessen werden konnte. Was hier auf uns zukommt mag überwiegend hypothetisch sein, zumindest aus (konservativ orientierter) naturwissenschaftlicher Sichtweise. Gesicherter Fakt scheint zunächst, daß sich die Sonnenanomalien noch weiter steigern werden. So veröffentlichte beispielsweise „ABC News" am 19.03.2006, daß wir bereits 2007 und 2008 eine nochmals erhöhte Sonnenaktivität erfahren werden, und, daß sich der Höhepunkt (peak) dieser Aktivitäten 2012 ereignen wird.

"Scientists Say Sun's Next Cycle Stronger
The cycle will also begin a year later than expected, in late 2007 or early 2008, and peak around 2012, said Mausumi Dikpati of the National Center for Atmospheric Research in Boulder, Colo". Aus: ABC News, March 19, 2006
„Wissenschaftler erwarten einen stärkeren nächsten Sonnezyklus.
Der Zyklus wird ein Jahr später als erwartet beginnen, nämlich um die Jahreswende 2007/2008. Der Höhepunkt der Aktivitäten wird um das Jahr 2012 erwartet, sagt Mausumi Dikpati vom National Center for Atmospheric Research in Boulder, Colorado". Aus: ABC News, 19. März 2006.

Wie also können wir mit diesen denkwürdigen Informationen nun umgehen? Betrachten wir die Historie der letzten 5000 Jahre, so entdecken wir eindeutige Zusammenhänge zwischen den Sonnenaktivitäten und dem Auf- bzw. Untergang von Kulturen. Das Entstehen und Vergehen des Sumerischen-, des Ägyptischen-, des Griechischen und des Römischen Reichs steht in Korrelation zu entsprechenden Sonnenanomalien. Selbst der Zyklus der Mayakultur scheint in diesem Abhängigkeitsverhältnis zu stehen. Die Maya waren es, die uns über die genaueren, übergeordneten Zusammenhänge zwischen der *„kosmischen Absicht"* und ihren Wirkgrößen aufklärten. Ihr elementares Vermächtnis, der *Tzolkin*, überliefert uns das Wissen von den *„Schöpfern der Welt"* und ihren Plänen. Aus dem *Tzolkin* geht weiter hervor, daß die Erde bis 2012, den Prozess einer Kalibrierung erfahren haben wird. Dieser Maya-Code beschreibt unmißverständlich die Auf- und Untergänge der bisherigen Kulturen. Beeindruckend ist, daß sich diese

Beschreibung mit den tatsächlich eingetretenen Ereignissen unserer Weltgeschichte deckt. Handelt es sich hierbei um einen Zufall? Ziehen wir das Informationsgut von Propheten, Sehern und Channelings zusätzlich in betracht, so bleibt die „Beweislast" nahezu erdrückend. Ihre ungezählten Aussagen im Einzelnen haben fast alle eines gemeinsam, sie beschreiben einen *„Aufstieg in die 5. Dimension"* bzw. eine *„Transformation der Erde"*, ein Ereignis, welches sich bis 2012 vollzogen haben soll. Zugegeben, das prophezeite Szenario wird durch eine konservativ orientierte naturwissenschaftliche Sichtweise zu keinem befriedigenden Ergebnis führen. Dennoch sprechen die vorliegenden Fakten dafür, sehr ernst genommen zu werden, handelt es sich doch um Ereignisse von elementarer Tragweite.
Betrachten wir nun die gegenwärtigen Sonnenaktivitäten mit den herausragenden Ereignissen auf der Erde, so scheint eine direkte Korrelation offensichtlich. Bei genauerer Beobachtung können wir sogar etwas feststellen, das die bisher gewonnenen Erkenntnisse zu relativieren scheint: **die extremstem Sonnenanomalien werden durch Ereignisse hervorgerufen, die eines nicht natürlichen Ursprungs zu sein scheinen.**

Rückblick

Seit nun bereits über 10 Jahren sendet der NASA-Satellit SOHO ununterbrochen Messdaten von der Sonne zur Erde. Bereitwillig stellt der Eigentümer dieses Satelliten einen Teil dieser Daten in Form von Fotos über die Sonne ins Internet. Jeder, der diese Aufnahmen betrachten möchte kann sich auf der Homepage der NASA einloggen und sich vorort aus einem umfangreichen Archiv die entsprechenden Bilder auswählen. Merkwürdigerweise tritt zunehmend häufiger die Situation ein, daß die NASA uns ihre Sonnenbilder verwehrt. Zwar soll dem laienhaften Beobachter glaubhaft gemacht werden, daß es sich um eine momentane Störung handelte, jedoch dürfte das eine plumpe Ausrede sein. So wie es aussieht, ist es einigen Wissenschaftlern gelungen, das Sendesignal des SOHO-Satelliten direkt „anzuzapfen". So stellte beispielsweise eine Arbeitsgruppe aus Portugal unter dem Pseudonym „MK-ULTRA" die „unzensierten Daten" vom NASA-Satelliten ins Netz. Die Bilder, die hier zu sehen waren, hinterließen bei den meisten Betrachtern den Eindruck, daß es sich bei diesen Aufnahmen um einen (makaberen) Scherz handeln würde. Ich muß offen gestehen, daß ich zu dieser Gruppe von Ungläubigen zählte. Seitdem die NASA ihre SOHO-Bilder 1995 ins Netz stellte, werte ich sie für meine geophysikalischen Studienzwecke aus. Als Naturwissenschaftler bin ich darin geschult, eine Bewertung nach besonderen (kritischen) Kriterien vorzunehmen. Mir ist klar, daß ein subjektiver Eindruck einen jeden Beobachtungsgegenstand in ein entsprechendes Licht stellt und damit die Objektivität eingebüßt wird. So befand ich, daß diese portugiesischen Sonnenbilder in überhaupt keine

Kategorie einer naturwissenschaftlichen Zuordnung passten, und somit nur gefälscht sein konnten. Durch einen „Zufall“ wurde ich jedoch eines besseren belehrt. Durch mein speziell geschriebenes Speicherprogramm war ich in der Lage, sämtliche Daten, die von der NASA ins Netz gestellt wurden, automatisch abzuspeichern. So konnte ich mir im nachhinein sämtliche Bilder in aller Ruhe genauer ansehen. Bei einer solchen Tätigkeit fiel mir im November 1997 eine besonders merkwürdige Bildfolge auf. Diese Bilder erinnerten mich sofort an die zuvor verbannten portugiesischen Aufnahmen. Noch erstaunlicher war hierbei für mich, daß es sich hierbei um Bilder handelte, welche die NASA wenige Minuten später aus ihrem Netz entfernte und offenbar mit älteren austauschte! Heute bin ich sicher, daß es genau dieses Ereignis war, welches mich auf die Spur dieses unglaublichen Phänomens brachte. Als ich zunächst erneut versuchte, mir die portugiesischen Daten zu beschaffen (ich hatte alle gelöscht) mußte ich feststellen, daß die gesuchte Seite nicht mehr existierte. Selbst über die Cache-Ebenen der Meta-Suchmaschine war es mir nicht möglich, die alten Daten wieder aufzurufen.

Ausschnitt eines veröffentlichten NASA-Fotos der Sonne. Der obere Ausschnitt zeigt zwei Lichtanomalien, die später öfter auftauchten. Der Bewegungsablauf dieser „Lichterscheinungen“ verläuft atypisch gegenüber (beispielsweise) Planeten, Kometen usw..

Zwischenzeitlich konnte ich zu der portugiesischen Arbeitsgruppe Kontakt aufnehmen. Freundlicherweise sendete mir die Gruppe die herausragenden Sonnenaufnahmen der letzten Jahre und hielt mich weiterhin auf dem neusten Stand. Seitdem vergleiche ich die Aufnahmen der NASA mit denen der Arbeitsgruppe aus Portugal. Hätte es sich bei diesen merkwürdigen Sonnenaufnahmen um einen Einzelfall gehandelt, hätte ich sie sicherlich für Artefakte gehalten und das ganze Thema vergessen. Fast genau ein Jahr später jedoch sichtete ich eine weitere Serie von außergewöhnlichen Sonnenanomalien. Diese zu deuten schien mir jedoch unmöglich. Zum Zeitpunkt dieses Ereignisses meldete die NASA den Ausfall des Satellitenempfangs und konnte demzufolge auch keine Bilder ins Netz stellen. Die portugiesischen Wissenschaftler berechneten aus dem gesamten Datenmaterial dieses Ereignisses, daß es sich bei diesem Objekt um ein „Raumgefährt“ handeln könnte, welches möglicherweise aus einer anderen Raumzeit (Paralleluniversum?) stammt. **Indirekt sollten extreme gravitative Anomalien aufgetreten sein, die in einem direkten Zusammenhang mit diesem Objekt**

standen. Spezielle Auswertungen dieser Aufnahme ergaben, zunächst nur optisch dargestellt, folgende Bilder:

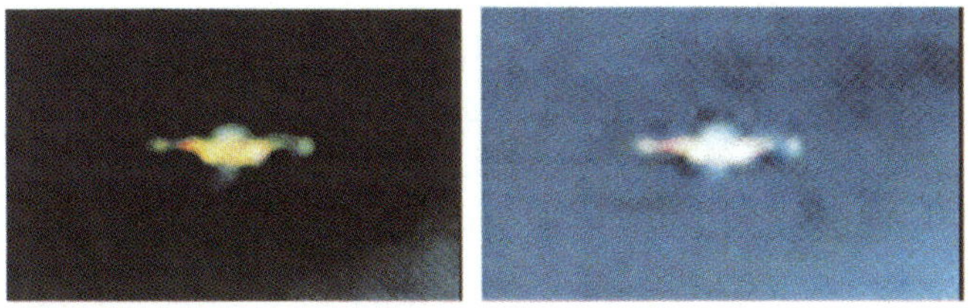

Der portugiesische TV-Sender „CNL" berichtete ausführlich über dieses Ereignis. Der Projektleiter Jose Garrido und einer seiner Kollegen, berichten über ihre Auswertungen.

Tatsächlich setzen sich diese „nicht identifizierten Objekte" bis zur Gegenwart in Szene. Eine genauere Analyse von Tausenden von Satellitenaufnahmen der NASA (SOHO und LASCO) der vergangenen 10 Jahre ergab zunächst folgende herausragenden Hauptmerkmale:

1. **Es existieren mindestens zwei unterschiedliche Grundformen und vieles spricht für eine unterschiedliche Zugehörigkeit (Opponent) der entsprechenden Formen**
2. **die Objekte schienen sich mit nie beobachteten Reisegeschwindigkeiten „zu bewegen" (sie tauchen quasi aus dem „Nichts" auf, und verschwinden ebenso)**
3. **die opponenten Objekte scheinen sich kriegerisch gegenübergestellt (laserähnlicher Beschuß)**
4. **Sie üben mit unbekannter Technologie einen direkten Einfluß auf die Sonne aus (verursachen extremste Sonnenexplosionen)**
5. **Vertreter der einen Grundform scheinen die andere Gruppe an ihren Tätigkeiten, die Sonne beeinflussen zu wollen, hindern zu wollen**

Seit etwa zwei Monaten kann nun ein neues Phänomen vor der Sonne beobachtet werden. Ein Ereignis, welches einige Astrophysiker ganz besonders aufmerksam beobachten. Wie mir vor kurzem ein russischer Kollege mitteilte, herrscht unter ihnen zunehmende Ratlosigkeit. Die SOHO Satellitenkamera LASCO C2, die gegenüber LASCO C3 wesentlich nähere Aufnahmen von der Sonne erstellt (rote Aufnahmen gegenüber blau), hält eine periodisch auftretende Anomalie am Sonnenrand fest. LASCO C2 erstellt nun etwa alle 30 Minuten eine Aufnahme, wobei die Perioden täglich um 4 Minuten schwanken. Beispielsweise werden am 13. Juli Aufnahmen um 20:30, **20:58**, 21:30 Uhr, usw. durchgeführt, so erfolgen dann am 14.Juli Aufnahmezyklen um 20:30, **20:54**, 21:30 Uhr usw. (diese Zeitangaben entsprechen den tatsächlichen Zyklen). Weshalb der Satellit diese Ausnahme durchführt, könnte mit einem sehr außergewöhnlichen Ereignis zusammenhängen. Täglich um **20:58 bzw. 20:54** Uhr entstehen Bilder von einer Situation, die sich seit etwa drei Monaten ereignet – ohne die kleinste Abweichung zu erfahren. Zu genau dieser Zeit (und nur einmal innerhalb von 24 Stunden) entstehen um den Sonnenrand extrem ausgeprägte (Gravitations-)Wellen. Eine halbe Stunde (max.) früher oder später ist von diesem Spuk nichts zu erkennen. Das Ereignis scheint ansatzlos zu entstehen. Am Anfang der Entdeckung dieses Ereignisses, also etwa vor drei Monaten, befand sich der Austrittspunkt, eine Verformung dieser Wellen noch auf der 7 Uhr Position (gegenüber der unteren Aufnahme). Seit etwa zwei Monaten jedoch wechselte das Ereignis die Seiten. Was wir nun täglich beobachten können, sind diese Bilder:

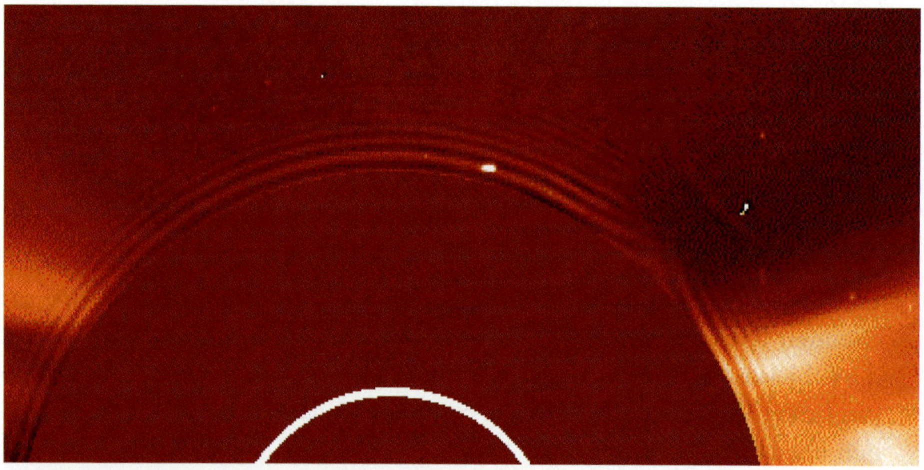

(Gravitations-)Wellen mit einem „Austrittspunkt" auf 1 Uhr (rechts oben)

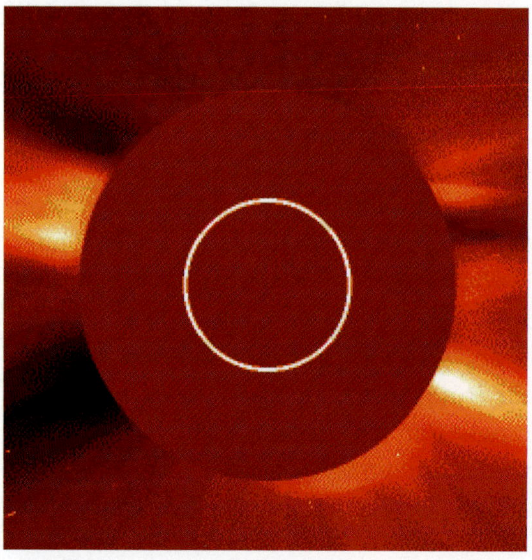

Trotz starker Sonnenaktivität sind keine (Gravitations-)Wellen am Sonnenrand zu erkennen. Zwischen diesen Ereignissen liegt eine Zeitspanne von etwa 30 Minuten

Bei genauerer Betrachtung dieser Aufnahmen fällt ebenfalls auf, daß sich am weiteren Ende des Austrittskanals eine Art Gegenwelle oder (Schutz-) Schild ausprägt. Bei allen Aufnahmen, die dieses Szenario darstellen, sind diese Gebilde zu erkennen, sie gehören offenbar zu diesem Ereignis. Gleiches gilt für den „kleinen" weißen „Fleck", der sich hinter dieser „Gegenwelle" oder (Schutz-)Schild befindet. Dieses Objekt ist unveränderlich auf allen Photos zu erkennen, welche dieses periodisch auftretende Szenario darstellen.

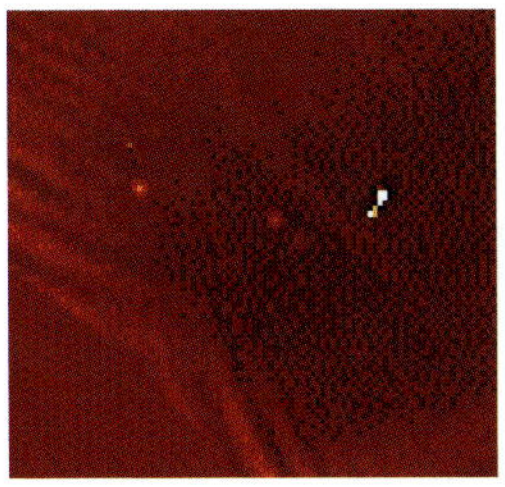

Gegenwelle oder (Schutz-) Schild, dahinter verbirgt sich der „weiße Fleck"

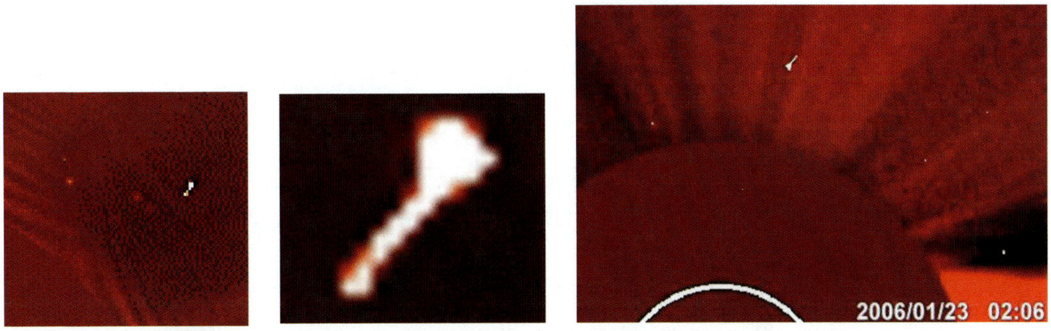

Vergleich zwischen unserem bekannten Objekt; rechts ein neu (?) aufgetauchtes. Handelt es sich bei dem Objekt, welches am 23.Januar 2006 beobachtet werden konnte um unseren „weißen Fleck"?

Wie ich vor wenigen Tagen von meinem russischen Kollegen erfahren konnte, scheint es sich bei diesen Ereignissen tatsächlich um Gravitationsanomalien zu handeln. Was nun die Sache besonders mysteriös macht, ist das periodische Auftreten dieses Ereignisses. Gehen wir etwas weiter zurück, so ist zu erkennen, daß durchaus bereits vereinzelte Erscheinungen auftraten, die unseren aktuelleren Bildern zumindest ähneln. Die Satellitenkamera LASCO C1 fotografierte am 30.Oktober 2005 eine Sonnenanomalie, die einen Austrittskanal auf 7 Uhr zeigt. Das kleine Objekt auf 3 Uhr konnte bisher von meinen Kollegen nicht zugeordnet werden (obwohl es etliche Erklärungsversuche gab). Handelt es sich bei diesem Objekt möglicherweise um unseren „weißen Fleck"?

30. Oktober 2005 (LASCO Aufnahme /NASA)

Auch am 23. März tauchte dieses Objekt im Zusammenhang mit einer ebenfalls völlig ungeklärten Anomalie wieder auf (3 Uhr). Was mag hier geschehen sein?

23. März 2006 (SOHO Aufnahme NASA)

Betrachten wir nun nochmals die so genannte Gegenwelle (oder [Schutz-] Schild). Bei dieser älteren Aufnahme sind die gegenläufigen Wellen deutlich zu erkennen.

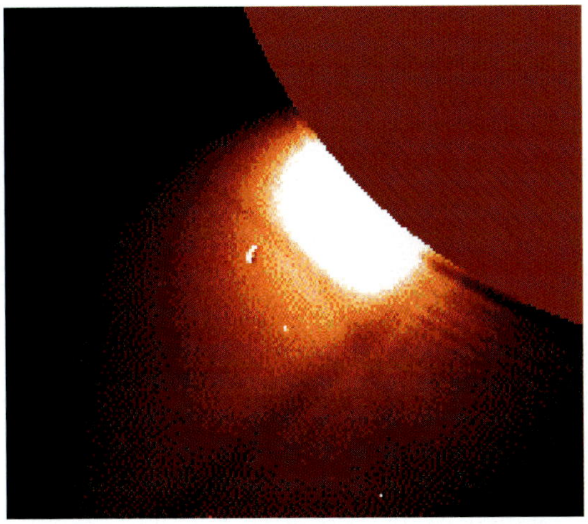

Detailvergrößerung. Beachtenswert scheint auch der „gegenläufige Ring" (!) zu sein, der bei sämtlichen (Gravitations-) Ereignissen dieser Art auftritt

Etwa fünf Monate später ereignete sich ein sehr ähnliches Ereignis. Der Austrittspunkt befindet sich an der der Stelle wie am 30. Oktober 2005.

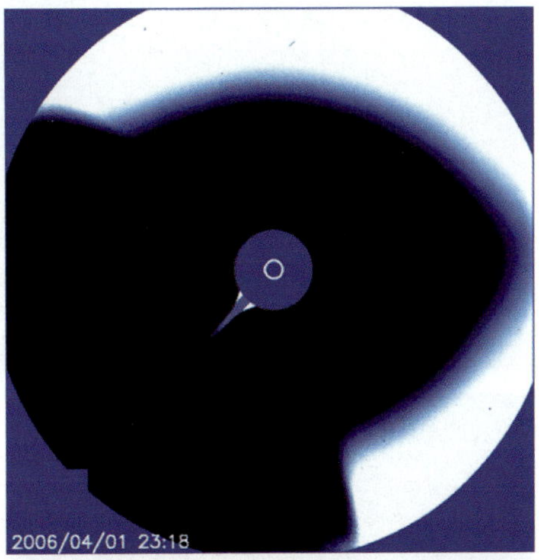

Satellit (SOHO) zeigt eine Anomalie, die sehr wahrscheinlich eine Auswirkung eines Gravitationsereignisses der Sonne darstellt. Bemerke den gleichen Austrittspunkt wie vom 30. Oktober 2005

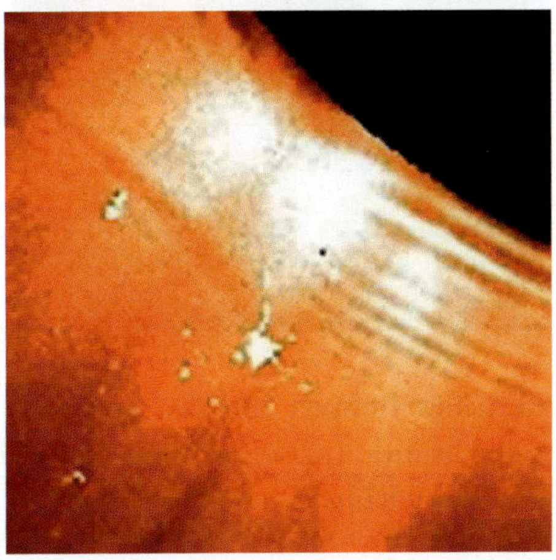

Erstmalige Beobachtung dieses Phänomens vom März 2000. Bei dieser Aufnahme ist die ringförmige Formation von Lichtobjekten, die um ein größeres Objekt postiert sind, hervorzuheben.

Hier nun die aktuellen Aufnahmen zu unserem Thema:

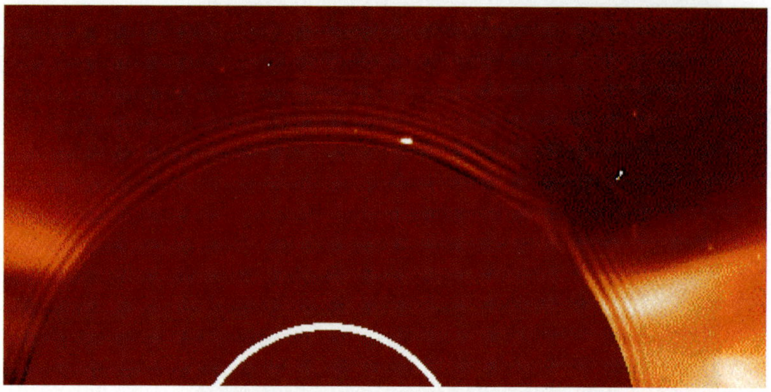

13. Juli 2006, 20:58 Uhr

Am 4. Juli 2006 erschien wenige Stunden vor dem täglich wiederkehrenden Ereignis dieses Objekt. Die von diesem Objekt ausgehenden drei (Laser-) Strahlen (?) könnten auf eine kriegerische Auseinandersetzung hinweisen…

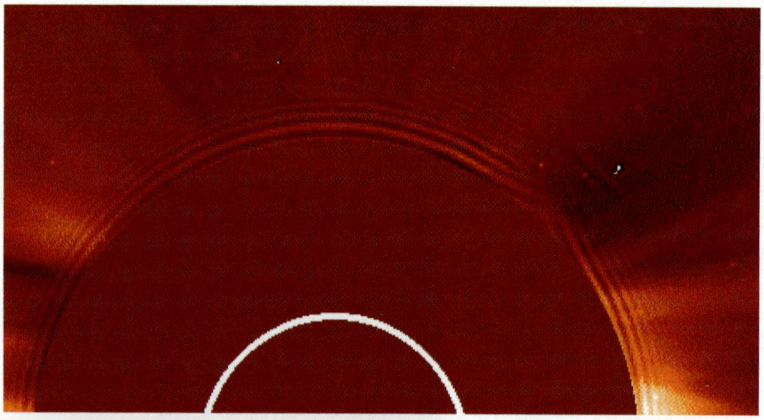

12. Juli 2006, 20:54 Uhr

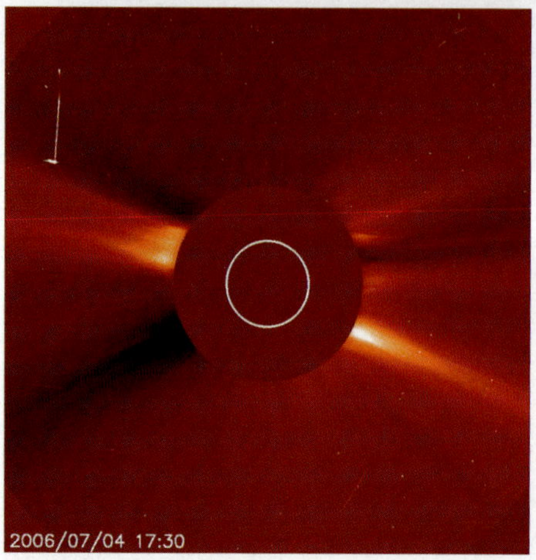

4. Juli 2006 um 17:30 Uhr

Aktuelles Beispiel für das "spontan" auftretende Ereignis auf 1 Uhr. Eine halbe Stunde (max.) trennen diese Aufnahmen und das Hauptereignis, vorher und nachher.

4. Juli 2006 um 20:30 Uhr

4. Juli 2006 um 20:58 Uhr

4. Juli 2006 um 21:30 Uhr

Nur 24 Minuten später taucht, quasi aus dem Nichts, dieses Objekt neben der Sonne auf:

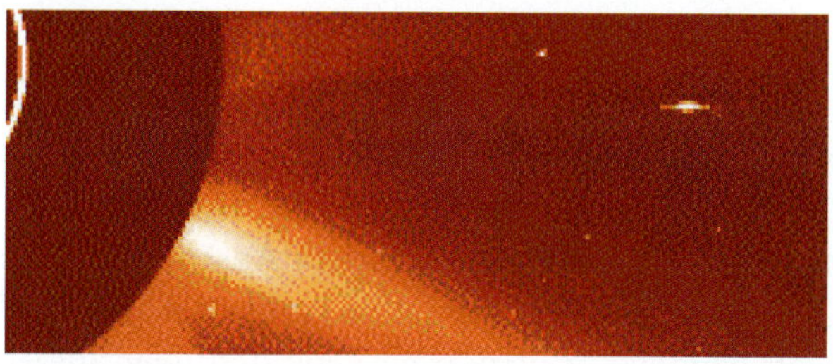

4. Juli 2006 um 21:54 Uhr

4. Juli 2006
eine halbe Stunde später

Gehen wir nun der Auswirkung dieses zyklischen Ereignisses nach, so kommen wir nicht umhin, uns etwas eingehender mit der Gravitation zu befassen. Genauer mit Gravitation und ihren möglichen Auswirkungen für uns. Grundsätzlich können Gravitationskräften zwei wesentliche Eigenschaften zugeordnet werden:

Universelle Wandelbarkeit in alle möglichen Feld- und Energieformen, sowie die Fähigkeit, Information zu übertragen (W. Burin, A. Dubrov u.a.). Allgemein formuliert ist ein Bio- Gravitationsfeld ein Formfeld, die entsprechenden Wellen sind Formwellen, die Teilchen Formonen. Der russische Physiker V. Puschkin verknüpft das Bio- oder Auto-Gravitationsfeld mit der inneren Ordnung der Bio-Materie, er hält jedoch vom psychologischen Standpunkt aus eine andere mögliche Funktion der Gravitation für wichtig: „Die Versuche weisen nämlich darauf hin, daß der **Gravitationserzeugungsprozeß der materiellen Sicherung der psychischen Tätigkeit des Menschen dient.** Die Gravitation würde also am Aufbau der Vorstellungen über die Außenwelt teilhaben. Ein derartiges **psychisches Kodieren** muß in der Dynamik der Gravitationsprozesse, die im Menschen als einem Elementarteilchensystem entstehen, seine Widerspiegelung finden. Der Zusammenhang zwischen Gravitationsprozessen und der menschlichen Psyche kann große methodologische Bedeutung besitzen. Eine wichtige Aufgabe ist die Aufschlüsselung des Gravitationscodes, mit dessen Hilfe auf der Fundamentalebene psychische Erscheinungen fixiert werden.“ (Hervorhebungen vom Autor).

Bewußtsein, Gedanken und Vorstellungen sind grundlegend, die Raumzeitwelt wird als psychisches Konstrukt relativiert. Physikalisch nichterfassbare Transbereiche jenseits der Raumzeit werden konstatiert. Sie sind gravitativ verkoppelt mit unserem Raumzeitgeschehen, mit unseren Bewußtseinsstrukturen, durch steigende und fallende Aktivitäten. Relative Gravitationswellengrößen sind unterschiedlichen Organisationsniveaus zugeordnet, Schwingungen von Gedankenmustern in Harmonien bilden Licht und Materie.

Eine Reihe von physikalischen Theorien (J. Wheeler, T. Bearden, B. Heim) versuchen, Genaueres über den modernen "Quantenäther" auszusagen. Trotz bestätigender Experimente ist das Forschungsthema leider bis heute ein Kuriosum geblieben. Einig sind sich diese unterschiedlichen Ansätze darüber, daß eine enge Beziehung zwischen Vakuumenergie und der inneren Geometrie des Raumes besteht, bzw. daß wellenartige Veränderungen dieser Geometrie Verdichtungen und Verdünnungen der Energiedichte des Vakuums bewirken und umgekehrt. Tatsächlich handelt es sich hierbei um **Gravitationswellen.** Man vermutet selbst von konservativer Physikerseite, **das menschliche Bewußtsein könnte diese Geometrie beeinflussen und auf**

diese Weise direkten Einfluß auf die grundlegendsten Vorgänge von Materie und Energie nehmen.

Nach Burkhard Heim breiten sich Gravitationswellen mit 4/3 der Lichtgeschwindigkeit aus (was eine neue Gruppe von Lorentz-Transformationen nach sich ziehen würde). In der Andersartigkeit der Gravitationswellen gegenüber den elektromagnetischen Wellen liegt nach Heim auch der Grund, daß ihre Wechselwirkungen mit materiellen Systemen von negativer Entropie (Negentropie) begleitet sind. Der direkte Nachweis von Gravitonen blieb den Naturwissenschaftlern bisher deshalb verborgen, weil ihre „Örtlichkeit" außerhalb unserer Raumzeit (3+1-Dimension) liegt. Aus quantenphysikalischer Sicht (Heim, Charon u.a.) läßt sich die Gravitation der 5. und 6. Dimension zuordnen. So wirkt die Gravitation von einer Hyperraumebene aus. Auf die unteren Dimensionen unserer Raumzeit unter anderem als Informationskanal. Wenn wir also von Gravitationswellen sprechen, so handelt es sich hierbei um Sekundärerscheinungen, die ihrer Primärquelle aus dem Hyperraum entspringen.

Gravitation und DNS/Antenne DNS

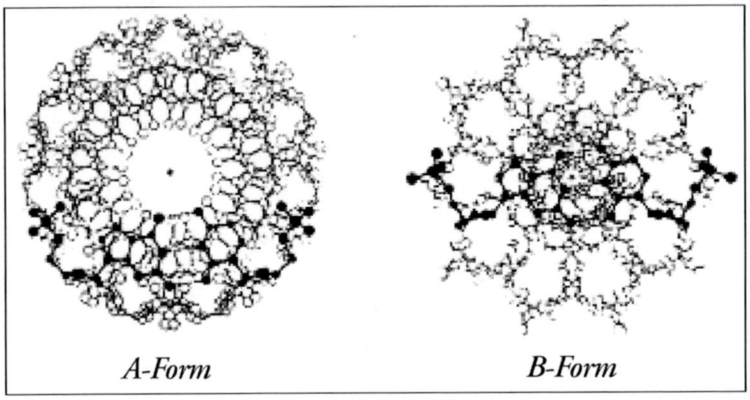

Draufsicht DNS
A-Form: Normalzustand
B-Form: Replikation
(B = der Winkel zwischen Basenpaaren und Helixachse beträgt 90 Grad)

Der Schnitt durch die B-Form senkrecht zur Achse zeigt ein Zehneck (Dekaeder), das man sich aus zwei übereinander gelegten Fünf-Ecken gebildet vorstellen kann. Der Wirbel, der bei der Entspiralisierung und Einwindung entsteht, verursacht eine Art Implosion von 6 Gravitationswellen, wobei durch eine siebente (durch den Prozess einer Implosion) die Verbindung zum Hyperraum hergestellt wird. Durch diese Formation eines Wirbels findet die eigentliche Übertragung in bzw. Verbindung zum Hyperraum statt. In diesem geordneten Muster polarisieren sich die Elektronen gegenseitig, stabilisieren ihren Spin und verlangsamen, erstarren in ihrer Anordnung, sodaß sie „nicht frei" sind. Diese Kontrolle und Verlangsamung des Elektronen-Spins ist der Schlüssel zur Supraleitfähigkeit, was in der heutigen Physik bereits durch Tieftemperatur-Physik erreicht wird. Bereits seit 2002 wissen wir, daß die genetische Information nicht in der DNS enthalten ist. Heute gilt als gesichert, daß biologische Systeme über ein sehr breites Spektralband in Resonanz mit der Umwelt treten. Schwache elektromagnetische Felder regeln nicht nur den Stoffwechsel und Informationsaustausch zwischen den Zellen, sondern steuern auch die Transkription der DNS während der Eiweißsynthese (Prof. F. A. Popp). Bereits Gurwitsch postulierte, daß die Quelle der von ihm bereits 1923 entdeckten „mitogenetischen Strahlung" ein „morphogenetisches Feld" sei.
Tatsächlich erzeugt die DNS eine globale **stehende Dichtewelle** der Materie (des Äthers bzw. des Hyperraums). Diese **Stehende Welle** „steht" im logarithmischen Raum der Maßstäbe. Durch sie entstehen erst die physikalischen Kräfte wie Gravitation, Elektrizität, Magnetismus, Kernfusion und Kernzerfall. Die *„globale stehende Dichtewelle"* (Dr. rer. nat. Hartmut Müller) verdrängt mit ihren Schwingungsbäuchen Materie und erzeugt einen

Materiefluß in Richtung Knotenpunkte, den wir z. B. als gravitative Erscheinung (Erdanziehung) wahrnehmen. Das globale morphogenetische Feld bestimmt eindeutig die Eigenschaften der **gravitativen Wechselwirkung**, sowie die Eigenschaften elektromagnetischer Felder. Da sich die „Örtlichkeit“ der „morphogenetischen Datenbank“ außerhalb unserer dreidimensionalen Raumzeit befindet, besteht demzufolge eine Verbindung zwischen der DNS und einer Ebene des Hyperraums. Die Gebrauchs- bzw. Nutzfunktionen der DNS werden offenbar erst hierarchisch betrachtet, in zweiter (Wirk-) Folge durch elektromagnetische Felder durchgeführt, entsprechend der Prioritätsdaten aus der morphogenetischen Datenbank. Wie es aussieht, scheint das bevorzugte Medium zu den Ebenen des Hyperraums die Gravitation zu sein. Wer auch immer sich die Gravitation dienbar zu machen versteht, hat damit den wahren Zugang zur Macht.

Gehirn und Hyperraumverbindung

Nach J. Sarfetti dient eine ganze Reihe von „Nano-Antennen“, gebildet durch Elektronen innerhalb des Gehirns, dazu, den Mikrotubuli des Gehirns Informationen zu übermitteln. Roger Penrose schlußfolgert, daß die beiden unterschiedlichen potentiellen Zustände des (Gehirn-) Tubulins mit zunehmender Kohärenzzeit unterschiedliche Masseverteilungen annehmen und sich dadurch ein Auseinanderklaffen der Raumzeit-Geometrie der beiden Möglichkeiten ergibt, bis eine Schwelle in der Quanten-Gravitation überschritten wird.

Die Erde (der Mond) und unsere Sonne bilden zusammen ein Gravitations- und gleichermaßen ein multidimensionales Antennensystem. Ebenfalls fungieren unsere beiden Gehirnhälften als Antennen (über Interferenzen) und sind Sender und Empfänger von Gravitationsfeldern. Die im EEG gemessenen Signale sind lediglich die sichtbaren, messbaren Sekundäreffekte dieser Gravitationsfelder. Somit ist das menschliche Gehirn zum einen ein Empfänger von Informationen aus verschiedenen Dimensionsebenen des Hyperraums. Ebenso ist es natürlich selbst Sender von Informationen, die nun zusätzlich über elektromagnetische Felder auf die dreidimensionalen Strukturen übertragen werden können. Die Wechselwirkung mit dem Hyperraum könnte somit durchaus als „Triebkraft und Informationspool der Evolution“ betrachtet werden. **Es ist davon auszugehen, daß die DNS und die Mikrotubuli als Schnittstelle zwischen Hyperraum und Biologie fungieren.** Sowohl die Bio-Photonen wie auch die Photonen, die im lebenden Organismus auftreten, sind demzufolge Sekundärerscheinungen eines konstanten (Bio-) Gravitationsfeldes, das die Lebensprozesse kontrolliert. Nach Burkhard Heim stellen elektromagnetische Felder, Ultraviolett und Infrarotstrahlung, Radioaktivität, Schallwellen und weitere physikalische Erscheinungen Sekundärerscheinungen von Gravitationsfeldern dar. Eine

Veröffentlichung der Fachzeitschrift Nature „Neuroscience“ (2002) von Joe McIntyre berichtet hierzu:
“Ein Weltraumexperiment legt nahe, daß das menschliche Gehirn über ein internes Modell der Gravitation verfügt“.

Hyperraum:
Unter dem Hyperraum verstehen wir eine, den uns bekannten 4-Dimensionen, übergeordnete Ebene. Diese Ebene beinhaltet zunächst sämtliche über den 4-Dimensionen liegenden Dimensionen. Unter diesen vier Dimensionen ist die uns umgebene geometrische Dreidimensionalität gemeint (Länge, Breite, Höhe), welche sich in einer zeitlichen, vierten Dimension darstellt. Somit sind die ersten drei Dimensionen geometrisch, also räumlicher Art und die vierte ist der Zeit zugeordnet. Zur Beschreibung der Interaktion von 12 Dimensionen wird auf das Modell von Burkhard Heim zurückgegriffen. **Unter den direkten Schnittstellen in Bezug auf materielle Systeme kann von bestimmten Strukturen ausgegangen werden, welche wir in der DNS, den Mikrotubuli und der Zellmembran vorfinden.**

Gravitationswellen: Räumlich und zeitlich veränderliche Formationen der äußeren Raumzeit, die sich ausbreiten – analog der Ausbreitung von Wellen auf einer Wasseroberfläche. Die Ausbreitungsgeschwindigkeit der Gravitationswellen erfolgt mit Lichtgeschwindigkeit.
Die Gravitationskraft ist die Bewegung der Gravitonen. Hierbei sind die beiden Dimensionen X5 und X6 von großer Bedeutung, da sie zum einen eigenständig auftreten können und zum anderen die Gravitation bilden.
Das Gehirn, unsere Erde, sowie die Sonne(n) wandeln Gravitationsenergie um in elektromagnetische Wellen – das ist der „Stoff“, aus dem Gedanken bestehen! (Und das ist, was gemessen werden kann!)

Erde als Hohlraumresonator (Stehende Welle)

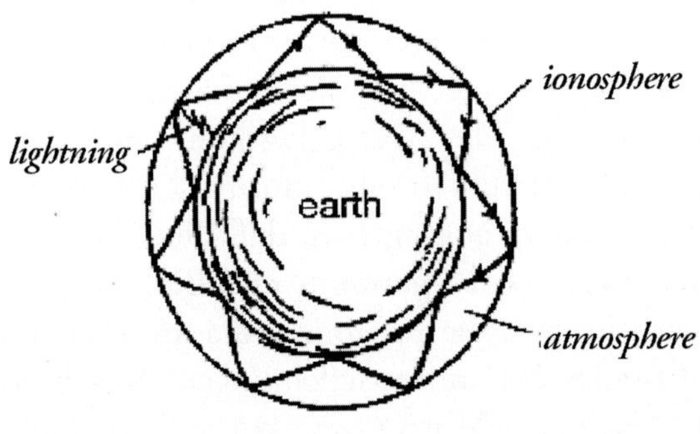

Die Physik erklärt uns, daß unter Bedingungen einer „stehenden Welle“ eine Informationsübertragung quasi zeitgleich erfolgt, da innerhalb dieser Welle alles mit allem verbunden ist. Unsere Erde, als (Kugel-) Hohlraumresonator

(Schumann-Resonanzfrequenz 7,8 Hz) bildet durch diese spezielle Eigenschaft eine stehende Welle. Diese stehenden Wellen regen pausenlos die Erde selbst zur Eigenschwingung (Resonanz) an. In auffälliger Weise stimmen bestimmte Frequenzen sowohl in ihrer Impulsform wie auch in ihrer Frequenz in frappanter Weise mit den Alpha-Gehirnwellen (8-12 Hz) überein. Die Physikprofessoren König, Fröhlich, Presman gingen als Erste davon aus, daß gerade diese speziellen EM-Felder eine entscheidende Rolle in der Prägung in der Evolution gespielt haben. Sind es doch gerade die Frequenzen, die für die Ausbildung der elektrischen Steuerungs- und Regelungsvorgänge bei Lebewesen von großer Bedeutung sind. Ebenso, und das scheint im Zusammenhang mit dem Thema dieses Kapitels besonders bedeutsam zu sein, kennzeichnet diese Frequenz, vom Gehirn eines Menschen ausgehend, einen sensiblen Bewußtseinsbereich. Von diesen Alpha-Gehirnwellen (8-12 Hz) ist bekannt, daß sie den Zustand zwischen bewußt und unbewußt (Wach und Schlaf) darstellen. Im Alpha-Bereich sind wir quasi offen für unzensierte Informationseingänge, was einer Programmierung gleichkommt. Es handelt sich hierbei um einen Effekt, der vor einigen Jahren geprägt wurde und sich hinter dem Begriff „Alpha-Learning" verbirgt. Im Wachzustand (> 13 Hz) fungiert unser Bewußtsein u.a. als Zensor für die eingehenden Informationen. In diesem Zustand können wir (mehr oder weniger) entscheiden, welche Informationen für uns von Relevanz sind und welche nicht. Befinden wir uns jedoch im Zustand des Alpha-Bereichs – was normalerweise nur in den Übergangszuständen von Wach- in den Schlafzustand und umgekehrt geschieht – sind wir quasi ungeschützt und demzufolge offen für unzensierte Informationen.

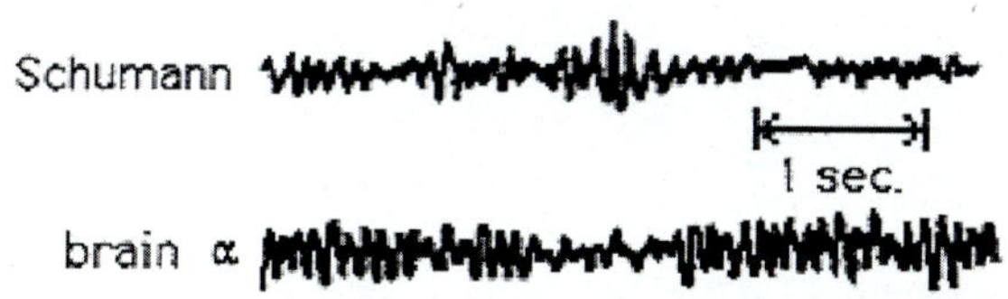

Erd-Resonanzfrequenz (Schumann Resonanz) und Gehirnwelle eines Menschen im Alpha-Bereich

Menschliches Gehirn (im EEG-Mapping) unter Einfluß von elektromagnetischen Feldern

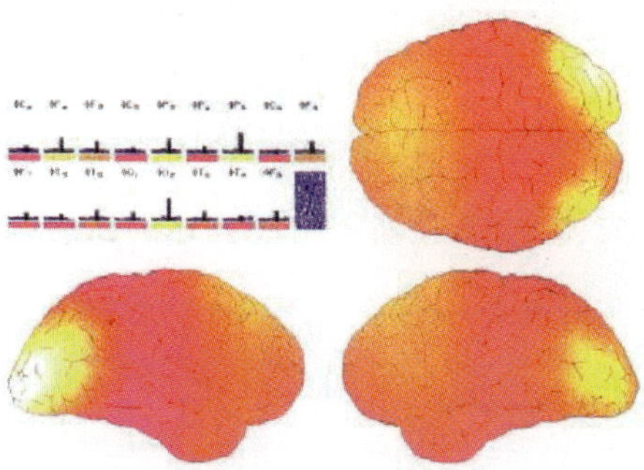

Topographische Hirnstromkarte (f=frontal, o=occipetal) zeigt die ungewöhnliche Zunahme der Alpha-Aktivität bei geöffneten Augen. Dieses Meßergebnis wurde durch eine, auf einen Proband einwirkende Schumann-Resonanzfrequenz erzielt.

Integriert in ein Meer von EM-Feldern, die (in ihrer natürlichen Form) als eine kosmische „stehende Welle“ fungieren, sind wir hierdurch angekoppelt an die regulierenden Strukturen des Universums. Stehende Wellen entstehen durch Überlagerung zweier Wellen mit gleicher Frequenz, gleicher Amplitude und gleichem Phasenwinkel, aber entgegengesetzter Laufrichtung (antiparallel). Offenbar bezieht unsere Sonne ihre Energie nicht aus der Wasserstoffusion, sondern aus der Fusion der **Gravitonen** zu elektromagnetischen Wellen. Dabei wird über die Kraftfelder und ihre Verdichtungswirkung das gesamte Spektrum an EM-Wellen geliefert. Wenn jetzt die Erde durch ihre Präzessionsbewegung alle 12.800 Jahre näher an die Zentralsonne kommt (durch eine elliptische Bahnbewegung) so erhöht sich die Kraft der Zentralsonne (Sirius) auf unsere Sonne. Dieser Vorgang würde zweimal um die Zentralsonne (Sirius) erfolgen. Hierbei könnte nun noch ein zusätzlicher Effekt eintreten. In der Nähe der Zentralsonne könnte es eine erhöhte Dichte

Der Maya-Kalender im Sonnenzyklus

von Gravitonen geben, durch die unsere Sonne mitsamt dem Planetensystem sich bewegt. Dieser Prozess läßt sich mit der Global-Scaling-Theorie von Dr. Hartmut Müller als kosmische stehende Gravitationswelle beschreiben, wodurch es einen Bereich geben muß, wo die stehende Welle eine hohe Dichte hat, nämlich im Knoten. Mit der höheren Dichte wird naturgemäß die Fusionsmenge erhöht, gleichzeitig steigt das Magnetfeld der Sonne und der Erde. Natürlich wird hiervon unsere (Neuro-) Gehirnchemie und damit unsere Bewußtseinslage betroffen sein. Bei einem solchen Vorgang vollzieht sich ein kosmisch bedingter Regulations- und Kalibrierungsprozess von unvorstellbarem Ausmaß! Welche naturgegebene kosmische „Absicht" mag hier im Hintergrund wirken?
Rufen wir uns die Bilddokumente, die wir durch die zahlreichen SOHO-Aufnahmen betrachten konnten in Erinnerung, so scheint vieles für einen erkennbaren Grundkonflikt zwischen zwei opponierenden Parteien zu sprechen. Offenbar ist die eine Partei angehalten, jegliche Einmischung in ein epochales Naturereignis (Transformation) auszuschließen. Daß dieses trotzdem versucht wird, können wir relativ deutlich auf zahlreichen Aufzeichnungen der NASA erkennen. Wie mag es nun weitergehen? Was kommt da noch auf uns zu? Wie es aussieht noch eine ganze Menge!

Sonne als Dimensionstor?

Gravitationswellen von der Sonne

Existieren nach unserem Kenntnisstand überhaupt reale Möglichkeiten, die einen mehrfach beschriebenen „Aufstieg in eine höhere Dimension" erklären könnten? Wie es aussieht kann diese Frage durchaus mit Ja beantwortet werden. Diese Vorstellung steht zumindest im Einklang mit dem Erkenntnisstand der Elementarphysik (vgl. Film „Event Horizon"-P. Anderson). So erklärt beispielsweise die Komplexe-Relativitätstheorie des Physikers J. E. Charon ein modellhaftes Szenario, in dem solche Eigenschaften geradezu naturgemäß vorhanden sind. Daß **Masse und Zeit** miteinander in einem direktem Zusammenhang stehen, ist uns sicher seit Albert Einsteins Relativitätstheorie bekannt. Daß unsere Sonne augenscheinlich das massenreichste Objekt in unserem Sonnensystem ist, dürfte uns ebenfalls bekannt sein. **Wer immer in der Lage sein wird, einen Einfluß auf die Sonne auszuüben welcher ihre Energie verändert, ist damit ebenfalls in der Lage, die Zeit –und damit die 4. Dimension– zu beeinflußen!** Naturgemäß sind alle Dimensionen miteinander verbunden sodaß sich eine Veränderung der Masse/Energie ebenfalls auf alle anderen Dimensionen auswirkt. Das „Geheimnis" verbirgt sich hinter den Eigenschaften der Gravitation. Durch Einsteins allgemeine Relativitätstheorie wird die **Gravitation auf eine Krümmung der Raumzeit zurückgeführt,** die unter anderem durch die beteiligten Massen provoziert wird. Die korrekte Beschreibung von **schwarzen Löchern** ist ebenfalls der allgemeinen Relativitätstheorie vorbehalten. Als **Schwarzes Loch** bezeichnet man einen Bereich der **Raumzeit, der aufgrund des starken Gravitationsfelds so stark gekrümmt ist,** daß weder Materie noch Licht oder Information aus dieser Region nach außen gelangen können. Die Grenze dieses Bereiches nennen die Physiker **Ereignishorizont oder Schwarzschildradius.** Der **Schwarzschildradius** ist der Radius, den eine Massekugel haben muß, damit die Fluchtgeschwindigkeit an ihrer Oberfläche der Lichtgeschwindigkeit entspricht. Pierre-Simon Laplace war der erste, der sich mit der Frage auseinandersetzte, wie groß die Anziehungskraft eines Himmelskörpers sein muß, damit Licht nicht mehr von seiner Oberfläche entweichen kann. Unter Benutzung der Newtonschen Gravitationstheorie, fand er eine Beziehung zwischen dem Radius des Himmelskörpers und seiner Masse. Diesen Radius hat Karl Schwarzschild

1916 in einer allgemeinrelativistischen Rechnung wieder gefunden und er wurde ihm zu Ehren als Schwarzschildradius bezeichnet. Die durch den Schwarzschildradius gegebene Kugeloberfläche wird als **Ereignishorizont** bezeichnet. Ein Beobachter, der sich außerhalb dieser Kugeloberfläche befindet, kann keinerlei Informationen über den Raumbereich erhalten, der sich hinter dieser Kugeloberfläche befindet. Ein solcher Beobachter nimmt den von der Kugeloberfläche eingeschlossenen Bereich als ein schwarzes Loch wahr. Gemäß der speziellen Relativitätstheorie wird eine Information maximal mit Lichtgeschwindigkeit übertragen.

Der Zukunftslichtbereich eines Ereignisses innerhalb des Schwarzschildradius wird durch die Schwerkraft „festgehalten" (ich will hier raus), so daß nichts mehr (auch keine Information) aus dem Gravitationsfeld der Massekugel entweichen kann. Das ist gerade deshalb der Fall, weil sich der Zukunftslichtbereich mit Lichtgeschwindigkeit ausbreitet, diese aber nicht als Fluchtgeschwindigkeit ausreicht, um der Schwerkraft des schwarzen Loches zu entkommen. Umgekehrt folgt daraus, daß sich der Bereich innerhalb des Ereignishorizonts nicht im Vergangenheitslichtbereich eines beliebigen Beobachters befindet. Neue Überlegungen haben allerdings gezeigt, daß schwarze Löcher Energie (und damit Masse) in Form von Hawking-Strahlung abgeben, so daß die Aussage, nichts könne aus einem Schwarzen Loch entkommen, nur noch bedingt richtig ist.

Ein neues Modell der Sonnenphysik (Heliobiologie) zeigt nun, daß unsere Sonne kein Atomofen ist, sondern in Wahrheit einen Nullpunkt im Zentrum hat, mit einem gegenläufig rotierenden Magnetfeld und einem Plasmawirbel, der die Chromosphäre aufrechterhält. Deutliche Hinweise zeigen daß unsere Sonne in ihrem Zentrum selber ein Vakuum aufbaut.

Schwarzes Loch
Quelle: Ute Kraus

A.Einstein: „Elementarteilchen definieren sich durch eine **gekrümmte Raum-Zeit**". Nach der Einsteinschen Feldgleichung wird durch starke Massenkonzentration die Struktur der äußeren Raum-Zeit sich krümmen – kann so stark gekrümmt werden, daß sich ein Teil der äußeren Raum-Zeit aus ihrer Umgebung heraus krümmt („Seifenblase") = **Schwarzes Loch. Hier entsteht ein in sich geschlossener Raum-Zeit-Bereich = Innere Raumzeit, die von der äußeren Raumzeit unabhängig ist!** Die Schnittstelle bzw. der Berührungspunkt der inneren Raum-Zeit wird **Schwarzschildradius** genannt. Die **Komplexe Relativitätstheorie** zeigt, daß die geladenen Leptonen, eine innere Schwarz-Loch-Struktur besitzen und über eine eigene **Innere- Raumzeit** verfügen! Von den geladenen Leptonen sind jedoch nur das **Elektron und das Positron* stabil** (*wobei das Positron das Antimaterie-Elektron darstellt).

Glücklicherweise erreicht unsere Sonne die erforderliche Masse nicht, um zu einem schwarzen Loch zu werden. Es müßte mehr als das dreifache unserer Sonnenmasse vorhanden sein um sich ins Schwarze zu verstecken. **Elektronen** hingegen erfüllen diese Bedingung durchaus, was der Grund dafür sein mag, weshalb sie uns bei dem Versuch sie zu beobachten, an der Nase herumführen…, quasi Versteck mit uns spielen (Motto: Ich bin **dort**, wo du nicht denkst **wann** ich **wo** bin).

Hohlraum (-Resonator) als Kriterium für Hyperraumankopplung

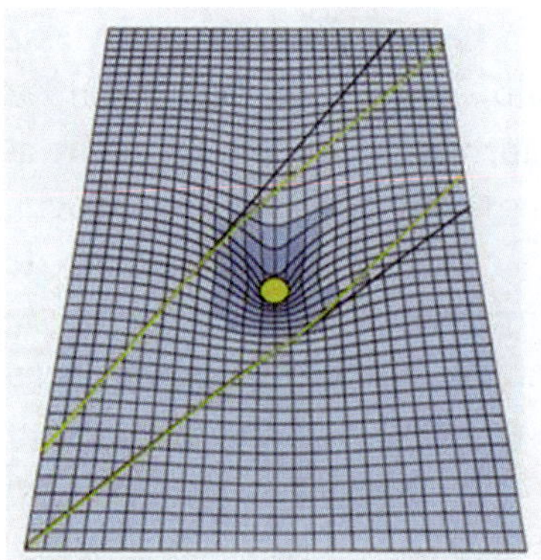

Grafische Darstellungen: Krümmung der Raumzeit

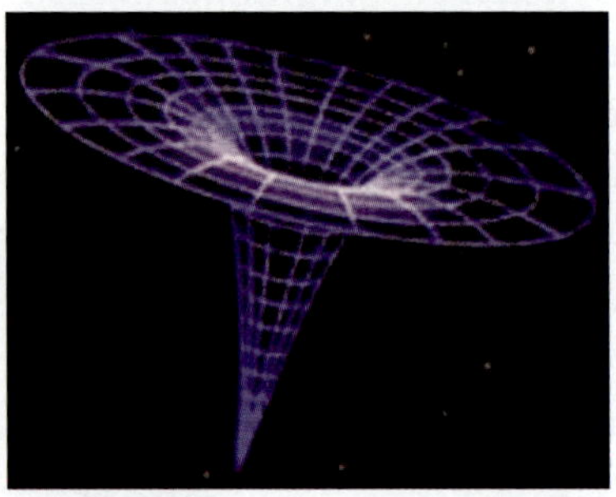

Das, was in der Physik als **Vakuumraum** bezeichnet wird, stellt die postmoderne Quantenphysik (B.Heim, J.E.Charon u.a.) als **Hyperraum** dar und ist **ganz offenbar die Quelle aller Information an sich!** Information, Struktur und Bewußtsein sind wiederum eng verknüpft mit der Struktur des Vakuum-Feldes, welches wir im Anschluß vereinfacht Hyperraum nennen wollen. Wie in einem vorherigen Kapitel bereits aufgezeigt, ist unsere dreidimensionale Welt in einen zwölfdimensionalen Raum eingebettet. Der uns geläufigen Raum-Zeit (3+1 Dimension) ist demzufolge eine Ebene von weiteren neun Dimensionen übergeordnet, was demzufolge pauschal Hyperraum genannt wird (Hyper = Über). F. A. Popp weist darauf hin, daß sich beispielsweise biologische Systeme dem Hyperraum gegenüber anders verhalten müssen als die isolierten, freien Atome in den Modellvorstellungen der Physiker; die Atome befänden sich beispielsweise im Gewebe eines biologischen Systems in einer **Hohlraum Situation** *(stellt Bedingungen eines Casimir-Effektes dar)*. Dadurch würden sie **nicht mehr mit dem gesamten (9 Dimensionen) Hyperraum wechselwirken, der Hyperraum werde durch den Hohlraum eingeschränkt. Durch die Wechselwirkung mit dem Hyperraum erhalten biologische Zellen sowie andere Hohlräume, auf ihre Funktion als Hohlraumresonatoren, eine ganz neue Bedeutungsebene.** Die große Bedeutung der DNS besteht darin, daß sie ein idealer Hohlraumresonator ist. Tatsächlich bildet unsere **Erde ebenfalls einen Kugel-Hohlraumresonator** (7,8 Hz). Durch diese Eigenschaft bildet sich eine **stehende Welle, welche durch entsprechende EM-Felder aufgebaut wird.** Zwischen den einzelnen Zellen untereinander wird durch diese Hohlraumeigenschaften eine Verbindung über den Hyperraum hergestellt. Natürlich bildet die **Sonne von diesen physikalischen Gegebenheiten keine Ausnahme, auch sie fungiert als (Kugel-) Hohlraum-Resonator, ebenso wie die Erde. Über diese gemeinsamen Eigenschaften verfügen sie über eine direkte Verbindung untereinander.** Unabhängig von allen räumlichen Entfernungen, stehen sie – ähnlich einer Standleitung (flat rate) – in dauerhafter Verbindung untereinander. **Sonne-Erde-Zellen-Verbindungen werden über die Abkürzung, also über den raum-zeitlosen Hyperraum vorgenommen.**

Wie die einzelnen Zellen in einem biologischen System untereinander über den Hyperraum in Verbindung stehen (durch die Hohlraumeigenschaften), so findet über gleiche Eigenschaften und Kanäle die Verbindung zwischen den Zellen der Erde und der Sonne ebenfalls statt (Sonne als unser Server)

Sämtliche biologischen Systeme, von der Amöbe bis zum Menschen, verdanken wir dem Einfluß der Sonne, was allgemein bekannt sein dürfte. Bisher gingen die Naturwissenschaftler jedoch von einem sehr eingeschränkten Evolutionsmodell aus. Woher die tatsächliche Ausprägung, der Prozeß vom Kohlenstoff bis zur menschlichen DNS erfolgt(e), dürfte überwiegend nur einigen Quantenphysikern bekannt sein. Die Lösung dieser Frage liegt in den Wirkstrukturen der Elementarteilchen, die sich beispielsweise aus der mehrfach angedeuteten Komplexen Relativitätstheorie sowie mit dem 12-Dimensionsmodell (Charon/Heim) herleiten lassen!

Da sich die bisher etablierten Modelle der biologischen Evolution lediglich auf die „klassischen Einflußgrößen" beschränkten (überwiegend das EM-Spektrum), wurde der gravitative Aspekt völlig ausgegrenzt. Das mag sicherlich darin begründet liegen, daß die Gravitation bisher nur indirekt nachgewiesen werden konnte. Vor allem jedoch sind die vorherrschenden Modellvorstellungen aus der klassischen (konservativen) Physik hierfür verantwortlich. Letztlich ist es ihnen mit ihren Modellen bisher nicht gelungen die Gralsfrage zu beantworten, die Große Vereinheitlichung. Diese Formulierung soll nicht implizieren, daß diese Frage von den Quantenphysikern bereits beantwortet wurde (obwohl ich persönlich davon ausgehe). Der springende Punkt hierbei ist, daß uns bereits seit über 10 Jahren sehr ausgereifte Lösungsmodelle zur Verfügung stehen, die jedoch als „exotisch" in ein Randgebiet positioniert wurden. Das Thema dieses Buches wäre als verfehlt zu benennen, wenn ich tiefer in den – zugegeben äußerst lohnenswerten - Bereich einsteigen würde. Im Literaturverzeichnis findet der interessierte Sucher die geeigneten, weiterführenden Quellen hierzu.

Ein kleiner, komprimierter Auszug zum Thema **Informationstransfer via Hyperraum:**

Photonengas Plasma: Die Lichtenergie in einem strahlungserfüllten **Hohlraum** ist quantisiert, d.h. sie setzt sich aus einzelnen Lichtteilchen, den Photonen zusammen, die sich mehr oder weniger regellos in allen möglichen

Raumrichtungen innerhalb des Hohlraumes bewegen und an den Wänden reflektiert werden. Die Gesamtheit dieser Photonen bildet also ein Photonengas. Auch die Lichtenergie, die in der inneren Raum-Zeit eingesperrt ist, kann als Photonengas beschrieben werden. Im Inneren jedes Elektrons befindet sich also eine Wolke aus Lichtteilchen, dem Photonengas. Speziell die Doppelspirale der DNS bildet einen Hohlraumresonator. Zu den speziellen Eigenschaften eines Hohlraums zählt, daß in ihm eine stabile, sehr hohe, „weit weg" vom Gleichgewichtszustand liegende Strahlungsdichte vorherrscht. Wie F. A. Popp und Lee berechnen konnten, besitzt das Exciplexsystem DNS eine um den Faktor 10 höhere Informationsdichte als die heute technisch herstellbaren Speicher (Laser). Bei dieser hohen Resonatorgüte ist der Laserprozeß auch bei sehr niedrigen Strahlungsintensitäten möglich.

Lichtmuster (Photonengas), die im Inneren eines Elektrons gespeichert sind, können verschiedene Ordnungszustände bzw. Anordnungen von Lichtteilchen (virtuelle Photonen) annehmen. Jede mögliche Verteilung dieser inneren Lichtenergie korrespondiert mit einem „Erlebnis" des Elektrons, einem Gedächtnisinhalt. Ein solcher spezifischer Gedächtnisinhalt im Inneren eines Elektrons und die damit verknüpfte Anordnung der Lichtenergie werden als Lichtmuster bezeichnet. **Jedes Lichtmuster im Inneren eines Elektrons stellt demzufolge einen Gedächtnisinhalt dar.**

Plasma entsteht durch Speicherung von Lichtenergie in angeregten Atomzuständen, durch die Kopplung von elektrostatischer- (Neutrinos) und elektromagnetischer- (Photonen) Wechselwirkung. Damit Lichtenergie gespeichert werden kann, müssen sich zwei Elektronen in benachbarten Atomen über ihre Innenräume (Austausch von inneren Lichtmustern) auf den Austausch von reellen Photonen im Außenraum abstimmen. Das Elektron, das das Photon abstrahlt, geht dabei in seinem Atom auf einen energetisch niedrigeren Zustand (engere Umlaufbahn), und das empfangene Elektron auf einen energetisch höheren Zustand (höhere Umlaufbahn). Die Lichtenergie kann so zwischen den beiden benachbarten Elektronen hin und herpendeln, daß sie im Körper gespeichert wird.
Durch die Kombination von elektrostatischer Wechselwirkung (Austausch virtueller Photonen als Lichtmuster) und elektromagnetischer Wechselwirkung (Austausch reeller Photonen) sind die Elektronen in der Lage, ein sehr effektives, verlustarmes Laser-System im Inneren der von ihnen organisierten Strukturen aufzubauen. Mit dem Austausch virtueller Photonen in Form von Lichtmustern (Informationsinhalte) stimmen die Elektronen (auch in Zusammenarbeit mit den Positronen im Atomkern) dabei ihre gegenseitige Distanz aufeinander ab, damit sich zwischen ihnen im Außenraum im Gleichtakt eine kohärente Photonenstrahlung (Laser) aufbauen kann. Dabei entsprechen die durch die elektrostatische Wechselwirkung ausgetauschten inneren Lichtmuster der Frequenz dem sich im Außenraum zwischen den Elek-

tronen aufbauenden reellen Photonen-Strahlungsfeld bzw. elektromagnetischen Feld. Die Elektronen gleichen dabei mehr oder weniger geschickten Jongleuren, die sich untereinander beliebig viele Bälle (Photonen) zuwerfen. Damit keine Bälle verloren gehen, ist also die innere Verständigung (elektrostatische Wechselwirkung) von entscheidender Bedeutung. Wie viele Photonen die Elektronen untereinander jonglieren können, hängt ab vom Ordnungsgrad der Photonengase, des **Plasmas** in der inneren Raum-Zeit der Elektronen. Auf diese Weise werden von außen kommende Photonen von den biologischen Elektronen eingefangen und in das kohärente elektromagnetische Strahlungsfeld, wie beispielsweise im Inneren der Zellen (vorzugsweise der DNS) eingegliedert. So können sich Strahlungsfelder mit immer größer werdenden Amplituden auftürmen. **Mit diesem elektromagnetischen Strahlungsfeld steuern und speisen die Elektronen alle biochemischen Stoffwechselprozesse einerseits (Aufrechterhaltung der Lebensfunktionen), und den Aufbau neuer biologischer Strukturen andererseits (Wachstum, Reproduktion).**

Transformation als natürlicher Prozess

Letztlich kennen wir es doch alle, die Transformation, auch Metamorphose genannt, von der Raupe zum Schmetterling. Während die Raupe auf zweidimensionalen Flächen kriecht und sich ihr Aktivitätsradius auf eher zweidimensionale Räumlichkeiten beschränkt, erhebt sich der Schmetterling dreidimensional in die Lüfte und kann in kürzester Zeit weite Distanzen zurücklegen. Hierdurch ist es dem Schmetterling möglich, weitaus umfangreichere Erfahrungen zu machen, als zuvor. **Mit der Verwandlung vollzieht das Lebewesen eine Art Dimensionswechsel.** Dieses naturgewollte Wunder beschränkt sich nicht nur auf diese Lebewesen. Die Natur gibt es uns vor: Evolution bedeutet Entwicklung zur Optimierung. Diese Vorgänge verlaufen nach den Speicherauswertungs- und Steuerprozessen wie uns oben kurz beschrieben wurde. Das was Sheldrake die „morphogenetischen Felder" nennt, stellt im Grunde einen Erfahrungs- und Speicherprozeß innerhalb des Hyperraums dar. Nur hieraus lassen sich die Phänomene des „hundertsten Affen" schlüssig erklären. Ebenso logisch erscheint ein naturgegebenes Programm, welches die Bio-Physiker unter „dissipative Strukturen" kennen. Ein System im physikalischen oder systemtheoretischen Sinne heißt **dissipativ**, wenn ihm kontinuierlich Energie entzogen wird. Ein solches System bleibt nur durch die Aufnahme von Energie erhalten. Ein Beispiel für ein dissipatives System ist die gedämpfte Schwingung oder das biologische Leben. Prigogines Forschungen zeigen, daß Entwicklung von lebenden oder lebensähnlichen Systemen naturgemäß immer nur vorübergehend in geordneten Bahnen verläuft. Prigogines Forschungen beschreiben das **Leben als einen selbstorganisierenden Prozess.** Die Strukturen die sich hinter dem Wechselspiel zwischen Chaos und Ordnung verbergen sind von einer immensen Tragweite für die gesamte Evolution. I. Prigogine erhielt den Nobelpreis für seine Entdeckung, daß chaotische Systeme (im besonderen biologische Systeme) im Zustand ihrer höchsten Unordnung (Chaos), in ein hoch geordnetes System umschalten. Ganz offenbar liegt auch diesen Prozessen ein **„übergeordneter" Regel- und Steuerbereich** zugrunde, wobei die Örtlichkeit dieser „übergeordneten" Regel- und Steuerebene aus der uns bekannten Raumzeit (3+1) fällt. Die **treibende Kraft der Evolution ist die Fähigkeit zur Selbstschöpfung und Selbsttranszendenz.** Diese zeichnen sich dadurch aus, daß sie über eine Art Membran verfügen, die es ihnen erlaubt **ein „Selbst" zu bilden** und gleichzeitig mit der Umgebung in Austausch zu sein. Dadurch ist ein solches „Lebewesen" in der Lage, verfügbare Energie dafür zu nutzen, sich über einen chaotischen Umwandlungsprozeß auf eine neue Seinsstufe zu transformieren. Führt man ihm Energie zu, erzeugt dies eine kritische Instabilität mit nachfolgendem Chaos. Dabei kommt es an einen **kritischen Punkt (Bifurkation), an dem seine bisherige Entwicklungsspur endet. Hier verläßt das Lebewesen seine alte Struktur und transformiert sich in einem chaotischen Prozeß in eine neue Form hinein. Interessanterweise gibt es an**

dieser Verzweigung gleich mehrere Zukunftsvarianten. Das Lebewesen kann also seine Entwicklungsmöglichkeiten durch die Aufnahme von Energie und die Aufgabe seiner alten Form vergrößern.

Lebende Systeme verfügen also über eine Selbstorganisationsfähigkeit, die es ihnen erlaubt, die Grenzen ihrer eigenen Identität zu überschreiten und schöpferisch zu werden. Aus dieser Sicht wird Evolution als das Ergebnis von Selbsttranszendenz auf allen Ebenen aufgefaßt; sie ist prinzipiell offen und bestimmt ihre eigene Dynamik und Richtung. An jeder Schwelle der Selbstüberschreitung wird eine neue Freiheit in der Auswahl möglicher Zukünfte erreicht. James Lovelock und Lynn Margulis stellten ihre „Gaia-Hypothese" auf. Sie beschreibt die Erde als ein selbstorganisierendes System, eine Art Riesenorganismus. Tatsächlich ist diese **Theorie durch eine Vielzahl von Messergebnissen bestätigt worden, womit die Voraussetzungen, unseren Planeten als dissipative Struktur im Sinne von Prigogines Theorie zu verstehen, gegeben sind. Aus diesem Verständnis können wir die dramatische Zunahme der chaotischen Erscheinungen, psychischer wie physischer Art auf der Erde als einen Übergangsprozeß interpretieren.**
Das Kriterium für einen solchen Transformationsprozeß ist die weitere Zufuhr von Energie. Energie ist ebenfalls ein Parameter für Information. Tatsächlich existiert derzeit in den Wissenschaften keine einheitliche Definition dieses grundlegenden Begriffes. Der Begründer der Informationstheorie, Claude Shannon, brachte ihn 1948 in einen **Zusammenhang mit der Entropie, dem Maß für Unordnung. Eine Zunahme an Information bedeutet demnach eine Abnahme an Entropie.** Heute geht man dazu über, **Information als zusätzliche Dimension** neben der **Energie, als Ordnungszustand** zu verstehen.

Weltweite Energiezunahme führt zum Finale

Die Erde erhält zweifellos immer mehr Energie. Erwähnenswert sind die verstärkt auftretenden kosmischen Strahlen (Gamma Ray Bursts) die 1973 erstmals von den Astrophysikern entdeckt wurden. Ihre Herkunft bleibt den Wissenschaftlern mysteriös und ihre Energie ist zum Teil so immens, daß die Grenze der physikalischen Gesetze überschritten scheint. Einige Gamma Ray Bursts haben zudem ein besonders außergewöhnliches Spektrum, das auf eine immaterielle Quelle hindeutet.
Im April 1991 konnte die NASA in etwa dreißig Kilometern Höhe extremste Gamma-Strahlen beobachten, welche im Grunde genommen dort überhaupt nicht existieren dürften. Diese extremste Strahlung entsteht vor allem bei der gegenseitigen Auslöschung von Materie und Anti-Materie. Im Sommer 1994 wurde ein ähnliches Ereignis mit noch höheren Intensitäten über Alaska beobachtet. Experten vermuten sogar, daß diese Ereignisse aus

einer anderen Dimensions-Ebene auf unsere einwirkten. Tatsächlich beobachten die NASA und weitere wissenschaftliche Institutionen seit dreißig Jahren kosmische Gamma-Strahlen mit immer größerer Energie. Im Dezember 1997 haben Satelliten eine Explosion beobachtet, bei der so viel Energie freigesetzt wurde, daß die Astronomen dafür den neuen Begriff Hypernova gebildet haben. Der Vorfall ereignete sich vor rund zwölf Milliarden Jahren am anderen Ende des damals noch jungen Universums. Für ein oder zwei Sekunden hatte die noch unbekannte Quelle der Energie vermutlich so hell geleuchtet wie das ganze restliche Weltall zusammen. Am 23. Januar 1999 wurde über eine Explosion berichtet, welche Gamma-Strahlen aussandte, die so energiereich waren, daß man vermutete, daß diese mit Über-Lichtgeschwindigkeit kamen – also aus der Zukunft. Die Wissenschaftler ordneten auch die Quelle dieses Ereignisses den „tiefsten Ebenen unseres Universums" zu. Auch hier sei die Energie so unvorstellbar intensiv, so meinten die Wissenschaftler weiter, daß diese größer sei als sämtliche Energien im gesamten Universum.

Hierzu einige Überschriften aus naturwissenschaftlichen Veröffentlichungen:

„Alarm im Orbit: Das schwächelnde Magnetfeld der Erde läßt die kosmische Strahlung immer tiefer in die Atmosphäre dringen."
(Bild der Wissenschaft 9.2002)

„Wissenschaft in Rätseln"
(Spektrum der Wissenschaft 1999)

„Strahlen jenseits von Neutrinos?"
(NASA News 2000)

„Black hole monster in a spin releases energy!"
(NASA News 2002)

„A monster in the middle! „
(ESA and NASA 2002)

„X-rays from the earth?"
(NASA News 2002)

Die Instabilitäten in unserem globalen System sind heute nicht mehr zu übersehen. Es gibt bereits zunehmend mehr Ereignisse die unser System zu kippen drohen. Beispielsweise nehmen die Erdbevölkerung und Umweltprobleme expotentiell zu. Das Artensterben liegt heute um den Faktor 1000 über der natürlichen Rate. Die letzte vergleichbar schnelle Dezimierung fand vor 66 Mio. Jahren statt. Seinerzeit starben drei Viertel aller Spezies (nicht nur die Dinosaurier). Ebenfalls hat die Zeitqualität nichtlineare Charakterzüge angenommen. Die gesamten Entwicklungsprozesse verlaufen nicht mehr gleichmäßig, sie beschleunigen sich und werden immer unkalkulierbarer, **chaotischer.** Ganz offenbar nähern wir uns zunehmend dem kritischen Punkt (Bifurkation), an dem die bisherige Entwicklungsspur endet.

Wohin mag nun das Ganze führen? Beziehen wir die Arbeiten von I. Prigogine in unsere Überlegungen ein, so bliebe zu erkennen, daß ein absolutes Ergebnis nicht feststeht. Der **Entscheid an der Bifurkation** eine bestimmte Zukunftsvariante zu wählen, sowie die Organisation der neuen, vorübergehend stabilen Ordnung, kommen aus dem selbstorganisierenden Programm selber. Das gilt besonders was den Schwellenwert betrifft, also der Moment wo das System „umkippt". Mag das Strukturprogramm für dieses System festgelegt sein (X6/ Hyperraum), unser **willentlich gelenkter Geist bestimmt das Ergebnis**!

Da der Geist (mind) den Programmebenen grundsätzlich übergeordnet (>X8) ist, entscheidet er über den Ausgang. Die Voraussetzung hierfür ist jedoch, daß ein Schwellenwert von ausgeprägter Gedankenklarheit erreicht wird. Mit simplen Worten, eine Unentschlossenheit oder gar eine Wunschlosigkeit, **reicht nicht aus**, um eine selbstbestimmte Realität zu erschaffen! Ein solcher Geistesträger überläßt damit den Ausgang den Programmstrukturen...

Klare Wunschvorstellung über den Willen sind die Entscheidungsparameter über „Leben oder gelebt werden"! Wir Menschen haben es entscheidend in der Hand, besser, **in unserer Vorstellung**, wie das Ganze ausgeht.

Mehrdimensional gesehen, sind quasi alle Varianten gleichzeitig vorhanden. Heute weiß man, daß Quantensysteme multidimensional in all ihren Möglichkeiten verwirklicht sind, bevor wir sie durch Messung und Beobachtung in die dritte Dimension bannen. Ein, mir leider unbekannter Kollege (ich verfüge nicht über eine Quellenangabe faßt das so zusammen:

„Unsere möglichen Zukunftsoptionen sind deshalb höherdimensional gesehen bereits vorweggenommen. Vor diesem Hintergrund erscheinen Channeling-Informationen über den Dimensionswechsel, die mehr als eine zukünftige Erde beschreiben nicht mehr absurd, und auch die unterschiedlichen Visionen von Sehern werden verständlich. Da der Entscheid für eine bestimmte Zukunftsvariante aus dem Innern des Systems kommt, ***liegt es an uns, an welcher Erde wir künftig teilnehmen.*** *Dissipative Strukturen können auch entartete Entwicklungsvarianten wählen. Es scheint mir deshalb* ***wichtig, die Wahl der Zukunftsspur aktiv mitzubestimmen.****"*

Um zu der Ausgangsfrage zurückzukehren, wann wird diese Transformation, diese Metamorphose einsetzen?

Unabhängig **wie** unsere Entscheidung ausgehen wird, das **wann** wird offenbar durch das System bestimmt. Aus den Ergebnissen von Prigogine und seinen zahlreichen Nachfolgern ist zu entnehmen, daß dem chaotischen

Systemen immer mehr Chaos zugeführt wird, eben solange bis die Wandlung einsetzt. Wie bereits angesprochen, der Schwellenwert bestimmt das „Kippen", die Bifurkation. Ganz offensichtlich ist das gegenwärtige Chaos noch nicht ausreichend für dieses göttliche Schauspiel. Nun stehen uns zwei grundsätzliche Möglichkeiten zur Auswahl. Die eine Möglichkeit beschreibt einen kontinuierlichen Verlauf, ein immer stärker zunehmendes Chaos bis eben der Maximalpunkt erreicht ist. Die andere Möglichkeit skizziert ein schockartiges, globales Chaos, welches beispielsweise durch einen größeren Meteoriteneinschlag ausgelöst würde.
Das Chaos ist in einer fundamentalen Art mit unserem Geist, mit unserer Wahrnehmung gekoppelt (wie Innen so Außen), sodaß wir beispielsweise in einer Situation der Panik, entsprechendes Chaos in uns selbst und unserer Umwelt erzeugen. Findet also ein globales Ereignis statt an dem Milliarden von Menschen zeitgleich beteiligt sind, so wirkt sich dies entsprechend auf das gesamte System der Erde aus (im Grunde gar im gesamten Kosmos).

Nehmen wir zusammenfassend zur Kenntnis:
Zu den (quasi starr) ablaufenden Programmeigenschaften zählt:
Chaos verwandelt sich in seinem extremsten Zustand in höchste Ordnung
Chaos als Vehikel zur höheren Ordnung
Chaos als Chance zur einer selbst gewählten Welt

Welchen Weg wir letztlich gewählt haben sollte in diesem Augenblick beginnen, und möglichst von Harmonie, Freude und Liebe geprägt sein!

Was bedeutet ein Freier Wille wirklich?
Was nützt uns ein völlig Freier Wille wenn wir ihn nicht nutzen?
Ungeachtet der abgesicherten Forschungsergebnisse die uns einen freien Willen absprechen, drängt sich doch die Frage nach dem Grund hierfür auf! *„Alles Verhalten – auch unsere Entscheidungen- sind den neuronalen Vorgängen nachgängig."* (Wolf Singer, Max-Planck-Institutsdirektor in Frankfurt)

Obgleich ich ein Aktivposten in diesem Bereich der Forschung bin, muß ich doch eingestehen, daß ich keinen Kollegen kenne, der dieser Frage naturwissenschaftlich fundiert nachgeht. Der große Neuroforscher und Nobelpreisträger Sir John Eccles machte zwar „das Selbst" für die übergeordneten Strukturen des Gehirns verantwortlich, versäumte jedoch (leider) seinen Schülern etwas über die „Gefangenschaft des Geistes" zu berichten. So blieb dieses „Selbst" allein auf der Strecke (Eccles schrieb sein Meisterwerk „Wie das Selbst sein Gehirn steuert"). Schau ich jedoch den Kollegen aus dem Fachbereich für Quantenphysik auf die Formeln, so darf ich glücklicherweise erkennen, daß sie offenbar den Schlüssel zur Lösungstür in ihren Reihen halten. Damit meine ich, daß zwar ein solches Beschreibungsmodell vorliegt, jedoch nicht für unsere Fragestellung genutzt wurde. Unternehme ich diesen

Versuch, so komme ich auf folgendes Ergebnis:
Der naturwissenschaftliche Fakt, **daß alles Verhalten – auch unsere Entscheidungen- den neuronalen Vorgängen nachgängig sind, ist darin begründet, daß wir unseren Willen nicht zum Einsatz bringen!**
Diese Antwort mag zwar trivial erscheinen, sie ist jedoch von ungeahnter Bedeutung! Natürlich könnte diese Interpretation auch von einem Verhaltensforscher stammen, hierfür werden wir die Quantenphysiker nicht bemühen müssen. Die quantenphysikalische Deutung geht der Sache auf den (elementaren) Grund. Vereinfacht ausgedrückt sagt sie, was unsere Frage betrifft, daß **solange die Struktur-Programme (X 5 und X6) nicht von den Geistes-Programmen (>X8) überlagert werden,** behalten sämtliche Strukturprogramme ihre Wirksamkeit!
Somit leben wir in einer Gefangenschaft der festgefahrenen Schleifen der Gedankenmuster und Strukturen.
Die Leser meines Buches „Matrix-Code“ werden sich an ein Zitat erinnern, welches in genau diesem Zusammenhang steht: „Wollt ihr leben oder gelebt werden?“.
Die Antwort werde ich niemandem abnehmen können, bemühe mich doch zumindest an dieser Stelle die Willensfreiheit zu bewahren. Sie stellt sich jedem, der sich mit seiner gegenwärtigen (Um-)Welt nicht anfreunden kann, jedem, der erkennt, daß etwas **nicht in Ordnung** ist…
Über die, der Frage zufolge auftretenden Emotionen, ist es nur ein kleiner Schritt, seine persönliche Alternative zu erschaffen…, seinen Willen zu beauftragen, etwas Fundamentales zu verändern…, nicht primär das Außen…, sondern das Innen, seine Einstellung zum göttlichen Sein!

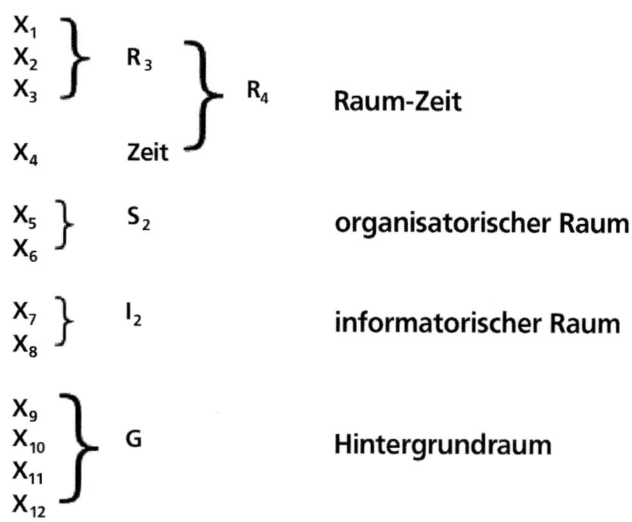

Zur Wiederholung noch einmal die 12-dimensionale Seinsdarstellung von B. Hein

Komprimierte Hintergrundinformationen zum Ausstieg aus den Programmebenen:
Die unterschiedlichen Grade der Bewußtheit lassen sich objektivieren, physikalisch darstellen. Diese Grade entscheiden über den Zustand der Unbewußtheit, Pseudo-Bewußtheit und Super-Bewußtheit. Die „Pseudo-Bewußtheit" stellt eine Art Illusion dar. Diesen Zustand verdanken wir unserem **nicht vorhandenen „freien Willen"**, den die Hirnforscher (B. Libet et al) das 1/2-Sekundenphänomen nennen (*„Alles Verhalten – auch unsere Entscheidungen- sind den neuronalen Vorgängen nachgängig."* Prof. Wolf Singer). Das „Super-Bewußtsein" hingegen versetzt uns in die Position mit eigen wählbaren Freiheits- und Entscheidungsgraden. Dieser Zustand wird erreicht, indem eine definierte Menge von Elektronen eine Superposition eingeht. Unsere Aufmerksamkeit, unsere Wachheit ist direkt an diese Mechanismen gekoppelt. Einfach ausgedrückt bedeutet dies: Mehr Aufmerksamkeit kennzeichnet eine höhere Neuronenaktivität als eine Unaufmerksamkeit. Das sich innerhalb dieser Neuronen- und ihrer Verbindungen untereinander, quantenmechanische Strukturen ausprägen, erklärt –oberflächlich betrachtet– die Qualitätssprünge zwischen Unbewußtheit und Super-Bewußtheit.

Weiterführendes speziell hierzu in: „Die Realitätenmacher - Die Physik des Bewußtseins" von „Morpheus".

Informationsfransfer mit dem galaktischen Zentrum

Regelung der Aktivität der Sonnen in der Galaxis

Wie Alexander Presmann(1) und Fritz Popp(2) entdeckt haben, existieren im Bereich der Biologie kybernetische Informationsverbindungen zwischen biologischen Kernstrukturen, die hierarchisch aufgebaut sind. **Das Verhältnis zwischen den 200 Milliarden Sonnenkernen, welche zu unserer Galaxis gehören, und dem Kern unserer Galaxis kann als eine entsprechende hierarchisch-kybernetische Struktur im astronomischen Bereich angesehen werden. Es ist naheliegend, daß die Aktivität der Sonnen vom Kern der Galaxis her mit kybernetischen Mitteln derart geregelt wird, daß das Gesamtniveau der Aktivität der Sonnen dem Entwicklungsziel der Galaxis entspricht.** Sollte dieses zutreffen, so muß sich der Regulierungsprozeß auch in der Einzelbeziehung zwischen unserer Sonne und dem Zentrum der Galaxis nachweisen lassen. Dies setzt jedoch voraus, daß sich alle Elemente eines Informationssystems wie Sender, Empfänger, Informationskanal in einem solchen astronomischen Informationsmodell definieren lassen.

Übertragung durch Gravitationswellen

Als Informationskanal, d. h. als Medium für die Übertragung von Information, eignen sich offenbar nur Gravitationswellen. Elektromagnetische Wellen, wie sie für Radio, TV und für die Zellkommunikation verwendet werden, kommen nicht in Betracht, weil sie bei der ungeheuren Entfernung von 33 000 Lichtjahren zwischen unserem galaktischen Zentrum und unserem Sonnensystem zu starken Ablenkungen durch elektrische und magnetische Felder unterworfen wären. Nach der Allgemeinen Relativitätstheorie ist zu erwarten, daß stark beschleunigte Massen, wie z. B. die Materie einer Supernova oder eines Sterns, der einen Gravitationskollaps erleidet, Gravitationswellen ausstrahlen (3), die **Energie und Information übertragen**. Die Möglichkeit, solche Gravitationswellen experimentell nachzuweisen, wurde jedoch zunächst als minimal angesehen, da sich die Energie solcher Wellen zur Energie elektromagnetischer Strahlung wie 1:10^7 verhält. Trotzdem hat der amerikanische Physiker Joseph WEBER in den sechziger Jahren mit Hilfe eines raffiniert entworfenen Detektors versucht, Gravitationswellen direkt nachzuweisen. Inzwischen liegen zusätzlich zahlreiche indirekte Beweise vor. Im Herbst 1974 entdeckte der Radioastronom Joseph Taylor den Pulsar 1913+16, der innerhalb von acht Stunden einen anderen Stern umkreist. Nach vierjährigen weiteren Beobachtungen stand fest, daß die Umlaufperiode des Pulsars um eine halbe Millisekunde geschrumpft war. Taylor konnte hiernach feststellen, daß „Gravitationswellen existieren und dem Doppelstern Energie in dem Maße entziehen, wie dies durch die Allgemeine Relativitätstheorie vorhergesagt wird"(4). Hervorzuheben ist auch das Doppelsternsystem Z Chamaehontis. Ein kompakter Weißer Zwerg wird mit einer Periode von 107 Minuten von einem roten Begleitstern in einem Abstand von nur 410 000 km umkreist. Der Weiße Zwerg, der doppelt so schwer, aber nur ein Zehntel so groß wie sein Begleitstern ist, zieht ständig Masse zu sich heran. Die Quantität dieses Massenflusses läßt sich nur erklären, wenn mit einem Energieverlust durch Gravitationswellen gerechnet wird, der zu einer Annäherung der beiden Sterne und einer Verstärkung des Massenflusses führt. Der Astrophysiker Hans Ritter, der das System untersucht hat, bemerkt hierzu: „Wir folgern daher, daß Z Cha ein weiteres Beispiel für die Wirkung von Gravitationsstrahlung ist.“(5) **Hiernach ist davon auszugehen, daß die Gravitationswellen existieren und als galaktischer Informationskanal zur Verfügung stehen.**

Galaktisches Zentrum (Schwarzes Loch) als Sender von Information

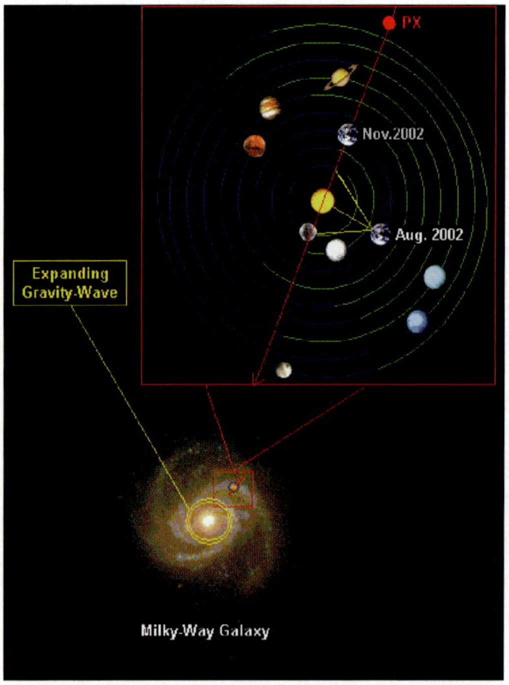

Extreme Sonnenexplosionen stehen im Zusammenhang mit dem galaktischen Zentrum

Tatsächlich kommt der galaktische Kern ebenfalls als Sender von Gravitationswellen in Betracht. Gerade die Massenkonzentration im galaktischen Zentrum ist für die Entstehung von Gravitationsstrahlung günstig. Nach neuesten Beobachtungen mit der Technik der Radio-, Infrarot- und Gammaastronomie **befindet sich im Milchstraßenzentrum ein Schwarzes Loch, dessen Masse fast 1 Million Sonnenmassen erreicht** (6). Das bedeutet, daß die auf das schwarze Loch zustürzenden Massen Gravitationswellen aussenden. Hinsichtlich des Phänomens Aktivität, das hier interessiert, **existiert auch ein gemeinsamer Signalvorrat des kybernetischen Systems. Dies sind die physikalischen Eruptionsvorgänge, die sich sowohl im galaktischen Kern als auch auf der Sonne als Kern des Planetensystems ereignen. Es ist davon auszugehen, die in Eruptionen des galaktischen Kerns enthaltene Information den Gravitationswellen in ähnlicher Weise aufzumodulieren, wie dies bei Rundfunk- und TV-Übertragung mit der Ton-, bzw. Bild-Information geschieht.** Es ist davon auszugehen, daß hochenergetische Eruptionen des galaktischen Kerns Gravitationswellen erzeugen, so daß von vornherein das energetische Ereignis, die mit ihm verbundene Information und der Informationskanal strukturell verbunden sind.

Sonnensystem als Gravitationswellen - Resonator

Kann jedoch das Sonnensystem als Empfänger von Gravitationswellensendungen angesehen werden? Da das energetische Potential der Gravitationswellen außerordentlich schwach ist, muß es, wenn die Wellen überhaupt empfangen werden sollen, durch ein entsprechend empfindliches Resonanzaggregat verstärkt werden. Unter natürlichen Bedingungen muß ein solcher Resonator kosmische Dimensionen haben. Bezeichnenderweise denken Wissenschaftler bereits daran, Detektorsysteme für Gravitationswellen aufzubauen, welche die Erde und den Mond (7), und sogar die Erde und einzelne Planeten als Elemente eines „kosmischen Interferometers" einbeziehen. Bereits Johannes Kepler verstand die Gesamtstruktur von Sonne und Planeten als Resonanzsystem. A. M. Molchanov (8) hat mit den Methoden moderner Wissenschaft dargelegt, daß solche Resonanzen im Sonnensystem wirklich existieren. **Hiernach liegt es nahe, im Rahmen des kybernetischen Modells astronomischer Strukturen von der Vorstellung auszugehen, daß unser Sonnensystem als Gravitationswellen-Resonator fungiert, wenn die Planeten, deren Entfernungen und Umlaufgeschwindigkeiten bereits als Resonanzelemente angesehen werden können, bei ihrem Umlauf um die Sonne im Verhältnis zu den anderen Planeten Positionen auf der Ekliptik erreichen, die von der Sonne her gesehen als „Resonanzabstände" erscheinen.** Als Beweis hierfür könnte angesehen werden, wenn sich feststellen ließe, daß überhaupt ein **Zusammenhang zwischen der Position von Planeten und der Aktivität der Sonne besteht. Dies scheint tatsächlich der Fall zu sein.** Seit der Jahrhundertwende sind zahlreiche Arbeiten Astronomen und Geophysikern aus aller Welt veröffentlicht worden, die für eine solche Korrelation sprechen (9). Dabei ist interessant, daß am häufigsten Planetenabstände angeführt werden, die Schwingungsstrukturen entsprechen, die durch Gravitationswellen ausgelöst werden können, nämlich 360°, 180°, 90°, 45° etc.. Solche Abstände könnten zwar auch auf Flutkräfte hinweisen. Diese wären aber viel zu schwach. Selbst wenn alle Planeten in Konjunktion oder Opposition stünden, könnten sie auf der Sonne nur eine Flut von wenigen Millimetern bewirken (10). Es ist daher wahrscheinlicher, **daß der Effekt mit der Übertragung von Information zusammenhängt.** Im Folgenden wird ein Zusammenhang zwischen Planetenkonstellationen und Sonnenaktivität dargestellt werden, der so eng und vielseitig ist, daß er sich bei praktischen Vorhersagen bewährt hat.

Sonnenaktivität in Bezug zum galaktischen Zentrum

Als beweiskräftigen spezifischen Beleg für die Realität des hier interessierenden Modells können jedoch nur Korrelationen angesehen werden, die eine **unmittelbare Beziehung zwischen der Sonnenaktivität und der Richtung zum galaktischen Zentrum aufzeigen.** Bereits in einer 1972 veröffentlichten Arbeit ist nachgewiesen worden, daß ein Symmetriegefüge der äußeren Planeten, das Resonanzqualitäten zu haben scheint, **mit dem Ort energeti-**

scher Eruptionen auf der Sonne und der Richtung zum galaktischen Zentrum verknüpft ist. Die statistische Auswertung mit dem Pearson-Test ergibt stark signifikante Werte (10). Inzwischen hat der russische Forscher A. A. Shpitalnaya 1980 bei einer Untersuchung der Positionen solarer Eruptionen im heliozentrischen galaktischen Koordinationssystem ebenfalls eine Ausrichtung auf das galaktische Zentrum gefunden. Noch aufschlussreicher ist folgendes Ergebnis: **Besonders interessante Ereignisse der Sonnenaktivität sind seltene Protonenflares, deren Energieausstoß die Stärke der kosmischen Strahlung erreicht.** Diese Flares können aus technischen Gründen erst seit Anfang der vierziger Jahre beobachtet werden.
Die Untersuchung hierzu ergab aufschlußreiche Ergebnisse, weil es um hochenergetische Eruptionen geht. Bekanntlich führt die Sonne komplizierte Schwingungen um das Massenzentrum des Sonnensystems aus, die von den äußeren Planeten gesteuert werden. **Zur Zeit der Protonenflares lagen in 17 der 23 Fälle das Zentrum der Sonne, das Massenzentrum des Sonnensystems und das galaktische Zentrum auf einer Linie (Siehe Abb.).**

Ein statistischer Test nach Pearson führt bei 1 Freiheitsgrad zu X2 = 24,4 und dem Wahrscheinlichkeitswert P < 0,00001. Dies ist hochsignifikant, wenn man bedenkt, daß nach internationaler Übereinkunft die Signifikanzgrenze im allgemeinen bei P = 0,01 gezogen wird.

Nahe liegend ist, daß bei solchen (Regelungs-)Vorgängen auch Information übertragen und verarbeitet wird. Ein Beispiel für einen ungeheuer komplizierten Regelungsprozeß, bei dem große Mengen von Information im Spiel sind, ist die Steuerungsfunktion der DNS-Spindeln im Zellkern lebender Zellen. Es ist ein herausragendes Verdienst Wieners, diese strukturellen Zusammenhänge, die schon lange unterschwellig erkannt waren, bewußt gemacht zu haben. Wiener hat eine Definition des kybernetischen Begriffs Information gegeben, die auf den ersten Blick verblüffend erscheint:
„Information is information, neither mass nor energy".

J. J. Hurtak beschreibt die Gravitation folgendermaßen:
„Gravitation ist die verstärkte oder metagalaktische „Anziehungskraft" im Universum, die von der Höheren Evolution benutzt wird, um konventionelle „Gravitationsanordnungen" zu kontrollieren. Dies bewirkt die Freisetzung von „gravitativ gefangenem Licht", „molekulare Strukturveränderungen" usw., wodurch der Fortschritt eines Programms/ Spezies möglich wird".

Quelle: NASA

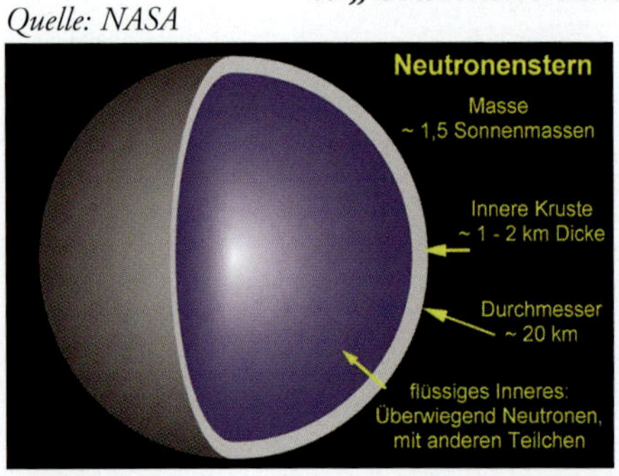

Über das galaktische Zentrum:
Ein Schwarzes Loch stellt das erste Stadium nach dem Neutronenstern dar, wenn intermolekulare Kräfte kollabiert sind, und die Materie zu einer Singularität zusam-

mengepreßt wird. Ein Weißes Loch repräsentiert ein Schwarzes Loch von Anti-Materie mit umlaufenden gewöhnlichen Materiemassen, die auf der Anti-Materie im Schwarzen Loch kreisen. Die „Höhere Intelligenz" kann eine Weißloch-Kraftquelle als „Schalter" benutzen, um thermonukleare Fusion zu übertreffen, und um Materie durch Gedankenformen zu aktivieren."
(*Keys of Enoch*, 1973).

Eine philosophische Formulierung, die über Wieners hinausgeht, verdanken wir Carl Friedrich von Weizecker. Er betrachtet Information als dritte ontologische Entität neben Masse und Energie, welche den Aspekt der Form, Gestalt oder Struktur vertritt. Diese Definition spiegelt zugleich Ergebnisse wider, die aus der Quantifizierung des Begriffs Information folgen.

Der Fortschritt der modernen Naturwissenschaften ist vor allem auf quantitative Analysen zurückzuführen. Es war daher eine entscheidende Weiterentwicklung, daß es der Informationstheorie gelang, ein Maß für die Menge vorhandener Information zu finden: I = - k. In P. In P. Hierbei steht I für Information, k bezeichnet die Boltzmann-Konstante der Thermodynamik, welche den zahlenmäßigen Zusammenhang zwischen der Entropie S und der thermodynamischen Wahrscheinlichkeit P festlegt: k = 1,38 x 10-23 J/grd; S = k x ln P kennzeichnet den natürlichen Logarithmus der Wahrscheinlichkeit der Existenz eines beliebigen Zustandes eines beliebigen Systems. Es wird dabei nach der Anzahl einfacher Alternativen gefragt, die entschieden werden müssen, um den Zustand des Systems eindeutig zu beschreiben. Die Informationsfunktion ist ein Maß der Differenziertheit, sie mißt die Menge der in einem System enthaltenen Form. Ein System, das nur zwei existentielle Alternativen bietet wie Sein und Nichtsein, 1 oder 0, birgt nur eine minimale Formmenge. Die verschiedenen Quantenzustände eines Atoms ergeben schon eine große Informationsmenge. **Bei einer Galaxis wächst jedoch die Strukturquantität ungeheuer an**, insbesondere wenn man bei den nötigen Alternativentscheidungen von den mikrokosmischen Urbestandteilen des Systems ausgeht. Hieraus folgt, daß sich P zugleich als Wahrscheinlichkeit beschreiben läßt, ein bestimmtes Aggregat von seiner Umgebung zu unterscheiden. Diese wächst in gleichem Maße wie die Differenziertheit des Systems.
Informationstheoretische Argumente gelten natürlich auch für unsere Galaxis, die ebenso wie unser Sonnensystem als kybernetische Struktur aufgefaßt werden kann.

Der russische Naturwissenschaftler Awinadaw Lewit bemerkte treffend: *„Versuchen wir, uns das All oder einen Teil davon, die Metagalaxis, als riesige Zahl räumlich isolierter Sternsysteme vorzustellen, die durch informatorische Verbindungen umspannt sind. Nehmen wir weiter an, daß als Übertragungska-*

näle in so einem riesigen kybernetischen System die Gravitationsfelder dienen ... Dann dürfte der Grad der Kompliziertheit eines derartigen Systems unermesslich höher sein als der Grad der Kompliziertheit eines jeden lebendigen Organismus.“
Albert Ducroc hat die These aufgestellt, daß das Universum in seiner Gesamtheit wie das Leben auf der Erde organisiert sei. Jacques Berger bemerkt hierzu: *„Wenn Hoyle, Ducrocq, Narlikar und Costa de Beauregard Recht haben, ist das Universum ebenso organisiert und funktioniert ebenso präzis wie ein DNS-Molekül des Zellkerns. Wie man den genetischen Code entdeckt hat, müßte man den astronomischen Code entdecken.“*

Ludwig von Bertalanffy stellte einen Katalog von Merkmalen des Lebens auf, der zeigt, wie komplex die Funktionen eines Organismus sind. Eine sorgfältige Analyse, die Walter Bakatzky durchgeführt hat, indiziert in überzeugender Weise, **daß eine Galaxis allen Kriterien des Lebens genügt, in der Komplexität aber noch über Organismen hinausgeht, wie wir sie auf der Erde finden.**

Charakteristisch für Organismen ist doch vor allem die Aufrechterhaltung eines außerordentlich fein ausgewogenen Fließgleichgewichts von Aufbau und Zerfall. Dies gilt aber ebenso für die Struktur des Universums und die in ihm enthaltenen makrokosmischen Strukturen, die so fein tariert sind, daß außerordentlich geringfügige Änderungen in der Strukturmatrix zu kataklysmischen Turbulenzen führen. Das anthropische Prinzip, das nach 1960 in die Kosmologie eingeführt wurde, hat den Blick hierfür geschärft. Es bestätigt eindrucksvoll die Wesenseinheit der Natur und des aus ihr herausgewachsenen Menschen. Unbedeutende Änderungen der physikalischen Naturkonstanten, deren Zahlenwerte zufällig verteilt erscheinen, erweisen sich als so einschneidend, daß sich der Mensch, der doch existiert, unter den geänderten Randbedingungen gar nicht hätte entwickeln können. Hiernach scheint zu gelten, was Freenian Dyson formuliert hat:
„Wenn wir in das Universum hinausblicken und erkennen, wie viele „Zufälle“ in Physik und Astronomie zu unserem Wohle zusammengearbeitet haben, dann scheint es, als habe das Universum in gewissem Sinne gewußt, daß wir kommen.“
Und P. Davis erkennt:
„Wissenschaft kann die Welt erklären, aber dann müssen wir eine Erklärung über die Wissenschaft selbst geben. ***Die Gesetze, die die spontane Evolution vom Universum liefern, wurden wahrscheinlich mit einem sehr schlauen Plan gemacht, und Physik ist ein Teil des Plans, daß das Universum ein letztes Ziel haben muß, und der ganze Satz unserer existierenden Daten in der gegenwärtigen Physik beweist eindeutig, daß dieses Ziel unsere Existenz auch mit einschließt“.***

Komprimierte Zusammenfassung

1. **Unsere Erde wird vom Zentrum unserer Galaxis (Schwarzes Loch = Dimensionstor) über die Sonne(n) mit Informationen gespeist.**
2. **Als primäres Übertragungsmedium dient hierbei die Gravitation (Gravitationswellen)**
3. **Diese Gravitationswellen beeinflußen das magnetische Verhalten auf der Sonne, was sich u.a. auf die Sonnenfleckenaktivitäten auswirkt** (Sonnenflecken sind ein Indiz für extreme magnetische Felder)
4. **Die Auswirkungen der Sonnenfleckenaktivitäten führen bei den Erdbewohnern zu unterschiedlichen psychischen Erscheinungen, bzw. Stimmungs- und Bewußtseinslagen.**

1 Alexander Presmann: Electromagnetic Fields and Life. - New York - London:
Plenum Press 1970. Derselbe: Elektromagnetische Felder: Informationsträger in der lebenden Natur. - Ideen des exakten Wissens 12 (1968) S. 123. Derselbe: Krebsentstehung vom Standpunkt der Kybernetik. - Ideen des exakten Wissens 10 (1970) S. 551
2 Fritz Popp: So könnte Krebs entstehen. Siehe auch L. Rensing: Die innere Uhr es Menschen. - Bild der Wissenschaft 8 (1970) S. 786
3 Charles M. Misner / Kip S. Thorne / John Archibald Wheeler: Gravitation. -"Francisco: Freeraan 1973, S. 941; P. KAFKA: Gravitationswellen aus dem Kosmos? -Physik in unserer Zeit 11 (1970) S. 186
4 Joseph H. Taylor / Joel M. Weisberg / Lee A. Fowler: Gravitational Waves from an Orbiting Pulsar. - Scient. American 10 (1981) S. 66;
Reinhard Breuer: Gravitationswellen im Chamäleon?
- Bild der Wissenschaft 10 (1979) S. 214
5 Reinhard BREUER: Gravitationswellen, S. 213. Hans Ritter: Nature 281 (1979) S. 199; P. C. W. Davies: The Search for Gravity Waves. - Cambridge University Press 1980
6 Klaus Werner Hodap: Das Milchstraßenzentrum - ein kleiner Quasar? (1982) S. 347
7 P. Kafka: Gravitationswellen, S. 190, 191
8 A. M. Molchanow: The Reality of Resonances in the Solar System.
- Icarus 5 S. 104
9 R. A. Bureau / L. B. Craine: Sunspots and Planetary Orbits. - Nature 228 (1970) S. 984; I. V. Maksimov / N. P. Smirnov: New Data on the Tidal Origin of Solar Activity Disturbances. - Trudy Arkt i Antarkt. NII, No 302 (1971) S. 26;
V. Shuvalow: Solar Activity and Positions of the Planets. - Nauka i zhizn 10 (1971) S. 63; G. A. Ferris; Planetary Influences on Sunspots. - Journ. British Astronom. Ass. 79 (1969) S. 385; R. S. Pimm / T. Björn: Prediction of

Smoothed Sunspot Number Using Dynamic Relations
between the Sun and the Planets. - Lockheed Report No HREC-1445-1; J. B. Blizard: Long Range Solar Flare Prediction. - Astronom. J. 73 (1968) No. 5; K. Takahashi: On
the Relation between the Solar Activity Cycle and the Solar Tidal Force Induced by the Planets. - Sol. Phys. 3 (1968) S. 598; E. K. Bigg: Effect of Mercury on Sunspot Formation.
Astronom. J. 72 (1967) S. 463; J. Blizard: Prediction of Solar Flares Months in Advance. - Astronom. J. 70 (1965) S. 667; K. D. Wood: Sunspots and Planets. - Nature 240
(1972) S. 91; E. R. Dewey: A Key to the Sunspot Planetary Relationship. - Cycles 10 (1968) S. 233; K. G. Meldahl: Tida) Forces in the Sun's Corona Due to Planets. -
Kopenhagen: Berlinske Forlag 1938, 1949; Theodor Landscheidt: Beziehungen zwischen der Sonnenaktivität und dem Massenzentrum des Sonnensystems. - Nachrichten
Olbersgesellschaft Bremen 100 (1976) S. 2

10 C. W. Misner / K. S. Thorne / J. A. Wheeler: Gravitation, S. 952

11 C. M. Smythe / J. A. Eddy: Planetary Tides During the Maunder Minimum. -
Nature 260 (1977) S. 434; K. Graff: Grundriss der Astrophysik. - Leipzig 1928, S. 365

Aufstieg in die 5. Dimension

Erschaffen und erschaffen werden

Gestehen wir ein, daß unser Universum und seine sämtlichen Inhalte, uns Menschen inklusive, von tatsächlichem Bestand, also real vorhanden sind, dann drängt sich die unbequeme Frage auf: Woher stammt das alles? Ohne an dem großen Wunder zweifeln zu müssen können wir uns zunächst auf zwei mögliche Antworten einigen: Entweder hatte der Zufall (was immer das auch sein mag), oder eine Absicht seine Hände hierbei im Spiel. Physiker werden an dieser Stelle sicherlich zwischen einem determinierten (vorherbestimmten) oder einem indeterminierten (tatsächlichen) Zufall unterscheiden wollen (Schrödinger/Heisenberg), sie bevorzugen den Begriff „Wahrscheinlichkeit".

Der Prozeß des Erschaffens ist in erster Linie ein geistiger Vorgang. Dieses scheint ein gesichertes, universelles Gesetz zu sein. Der Mensch ist mit speziellen Eigenschaften ausgestattet, die es ihm erlauben, ob er es akzeptiert oder nicht, aktiv auf den Schöpfungsprozeß einzuwirken. Ein denkender Mensch erschafft..., entsprechend seiner Gedanken. Für die Quantenphysiker ist dieser Vorgang geklärt. Ungeklärt bleibt für uns alle, Wer, oder Was hat uns denkende Wesen erschaffen? Es ist wie die berühmte Frage nach der Erstmaligkeit, nach dem Anfang: „Wer war zuerst da, die Henne oder das Ei?"

Betrachten wir die Existenzfrage aus der Perspektive des reinen Zufalls können wir uns bequem in den Sessel zurücklehnen und unseren Lebensablauf in den einsamen und gnadenlosen Verlauf des Schicksals legen. Beziehen wir die Alternative in unsere Sichtweise ein, so müssen wir anerkennen, daß eine Ursächlichkeit, eine kosmische Absicht existiert, die hinter all den Dingen steckt. Die Einflußgrößen die den Schöpfungsprozeß in Gang setzen und aufrechterhalten, sind unverändert aktiv. Ein Großteil dieser Einflußgrößen ist den Physikern bekannt. Wie von unsichtbaren Fäden gelenkt, steuern so genannte „Felder" das Geschehen von Werden und Vergehen. Von der Schöpfung eines Atoms bis zu den komplexesten Systemen sind diese unsichtbaren Fäden am Wirken. Die Frage nach ihrer Heimat dürfte uns, sofern wir nicht in den tieferen Ebenen der Quantenfeldphysik zuhause sind, schwer fallen..., sofern wir sie wirklich verstehen wollen. Hoppla, da ist sie ja, die Grenze unseres Verstandes. Sofern wir davon ausgehen, daß nur all das existiert und möglich ist was wir mit unserem Verstand ergründen können, stecken wir hiermit unsere Grenzen selber ab. Sofern wir das akzeptiert haben, werden wir nachvollziehen können, daß durchaus Dinge existieren, die jenseits unserer (gegenwärtigen) Vorstellungskraft liegen. Tatsächlich wirken die gleichen Felder während eines Denkvorgangs im menschlichen Gehirn, wie diejenigen, die unseren Denkapparat, unser Gehirn erschufen. Die

Dinge, die wir fähig sind zu denken, zu empfangen und zu senden, werden von dem neuronalen Netzwerk unseres Gehirns bestimmt und begrenzt. Tatsächlich ist unser Gehirn von einer Architektur geprägt, die sich den Anforderungen angepaßt hat. In der Regel findet die Ausprägung des neuronalen Netzwerks in den ersten Lebensjahren statt. Dieses Netzwerk von Neuronen kann, was seine Leistungsfähigkeit betrifft, mit einem Radioempfänger verglichen werden. Ein Radio mit der Verschaltung von Bauteilen, das nur auf Mittelwelle (oder gar Langwelle) ausgelegt ist, wird nur begrenzte Sender empfangen können. Der Unterschied, ein größeres Spektrum an Sendern, gar mit deutlich verbesserter Qualität zu empfangen, besteht lediglich in der Verschaltung baugleicher Teile. Gegenüber dem Radioempfänger ist unser Gehirn in der Lage, sein Empfangsspektrum zu erweitern, was einer neuronalen Umverschaltung gleichkommt. Was wir hierzu benötigen sind Bereitschaft und Wille, zuzulassen, sich Dinge vorzustellen, die „unmöglich" sind. Hierzu zählen, aus aktuellem Anlaß, genau die Ereignisse, die uns an die Grenzen unseres Verstandes bringen..., die Anomalien am Himmel..., und auf der Erde! Sie betreffen in erster Linie uns, im persönlichsten Sinne. Können wir..., wollen wir akzeptieren, daß genau die gleichen schöpferischen Einflüsse, die uns und unser Universum erschufen, gegenwärtig auf uns persönlich einwirken? Wollen wir akzeptieren, daß dieses „allerschaffende Prinzip" (All-Schöpfer/in) zurzeit einen Neuanfang startet, indem wir zu ungeahnten Größen aufsteigen, unser „göttliches Erbe" antreten? Wir haben es in der Hand, indem wir uns zunächst nur zu entscheiden haben. Verstehen folgt der Bereitschaft zum Verstehen..., nicht umgekehrt, oder? Es sieht so aus, als ob die „Karten neu gemischt" werden. **Sind wir bereit?**

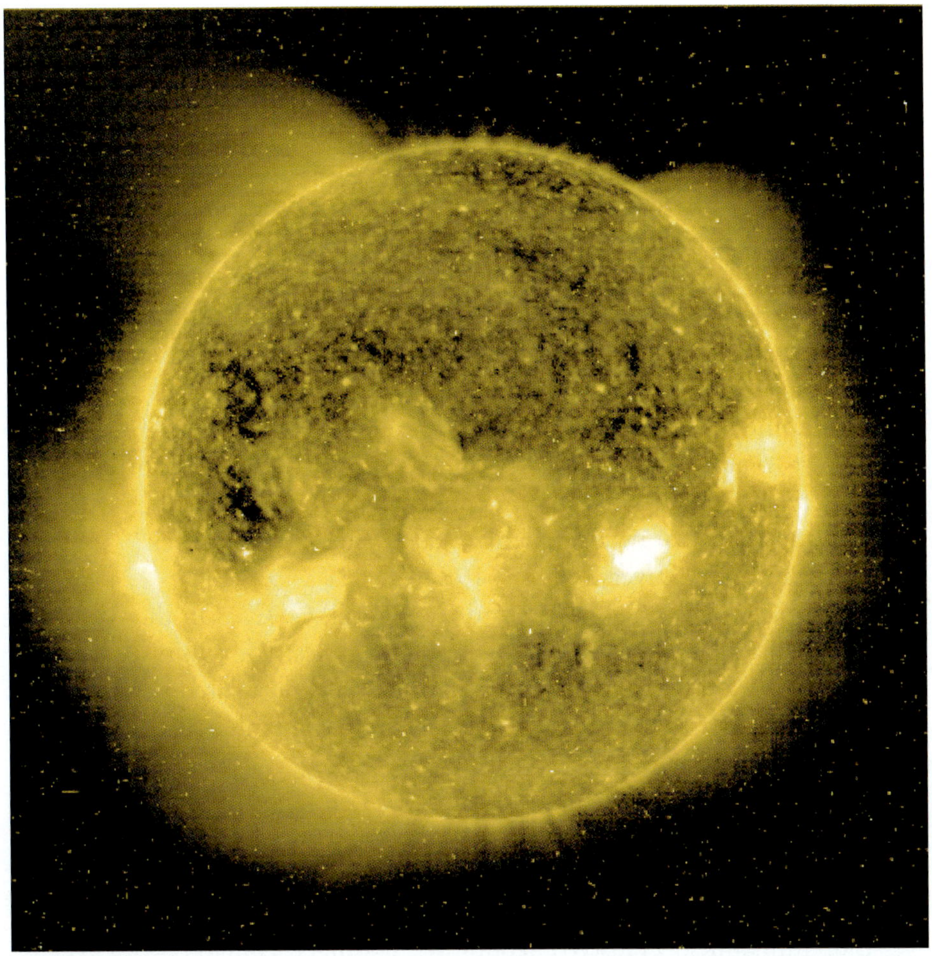

Quelle: NASA

Literaturverzeichnis:

• Alvager, T. And Kreisler, M. N. „Quest for faster-than-light particles", Phys. Rev. 171, 1968

• Sentmen, D.D., „Schumann Resonances „ in Handbook of Atmospheric Electrodynamics , (ed. Volland), Vol. I, 267-295. Boca Raton: CRC Press, 1995.

• Kluwer Assis, A. K. T. And Graneau, P. „Nonlocal Forces of Inertia in Cosmology", Found. of Physics, 26, 271. 1996

• Prof. Dr. Konstantin Meyl, Johannes von Buttlar, „Neutrino Power, der experimentelle Nachweis der Raumenergie revolutioniert unser Weltbild", Argo-Verlag, Marktoberdorf

• Mark Hazlewood, „Planet X auf Erdkurs, Transformation, Erde im Aufschwung" (Band 1 und 2), Argo-Verlag, Marktoberdorf, Tel.: 08349/920440

• Carlos Calvet, „Hyperraum, Beherrschung von Raum und Zeit" Auf den Spuren der Schöpfung", Argo-Verlag, Marktoberdorf

• Arendes Lothar, „Ansätze zur physikalischen Untersuchung des Leib-Seele-Problems „ 1996: http://home.t-online.de/home/Lothar.Arendes/index.htm

• Aspect A. and Gragier P. „Experiments on Einstein-Podolsky-Rosen type correlations with pairs of visible photons". In: Quantum theory of measurement. Eds. Wheeler J.A., Zurek W.H. Princeton University Press, 1983

• Attolini, M. R., Galli, M. and Castagnoli, G. C. „On the Rz-sunspot relative number variations", Solar Physics, 95, 1985

• Bai, T. and Sturrock, P. A., „The 154-day and related periodicities of solar activity as subharmonics of a fundamental period", Nature 350, 141-143. 1991

• Bauer, E. Theoretical Biology, Moscow-Leningrad, IEM, in Russian (1967, in Hungarian).

• Bauer, E. and Borsdyko, S. Mutations and the Structure of Living Matter, Biodynamica, No. 14, 1-8. 1936

• Bloc Immanuel, Hänsch Theodor W., Esslinger Tilman." Wenn Materie Quantenwellen schlägt". Spektrum der Wissenschaft, Juli 2000

• Boyer, T. H. „Classical Statistical Thermodynamics and Electromagnetic Zero Point Radiation", Phys. Rev. Vol. 186, Electromagnetic Zero Point Radiation", Phys. Rev. Vol. 186, 1304-1318. 1969

• Breithaupt, H. „Biological Rhythms and Communications, in Electromagnetic Bio-Information", eds. 1989

• L. B. Hainsworth (1987). „Electrical Technology and Human Evolution," Speculations in Science and Technology, Vol. 11, No. 2, p.101. www.nwbotanicals.org
• Burr, H. S. and Northrop, E. S. C. The Electrodynamic Theory of Life. Quart. Rev. Biol. 10, 322. 1935
• von Campenhausen, C., „Die Sinne des Menschen“, Bd I: Einführung in die Psychophysik der Wahrnehmung, Stuttgart, 1981
• Cassidy David C."Werner Heisenberg und die Quantenrevolution“.Spektrum der Wissenschaft, Juli 1992
• Chiao Raymond Y., Kwiat Paul G. und Steinberg Aephraim M. „Quantenphänomene schneller als Licht?“
Spektrum der Wissenschaft, Oktober 1993
• Chalmers, D. „Facing up to the problem of consiousness”. In: Toward a Science of Consciousness - The First Tucson Discussions and Debates, S.R. Hameroff, A. Kaszniak and A.C. Scott (eds.), MIT Press, Cambridge, MA. 1996
• Crick, F. & Koch, C., „Towards a neurobiological theory of consciousness", Seminars Neurosci. , 2, 263-275, 1990
• Cramer J. G., „The transactional interpretation of quantum mechanics”. Rev. Morden Physics, 58, 647-688, 1986
• Dirac P. Book: „The principles of quantum mechanics”. Claredon press, Oxford, 1958.
• Dzang Kangeng Yu.V. „Bioelectromagnetic fields as a material carrier of biogenetic information”. Aura-Z, 1993
• Gariaev P.P., Tertishny G.G., Iarochenko A.M., Maximenko V.V., Leonova E.A. „The spectroscopy of biophotons in non-local genetic regulation”. Journal of Nonlocality and Remote Mental Interaction, 2002;
www.emergentmind.org/gariaevI3.htm
• Kaivarainen A. „New Hierarchic theory of water and its role in biosystems. Bivacuum mediated time effects, electromagnetic, gravitational & mental interactions”.
http://www.karelia.ru/~alexk/new_articles/index.html
and in the Electronic library of Temporology Institute (Moscow University) 2003
• Kaivarainen A. „Unified Theory of Bivacuum, Particles Duality, Fields & Time”. New Bivacuum -Mediated Nonlocal Interaction. In the archives of Los-Alamos, Quantum Physics Research. NOVA Science, ed F.Columbus and V.Krasnoholvets, 2004

• Krolhzy, F., Frenkel, A., and Lukacs, B. „On the possible role of gravity on the reduction of the wave function“. In Quantum Concepts in Space and Time, R. Penrose and C.J. Isham (eds.), Oxford University Press.1986
• Mach, E., Analyse der Empfindungen, Jena, 1903
• F. Sigel, Schuld ist die Sonne., MIR Verlag, Moskau 1972
• von der Malsburg, C., The Correlation Theory of Brain Function, Internal Report of Max-Planck-Institute for Biophysical Chemistry Göttingen, Dept. Neurobiology, 81-2, Göttingen, 1981
• Mender, D., The Myth of Neuropsychiatry: A Look at Paradoxes, Physics, and the Human Brain, New York, 1994
• Niedermeyer, E. & Lopes da Silva, F., Electroencephalography: Basic Principles, Clinical Applications and Related Fields, Baltimore-München, 1987
• Bearden, T.E., Gravitobilogy _ „The New Biophysics”, Tesla Book Company, Box 121873, Chula Vista, CA 91912, 1991.
• Frolov, Alexander V., „Resonance Effects”, www.patrak.com/ine/NEN4-8-6.html
• Roth, Gerhald., „Fühlen, Denken, Handeln“, Suhrkamp, 2001
• Norretranders, Tor, „Spüre die W elt- Die W issenschaft des Bewußtseins „ Science Sachbuch, Rowohlt, 2000
• Warnke, Ulrich., „Die geheime macht der Psyche“, Popular Academic Verlags-Gesellschaft, 1998
• Feynmann, Richard P.„QED“.(Die seltsame Theorie des Lichts und der Materie“.Piper, 1997
• Holler, Johannes., „Das neue Gehirn“, Bruno Martin, 1985
• Norden, Bengt., and Ramel, Claes., „Interaction Mechanisms of Low-Lewel Electromagnetic Fields in Living Systems”, Oxford Science Publications, 1992
• Sheldrake, Rupert. ”Morphogenetische Felder“, www.sheldrake.org
• Held, Werner., „Quantentheorie der Information“,2001,
• Krueger A. P., and Kotaka, S. „The Effects of Air Ions on Brain Levels of Serotonin in Mice," International Journal of Biometeorology, 13(1), 1969
• Friedman, Howard, Becker Robert O., and Bachman, Charles „Geomagnetic Parameters and Psychiatric Hospital Admissions," Nature, 200, November 16, 1963

• Kholodov, Yurij A. „Electromagnetic Fields and the Brain," Impact: of Science on Society, 24(4), October 1974, 291-297. Kholodov is one of the Soviet researchers in the area of biomagnetic interactions. This issue of Impact, published by UNESCO, was devoted to the international developments in the „parasciences."
• Kholodov, Yuri. „The Brain and the Magnetic Field," Journal of Paraphysics, 6(4), 1972
• Presman, A. S. „Electromagnetic Fields and Life", trans. by F. L. Sinclair, ed. by F. A. Brown. New York: Plenum Press, 1970
• Conley, Charles C. „Effects of Near-Zero Magnetic Fields on Biological Systems," Biological Effects of Magnetic Fields, Vol.2.
• Becker, Robert O. „The Effect of Magnetic Fields Upon the Central Nervous System," Biological Effects of Magnetic Fields, Vol. 2, pp. 207-214.
• Friedman, Howard, Becker Robert O., & Bachman, Charles H. „Psychiatric Ward Behavior and Geophysical Parameters," Nature, 205, March 13, 1965
• Friedman, Howard Becker Robert O., & Bachman, Charles H. „Effect of Magnetic Fields on Reaction Time Performance," Nature, 213, March 4, 1967
• Popper Karl R., & Eccles, John C. „The Self and Its Brain". London: Routledge & Kegan Paul, 1983
• Dull, T. & Dull, B. „Über die Abhängigkeit des Gesundheitszustandes von plötzlichen Eruptionen auf der Sonne und die Existenz einer 27 tägigen Periode in den Sterbefällen," Virchows Archiv, No. 293, 1934. This study is summarized in Michel Gauquelin, The Scientific Basis of Astrology. New York: Stein and Day, 1969.
• Küppers, Bernd-Olaf, Der Ursprung biologischer Information, 2. Auflage, München 1990 Wolf, Johannes E. - Quantum Metaphysics
• Lyre, Holger: Die Quantentheorie der Information, Springer Akademischer Verlag, Berlin 1998
• Shnoll S.E. „The form of the macroscopic fluctuation spectra depends on the Earth rotation". Biophysics, 1995
• Stapp H.P. „Mind, matter and quantum mechanics". New York: Springer-Verlag,1982
• Feinberg, G., Possibility of faster-than-light particles, Phys. Rev. 159, 1089, 1967
• Feynman, R. P. QED, the strange theory of light and matter, Penguin Books, 1985

• Freedman, D. Z., Schramm, D. N. And Tubbs, D. L. „The weak neutral current and its effect in stellar collapse", Ann. Rev. Nucl. Sci. 27, 167-207. 1977

• Grandpierre, Attila, in „Theoretical problems in Stellar Stability and Oscillations", eds. A. Noels and M. Gabriel, 48. 1984

• Grandpierre, Attila, „The Universe as a Living System", in Forras 1988, No. 2 (in Hungarian) 1988

• Grandpierre, Attila, „How is working the Sun?", Solar Physics, Vol. 128, p. 3. 1990

• Grandpierre, Attila, „A pulsating.-ejecting solar core model and the solar neutrino problem", Astronomy and Astrophysics, Vol. 308, 199. 1996

• Grandpierre, Attila, „The Physics of Collective Consciousness", World Futures, Vol. 1997

• Hecht, Karl „Die Natur der Rhythmen im menschlichen Leben - Chronowissenschaft und Psychobiologie der Zeit aus ärztlicher Sicht –"

• Kirshivink, Joseph L, Kobayashi-Kirshivink, Atsuko & Woodford, Barbera J., „Magnetite Biomineralization in the Human Brain „ Proceedings of the National Academy of Science, 89 7683-7687, 1992

• Kotov, V. A. „From solar oscillations to restrictions on standard cosmology", 4th SOHO Workshop, Helioseismology, 1995

• Wilson, Robert Anton., „Cosmic Trigger „ 1986

• Stapp H. P., „Quantum propensities and the brain-mind connection", Foundations of Physics, Vol. 21, 12, p. 1451, 1991

• Stapp H. P., „Why classical mechanics cannot naturally accommodate conciousness but quantum mechanics can?", Psyche, May 1995, 2(5), 1995

• Von Ludwiger, Illobrand. „Heim'sche einheitliche Quantenfeldtheorie". Resch-Verlag 1981

• Popp, F. A. and Zhang, J.J. „Mechanism of interaction between electromagnetic fields and living organisms". Science in China (Series C), 43, 2000

• Ruth, B. in Electromagnetic Bio-Information, eds. F.-A. Popp et al., 2nd Edition, Urban and Schwarzenberg, 128-143. 1989

• Tegmark Max und W heeler John Archibald „100 Jahre Quantentheorie". Spektrum der Wissenschaft, April 2001

• T. E. Bearden, „Giant Negentropy in the Common Dipole," Proc. IC-2000, St. Petersburg, Russia, 2000

• Heim, Burkhard; Einheitliche Beschreibung der Materiellen Welt Informatorische Zusammenfassung von Elementarstrukturen der Materie, Band 1 und Band 2 Resch Innsbr. 3-85382-048-4
• Schindewolf, Otto H. Basic Questions in Paleontology: Geologic Time, Organic Evolution, and Biological Systematics, 1993, ISBN 0-226-73 835-3, 1. Auflage in deutscher Sprache 1950
• Hans Werner Woltersdorf, „Die Lösung der Sieben Welträtsel" Argo-Verlag, Marktoberdorf
• Morpheus, „Matrix-Code", Trinity Verlag, 2003
• Morpheus, „Die Realitätenmacher", Trinity Verlag, 2005

Magazin 2000 plus, Nr. 145,
„Der lange Atem der Sonne", Seite 22,
„Sonnenwinde und das Jahr 2000", Seite 34,
Magazin 2000 plus, Nr. 216,
„Die Sonneneruption, mit der eine Theorie starb –
und die ungewöhnlichen Vorgänge gehen weiter", Seite 44

Magazin 2000 plus, Nr. 170,
„Der genetische Laser.
Von den Biophotonen bis zum Hyperraum" Seite 20

Magazin 2000 plus, Nr. 124,
„B. H. Kopernikus des 20. Jahrhunderts" Seite 16,
„B. Heims Feldtheorie" Teil 1, Seite 21

Magazin 2000 plus, Nr. 123,
„B. Heims Feldtheorie" Teil 2, Seite 19

Magazin 2000 plus, Nr. 188,
„ Die Heim'sche Feldtheorie",
„Atomaufbau, Photonen und Chrononen
und Hyperraum und mehrdimensionale Kosmen", Seite 45

Magazin 2000 plus, Nr. 170,
„Neue Erkenntnisse und Wege in der Bio-Physikalischen Wissenschaft",
Interview mit Bernhard Eppich, dem Direktor
des bio-physikalischen Institut Queensland, Seite 44

Magazin 2000 plus, Nr. 192,
„Sonneneruption bricht alle Recorde", Seite 192

Anhang

Extreme Erdmagnetfeldveränderungen

Verursacht durch die Ladungsträger der Sonne

„Die in den letzten Jahren gesammelten Daten zeigen deutlich, daß wir das normale Geomagnetische Feld der Erde heute in die Betrachtung der Grundfunktion lebender Organismen als Umweltfaktor von großer Tragweite einbeziehen müssen. Ich meine, daß es sich bei dieser Einsicht wahrscheinlich um die bedeutendste Einzelerkenntnis des Jahrhunderts handelt."
Aus: „Unsichtbare Umwelt „ von Prof. Dr. Herbert L. König ehem. Direktor der TU-München

Um den zunehmenden Veränderungen des Erdmagnetfeldes etwas mehr Objektivität zu verleihen, bediene ich mich in dieser Aufstellung, einiger Veröffentlichungen von Wissenschaftlern, die bereits seit den 60er Jahren hierzu Stellung bezogen. Wenn nun beispielsweise ein Max-Planck-Institutsdirektor wie Prof. Dr. Ruhnenstroth-Bauer, oder ein Universitätsdirektor wie Prof. Dr. Herbert L. König, immerhin ein Schüler und Nachfolger von Prof. Schumann (Entdecker der Erdresonanzfrequenz = Schumannresonanz), eindeutige Zusammenhänge zwischen den Erdmagnetfeldern und dem menschlichen Gehirn in selektiven Fachjournalen letztmals vor Jahrzehnten veröffentlichten, und gegenwärtig niemand darüber informiert wurde, wird einem die Tragweite und Brisanz dieser Thematik bewußt. Wenn ich also über diese Themen berichte, so ist das vorliegende Buch nicht nur das Produkt einer journalistischen Arbeit, sondern ebenfalls das Produkt eines Naturwissenschaftlers, der Jahrzehnte in diesem Fachbereich (in vielen Ländern) tätig war. Da ich es jedoch vorziehe anonym zu bleiben ist meine Qualifikation vor den Leser nicht unbedingt transparent. Aus diesem Grund halte ich es für erforderlich, meine Darstellungen durch etwas mehr als normalerweise üblich, mit Originalzitaten zu versehen. Wenn wir also Rückschlüsse aus den aktuellen Warnhinweisen der Medien wie: „2007 wird das Jahr der Sonnenstürme", „Unsere Sonne ist so explosiv wie seit 1000 Jahren nicht mehr „ oder „Sun's next 11-year cycle could be 50 pct stronger", ziehen wollen, sollten wir mit diesen Aussagen etwas „handfestes" anfangen können. Beginnen wir mit den Magnetfeldveränderungen, die auf der Erde gemessen wurden. Das Magnetfeld der Erde ist nicht homogen verteilt. Örtlich in unterschiedlicher Intensität, liegen hier oftmals große Extreme vor. Um sich das etwas plastischer vorzustellen, soll hier diese Grafik gezeigt werden:

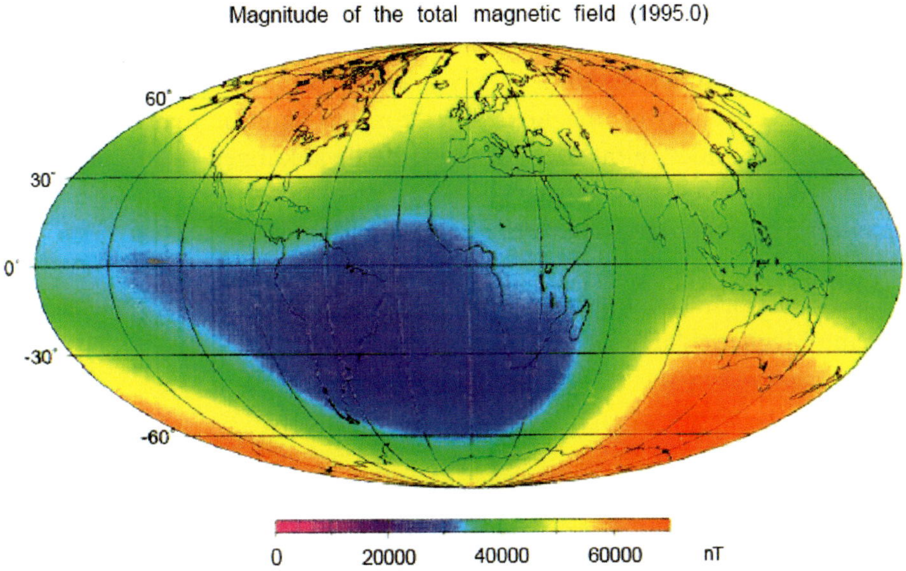

Das Magnetfeld der Erde ist nicht überall von gleicher Intensität. Auf der Erde sind die höchsten Intensitäten in Süd-Amerika, Südwest-Afrika und über dem südlichen Atlantik (blaue Flächen), die schwächsten Werte in Nord-Amerika, Sibirien, südlich von Australien und an den Polen (rote Flächen). Diese Verteilung wandert in etwa 2000 Jahren einmal um unseren Globus (Westwertsdrift). Quelle: British Geological Survey

Desweitern ist den Geologen bekannt, daß sich unser Erdmagnetfeld seit längerem abschwächt:

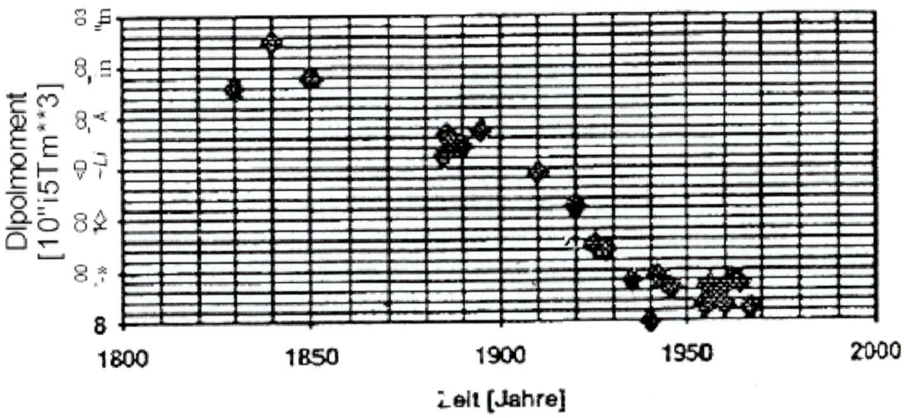

Globale Entwicklung des magnetischen Dipolfeldes (inneren Magnetfeldes) in den letzten 200 Jahren. Deutlich ist eine Abnahme zu erkennen.
Quelle: Syun-Ichi Akasofu, Sydney Chapman: Solar Terristical Physics

Geo- und Astrophysiker kennen wiederum die genaueren Zusammenhänge zwischen dem Erdmagnetfeld und unserer Sonne. An dieser Stelle soll lediglich erkannt werden, daß die zunehmend steigenden Veränderungen des Erdmagnetfeldes durch unsere Sonne verursacht werden. Auf der Erde werden an zahlreichen Messtationen, die weltweit verteilt sind, ständig Intensität und Schwankungen der Magnetfelder gemessen. Die Stärke der Magnetfeldschwankungen wird durch den K-Index angegeben. Bleibt das Magnetfeld in Ruhe, ist der K-Index 0. Ab K=5 spricht man von einem geomagnetischen Sturm. Bei extremen geomagnetischen Stürmen kann er maximal 9 erreichen. Der K-Index gibt die Magnetfeldschwankungen innerhalb einer Stunde an, der Kp-Index mittelt die weltweiten Schwankungen über einen Zeitraum von 3 Stunden Weltzeit.

Als Beispiel möchte ich hierzu zwei Messdiagramme anbieten, die jeweils eine extreme Magnetfeldanomalie darstellen:

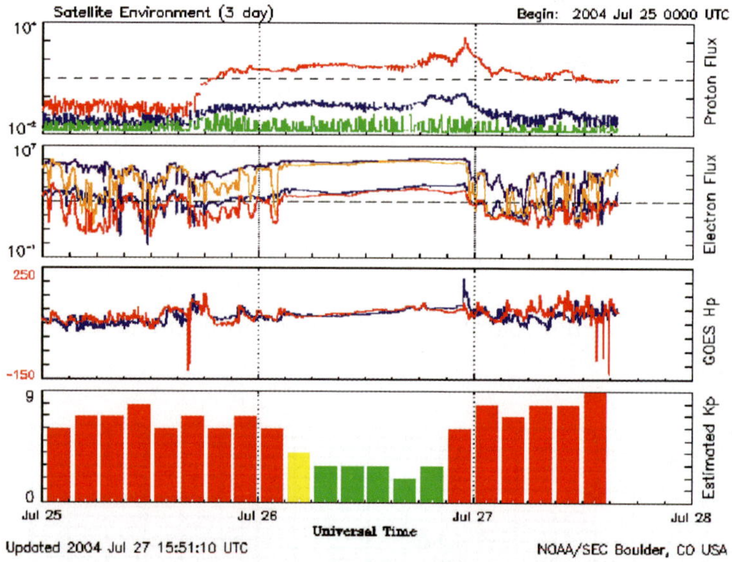

Extrem intensive Veränderungen des Erdmagnetfeldes.
Rot = intensive-, gelb = leicht erhöhte-, grün = normale Veränderungen

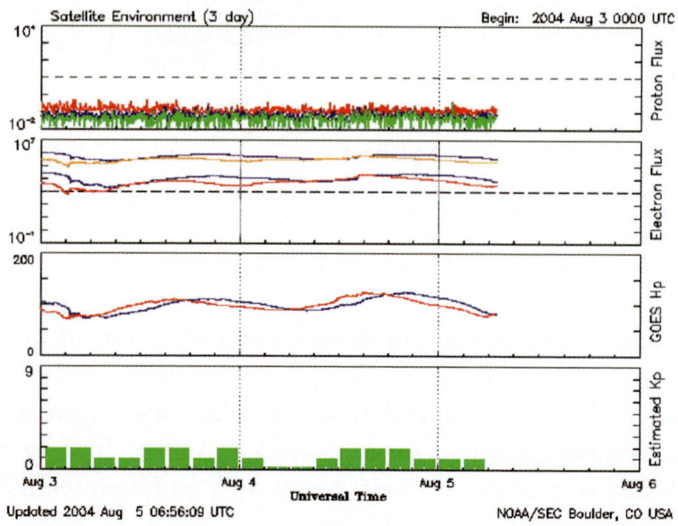

Gemäßigte bis nahezu keine Veränderungen des Erdmagnetfeldes.

Daß diese, für Laien doch relativ harmlos aussehenden, Diagramme eine elementare Bedeutung für unsere Psyche und unsere Gesundheit darstellen, ist nur sehr wenigen Menschen bewußt.

Der Physiker und Visionär Drunvalo Melchizedek beschreibt in klaren Worten ein aktuelles Szenario, welches zunächst als „fantastisch" anmutet. Das seine Aussagen jedoch auf gesicherten Fundamenten stehen ist sicherlich nicht vielen bekannt. Zwar geht Drunvalo mit seiner Ausführung in einen Bereich, der leider durch den inflationären Gebrauch der Esoteriker zu sehr verwässert wurde. Die Rede ist hier von dem so genannten „Aufstieg in die 5.Dimension". Betrachten wir nun die elementaren Forschungsergebnisse hierzu, so werden uns hierdurch Fakten an die Hand gegeben, die uns einen ungetrübten Einblick in den tatsächlichen Sachverhalt ermöglichen. Beginnen wir mit einer Aufstellung von Zusammenhängen, die zwischen naturgemäßen elektrischen und magnetischen Feldern und dem gesundheitlichen Befinden von Menschen stehen. Daß diese „naturgemäßen" Felder von der Sonne beeinflusst werden, soll an dieser Stelle unberücksichtigt bleiben.

LUFTMASSEN	WARM					GEMISCHT		KALT		
SFERICS in kHz	10 28	10	10 28	10 ++	10 +++			28 +++	28 ++	28 10
WETTERPROZESSE	↓		↗	⇗	Wf	⬀	Oc	Kf	↱	↷
Psych. Störungen	●									
Reizbarkeit		●			○					
Schizophrenie		●	○	●						
Depressionen				○	○	●				
Hypotonie		○			●					
Neurosen				○	●	○				
Suizide		○		○						
Erkältungen	○				○					
Entzündungen					●	○				
Pneumonien				○						
Bronchitis		○					○			
Blutungen		●		○	●					
Thrombosen				●	○					
Glaucome					●			○		
Unfallmaximum				●	○	●			○	
Beschwerden allgem.		●			○	●				○
Herzinfarkt		○		○	●	●	○	○		
Embolien				●	●	●	○	○		
Schlafstörungen		●			●	●		○		
Spasmen		●			○			●		
Migräne				○						
Kopfschmerzen allgem.		○		○	○		○	○		
Schmerzmaximum					●	●		●		
Reaktionszeit					●		●	○		
Herztod					●			●		
Frühgeburten										
Herzbeschwerden						○	○	●		
Magenperforationen					○	○	○	●		
Diabetes								●		
Rheuma/Arthritis							○	○	○	
Schlaganfallmaximum								●	○	
Epilepsie								○		
Koliken								○	●	
Angina pectoris								●	●	

Besondere Beachtung soll hierbei den psychischen Anomalien geschenkt werden.
Hierbei sind eindeutige Zusammenhänge der Bewußtseins-und Stimmungslage und den Feldern zu erkennen.

Ganz offensichtlich bestehen direkte Zusammenhänge zwischen Einflüssen der elektrischen und magnetischen Felder und der Bewußtseins-und Stimmungslage bei Menschen. Durchaus wagemutiger ist diese mögliche Korrelation, die einen Zusammenhang zwischen dem Finale der Bush-Gore-Wahl und elektrischen Anomalien auf der Erde, die von den Sonnepartikeln (Ladungsträger) ausgelöst wurden, bestehen.

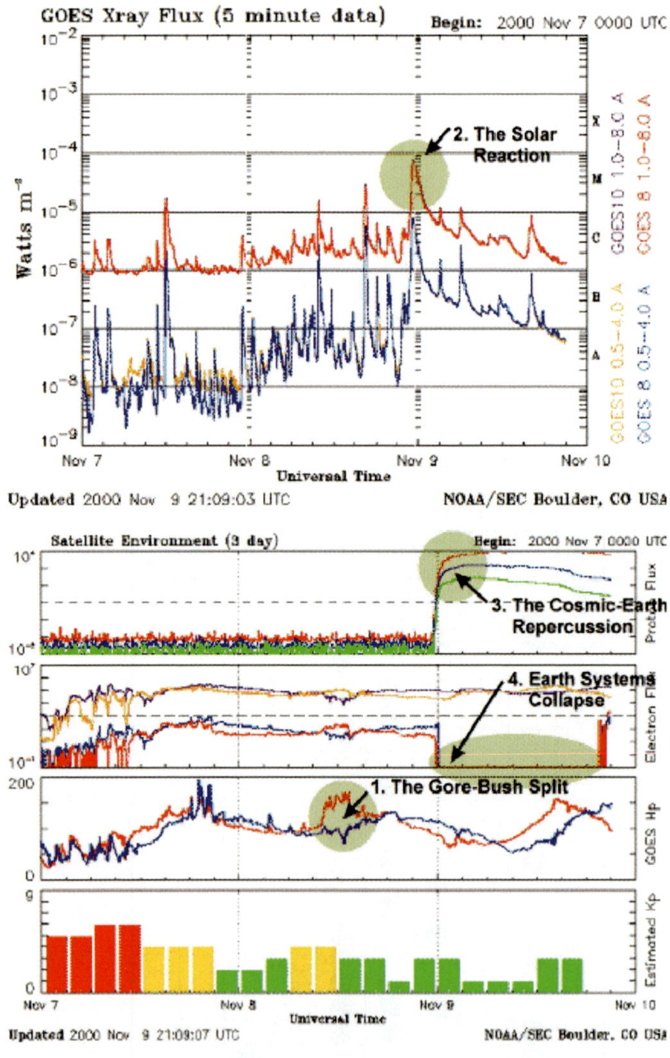

Mögliche Korrelation zwischen der „Bush-Gore-Wahl „ und den elektrischen Ladungen der Sonne, welche auf der Erde gemessen wurden.

In diesem Zusammenhang möchte ich auf eine ältere Arbeit von Prof. König zurückgreifen. In seinem Fachbuch „Unsichtbare Umwelt „ berichtet er u.a.: „Ich habe oben schon erwähnt, daß ich in den frühen sechziger Jahren das Postulat aufgestellt habe, **externe Magnetfelder könnten die grundlegenden Operationen des Gehirns verändern, indem sie in sein normales internes elektrisches Gleichstromsystem eingreifen.** Ich arbeitete zusammen mit

Dr. Howard Friedman, einem Psychologen am Upstate Medical Center der State University New York an der Erforschung des **Zusammenhangs zwischen dem Auftreten von Magnetstüren und den Aufnahmezahlen in psychiatrischen Kliniken.** Wie ich bereits geschildert habe, stellten wir eine signifikante Beziehung fest. Natürlich handelte es sich hier um Menschen mit abweichenden Denkmustern, aber das klinische Erscheinungsbild eben dieser Abweichungen schien durch die Veränderungen der geomagnetischen Umgebung verschärft zu werden.

Später führten wir gezielte Laborversuche durch, bei denen wir unauffällige, freiwillige Versuchspersonen kontrollierten Magnetfeldern aussetzten und ihre Reaktionszeit maßen. Wir stellten fest, daß magnetische Gleichfelder bis zu einer Stärke von **15 Gauß die Reaktionszeit nicht beeinflußten, während die Einwirkung viel schwächerer Felder, die bei 0, 1 oder 0,2 Hz moduliert waren, signifikante und ganz andersartige Wirkungen hervorriefen.** Diese extrem niedrigen Frequenzen (ELF) finden sich auch in den Mikropulsationen des normalen geomagnetischen Feldes der Erde, sind aber viel schwächer als die Hauptkomponenten, die sich um etwa 10 Hz herum bewegen. Meine Schlußfolgerung war, daß es einen Zusammenhang zwischen den ELF Frequenzen im normalen geomagnetischen Feld (massive Störungen wie zum Beispiel **Magnetstürme der Sonne** oder feinere Abweichungen wie Veränderungen in der relativen Stärke der Mikropulsationsfrequenzen) **und meßbaren Tätigkeiten des menschlichen Gehirns geben müsse.** Ich skizzierte unsere Theorie 1962 und 1963 in einer Reihe von Vorträgen und Veröffentlichungen. Wir zogen den Schluß, daß das Magnetfeld der Erde für lebende Organismen ein bedeutender physiologischer Faktor ist. Es scheint, daß eine Umgebung, die entweder n**iedrigere oder höhere Feldstärken als «normal»** oder keine Fluktuation bzw. zyklische Fluktuation bei uns ungewohnten Frequenzen aufweist, zu unerwünschten **Verhaltensveränderungen führen kann.**“

Korrelation zwischen magnetischen Aktivitäten der Sonne und psychischem Verhalten (Bewußtseinslage)

Die außergewöhnlichen Aktivitäten der Sonne setzen sich offenbar weiter fort, eine dramatische Steigerung wird bis zum Jahre 2012 erwartet. Die Auswirkungen der hierdurch bewirkten Veränderungen auf der Erde, werden von den Behörden lediglich auf das Klima und technische Störungen reduziert. Verschwiegen werden die gesundheitlichen Auswirkungen, die von diesen Sonneneinflüssen ausgelöst werden. Daß in ganz erheblicher Weise die Psyche und das Bewußtsein der Menschen hiervon betroffen sein wird – mehr noch als bisher – ist nur eingeweihten Naturwissenschaftlern bekannt. Die nun folgenden Artikel sollten in diesem Zusammenhang betrachtet werden…

„Dr. Becker and Howard Friedman, M.D., a psychiatrist at the VA hospital in Syracuse, New York, replicated a previous experiment whereby they artificially generated commonly found magnetic fields that produced stress in rabbits reactivating a pre-existing but quiescent brain disease. Other experiments conducted by Dr. Becker show the cause and effect between 60-cycle electricity, its magnetic component, and its effect on biological activity in organisms."

Gesamter Artikel: *(Übersetzungen finden Sie ab Seite 235)*

References: Victor Adamenko „Behavioral Reactions and Electromagnetic Fields". The Proceedings of Conference of Psychology, Crete University, Greece, May 18- 21, 1991.

ELF: The Immune System Suppressors

Man is the species „Homo sapiens," and all species must adapt to their environment or die. Sometimes, it may take a species thousands of years to adapt, and sometimes the species may die out before it can adapt to new standards of the environment. Less than 100 years ago, man had no electricity, and our bodies lived in harmony with the natural frequency of mother earth. This resonance has been recently measured at 7.83 Hz and is called the Schumann Resonance. Planet Earth operates within this natural ELF ("Extremely Low Frequencies „ which range from 1 - 100 hertz) signal range, and when this signal is altered for a period of time, reproductive and other systems of the body are directly affected. Interestingly enough, if you measure the natural frequency emission of the human brain in a room shielded from man-made ELF, the brain's signal is identical to the frequency emitted by the earth. The electrical activity of the earth is like a giant brain!

Not only is the electromagnetic pollution a problem from man-made sources, but Alexander Tchijevsky discovered in 1919-1920 a correlation between changes in solar activity and biological processes on Earth. Using statistical methods, Tchijevsky proved that epidemics of cholera, grippe, typhus, and so on, take place when astrophysicists record changes in the activity of the sun. He also believed, and proved, that solar storms may change functional conditions of the human nervous systems. In addition, Tchijevsky discovered a correlation between solar activity and human aggressiveness, such as wars and revolutions.

When solar storms took place, the behavior of mentally retarded children was dramatically modified from their normal behavior. However, his data also pointed out that healthy people were also affected. Their nervous excitability increased, as well as their emotions. This excitability caused a subconscious physiological mechanism to change, increasing the functions of the nervous and cardiovascular systems.

Conventional scientists considered the correlation between biological processes on the earth and solar storms as a mysterious phenomenon. Tchijevsky suggested that the sun emits some type of radiation not yet detected. He called it Z-radiation, and found it biologically active. In addition, the latest information from NASA and the Outer Space Science and Magnetobiology Labs in Russia point towards his theory as being plausible.

After a day or two of observing these flashes, astrophysicists noted a strong shifting of the earth's magnetic field. The biological processes of any organism, including the most simple, are linked with their electrical activity, as we can see in the EEG, EKG, and so on. In 1990, a Russian medical doctor, Sergei Velkhover, discovered that harmless microbes become dangerous and cause epidemics when solar activity changes.

From 1958-1964, another medical doctor, N. Shultz, observed the change in blood during solar activity. He examined 14,000 people and found that with solar storms, there was direct increase in the number of lymphocytes in the blood. The death statistics as a result of cardiovascular disease were obtained by Berg in Copenhagen and Frankfurt in 1960, where 4,899 deaths took place over a period of 60 magnetic storms. In Russia, they took this data very seriously. Special rooms and housing were built, shielded from electromagnetic fields for those susceptible to heart attacks and strokes when an oncoming solar storm is predicted.

As for nervous and mental diseases, the correlation with magnetic storms was discovered by T. Dull and B. Dull, as long ago as 1935. **They examined 4,000 mental patients in the course of five years, and correlated changes in their behavior with 67 magnetic storms. This data was confirmed by Howard Friedman, Charlie Bachman, and Robert Becker between 1960-1970. Some of the simplest living organisms, such as snails, can orientate themselves to lines of the earth's magnetic field, while birds migrate along these unseen lines of flux. These unseen natural forces are only a small part**

of the environmental electromagnetic stress our bodies must fight.

It has taken scientists over twenty years to gather data showing that extremely low frequencies (ELF) have an adverse effect on the health of human beings. Yet, some illnesses have been shown to be actuated by exposure to harmful ELFs. In 1987 and 1988, national news publications including the Wall Street Journal, The Boston Globe, and ABC News with Peter Jennings, reported on scientific studies showing that „ordinary power lines might be the cause of 10-15% of all childhood cancer."

ELF has been a subject of scientific curiosity and controversy since its investigation in the late 1960s. One of the major pioneers, Dr. Robert O. Becker, M.D., was nominated for a Nobel Prize for his work in bioelectromagnetics and electromagnetic characteristics in bone healing. In 1965, **Dr. Becker and Howard Friedman, M.D., a psychiatrist at the VA hospital in Syracuse, New York, replicated a previous experiment whereby they artificially generated commonly found magnetic fields that produced stress in rabbits reactivating a pre-existing but quiescent brain disease. Other experiments conducted by Dr. Becker show the cause and effect between 60-cycle electricity, its magnetic component, and its effect on biological activity in organisms.**

In 1977, the controversy over ELF continued with the release of a National Academy of Science report stating „there should be no concern for possible effects of ELF in fertility, growth or development „ and suggested that ELF is too weak to harm humans or animals. Yet another government agency, the Environmental Protection Agency, as well as the USSR (Russia), considered electronic smog a major concern and a potential harm to public health.

In the early 1970s, much of the established scientific community disregarded many of the experiments showing ELF to be biologically active. However, in 1979, a study published in the prestigious American Journal of Epidemiology (John Hopkins University) showed that homes of children who developed cancer were often found near electric power lines carrying electric current. In 1989, Dr. Genevieve Matanoski of John Hopkins University conducted research on 50,000 New York state telephone workers. She found an increased risk of leukemia among active linemen, and an unusually high rate of breast cancer among male technicians in central office switching rooms. Both of these studies confirm the threat of harmful ELF to human health, and identify ELF as the most serious environmental issue of the 90s.

With the controversy raging and utility companies concerned for public safety, many scientists from Canada, the United States, Europe, and Russia are conducting independent research into the effects of exposure from electromagnetic radiation. The results suggest that exposure to harmful electromagnetic frequencies can cause disorders of the central nervous system, including headache, fatigue, dizziness, emotional instability, back pain, short term memory loss, arthritis and other unexplained illness.

ELF, therefore, becomes very much a double-edged sword. Because it can penetrate at a cellular level, by entering the DNA and cause dormant viruses to awaken and then to mutate we can see the potential harm from all ambient frequencies bombarding us from the myriad appliances we use - radio, microwave, computers TV's, and so on. **In the last 30-40 years, electromagnetic pollution has increased over one million times!** All of these frequencies clutter our brain, which is like a radio receiver, and then the main signal becomes distorted by reception of electromagnetic waves. As the brain overloads with ELF signals, the transmission of electrical impulses to other parts of the body becomes garbled. This retards the quality of energy transmission within the body. In just thirty years, our bodies have not been able to evolve to where they can process this ELF interference in a healthy manner.

However, there are frequencies that are good for the body and have shown to be very beneficial. Because we can use electromagnetic waves to penetrate at the cellular level, we can use the beneficial frequencies to enhance the immune system and heal fractures, as well as other non-invasive methods of healing. The researcher must know which frequencies are shown to be beneficial and which may be detrimental. Obviously, the earths own frequency field of 7 - 9 Hz around the body is as important as any other life support system we could imagine. The astronauts, when traveling in space, became very ill before they discovered the earth's electromagnetic field was biologically imperative to their well being in space.
As we have shown, ELF is a double-edged sword. Therefore, how can we use this technology to benefit and protect us rather than harm us? There is only one device on the market proven by scientific studies to shield one from the influences of electronic pollution - the Teslar watch. The Teslar watch was named after Nikola Tesla, a Yugoslavian immigrant who worked with Thomas Edison. Tesla was a prolific inventor who invented alternating current, and is considered the „father „ of scalar non-Hertzian technology - the technology used in the Teslar watch. The Teslar watch is engineered to produce a non-Hertzian/scalar wave shown to screen or shield the body from other ELF signals. The watch sits on the wrist over the triple warmer meridian, an important acupuncture point, in the body's energy system. It emits a specialized signal spread that surrounds the body within a bubble or cushion, so most other frequencies cannot enter. Those frequencies that do penetrate this reinforced „cocoon „ are more easily eliminated by the brain's natural frequency screening mechanism. In other words, the body, rather than being radiated with radio or television signals, radiates its own natural earth environment 8 Hz signal.
In a pilot study done by Dr. Eldon Byrd, PhD, EEG tests showed an 80% difference in frequencies coming into the brain when wearing the Teslar watch. The study indicates the brain throws off 80% of the assaulting ELF.
Another study by Dr. Scott Morley, PhD, M.D. (alternative medicine), Dorset, England, showed signals within our environment and those produ-

ced by generators and computer terminals are screened or blocked from entering the body when wearing the Teslar watch.
In-vitro research by Dr. Glen Rein, PhD, while at Stanford Medical School, demonstrated the ability of the Teslar to shield the body from harmful ELF fields, resulting in the body being capable of enhancing its immune response by 76% and of inhibiting the uptake of noradrenalin (an antidepressant) by 19.5% in nerve cells.
Additional research into the operation of the Teslar shielding watch on athletic performance and using thermographic comparisons, as well as brain mapping, is in progress. Observations are being calculated, with preliminary findings showing a 20% increase in athletic grip strength and an increase in circulating energy by thermographic analysis.
There are ways to shield us, but few people realize the danger exists! Meanwhile, our immune system continues to break down because the brain can't handle the load, and because people in authority will not acknowledge that this threat to our immune system exists. Will man evolve to overcome this biological threat, or will our immune systems become so over-taxed that disease will ravage our species?

REUTERS

Mon Mar 6, 2006 3:49pm ET

Sun's next 11-year cycle could be 50 pct stronger

By Deborah Zabarenko
WASHINGTON (Reuters) - Sun-spawned cosmic storms that can play havoc with earthly power grids and orbiting satellites could be 50 percent stronger in the next 11-year solar cycle than in the last one, scientists said on Monday.
Using a new model that takes into account what happens under the sun's surface and data about previous solar cycles, astronomers offered a long-range forecast for solar activity that could start as soon as this year or as late as 2008. They offered no specific predictions of solar storms, but they hope to formulate early warnings that will give power companies, satellite operators and others on and around Earth a few days to prepare.
„This prediction of an active solar cycle suggests we're potentially looking at more communications disruptions, more satellite failures, possible disruptions of electrical grids and blackouts, more dangerous conditions for astronauts," said Richard Behnke of the Upper Atmosphere Research Section at the National Science Foundation.

„Predicting and understanding space weather will soon be even more vital than ever before," Behnke said at a telephone news briefing.
The prediction, roughly analogous to the early prediction of a severe hurricane season on Earth, involves the number of sunspots on the solar surface, phenomena that have been monitored for more than a century.

TWISTED MAGNETIC FIELDS

Every 11 years or so, the sun goes through an active period, with lots of sunspots. This is important, since solar storms -- linked to twisted magnetic fields that can hurl out energetic particles -- tend to occur near sunspots The sun is in a relatively quiet period now, but is expected to get more active soon, scientists said. However, there is disagreement as to whether the active period will start within months -- late 2006 or early 2007 -- or years, with the first signs in late 2007 or early 2008.
Whenever it begins, the new forecasting method shows sunspot activity is likely to be 30 percent to 50 percent stronger than the last active period. The peak of the last cycle was in 2001, the researchers said, but the period of activity can span much of a decade.
The strongest solar cycle in recent memory occurred in the late 1950s, when there were few satellites aloft, no astronauts in orbit and less reliance on electrical power grids than there is now.
If a similarly active period occurred now, the impact would be hard to predict, according to Joseph Kunches of the National Oceanic & Atmospheric Administration's Space Environment Center in Colorado.
„It's pretty uncertain what would happen, which makes this work more relevant," Kunches said.
„What we have here is a prediction that the cycle is going to be very active, and what we need and what we're of course working on is to be able to predict individual storms with a couple days or hours in advance so the grids can take the action," Behnke said.

Und:

ABC News Home

March 19, 2006
ABC News

Scientists Say Sun's Next Cycle Stronger

Scientists Say Sun's Next Cycle Will Be Stronger, Posing More of a Threat to Communications

By ALICIA CHANG AP Science Writer

LOS ANGELES Mar 6, 2006 (AP)— A new computer model suggests the next solar cycle will be more active than the previous one, potentially spawning magnetic storms that will be more disruptive to communication systems on Earth.

The next sunspot cycle will be between 30 percent to 50 percent more intense than the last one, scientists said Monday.

The cycle will also begin a year later than expected, in late 2007 or early 2008, and peak around 2012, said Mausumi Dikpati of the National Center for Atmospheric Research in Boulder, Colo.

The new prediction is at odds with previous forecasts, which suggested that the intensity of the next solar cycle would be measurably smaller.

Accurately predicting the intensity of the sunspot cycle, which occurs about every 11 years, allows scientists to anticipate solar storms. They are caused by solar flares, or giant eruptions that burst from the surface of the sun.

Solar storms, which eject billions of tons of plasma and charged particles into space, can produce dazzling northern lights, but also disrupt power lines, radio transmissions and satellite communication.

The last time the solar cycle peaked was in 2001. During the last cycle, solar storms caused extreme radio blackouts in the Pacific.

For decades, scientists have tracked the solar cycle and appearance of sunspots, but they have been unable to accurately predict the intensity or timing of solar storms, which increase as the number of sunspots increases.

Dikpati, of the National Center for Atmospheric Research, said her team tested the new computer model using previous solar cycle data and had 98 percent accuracy.

David Hathaway, a solar astronomer with NASA's Marshall Space Flight Center in Huntsville, Ala., does not doubt that the next sunspot cycle will be stronger than the previous one.

But Hathaway said his own research suggests that the next cycle will occur late this year earlier than what Dikpati predicted.

The current research, funded by National Science Foundation, is published in the latest Geophysical Research Letters.

On the Net:

National Center for Atmospheric Research: http://www.ncar.ucar.edu

2007 wird das Jahr der Sonnenstürme

Unsere Sonne ist so explosiv wie seit 1000 Jahren nicht mehr

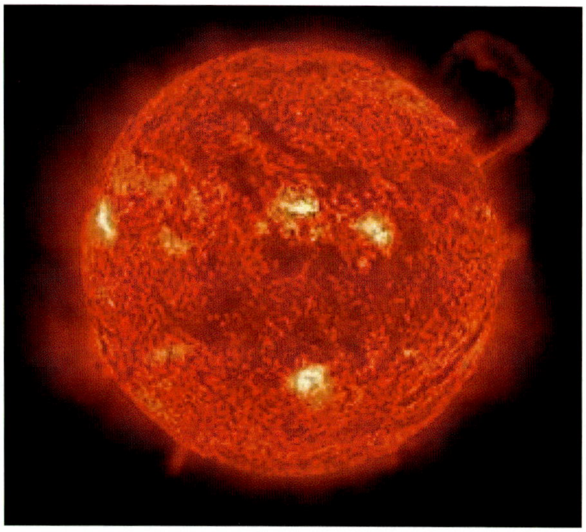

Boulder – **Schnee-Chaos im März, Wärme-Rekorde am Südpol – und jetzt dreht auch noch unsere Sonne durch!**
-Wetter-Chaos
-Es wird alles noch viel schlimmer
-Klima-Schock
-Forscher wollen Erde verschieben
-Forscher besorgt
-Südpol schmilzt!
-Saufen wir alle ab?

Unsere Sonne ist so explosiv wie seit 1000 Jahren nicht mehr

Forscher des Zentrums für Atmosphärenforschung in Boulder (US-Bundesstaat Colorado) warnen vor einem neuen, gefährlichen Sonnenzyklus mit Monster-Explosionen. Er wird um bis zu 50 Prozent heftiger werden und bereits im nächsten Jahr beginnen.
Was kommt da auf uns zu?
Die Forscher befürchten noch heftigere Ausbrüche als Ende 2003: Damals schossen monströse Sonnenfackeln bis zu eine Million Kilometer weit ins All. Riesige Wolken geladener Partikel jagten mit rund acht Millionen Kilometern pro Stunde Richtung Erde, prallten nach 22 Stunden auf unser Magnetfeld.
Dabei wurde es völlig verformt. An den Polen drang der Partikelsturm ein. Es kam zu Stromausfällen, Satelliten, Funk und Navigation wurden gestört. Heute weiß man, daß die Männer der Apollo-Missionen auf dem Mond solche Protonenschauer mit Sicherheit nicht überlebt hätten. Sogar der Flugverkehr ist bei einem Sonnen-Hurrikan stark gefährdet.

FOTO: AP, NASA, dpa, Reuters, Holde Schneider, Hamburger MorgenpostFlorian Quandt

08.03.2006

Umwelt/Energie

Russische Forscher: Magnetfeld beeinflußt Erbgut

Korrelation zwischen Umweltgiften und Erbgutveränderungen bestätigt

Moskau (pte, 27. September 2002 17:17) - Nach Ansicht russischer Forscher gibt es Hinweise, daß Veränderungen im menschlichen Erbgut mit Schwankungen des Erdmagnetfeldes zusammenhängen. Zu diesem Schluß kommen Forscher der russischen Akademie der Wissenschaften. Die Forscher haben 30 Jahre lang Abweichungen der menschlichen Chromosomen gesammelt, berichtet der Moskauer Wissenschaftsdienst „Informnauka" http://www.informnauka.ru/.

Das Forscherteam um Victor Oraevskii hat Daten über Abweichungen in menschlichen Chromosomen in verschiedenen Gegenden der ehemaligen Sowjetunion gesammelt. Die Wissenschaftler unterschieden dabei zwischen Menschen, die in sauberer, gesunder Umgebung lebten und arbeiteten, und Menschen, die durch ihren Beruf oder ihre Wohngegend Kontakt mit giftigen Substanzen hatten. Wie erwartet fanden die Forscher bei letzteren mehr spontane Veränderungen im Erbgut. Doch bei der Auswertung der Daten zeigte sich ein weiterer interessanter Zusammenhang: Alle viereinhalb Jahre kam es zu einem Anstieg von Mutationen. Da dieser Effekt in beiden Gruppen zu beobachten war, vermuteten die Wissenschaftler dahinter eine andere Ursache. Die Lösung glauben sie nun im Magnetfeld der Erde gefunden zu haben. Nach den Forschungsergebnissen stieg zu Zeiten, in denen sich das Magnetfeld stark veränderte, also etwa alle viereinhalb Jahre, auch die Häufigkeit der Mutationen deutlich an.

Unter Forschern ist es nach wie vor umstritten, ob das relativ schwache Magnetfeld der Erde tatsächlich einen deutlichen Einfluß auf lebende Organismen haben kann. Es gibt zwar mehrere Studien, die auf solche Effekte hindeuten. Welche Mechanismen jedoch dabei genau wirken, ist bislang unklar, berichtet die Nachrichtenagentur ddp.

Aussender: pressetext.austria

Auch dieser Artikel wurde nur zur „Internen Mitteilung“ genutzt :

Bericht vom FGF-Kolloquium in Münster

Wirkungen schwacher hochfrequenter EMF auf die Melatoninsysnthese und reproduktive Funktionen

von Dr. Frank Gollnick

Am 28. April 1999 trafen sich in Münster (Westf.) rund 20 Wissenschaftler und sonstige Interessierte zum 5. FGF-Kolloquium, in dem neuste Forschungsergebnisse zur Melatoninsynthese im lebenden Organismus unter dem Einfluß hochfrequenter elektromagnetischer Felder im Vordergrund standen. Studien dazu wurden von Privatdozent Dr. A. Lerchl, Institut für Reproduktionsmedizin der Universität Münster, an Hamstern zunächst bei einer Exposition der Tiere im 383 MHz Feld durchgeführt. Diese Frequenz ist von Interesse, da sie in zukünftigen Kommunikationssystemen von Behörden und Organisationen mit Sicherheitsaufgaben (z.B. auch beim Polizeifunk) zum Einsatz kommen soll.

Um äußere Einflüsse möglichst weitgehend auszuschließen, wurden die Tierversuche in einem Luftschutzbunker durchgeführt, den die Stadt Münster zur Verfügung gestellt hatte. Der Bunker bot eine gleichbleibende Raumtemperatur und eine gute Abschirmung gegen elektromagnetische Strahlung von außen. Die Tiere wurden in dem Bunker in einem künstlichen Tag/Nacht-Rhythmus gehalten und sind die dort herrschenden kühlen Temperaturen von ihrem natürlichen Lebensraum her gewohnt. Sie konnten in Käfigen mit je drei Tieren in dafür neu konstruierten Radialwellenleitungen mit Absorberabschluß dem hochfrequenten Testsignal ausgesetzt werden. Die von Prof. V. Hansen am Institut für Theoretische Elektrotechnik der Universität Wuppertal entwickelte Expositionsanlage bot Raum für die gleichzeitige Untersuchung von 240 Hamstern in zwei räumlich voneinander getrennten Systemen: eins für die Exposition von 120 Tieren im Feld und eins für die gleiche Anzahl von Tieren ohne Feldexposition zur Kontrolle. Die Expositionsstärke wurde in Modellkalkulationen so berechnet und eingestellt, daß die mittlere spezifische Absorptionsrate (SAR) in den Tieren 80 m W/kg +/- 20% (je nach Position und Bewegung der Tiere im Käfig) betrug.

Dr. Lerchl stellte in seinem Vortrag dar, daß bei der exponierten Gruppe der Hamster keine Veränderungen bei der hauptsächlich nachts stattfindenden Produktion des Hormons Melatonin gegenüber der Kontrollgruppe festgestellt werden konnte. Auch die normale Produktion von Spermien, die als zweiter Parameter mit untersucht wurde, blieb bei den Tieren beider Gruppen unbeeinträchtigt. Als einziger zwar nur leichter, aber statistisch signifikanter Effekt wurde bei den exponierten Hamstern im Verlauf der Untersuchung eine um knapp 3% stärkere Gewichtszunahme als bei der Kontrollgruppe beobachtet. Dieser Effekt soll in weiteren geplanten Test-

reihen, so auch bei Exposition im 900 MHz und im 1,8 GHz Feld, genauer untersucht werden.
In der anschließenden Diskussion stand die Frage im Vordergrund, ob trotz der konstanten Bedingungen im Bunker nicht doch leichte Temperaturunterschiede zwischen den beiden Räumen, in denen die exponierte und die Kontrollgruppe untergebracht waren, für die beobachteten Gewichtsunterschiede verantwortlich sein könnten. Die Temperaturkonstanz sollte daraufhin bei den künftigen Experimenten noch genauer kontrolliert werden, obwohl Dr. Lerchl auch eine physiologische Wirkungskette, die unter dem dauernden Feldeinfluß zu einer geringfügigen Gewichtszunahme führen könnte, theoretisch für denkbar hält.

EXTRA:

Wie wichtig das Erdmagnetfeld für alle Lebewesen auf dieser Erde ist, zeigte die Weltraumforschung: Mäuse, die man künstlich vom Erdmagnetfeld abschirmte, wurden innerhalb kurzer Zeit krank. Sie verloren ihr Fell, und gleichzeitig begannen ihre inneren Organe und das Bindegewebe zu wuchern. Russische Astronauten im All wurden anfällig für Osteoporose und erkrankten an **schwersten Depressionen.** Erst als man künstliche Magnetfelder in die Raumschiffe einbaute, konnte die „Weltraumkrankheit „ deutlich gelindert werden. Durch diese Erfahrungen wurde die Wissenschaft sensibel für die Bedeutung des Erdmagnetfeldes auf die Gesundheit. Heute weiß man, daß Magnetfelder den Sauerstofftransport des Blutes erhöhen und den Ionenfluss der Zellen steuern, der dafür sorgt, daß Nährstoffe in die Zelle gelangen und Schlacken abtransportiert werden. Man kann sich leicht vorstellen, was geschieht, wenn eine Zelle nicht mehr richtig ernährt wird: sie verhungert langsam. Und wenn die Schlacken nicht mehr vollständig aus der Zelle abtransportiert werden, erstickt sie schließlich an ihrem eigenen Müll. Magnetfelder sorgen also dafür, daß die Zelle lebendig ist: Nährstoffe gelangen dank ihrer Hilfe durch die Zellwand ins Innere und beliefern die Kraftwerke, die Eiweißfabriken und die eigenen Reparaturwerkstätten der Zelle. Was verbraucht ist, wird anschließend durch die Zellwand hinaus geschleust und schließlich über Lunge, Niere und Haut ausgeschieden. So bleibt der Mensch gesund und vital.

EXTRA 2:
Magnetfelder mit verheerenden Wirkungen

Vor etwa 20 Jahren entdeckten Neurologen, daß bei Unfallopfern die für den Bewegungsablauf zuständigen Hirnregionen mit Hilfe „transkranieller Magnetstimulation „ (TMS) hervorraqend untersucht und beurteilt werden können. **Seit wenigen Jahren ist insbesondere in den USA und Australien die Forschung dahingehend vorangeschritten, daß die Arbeitsweise des**

menschlichen Gehirns bewußt manipuliert werden kann. Dabei wird den Probanden eine Art Helm auf den Kopf gesetzt, der Magnetfelder erzeugt, die sich im Inneren des Schädels teilweise überlappen und so die Arbeitsweise des Gehirns offenbar beeinflussen.
Je nachdem, welche Hirnregion den Magnetfeldern ausgesetzt wird, können z.B. künstlerische Fähigkeiten geweckt, die Denk- und Merkfähigkeit gesteigert oder auch Ermüdungserscheinungen verhindert werden. Die Methode ist schmerzlos und unblutig, über Nebenwirkungen oder Spätfolgen ist noch nichts bekannt. Weit in der Offentlichkeit über TMS relativ wenig bekannt ist wurde auch noch nicht über die ethischen Grenzen diskutiert, die zu ziehen wären. Es wird immer deutlicher, daß die **Einwirkung von Magnetfeldern auf die menschliche Psyche und das Verhalten einen weitaus größeren Einfluß als bisher ankommen haben** und bekommen einen zusätzlichen und mehr denn je erschreckenden „Sinn".
Wahrscheinlich steht hier die Forschung noch viel zu sehr an ihrem Anfang als daß über Möglichkeiten und Grenzen beim Einsatz riesiger Magnetfelder spekuliert werden könnte. Doch es verdichtet sich mehr und mehr der Verdacht, daß mit dieser Technologie auch nach Möglichkeiten der Wettermanipulation geforscht wird. In diesem Zusammenhang fragten uns einige Leser, ob die kürzliche Flutkatastrophe bei uns auf eine künstliche Wettermanipulation zurückgeführt werden könnte?
Die Antwort kann nur „ja „ lauten, obwohl natürlich ebenso gut eine „Laune „ der Natur ausschlaggebend gewesen sein kann. Doch es ist weithin unbestritten daß schon zu Zeiten des „Kalten Krieges" amerikanische wie sowjetische Wissenschaftler fieberhaft nach Möglichkeiten zur Wetterbeeinflussung und -gestaltung suchten. Bereits vor rund 20 Jahren erklärte Zbiqniew Brzezinsky, unter US-Präsident Carter zum Nationalen Sicherheitsberater ernannt, in seinem Buch „Zwischen zwei Zeitaltern": Methoden der Wetterveränderung können angewandt werden, um ausgedehnte Trockenperioden oder Stürme zu erzeugen und dadurch die Kapazität einer Nation zu schwächen und sie zur Annahme der Forderungen des Gegners zu zwingen. Das All und die Wetterkontrolle haben die Straße von Suez und Gibraltar als Schlüsselelemente der Strategie ersetzt". Dem ist aus heutiger Sicht kaum mehr zu widersprechen.

Wenn dieser Einfluß wie oben beschrieben so ist, dann würde ein Magnetsturm, - wenn es denn so etwas gibt oder Ähnliches - durch das verringerte, schützende **Erdmangnetfeld widerum die Psyche im Kollektiv beinflussen.** Wie auch immer und was auch immer dabei rauskommt.

Zur weiteren Bewertung dieser Aussagen soll im Folgenden eine Studie angeboten werden, die nicht für die Öffentlichkeit bestimmt war. Sie stammt aus der ehemaligen DDR und diente als „Interne Mitteilung „ an den Präsidenten der Universität Potsdam:

Einflüsse des Magnetfeldes auf Lebewesen
Prof. Dr. A Grafe
Studie zur Planaufgabe 021

Niemegk, Oktober 1987

Biologische Reaktionen in magnetfeldfreien Räumen

Die Beobachtung von Lebewesen in magnetfeldfreien Räumen ist ein wesentlicher Bestandteil der Beobachtungsmethodik der Magnetobiologie. Durch kein anderes Verfahren kann besser entschieden werden, ob das Magnetfeld einen Einfluß auf den lebenden Organismus besitzt oder nicht. Es sind viele Experimente durchgeführt worden bei denen Lebewesen hohen Magnetfeldern ausgesetzt wurden. Es zeigten sich keine Beeinflussungen oder gar gesundheitsschädigende Wirkungen. Ein Beweis dafür ist die heute in der Medizin mit viel Erfolg eingesetzte Computer-Tomographien bei der der Mensch einem hohen Magnetfeld ausgesetzt ist. Ganz anders verhält es sich, wenn Lebewesen in Räumen leben sollen, denen das Magnetfeld vollständig fehlt oder daß nur sehr gering ist. Dabei wird oft eine negative Beeinflussung von Lebensfunktionen beobachtet. Man hat in den vergangenen 20 Jahren viele Anstrengungen unternommen, um magnetfeldabgeschirmte Häuser hoher Qualität zu bauen. Im Prinzip lassen sich quasi magnotfeldfreie Räume auch mit großen Helmholtz Spulensystemen schaffen. Eine Probe bleibt dabei immer die Nachregelung der natürlichen geringen Schwankungen des erdmagnetischen Feldes. In magnetfeldabgeschirmten Räumen kann heute das erdmagnetische Feld auf 50 nT d.h. auf etwa 1 Promille reduziert werden. Das Entscheidende bei Untersuchungen in magnetfeldfreien Räumen ist, daß Wirkungen fast ausschließlich während eines Langzeitaufenthaltes des Lebewesens im magnetfeldfreien Raum auftreten. Allerdings bei Zellkulturen wurden bereits Reaktionen bei einem kurzzeitigen Aufenthalt im magnetfeldfreien Raum beobachtet. Diese bestanden wie bereits berichtet wurde, vor allem in der Reduktion von Zellteilungsprozessen (Sosunov u.a. 1972).

Bei vielen Pflanzen wurde in magnetfeldfreien Räumen eine Verzögerung und Reduktion des Keimprozesses des Samens, verbunden mit einer Verringerung der Sauerstoffaufnahme festgestellt (Protopopov und Stakanov 1970). Junge Pflanzen zeigten Wachstumsstörungen der Wurzeln (Kursevich und Travkin 1973) und Störungen des täglichen Rhythmus der optischen Aktivität der Blätter (Semykin und Golubeva). Interessant sind die Untersuchungen» die mit Fliegen durchgeführt wurden. Bei der Fliege „Drosophila „ (diese wurde von vielen sehr eingehend untersucht, wurden eine Zunahme der Sterblichkeit und eine Abnahme der Lebensdauer festgestellt (Afonina

u.a. 1973). Die Fruchtbarkeitsrate verringerte sich ebenfalls bei Fliegen bei fehlendem Magnetfeld (Afonina u.a. 1973, Travkin und Antipova 1973)
Besonders eingehend wurde das Verhalten von Mäusen in magnetfeldfreien Räumen untersucht (Busby 1968, Halpern und Van Dyke 1966). Zuerst wurde beobachtet: Eine Abnahme von Schwangerschaften, das Auftreten von Fehlgeburten und von Kannibalismus. Bereits im jungen Alter wurden die Mäuse inaktiv und schwach. Nach mehreren Monaten kam es zur Tumorbildung und zum Haarausfall. Nach sechs Monaten waren dann viele der Mäuse gestorben.
Natürlich wurden ähnliche Experimente auch am Menschen, die sich fünf Tage lang in einen, magnetfeldabgeschirmten Raum aufgehalten haben beobachtet, sie reagierten durch eine Abnahme der kritischen Schwellfrequenz der so genannten „Flickerfusion". Bei einem Aufenthalt von Menschen in einem Untertagebunker, der eine gute Abschirmung des erdmagnetischen Feldes lieferte wurde eine Erhöhung der Periode des zirkadischen Rhythmus beobachtet. Es wird immer wieder darauf hingewiesen, daß bei Kosmonauten und Unterwasserforschern ähnliche Änderungen biologischer Funktionen auftreten. Ursache dieser Änderungen kann nicht das veränderte Schwerefeld sein sondern das veränderte Magnetfeld. Die Unterwasserfahrzeuge liefern nämlich eine gute Magnetfeldabschirmung und die Flüge der Kosmonauten führen durch ein sich ständig stark änderndes Magnetfeld. Daher wurde bei beiden Stoffwechselabnahme, Reduktion der Leukozytenrate im peripheren Blut, Desynchronisation des zirkadischen Rhythmus. Beeinflussung des Zentralnervensystems und Störungen der täglichen Periodizität verschiedener anderer Funktionen (besonders Schlafstörungen) festgestellt.

4. Korrelative Untersuchungen zwischen Änderungen des magnetischen Feldes und Lebensprozessen

In der Suche nach korrelativen Zusammenhängen zwischen Änderungen des erdmagnetischen Feldes und Lebensprozessen liegt das eigentliche Untersuchungsfeld der Geomagnetoblologie. Dabei werden vielfach erdmagnetische Zeitreihen (besonders solche erdmagnetischer Aktivitätsindizes) mit den unterschiedlichsten Zeitreihen biologischer oder medizinischer Beobachtungen korreliert. Oft wird in diesen Untersuchungen eine einfache peak zu peak Korrelation als Beweis für den Einfluß des geomagnetischen Feldes auf bestimmte Funktionen des Lebewesens angesehen. Doch es muß mit Recht gefragt werden, ob Mediziner und Biologen, die derartigen Untersuchungen bisher fast ausschließlich durchführen, die Schwankungen des erdmagnetischen Feldes in Ihren Untersuchungen immer richtig berücksichtigten und sinnvoll interpretierten. Ich glaube die Gefahr Scheinzusammenhänge als objektive Erscheinungen zu deklarieren ist bei derartigen Untersuchungen besonders hoch.

Besonders groß Ist die Zahl der Untersuchungen die sich mit dem Zusammenhang zwischen den Schwankungen des erdmagnetischen Feldes und den Biorhythmen befassen. Da die Schwankungen des erdmagnetischen Feldes einen breiten Periodenbereich betreffen (1 s bis Jährliche Periode),9 scheinen auch Biorhythmen sehr unterschiedlicher Frequenz vom erdmagnetischen Feld gesteuert zu sein. Offenbar spielen aber die kurzperiodischen Schwankungen des erdmagnetischen Feldes die als geomagnetische Pulsationen bekannt geworden sind (Periode 1 s bis 300 s) eine entscheidende Rolle bei der Erzeugung von Biorhythmen. Dabei reichen die geringen magnetischen Feldstärkeschwankungen aus um die biorhythmischen Schwankungen zu erzeugen.

Übersetzungen englischer Texte

Seite 6

Im Januar 1998 beobachtete der NASA-SOHO-Satellit die erwarteten Trümmer/Fremdkörper, die ins Weltall geschleudert wurden. Diese haben zumindest einen Einfluß auf die Sonnenfleckenaktivitäten. Seit 1947 ist die Sonne ungewöhnlich aktiv, was sich bis zum heutigen Tage bis zu einer Aktivität gesteigert hat, die in der Geschichte kein Vorbild hat. Das mag daran liegen, daß der derzeitige 23. Sonnenzyklus von seiner Natur her männlich ist, eben so wie derjenige, der in den Jahren 1978, 1979 und 1980 so viele Wetterunregelmäßigkeiten verursacht hatte

Seite 234

“Dr. Becker und Dr. Howard Friedman, ein Psychiater am staatlichen Veteranen-Spital in Syracuse, NY, haben ein früheres Experiment wiederholt, in dem sie normal vorkommende Magnetfelder künstlich errichteten, die in Kaninchen Stress hervorriefen und eine vorhandene, aber nicht aktive Hirnkrankheit reaktivierten. Andere Experimente von Dr. Becker zeigen Ursache und Wirkung zwischen der 60-Hertz-Elektrizität (in den US), dessen magnetische Komponente und die Auswirkung davon auf die biologische Aktivität von Organismen.”

Gesamter Artikel:

Referenzen: Victor Adamenko “Behavioral Reactions and Electromagnetic Fields” (Biologische Reaktionen und elektromagnetische Felder). The Proceedings of Conference of Psychology, Universität Kreta, Griechenland, 18.–21. Mai 1991.

ELF: Die Immunsystem-Unterdrücker

Der Mensch gehört zur Spezies „Homo sapiens”, und alle Arten müssen sich ihrer Umgebung anpassen oder sterben. Manchmal benötigt eine Spezies Tausende von Jahren, um sich anzupassen, und manchmal stirbt die Art aus, bevor sie sich auf die neuen Anforderungen der Umwelt einstellen kann. Vor weniger als 100 Jahren hatten die Menschen keine Elektrizität, und unsere Körper lebten in Harmonie mit den natürlichen Frequenzen von Mutter Erde. Diese Resonanz wurde mit 7,38 Hz gemessen und wird Schumann-Resonanz genannt. Der Planet Erde operiert innerhalb dieses natürlichen ELF-Bereichs (extrem niedrige Frequenzen, 1 bis 100 Hz), und wenn dieses Signal sich für einen Zeitraum verändert, werden die Fortpflanzungs- und andere Systeme des Körpers direkt beeinträchtigt. Interessant ist, daß wenn man die natürliche Frequenzabstrahlung des menschlichen Hirns in einem von künstlichen ELF-Feldern abgeschirmten Raum mißt, dieses Hirnsignal mit der von der Erde ausgesandten Frequenz identisch ist. Die elektrische Aktivität der Erde ist wie die eines gigantischen Hirns!

So ist nicht nur die Belastung durch elektromagnetische Strahlung von künstlichen Quellen ein Problem, Alexander Tchijevsky entdeckte 1919-1920 eine Wechselbeziehung zwischen den Veränderungen der Sonnenaktivität und biologischen Vorgängen auf der Erde. Mit statistischen Methoden bewies Tchijevsky, daß Epidemien von Cholera, Grippe, Typhus und so weiter dann vorkommen, wenn die Astrophysiker Veränderungen in der Sonnenaktivität feststellen. Er glaubte und bewies auch, daß Sonnenstürme die Funktionsweise des menschlichen Nervensystems verändern können. Tchijevsky entdeckte dazu auch eine Wechselbeziehung zwischen Sonnenaktivität und menschlicher Aggressivität, wie sie sich in Kriegen und Revolutionen zeigt.

Wenn Sonnenstürme auftraten, veränderte sich das Verhalten von geistig behinderten Kindern dramatisch gegenüber ihrem Normalverhalten. Diese Daten zeigten aber zusätzlich, daß auch gesunde Menschen beeinflußt wurden. Ihre nervliche Reizbarkeit und ihre Emotionalität nahmen zu. Diese Reizbarkeit verursachte eine Veränderung in einem unterbewußten physiologischen Mechanismus, wodurch die Funktionen des Nerven- und Kreislaufsystems verstärkt wurden.

Konventionelle Wissenschaftler betrachteten diese Korrelation zwischen biologischen Vorgängen auf der Erde und Sonnenstürmen als mysteriöses Phänomen. Tchijevsky mutmaßte, daß die Sonne eine noch nicht entdeckte Strahlung aussendet. Er nannte sie Z-Strahlung und nahm sie als biologisch aktiv wahr. Nun weisen auch neueste Informationen der NASA und von Laboratorien für außerirdische Wissenschaft und Magnetobiologie in Rußland auf die Plausibilität dieser Theorie.

Nachdem sie diese Blitze ein oder zwei Tage beobachtet hatten, entdeckten die Astrophysiker eine starke Veränderung im Magnetfeld der Erde. Die biologischen Abläufe aller Organismen, auch der einfachsten, sind durch ihre elektrische Aktivität verbunden, wie man dies in EEG, EKG und so weiter erkennen kann. 1990 entdeckte ein russischer Arzt, Sergei Velkhover, daß harmlose Mikroben gefährlich wurden und Epidemien auslösten, wenn sich die Sonnenaktivität veränderte.

Zwischen 1958 und 1964 beobachtete ein anderer Arzt, N. Shultz, Veränderungen im Blut während der Sonnenaktivität. Er untersuchte 14'000 Personen und fand, daß bei Sonnenstürmen eine direkte Zunahme der

Lymphozyten im Blut festzustellen war. Berg sammelte 1960 in Kopenhagen und Frankfurt Statistiken von Todesfällen als Resultat von Kreislauferkrankungen, wo während 60 Magnetstürmen 4.899 Todesfälle festgestellt wurden. Diese Daten wurden in Rußland sehr ernst genommen. Spezielle Räume und Häuser wurden gebaut, in denen sich Menschen, die für Herzattacken oder Schlaganfälle anfällig sind, von elektromagnetischen Feldern abgeschirmt aufhalten konnten, wenn ein aufkommender Sonnensturm vorausgesagt wird.

In Bezug auf Nerven- und Geisteskrankheiten wurde diese Korrelation schon 1935 von T. Dull und B. Dull entdeckt. Sie hatten über fünf Jahre 4'000 Geisteskranke untersucht und deren Verhaltensänderungen mit 67 magnetischen Stürmen in Beziehung gebracht. Diese Daten wurden von Howard Friedman, Charlie Bachman und Robert Becker zwischen 1960-1970 bestätigt. Einige der einfachsten lebenden Organismen wie Schnecken können sich nach den Magnetfeldlinien der Erde orientieren, während Vögel diesen unsichtbaren magnetischen Flußlinien entlang migrieren. Diese unsichtbaren natürlichen Kräfte bilden nur einen kleinen Teil des elektromagnetischen Stresses aus der Umwelt, den unsere Körper bekämpfen müssen.

Wissenschaftler haben mehr als zwanzig Jahre gebraucht, um Daten zusammenzutragen, die zeigen, daß ELF-Wellen einen abträglichen Einfluß auf die Gesundheit der Menschen haben. Dabei wurde gezeigt, daß gewisse Beschwerden von der Strahlenbelastung durch ELFs erst ausgelöst werden. 1987 und 1988 haben nationale Publikationsorgane wie das Wallstreet Journal, The Boston Globe und die ABC News-Sendung mit Peter Jennings von wissenschaftlichen Studien berichtet, die zeigten, das "normale Starkstromleitungen die Ursache von 10-15% von Krebs bei Kindern sein könnten".

ELFs waren schon seit deren Untersuchungen in den späten 60er Jahren Ziel wissenschaftlicher Neugier und Kontroversen. Einer der Hauptpioniere, der Arzt Dr. Robert O. Becker, wurde für seine Arbeit in Bioelektromagnetik und über die elektromagnetischen Charakteristika bei der Heilung von Knochen für den Nobelpreis vorgeschlagen.

1977 setzte sich die Kontroverse über die ELF mit der Veröffentlichung eines Reports der National Academy of Science, in dem es hieß, daß "man sich keine Sorgen über mögliche Auswirkungen von ELF auf die Fruchtbarkeit, das Wachstum oder die Entwicklung machen müsse, weil ELF zu schwach sei, um Menschen oder Tiere zu schädigen. Eine andere Regierungsbehörde jedoch, die Environmental Protection Agency, ebenso wie die UdSSR, fanden Elektrosmog von großem Belang und eine mögliche Gefahr für die Volksgesundheit.

In den frühen 70er Jahren übergingen die meisten etablierten Wissenschaftler viele der Experimente, die zeigten, daß ELF biologisch aktiv sind. 1979 aber zeigte eine im angesehenen American Journal of Epidemiology (John Hopkins University) veröffentlichte Studie, daß die Wohnorte von Kindern, die Krebs bekamen, sich oft in der Nähe von Starkstromleitungen befanden. 1989 untersuchte Dr. Genevieve Matanoski von der John Hopkins University 50.000 Mitarbeiter der Telefongesellschaft des Staates New York. Sie fand unter den aktiven Streckenwärtern ein erhöhtes Leukämierisiko, und bei den männlichen Technikern in den zentralen Schaltstationen eine abnormal hohe Rate an Brustkrebs. Diese beiden Studien bestätigten die Bedrohung der menschlichen Gesundheit durch schädliche ELFs und identifizierten die ELFs als das wichtigste Umweltproblem der 90er Jahre.

Dank dieser stürmischen Diskussion und der Sorge der Anbieter um die öffentliche Sicherheit führen nun viele Wissenschaftler in Kanada, den Vereinigten Staaten, Europa und Rußland unabhängige Untersuchungen der Auswirkungen elektromagnetischer Strahlung durch. Die Ergebnisse bestätigen, daß die Belastung durch elektromagnetische Frequenzen Beschwerden des zentralen Nervensystems bewirken können, dazu gehören Kopfschmerzen, Müdigkeit, Schwindel, emotionale Instabilität, Rückenschmerzen, Verlust des Kurzzeitgedächtnisses, Arthritis und andere unerklärliche Erkrankungen.

Deshalb sind ELFs ein zweischneidiges Schwert. Da sie bis auf die Zellebene durchkommen, in die DNS eindringen und ruhende Viren aufwecken und zum Mutieren anregen können, erkennen wir die mögliche Gefahr durch all die Umgebungsfrequenzen, die uns aus den Geräten bombardieren, die wir benutzen – Radio, Mikrowelle, Computer, Fernseher und so weiter. In den letzten 30 bis 40 Jahren wurde die elektromagnetische Belastung über eine Million Mal stärker! All diese Frequenzen verstopfen unser Hirn, das wie ein Radioempfänger funktioniert, und dann wird das Hauptsignal durch den Empfang von elektromagnetischen Wellen verzerrt. Wenn das Hirn von ELF-Signalen überladen wird, wir die Übertragung von elektrischen Impulsen an andere Körperpartien verstümmelt. Dies verlangsamt die Energieübertragung innerhalb des Körpers. In nur dreißig Jahren haben sich unsere Körper nicht soweit entwickeln können, diese ELF-Interferenzen auf gesunde Art zu verarbeiten.

Es gibt jedoch auch Frequenzen, die dem Körper zuträglich sind und sich als heilsam erwiesen haben. Weil wir die elektromagnetischen Wellen benutzen können, um bis auf die Zellebene vorzudringen, können wir nützliche Frequenzen zur Verbesserung des Immunsystems, zur Heilung von Knochenbrüchen sowie für andere nicht-invasive Heilmethoden einsetzen. Der Forscher muß wissen, welche Frequenzen sich als heilsam erwiesen haben und welche abträglich sind. Natürlich erweist sich das Frequenzfeld der Erde von 7 bis 9 Hz um den Körper als ebenso wichtig wie jedes andere lebenserhaltende System, das wir uns ausdenken können. Die Astronauten wurden sehr krank, als sie sich im Weltraum befanden, bevor entdeckt wurde, daß das Magnetfeld der Erde für ihr Wohlbefinden im Weltraum biologisch unabdingbar ist.

Wie wir gezeigt haben, sind ELF ein zweischneidiges Schwert. Wie können wir also diese Technologie nützlich einsetzen, um uns zu schützen statt uns zu schaden? Es gibt auf dem Markt ein einziges Gerät mit dem wissenschaftlichen Beweis, daß es vor dem Einfluß elektromagnetischer Emissionen schützt – die Teslar-Uhr. Die Teslar-Uhr wurde nach dem Jugoslawen Nikola Tesla benannt, der mit Thomas Edison zusammen gearbeitet hat. Tesla war ein produktiver Erfinder, der den Wechselstrom erfand, er wird als "Vater" der skalaren Nicht-Hertz-Technologie angesehen – der Technologie eben, die in der Teslar-Uhr eingesetzt wird. Die Teslar-Uhr produziert eine Nicht-Hertz-Skalarwelle, die nachweislich den Körper vor ELF-Signalen abschirmt. Die Uhr wird am Handgelenk über dem Dreifacherwärmer-Meridian getragen, einem wichtigen Akupunkturpunkt im Energiesystem des Körpers. Sie sendet ein spezielles Signal aus, das sich wie eine Blase oder ein Kissen rund um den Körper verbreitet, so daß die meisten Frequenzen keinen Zugang mehr haben. Die Frequenzen, die noch in diesen verstärkten "Kokon" eindringen können, werden dann von den natürlichen Frequenz-Abschirmmechanismen des Hirns mit Leichtigkeit eliminiert. Mit anderen Worten: Statt daß der Körper von Radio- oder Fernsehsignalen verstrahlt wird, strahlt er selbst sein eigenes, natürliches 8-Hertz-Signal der Erdumgebung ab.

In einer Pilotstudie des Arztes Dr. Eldon Byrd zeigten EEG-Tests einen 80%igen Unterschied in den Frequenzen die ins Hirn kamen, wenn eine Teslar-Uhr getragen wurde. Die Studie zeigt also, daß 80% der angreifenden ELFs vom Hirn abgewiesen werden.

Eine andere Studie des Arztes für Alternativ-Medizin Dr. Scott Morley in Dorset, England, zeigte, daß Signale der Umwelt und solche, die von Generatoren und Computern generiert werden, durch das Tragen einer Teslar-Uhr abgeblockt oder abgeschirmt werden und nicht in den Körper eindringen können.

In-vitro-Forschungen an der Stanford Medical School durch Dr. Glen Rein bewies die Fähigkeit der Teslar-Uhr, den Körper vor schädlichen ELF-Feldern abzuschirmen, wodurch der Körper seine Immunabwehr um 76% steigern und die Aufnahme von Noradrenalin (einem Antidepressivum) in den Nervenzellen um 19,5% hemmen kann.

Weitere Forschungen über die Wirkungsweise der abschirmenden Teslar-Uhr mit Athleten unter Einsatz von Thermographie und Gehirnkartierung sind in Arbeit. Die Beobachtungen werden ausgewertet, vorab zeigt sich schon eine Zunahme der athletischen Griffstärke um 20% und in der thermographischen Analyse eine Verstärkung des Energiekreislaufes.

Es gibt Wege, uns abzuschirmen, aber wenige Menschen nur realisieren die existierende Gefahr! In der Zwischenzeit bricht unser Immunsystem ein, weil das Hirn mit der Belastung nicht mehr klarkommt, und weil die Behörden nicht zugeben wollen, daß diese Bedrohung unseres Immunsystems existiert. Wird sich der Mensch so weiterentwickeln, daß er diese biologische Bedrohung überstehen kann, oder wird unser Immunsystem derart überbelastet, daß Krankheiten unsere Spezies ausrotten?

****

Wissenschaftler sagen, der nächste Sonnenzyklus werde stärker sein
und würde die Kommunikation stärker bedrohen
von ALICIA CHANG – Wissenschaftsjournalistin der AP

LOS ANGELES – 6. März 2006 (AP) –
Ein neues Computermodell weist darauf hin, daß der nächste Sonnezyklus aktiver sein wird als der letzte, mit dem Potenzial magnetischer Stürme, die das Kommunikationssystem der Erde empfindlich stören könnten.
Der nächste Sonnenfleckenzyklus wird 30 bis 50 Prozent stärker sein als der letzte, sagten Wissenschaftler.
Der Zyklus wird auch ein Jahr später beginnen als erwartet, spät im Jahr 2007 oder zu Beginn von 2008. Der Höchststand wird etwa 2012 sein, sagte Mausumi Dikpati vom National Center for Atmospheric Research in Boulder, Colorado.
Die neue Voraussage widerspricht früheren Prognosen, die den nächsten Zyklus als meßbar geringer eingestuft hatten.
Die Intensität eines Sonnenfleckenzyklus, der etwa alle elf Jahre vorkommt, genau vorauszusagen, erlaubt es den Wissenschaftlern, Sonnenstürme abzusehen. Diese werden durch Protuberanzen, gigantische Eruptionen aus der Sonnenoberfläche, ausgelöst.
Sonnenstürme, die Milliarden Tonnen an Plasma und geladenen Partikeln in den Weltraum ausstoßen, können schillernde Nordlichter auslösen, aber auch Starkstromleitungen, Radiosendungen und die Satellitenkommunikation stören.
Der letzte Höhepunkt eines Sonnenzyklus war 2001. Während des letzten Zyklus bewirkten die Sonnenstürme extreme Radioausfälle im Pazifik.
Während Jahrzehnten beobachteten Wissenschaftler die Sonnenzyklen und

das Auftreten von Sonnenflecken, aber sie haben es nicht geschafft, die Intensität oder den Zeitpunkt des Auftretens von Sonnenstürmen genau vorauszusagen, die mit zunehmender Anzahl von Sonnenflecken stärker werden.
Dikpati vom National Center for Atmospheric Research sagte, ihr Team habe das neue Computermodell mit dem vorausgegangenen Sonnenzyklus getestet und sei zu 98% zutreffend gewesen.
David Hathaway, ein Sonnenastronom am Marshall Space Flight Center der NASA in Huntsville, Alabama, hat keine Zweifel, daß der nächste Sonnenfleckenzyklus stärker sein wird als der letzte.
Aber Hathaway sagte, seine eigenen Forschungen würden zeigen, daß der nächste Zyklus später in diesem Jahr auftreten würde, also früher, als Dikpati voraussagte.
Die momentane Forschung, finanziert von der National Science Foundation, wird in den neuesten Geophysical Research Letters publiziert.

Im Internet: National Center for Atmospheric Research: http://www.ncar.ucar.edu

Seite 238:
Von Deborah Zabarenko
Washington (Reuters) - Wissenschaftler sagen, daß der nächste 11-Jahreszyklus der Sonne um 50% stärker werden könnte, als der letzte. Das bedeutet, daß die ohnehin schweren Sonnenstürme, die sowohl Energieversorgungsnetze wie auch auf der Umlaufbahn befindliche Satelliten massiv beeinflußen, noch schwerere Schäden hervorrufen würden. Weiter sprechen diese Astronomen davon, daß die Verstärkung der Sonnenaktivitäten zwischen heute und 2008 beginnt. Es gibt offensichtlich noch keine konkreten Daten für außergewöhnliche Sonnenstürme, jedoch hoffen die Wissenschaftler, frühzeitige Warnungen an Stromversorger, Satellitenbetreiber u.ä. herausgeben zu können, damit diese sich auf das jeweilige Ereignis einstellen können.
Richard Behnke, leitender Wissenschaftler der Upper Atmosphere Research Section (Abteilung zur Erforschung der oberen Atmosphärenschichten) der National Science Foundation (Nationale Wissenschaftsstiftung – das Budget dieser regierungsnahen Stiftung, die einen großen Teil der Universitätsforschungsarbeit in den USA finanziert, beträgt laut Wikipedia für das Jahr 2006 5,6 Milliarden US Dollar) erklärt: „Diese Vorhersagen bedeuten nicht mehr und nicht weniger, als das eine erhöhte Anzahl von Kommunikationsstörungen und Satellitenversagen sowie Störungen der Stromversorgungsnetze und „Blackouts“ (Stromausfälle) möglich sind. Außerdem werden die Bedingungen für Astronauten gefährlicher. Es wird in der Zukunft von vitaler Bedeutung sein, auch das „Weltraumwetter“ vorhersagen zu können.“
Dazu zählen u.a. auch die Sonnenflecken, die seit über einem Jahrzehnt beobachtet werden.

Grazyna Fosar, Franz Bludorf

Zaubergesang

Frequenzen zur Wetter- und Gedankenkontrolle

4. Auflage

Die globale Klimaentwicklung und die Eingriffe in die Privatsphäre der Bürger gehören zu den dringensten Themen unserer Zeit. Die Autoren weisen fundiert nach, daß beides auf den gleichen Grundlagen basiert. Sie lesen über Wettermanipulation, Frequenzwirkungen auf Körper und Psyche, Frequenzdrogen über Äther und wie Sie sich vielleicht dagegen wehren können.
Ein spannendes Buch das geheime Techniken dem Leser offenbart, die nicht unbedingt zum Wohle der Menschheit entwickelt wurden.

• ISBN10: 3-9808206-6-1 • ISBN13: 978-3-9808206-6-0
• € 23,00 [D] • € 23,65 [A] • CHF 36,00

Grazyna Fosar, Franz Bludorf

Terra Incognita

Erde in Harmonie – Erde in Wut

„Terra Incognita" ist ein Spiel, das die Menschheit seit Jahrtausenden spielen. Es geht um Macht, Energie und verschleierte Kontrolle. Dieses Buch zeigt einige Spielregeln.

- Das unterirdische Leben in Moskau, Berlin, Tokio... und in den USA
- Vatikan bindet Bewußtseinsenergien
- Natürliche und künstliche Erdbeben, Tsunamis
- Tektonische Waffen, EMP-Strahlenwaffen, Tesla-Waffen
- Das „Czakram" von Krakau und die Kathedrale von Chartres
- An der Grenze von Shambhala
- Geomantie im Bundestag
- Geomantische Strukturen in Rom, Washington und Berlin
- Kraftorte, Lithopunktur und Drachenwege
- „Border Frequencies" - Die Grenze zwischen uns und „den anderen"
- Freie Energie und Time Warps

„Terra Incognita" ist nicht irgendein Spiel. Es ist das Spiel mit einer harmonischen und einer gefährlichen Variante.

• ISBN10: 3-937987-17-7 • ISBN13: 978-3-937987-17-0
• € 23,00 [D] • € 23,65 [A] • CHF 36,00

Grazyna Fosar/Franz Bludorf

TOP SECRET UMBRA

UFO-Geheimakten der NSA freigegeben

Die Dokumente sind
- *brisant:* Die NSA kennt die wahre Natur der UFOs.
- *authentisch:* Die Akten entstanden aus abgehörten Regierungskommunikationen.
- *seriös:* Die Akten wurden von NSA-Direktor E. F. Yeates vor Gericht unter Eid authentifiziert.
- *teilweise noch immer verdeckt.*

Fakten, Kommentare, zahlreiche Faksimiles.

Zum ersten Mal in deutscher Sprache!

Aus dem Inhalt:
Geheimhaltung und Nationale Sicherheit
- Die internen NSA-Codes
- NSA – Non-COMINT-Documente
- Die COMINT-Reports
- UFO-Sichtung im Iran
- UFOs und Psyche
- Nationale Sicherheit und Forschung
- NSA-Akten und Täuschungsmanöver
- Crypto City u. v. m.

39 Farbfotos, 14 Abb., 33 Dokumente.

ISBN10: 3-937987-25-8 • ISBN13: 987-3-937987-25-5
€ 19,90 [D] • € 20,45 [A] • CHF 31,50

Bestellen im Internet: www.magazin2000plus.de
oder: mail@magazin2000plus.de

Mark Hazlewood

Planet X auf Erdkurs

Umwälzungen auf der Erde

Band 1 und 2

Planet X ist unser 10. Planet, (nach Z. Sitchin auch der „12. Planet") der in zahlreichen historischen Aufzeichnungen untergegangener Zivilisationen mit einer Vielzahl von Namen erwähnt wird. Er kreist um zwei Sonnen und vollendet eine Umlaufbahn in ungefähr 3.600 Jahren.
Tritt er in unser Sonnensystem ein, sind die Auswirkungen, selbst aus großen Entfernungen, weitreichend.
Ein Zusammenspiel zwischen den elektromagnetischen Feldern des Planeten und der Sonne beginnt.

€ 23,00 [D]
€ 23,65 [A]
CHF 36,00
ISBN10: 3-937987-02-9
ISBN13: 987-3-93-7987-02-6

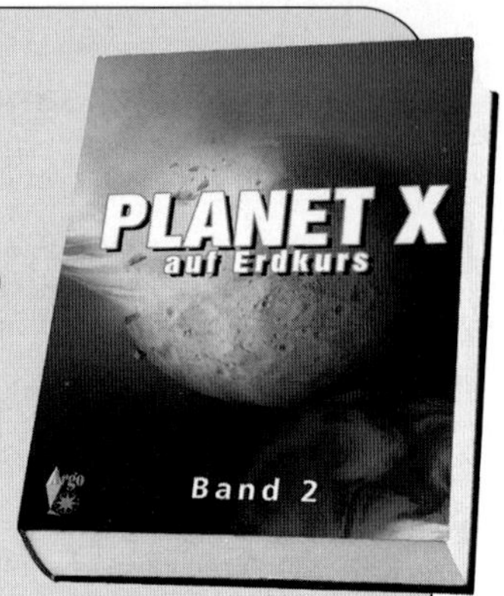

€ 23,00 [D]
€ 23,65 [A]
CHF 36,00
ISBN10: 3-937987-29-0
ISBN13: 978-3-937987-29-3

ISBN10: 3-937987-00-2
ISBN13: 978-3-937987-00-2
€ 23,00 [D] • € 23,65 [A]• CHF 36,00

ISBN10: 3-937987-01-0
ISBN13: 978-3-937987-01-9
€ 23,00 [D] • € 23,65 [A] • CHF 36,00

Traugott Ickeroth

Im Namen der Götter

Band 1 und 2

Unsere Geschichte ist eine völlig andere, als Lehrautoritäten und Medien gemeinhin vermitteln. Wir sind weder die erste „Menschheit" auf dem Planeten, noch ist die Darwin'sche Evolutionstheorie haltbar. Fremde Intelligenzen manipulierten die Entwicklung in ihrem Sinn, griffen unzählige Male in ihre Schöpfung ein und hinterließen Monumente, die nach vorurteilsloser, offener und freier wissenschaftlicher Betrachtung nicht von unseren Vorfahren errichtet worden sein können.
Weder waren die Pyramiden Grabmäler, noch Teotihuacán, Stonehenge oder Tiahuanaco Observatorien.
Laut tradierter vedischer Philosophie verläuft die Zeit – konträr zu unserem linearen Zeitverständnis – in riesigen, spiralförmigen Zyklen, welche die Maya als Träger von Zeitprogrammen betrachteten, in denen vorgegebene Erfahrungen gemacht und abgeschlossen werden müssen.
Folgende Kapitel werden in Band 1 behandelt:
Saurier – Atlantis – Giseh-Pyramiden – Krishna – Vimânas – Babylon/Zikkurat – Bundeslade – Osterinseln – Stonehenge/ Kornkreise – Nazca – Tiahunaco – Buddha – Shambala – Teotihuacán – Maya – Tzolkin – Jesus der Christus
Folgende Kapitel werden im 2. Band behandelt:
Die Kaaba und der 11.9. – Byrd und die hohle Erde – Hitler der Magier – Das Bermudadreieck – Das Philadelphiaexperiment – JFK – Area 51 – Loch Ness – Yeti und Bigfoot – Die andere Seite des Mondes – Cydonia, Pyramiden auf dem Mars – Unsere Galaxie – Manipulation, Ziele der Dunkelmächte – Die kosmischen Gesetzmäßigkeiten

Bestellen im Internet: www.magazin2000plus.de
oder: mail@magazin2000plus.de